国家社科基金青年项目"全球性合规风险背景下刑事合规制度建构的方法及其边界研究"
（编号：19CFX039）

Fundamental Theory of
Criminal Compliance

刑事合规的基础理论

李本灿 / 著

图书在版编目（CIP）数据

刑事合规的基础理论 / 李本灿著. —北京：北京大学出版社，2022.7
ISBN 978-7-301-33077-7

Ⅰ.①刑… Ⅱ.①李… Ⅲ.①刑法—法的理论—中国 Ⅳ.①D924.01

中国版本图书馆 CIP 数据核字（2022）第 100287 号

书　　　名	刑事合规的基础理论 XINGSHI HEGUI DE JICHU LILUN	
著作责任者	李本灿　著	
责任编辑	方尔埼	
标准书号	ISBN 978-7-301-33077-7	
出版发行	北京大学出版社	
地　　　址	北京市海淀区成府路 205 号　100871	
网　　　址	http://www.pup.cn　http://www.yandayuanzhao.com	
电子信箱	yandayuanzhao@163.com	
新浪微博	@北京大学出版社　@北大出版社燕大元照法律图书	
电　　　话	邮购部 010-62752015　发行部 010-62750672　编辑部 010-62117788	
印　刷　者	北京中科印刷有限公司	
经　销　者	新华书店	
	650 毫米×980 毫米　16 开本　26.25 印张　434 千字 2022 年 7 月第 1 版　2022 年 9 月第 2 次印刷	
定　　　价	89.00 元	

未经许可，不得以任何方式复制或抄袭本书之部分或全部内容。
版权所有，侵权必究
举报电话：010-62752024　电子信箱：fd@pup.pku.edu.cn
图书如有印装质量问题，请与出版部联系，电话：010-62756370

序 一

孙国祥[*]

　　刑事合规介绍到国内虽然时间不长,但很快成为法学界的一个热点。梳理大多数成果,大都聚焦在概念的讨论和如何建构等操作细则上,真正进行刑事合规基础理论研究的成果不多。以至于刑事合规到底是什么,刑事合规仅仅是一项刑事政策还是属于刑法制度,刑事合规是否应该融入刑法教义中,这些问题带来的困惑一直未有清晰的答案。尽管检察机关通过企业合规改革进行了刑事合规的试点,但由于理论支撑尚不牢靠,实践中也出现了不少偏差,人们用审慎的眼光对其检省,引发了不少反思和担忧。由此,不少学者认识到,刑事合规的发展,亟须对刑事合规的基础理论有一个基本的认识,亟须建构一个基本的理论框架。正是基于这一背景,李本灿教授《刑事合规的基础理论》的出版,填补了国内刑事合规系统性基础理论研究的不足,可以说有开创之功。

　　本书以刑事合规的基础理论为题进行原理性研究,通读书稿,以下几个方面印象尤其深刻。

　　一是本书的比较研究扎实。任何研究,其起点都离不开对既有的理论与实践进行回溯性梳理和思考。本书从刑事合规起源着手,介绍了域外刑事合规的实践。对美、英、意、德、日、法、澳等国的刑事合规理论与实践进行了梳理,重点介绍了美国刑事合规的形成和模式。回溯当然不是琐碎的罗列,其要义在于通过比较,发现研究的范式和问题。本书归纳了不同的刑事合规类型,认为刑事合规可以分为:作为违法/责任阻却事由、量刑激励方式、起诉激励方式以及以合规为个人责任联结点的刑事合规。结合我国刑法和司法实践,认为这四种类型在我国的司法实务中已经有一定的实践。这一分类,可谓清晰精当。通过比较,本书对合规计划有效性的标准进行了分析,认为尽管各国关于合规计划有效性的标准并不统

---

[*] 孙国祥,南京大学法学院教授、博士生导师,江苏省刑法学研究会会长。

一,但合规计划必须充分地显示企业尽职预防和发现违法犯罪行为的决心,这主要通过合规计划的合理设计、充分实施和执行得以体现,同时,企业的规模、企业的性质以及违法犯罪历史等也是合规计划设计中重要的参考因素,合规计划需要有的放矢。正是扎实的比较,为其后的理论建构奠定了基础。

二是刑事合规制度的正当性依据论证充分。学界在肯定刑事合规的意义和重要性的同时,对刑事合规的正当性基础也存在不少疑虑,"刑事合规这个命题在可预见的将来无论对于司法实践还是刑法理论都构成一大挑战"。[①] 由此,刑事合规制度的正当性依据,成为理论界追问的焦点。刑事合规源于刑事政策,但任何刑事政策的要求终究要纳入现代刑事法治框架。用刑事法手段介入公司治理,是否侵害了经济自由,背离了刑法的最后手段性?对此,一些学者怀疑刑事合规的正当性,认为刑事合规难以纳入现行的刑事法治。本书从归责和刑罚理论分析刑事合规的正当性基础。公司的责任基础,是公司为自己的行为承担责任,而不是为自然人的行为承担代位责任。通过对自然人行为、责任与公司罪责关系的分析,提出在公司自身责任的认定过程中,是否有良好的内部沟通系统成为重要的考量因素。在此意义上,合规成为"精神""政策""组织结构"等概念的规范化表达,成为认定公司罪责是否存在的核心要素;相应地,在规范进路的公司责任模式下,排除违法或责任类型的刑事合规制度是公司罪责理论的应有之意。从刑罚适用的角度分析,无论是事前类型的合规管理还是事后类型的合规管理制度,都是影响预防刑的情节,由此可以引导出责任减轻类型的刑事合规制度。通过各种观点的比较与反思,基本回应了刑事合规的正当性基础。

三是刑事合规的教义学建构有自己的思考。毫无疑问,刑事合规不但创设新的违反规则的领域,构建了新的刑罚构成要件的联结点,而且通常也会产生排除刑事可罚性的效果。这些效果决定了刑事合规与刑法实体密切相关,刑事合规如果不能融入刑法教义的分析,就只能游离于刑法理论体系外而无法成为真正的刑法学术话题。这其中,离不开单位犯罪的理论支撑。随着合规改革的深入,人们发现理论界对企业犯罪的研究并不深入,立法和司法总体上仍然停留在个人犯罪刑事责任的基础上,缺

---

① 〔德〕埃里克·希尔根多夫:《德国刑法学:从传统到现代》,江溯、黄笑岩等译,北京大学出版社2015年版,第507页。

乏对企业犯罪刑事责任的特殊性的观照,远未形成具有教义学性质的基础理论,进而引发了诸多不合理的现象。

说到底,单位犯罪的刑事责任基础,就是谁能代表单位的问题。什么样情况下,单位成员的行为能够归责于单位?换句话说,是以单位犯罪的单位成员的意志和行为为出发点,还是以单位本身的意志及行为为基础?对此,长期以来,有代位责任、同一视原则和组织体责任说。近年来,组织体责任说逐渐成为有力说。这是因为,如果囿于以自然人犯罪为出发点,则单位犯罪的刑事责任基础难于得到合理的说明。本书总体上持组织体责任说立场,认为组织体责任是我国《刑法》第30条、第31条的应有之意。但传统的组织体责任说,大都主张单位代表或机关成员在单位的业务活动上所做出的决定,体现的是单位意志,应作为单位行为认定。而本书主张的组织体责任,强调只有领导集体能够代表单位,或者说,组织体的另一个自我是领导集体。单位一般人员的行为与意志不具有决定意义,单位一般人员仅仅是单位责任判断的"观察对象"或"参考资料"。这一主张对单位犯罪的责任有一定的限缩,对大企业而言,强调领导集体,以避免个人的妄为给企业带来无妄之灾,契合了刑事合规的目标,有合理性。但对中小企业,领导集体形象模糊,如何判断,仍旧是需要进一步研究的难题。

四是单位犯罪的刑事政策选择有清晰的主张。单位犯罪的刑事政策是刑事合规的基础之一。对单位犯罪究竟应采取何种刑事政策,这也是一个悬而未决的难题。在立法上,对单位犯罪总体上采取的是严格主义立场,单位犯罪的法网越织越密,涉罪的单位成员的刑事责任也有提升。但在司法中,对单位犯罪基本上采取的是宽缓主义的政策。单位犯罪的立法和司法脱节,这也是影响刑事合规建构的一个重要原因。

理性的刑事政策目标,既不能一味从宽,对单位犯罪作无原则、无章法退让,乃至虚置立法;也不能一味从严,不能一棍子打死,应该给涉罪的单位留有生的机会。寻找一条合适的路径,既能体现立法对单位犯罪严格规制的精神,又在一定程度上给涉罪企业生存的机会,就成为新时期单位犯罪刑事政策的重点。正是在此背景下,近年来刑事合规逐渐进入人们的视野。刑事合规的路径契合了这一政策导向。但企业合规改革实践,对刑事合规也存在不少误读,将企业合规改革与单位犯罪宽缓主义的立场等构。企业合规改革并非对单位犯罪单向度的从宽,同样应当贯彻宽严相济的刑事政策。本灿教授在本书中分析认为,合规计划的真正推行以严格的犯罪处遇政策为基础,处罚越严厉,越可能促进企业合作。认为严厉刑罚并非目的,而是在于通过外部压力促进企业进行自我管理。所以,刑事合规并非放纵单位犯罪。这些灼见,对于刑事合规制度的推行也具有重要意义。

应该说,刑事合规虽然源于西方,但刑事合规的本土建构,离不开中国刑法单位犯罪制度的特殊性和中国的企业制度,刑事合规只有建构在中国单位犯罪的制度中才具有生命力。作为中国学者,一方面,需要有全球视野,关注刑事合规最新实践和发展;另一方面,更需要在总结经验的基础上,发现具有中国特色的刑事合规之路,为全球的刑事合规研究贡献中国的模式和路径,我们需要也应该有这样的自觉、自主和自信。本灿教授在本书中理论联系实践,在全球视野下紧紧围绕着中国的问题展开,体现出的学术自主性值得肯定。

近年来,本灿教授专注刑事合规理论研究,成果斐然,已经成为国内刑事合规领域的知名学者。当然,刑事合规仍然是一个新的刑法研究领域,任何理论的预设随着学术研究的深入与具体实践的变化仍带有变数。正源于此,在祝贺本书出版的同时,也期待本灿教授在刑事合规领域继续深耕细作,产出更丰硕的成果!

是为序。

序 二

黎 宏*

企业合规,在中兴通讯事件之后,终于进入了国人的视野,并且为有关国家部委所重视。如 2018 年 7 月 5 日,国家发展和改革委员会发布了《企业海外经营合规管理指引(征求意见稿)》,并最终于同年 12 月 26 日正式发布《企业境外经营合规管理指引》,要求企业应当以倡导合规经营价值观为导向,明确合规管理工作内容,健全合规管理框架,制定合规管理制度,完善合规管理机制,加强合规风险识别、评估与处置,开展合规评审与改进,培育合规文化,形成重视合规经营的企业氛围。同年 11 月 2 日,国务院国有资产监督管理委员会也发布了《中央企业合规管理指引(试行)》,要求中央企业全面加强合规管理,加快提升依法合规经营管理水平,着力打造法治央企,保障企业持续健康发展。

与这种现实背景相应,学界有关企业合规的研究也逐渐引人注目,成为近几年学界的热点问题,出现了重要成果,中国人民大学的时延安教授还以此为题申请国家社会基金重大课题,并获得资助。在此背景之下,山东大学法学院的李本灿教授推出其近几年来在本领域研究成果的集大成《刑事合规的基础理论》一书,使得我国有关企业刑事合规的研究更上层楼。

本书以下几个方面的内容,给我留下了深刻的印象:

一是对合规的概念起源、界定以及观察视角的研究探讨。本书在对合规与公司治理、企业内部规章制度、企业社会责任、企业伦理、风险管理、控制、内部审计、法务管理等概念进行细致区分的基础上,提出了"合规"概念讨论的视角分离问题,即现有的讨论可以区分为企业视角的讨论和国家视角的讨论。企业视角下的合规/刑事合规基本上是公司治理的研究范畴,而引起刑法、刑诉法学界广泛讨论的刑事合规主要是从国家视

---

* 黎宏,清华大学法学院教授、博士生导师、中国刑法学研究会副会长。

角下展开的,即如何建构外部激励机制促进企业合规,由此而为后面从刑事实体法和程序法的角度探讨企业合规问题奠下了基础。

二是对刑事合规制度的正当性根据的论述。本书认为,在国家视角之下,刑事合规属于促进企业自我管理的外部激励机制,这种外部激励机制可以区分为定罪激励、量刑激励、起诉激励以及将合规与否作为个人责任联结点的激励机制四个类型。与此相应,刑事合规制度也可以类型化为:作为违法/责任阻却事由的刑事合规制度、作为量刑激励事由的刑事合规制度、作为起诉激励事由的刑事合规制度、以合规为个人责任联结点类型的刑事合规制度(在非单位犯罪的制度语境或领域内)。在此基础上,本书重点对作为违法/责任阻却事由的刑事合规制度(从公司刑事责任构造、刑罚论的角度展开)、作为量刑激励事由的刑事合规制度(从公司刑事责任构造、刑罚论的角度展开)以及作为起诉激励事由的刑事合规制度(从起诉法定向起诉便宜转型、公共利益维护、刑事诉讼私有化等角度展开)的正当性基础问题进行了讨论。

三是对刑事合规制度建构的教义学路径的讨论。这个问题,本书主要从公司责任与个人责任的两个不同视角展开,认为从公司责任的角度看,包括企业在内的单位责任,经历了从自然进路的代位责任向规范进路的组织体责任论的转型,但无论哪一种类型的单位责任论之下,合规都具有特定的刑事法意义,即合规影响定罪量刑。在此,本书提出了与我在二十年前提出的"组织体责任论"不同的"新组织体责任论",认为刑事合规制度并非是否需要引入的问题,而是通过解释学的方法,完全可以将合规理念融入公司犯罪司法之中。从个人责任的角度讲,本书认为,公司领导对于职员的业务关联违法行为具有监督者保证人义务,而这种义务通过授权赋予了合规官,合规官因此取得了继受性的监督者保证人义务。由于其不具有命令指示权,只需要通过信息回流的方式,将违法信息传递给上一级负责人,即完成了自己的义务。由此,企业内部建构起了自上而下的责任链(区分各自的责任,使责任链条不发生断裂)以及自下而上的信息流(客观保证合规机制的有效运行)。这一研究对于不存在单位犯罪的制度环境(如德国),或者单位犯罪制度具有显著片段性的制度环境(例如我国)都具有重要意义。

四是对刑事合规制度建构的刑事政策路径的讨论。本书在此对我国的企业犯罪治理政策进行了系统梳理与反思,并且提出了完善建议,认为刑事合规制度的有效运行离不开公司犯罪立法和司法政策的配套完善。

大量单位犯罪条款中不科学的罚金刑设置会减少合规所具有的刑罚调节意义;过于宽缓的企业犯罪司法政策使得企业没有合规动力。本书认为合规是企业犯罪治理的"胡萝卜+大棒"的治理模式,"胡萝卜"和"大棒"要相互配合,缺一不可。

五是对刑事合规制度建构的程序法路径的讨论。在此,本书主要以时间轴为线索,对企业暂缓起诉制度在美国的起源、发展历程进行了较为细致的梳理;以空间轴为线索,对企业暂缓起诉制度在美国之外(英、法、新加坡、加拿大等)的发展历程进行了细致梳理。两条线索最终汇集到一个问题,即我们应当如何对待企业暂缓起诉制度?本书结合中国的制度现实,提出了建构企业暂缓起诉制度的具体建议。

六是从企业经营自由和员工权利保障的角度出发,对刑事合规的制度边界展开的讨论。刑事合规制度对于规范企业行为,使其更加稳健、健康发展具有好处,但制度本身也有侵害企业、员工权利的风险。因此,它的引入应当有边界。从这种立场出发,本书基于企业经营自由权,对合规计划绝对标准化的倾向提出了批判,对内部监管强度问题进行了深入讨论;基于员工权利保护的考虑,对内部监控措施的人身权边界问题,以及内部调查所取得证据是否可以在法庭中直接使用等问题,进行了较为深入的讨论。

对我国的读者而言,熟悉的是单位犯罪或者企业犯罪,特别是如何判断企业犯罪、如何追究其刑事责任,关于这一点,在我国过往有很多的研究,而企业合规,似乎是一个陌生的领域。实际上,企业犯罪和企业合规是一体两面,二者都是有关企业犯罪和企业处罚的概念,只不过企业合规关注的是事前防范,而企业犯罪关注的是事后制裁。从此意义上讲,企业合规是企业犯罪理念的延伸或者深化,是从事后制裁企业犯罪向事前预防企业犯罪的理念转化。二者的联结点是,企业行为的界定。即在企业业务活动中,出现从业人员的违法犯罪活动,若企业有充分的证据(如建立有妥当有效的企业合规制度)证明,该违法犯罪行为不是企业自身的行为,而是企业从业人员的个人行为时,虽然该犯罪行为出现在企业的业务活动过程中,但企业不对该行为承担刑事责任。这一理念,在我国相关行政法规当中已经有体现。如2019年修订的《反不正当竞争法》第7条第3款规定,经营者的工作人员进行贿赂的,应当认定为经营者的行为;但是,经营者有证据证明该工作人员的行为与为经营者谋取交易机会或者竞争优势无关的除外。按照这种理解,企业等经营者的工作人员的贿赂行为不是在任何时候都无条件地归属于企业。在企业能够证明,该行为与为经营者谋取交易机会或者竞争优势无关时,该贿赂行为不得归属于企业。

之所以这样理解,与企业承担刑事责任的根据有关。关于企业承担刑事责任的根据,现在大致有两种见解:一种是所谓代位责任论,其基于英美法中"仆人过错,主人担责"的传统观念,从严格责任论的立场出发,认为在企业与其从业人员的关系中,企业是主人,而其从业人员就是仆人,仆人在业务活动中出现违法行为时,作为主人的企业必须无条件地为其承担责任,从而将企业中从业人员即自然人的违法行为归咎于企业自身。这种见解虽然符合一般人的观念,在民法上有其存在根据,但存在以下问题:一是难以对一定规模的企业适用。因为,在现代社会,一定规模的企业(如500人以上的企业)往往具有从业人员众多、管理职责分散、决策过程漫长的特征。当这种企业中的每一个从业人员即自然人都按照其业务要求合法地履行职责,但在最终的业务活动中出现犯罪后果时,就会出现因为无法特定到底是哪个从业人员实施了犯罪行为,无法特定企业对哪一个从业人员的犯罪行为担责,最终对企业无法追责的情况。二是有违近代以来刑法所坚持的责任原则。按照近代刑法所坚持的责任原则,每个人只能对自己的行为担责,而不能因为他人的行为承担连带或者转嫁责任;每个人只能就自己所认识或者应当认识的行为承担主观责任,而不能对自己无法认识的后果承担绝对的结果责任。在企业犯罪的场合,具有独立人格的企业与其自然人员工是两个不同的主体,企业员工在企业业务活动过程中的犯罪行为完全有可能是基于自己的意思而实施的,但主张"仆人违法,主人受过"的代位责任论就是将员工责任一律转嫁给企业,让企业承担转嫁责任或者结果责任,这显然有违近代刑法的每个人只能对自己的行为承担自我责任,而不能对他人的行为承担转嫁责任的自我责任原则。

由于上述问题的存在,便有了企业自身责任论的出场。这种见解可以细分为不同的立场,但主流观点认为,企业之所以受罚,不是代人受过,而是为自己的行为承担自我责任;企业犯罪是企业自身的犯罪,而不是其员工的个人犯罪。这一点,已经为我国《刑法》第30条所承认。我国《刑法》第30条明文规定,单位犯罪就是"公司、企业、事业单位、机关、团体实施的危害社会的行为",而不是其员工所实施的行为。这种规定是有道理的。因为,现代社会中的企业已不是传统意义上的人或物的集合,而是有其内在运营机制的组织,这种组织足以让作为其组成要素的自然人失个性而仅仅成为企业运转过程中的一个微不足道的组成部分。企业为了实现自己既定的目标,在依照相关法律政策制定正式规则的同时,还会用增加报酬、晋升职称、增设岗位等巧妙的潜规则,即激励机制,诱使其组成人员的自然人为实现企业自身的目标而努力。此时,企业员工和企业之间呈现出一种互动关系:一方面,企业员工特别是企业领导可以将企业作为工具,操纵、支配或者影响其业务活动,以实现个人目的(包括犯罪目的);另一方面,身处企业之中的员工在行动和思想时,不得不受企业整体的目标、政策等的支配而丧失自己的个性,成为企业这台复杂机器运行过程中的一个螺丝钉。因此,企业犯罪,本质上讲,是企业的组织制度、目标宗旨以及企业代表机构成员的业务素质等综合影响而成的结果。相较过往的企业犯罪学说,这种见解不仅在内容和研究方法上独树一帜,而且还能较好克服传统的企业刑事责任论中代位责任论的不足,因而引人注目。

如果说企业犯罪是企业自身的犯罪,企业的主观意图,可以通过其业务范围、政策规定、防范措施、利润目标等特征体现出来的话,那么,改革企业的经营管理模式、政策规定、防范措施、利润目标,消除导致身处企业之中的企业员工即自然人实施违法犯罪行为的诱惑等外在因素,使企业的经营管理、企业工作人员的执业行为符合法律法规和其他规范性文件以及行业公认并普遍遵守的职业道德和行为准则,就是一个比较明智的选择了,而这种消除导致企业成员违法犯罪的外在环境因素的做法,实际上就是建立当今流行的企业合规制度。从此意义上讲,就预防企业犯罪而言,建立和强化企业合规,是企业自身刑事责任论的必然归结。

但由于时代的局限,过往有关企业合规的研究都是在企业业务活动出现犯罪行为之后,从是否应当追究企业自身的刑事责任、如何追究的视角,从事后制裁的需要出发展开的。相反地,从预防刑法观的立场,以企业刑事合规为契机,不仅将其作为企业与国家就企业刑事责任的认定时讨价还价的手段,更将其上升为国家鼓励企业自我约束、自我防范的政策体现,即将刑事合规作为国家和企业在事先预防企业犯罪的合作机会方面,则鲜有探讨。特别是,从企业视角和国家视角,将合规区分为企业合规与刑事合规,并从企业和国家两个视角,在实体和程序两种立场上对合规的意义、做法以及要注意的问题进行分析,并就我国当前正在展开的"企业合规不起诉"的试点工作,坦率地表达自己的看法,则鲜有研究。从此意义上看,本书的出版有着重要的理论价值和实践意义,属于本领域的标志性著作。

  本书作者李本灿教授毕业于南京大学，是著名学者孙国祥教授的高足，之后到山东大学法学院任教，长期从事企业合规特别是刑事合规的研究。最初，我对他的了解多是通过其在各种刊物上发表的论文、翻译的书刊，以及他的同事、毕业于清华大学法学院的周啸天教授对他的各种溢美之词而获得的。直到前几年，在中国人民大学组织的一次会议上，我们有了第一次见面，之后便"惺惺相惜"，有了比较频繁的联系。我因为二十多年前在日本做的博士学位论文中提出应以以企业合规(corporate compliance)为基础的"组织体责任论"来重构我国的单位犯罪论的主张，与李本灿教授提倡的企业刑事合规论在基本理念上一脉相承，故很乐意在李本灿教授的大作即将付梓之际，借机谈点我的体会，并期待李本灿教授在企业刑事合规领域有更多高质量的著作问世。

  是为序！

目 录

导论	001
一、问题意识	001
二、国内外研究现状	019
三、方法论问题及本书的基本立场	031
四、本书的具体内容	032
第一章 刑事合规制度概述	**034**
第一节 刑事合规的概念	034
一、"合规"概念的起源	034
二、合规与相关概念关系的厘清	035
三、刑事合规的概念	042
第二节 制度史的考察:以美国法为切入点	047
一、企业合规理念的发展	047
二、企业合规的刑事化	052
三、《萨班斯法案》与刑事合规制度的全球化	055
四、基于美国法的反思:刑事合规制度真的产生于美国吗?	060
第三节 制度现状的考察	061
一、美国法的考察	061
二、英国法的考察	063
三、德国法的考察	065
四、意大利法的考察	067
五、日本法的考察	070
六、法国法的考察	072
七、澳大利亚法的考察	074
八、中国法的考察	076
九、其他国家	080
第二章 刑事合规制度的正当性根据	**081**
第一节 问题的提出	081

第二节　从合规到刑事合规:刑事合规的内涵与类型化 …………… 082
  一、从合规到刑事合规:刑事合规的内涵……………………………… 082
  二、刑事合规类型的重新界定 …………………………………………… 084
第三节　作为违法/责任阻却或量刑激励事由的刑事合规
　　　　的正当性根据……………………………………………………… 088
  一、公司刑事责任的构造与刑事合规 …………………………………… 088
  二、刑罚理论与刑事合规 ………………………………………………… 095
  三、风险、规制与刑事合规 ……………………………………………… 100
第四节　作为起诉激励事由的刑事合规的正当性根据……………… 105
  一、起诉法定向起诉便宜的转型 ………………………………………… 105
  二、公共利益维护 ………………………………………………………… 107
  三、刑事诉讼私有化的结果 ……………………………………………… 112

第三章　刑事合规制度建构的教义学路径 114
第一节　刑事合规与刑法教义学关系概述……………………………… 114
  一、刑事合规问题教义学化的可行性 …………………………………… 114
  二、刑事合规制度建构的教义学路径概述 ……………………………… 118
第二节　公司本体责任视角的考察……………………………………… 119
  一、问题的提出 …………………………………………………………… 119
  二、单位刑事责任论的反思与重构:新组织体责任论之证成 ………… 120
  三、新组织体责任论视角下合规计划的刑法意义 ……………………… 143
第三节　个人责任视角:以合规官的保证人义务为中心的考察 …… 145
  一、问题的提出 …………………………………………………………… 145
  二、方法论问题与研究范围的划定 ……………………………………… 148
  三、领导人的初始保证人义务 …………………………………………… 152
  四、合规官经授权产生的保证人义务 …………………………………… 167
  五、合规官责任研究的语境差异及其消弭 ……………………………… 173
  六、小结 …………………………………………………………………… 176
第四节　公共机构腐败治理合规路径的构建:以对《刑法》第 397 条
　　　　的解释为中心………………………………………………………… 177
  一、问题的提出 …………………………………………………………… 177
  二、主体责任人的刑事责任之证成 ……………………………………… 180
  三、主体责任制刑事法治化的合理性证成 ……………………………… 185
  四、主体责任制刑事法治化基础上的责任区分 ………………………… 190

五、进一步深化：以刑事合规理念补强主体责任制 …………… 198
　　六、结语 ……………………………………………………………… 204
第四章　刑事合规制度建构的刑事政策路径 …………………………… 205
　第一节　刑事合规与刑事政策 ………………………………………… 205
　　一、合规计划蕴含的刑罚哲学理念——轻轻重重刑事政策的
　　　　阐释 ……………………………………………………………… 205
　　二、轻轻重重刑事政策与我国宽严相济刑事政策的关系 ………… 207
　第二节　引入合规理念调整刑事实体法领域的企业犯罪
　　　　　治理政策 …………………………………………………… 209
　　一、刑事合规的实质解读 …………………………………………… 209
　　二、英国模式在我国立法中的表现与立法的进一步回应 ………… 211
　　三、美国模式的引入：通过量刑激励推动企业合规 ……………… 219
　　四、刑事合规的刑事政策意义与我国企业犯罪的立法及
　　　　司法政策的调整 ………………………………………………… 221
第五章　刑事合规制度建构的程序法路径 ……………………………… 231
　第一节　比较法视野下企业缓起诉制度：基于若干立法与
　　　　　协议文本的考察 …………………………………………… 231
　　一、问题的提出 ……………………………………………………… 231
　　二、从制度的起源地说起：由激进向相对理性回归的制度
　　　　现状描述 ………………………………………………………… 234
　　三、制度的扩张：全球化浪潮中的惊喜与隐忧 …………………… 246
　　四、制度的借鉴：引介路径的初步构想 …………………………… 254
　　五、结语 ……………………………………………………………… 263
　第二节　企业合规程序激励中国模式的具体展开 …………………… 265
　　一、问题的提出 ……………………………………………………… 265
　　二、研究起点：英美法的现状描述与制度基础 …………………… 268
　　三、研究中点：我国改革试点的现状描述与制度基础 …………… 276
　　四、研究终点：契合制度现实的中国模式的构建 ………………… 282
　　五、结语 ……………………………………………………………… 300
　第三节　对企业合规检察制度改革的微观观察与反思 ……………… 302
　　一、引言 ……………………………………………………………… 302
　　二、适用范围问题的进一步讨论 …………………………………… 303
　　三、激励企业合规的程序路径选择 ………………………………… 310

四、有效合规计划的"标准"及其建构 …………………………… 317
      五、第三方监管人的启动机制问题 ……………………………… 331
  第六章　制度限缩:基于经济自由与权利保障的思考 …………… 350
    第一节　问题的提出 ……………………………………………… 350
    第二节　预防性措施的制度边界 ………………………………… 351
      一、企业经营自由权与合规计划的标准化 ……………………… 351
      二、比例原则与内部控制强度 …………………………………… 353
      三、技术监控的人身权边界 ……………………………………… 356
    第三节　外部激励措施的制度边界 ……………………………… 358
      一、不合规不能成为反向激励的事由 …………………………… 358
      二、保证人的义务范围不应无限扩展 …………………………… 360
      三、由实害犯到抽象危险犯的转化不应被无限扩展 …………… 363
    第四节　企业内部调查的制度边界 ……………………………… 365
      一、刑事诉讼法的基本原则是否应当适用到公司内部调查? … 365
      二、内部调查后证据的使用限度 ………………………………… 368
    第五节　本章结论 ………………………………………………… 370
结语 …………………………………………………………………… 371
参考文献 ……………………………………………………………… 374
后记 …………………………………………………………………… 401

导　论

一、问题意识

近几年,"合规"(Compliance)这个词被学术与实务界频繁使用。就学术界而言,企业合规问题得到越来越多的重视,相关论著逐渐增多;就实务界而言,企业合规,尤其是刑事合规业务空前兴盛,已经成为律师业务的重要增长点。"合规"这一概念所表达的意思是,企业应当采取内部控制措施,避免业务运营中的风险;对于国家而言,企业所采取的自我管理措施也具有积极意义:企业实施的自我管理,使得犯罪预防更加有效;合规制度所要求的涉事企业自我展开的内部调查,以及事后对司法活动的积极配合,使得刑事司法效率得以提升。这就意味着,"合规模式"成为传统国家规制的"替代模式",[①]更准确地说,应该是"补充模式"。由此可以看出,对于合规问题的研究,可以从两个视角展开,即企业视角与国家视角。

(一)企业视角

公司犯罪是风险刑法的表现和结果。[②] 与刑罚整体的轻缓化相对,公司刑事责任严厉化趋势明显。美国通过《萨班斯法案》强化公司与白领责任是最好的例证。就连崇尚刑法谦抑的日本,提高法人刑罚的呼声也一直十分强烈。[③] 对于企业或单位自身而言,刑事责任是致命的:高额的罚金(尤其是在美国)使企业竞争力减弱;因刑事追诉导致企业形象受损,可能使企业丧失市场份额;刑事追诉还可能使企业被列入黑名单,丧失参与公共项目的机会;刑事追诉被当作征信情况的重要参考,使企业丧

[①] 参见李本灿等编译:《合规与刑法:全球视野的考察》,中国政法大学出版社2018年版,孙国祥教授所作序言。

[②] 参见劳东燕:《公共政策与风险社会的刑法》,载《中国社会科学》2007年第3期,第132页;高铭暄、孙道萃:《预防性刑法观及其教义学思考》,载《中国法学》2018年第1期,第169页。

[③] 参见〔日〕芝原邦尔:《经济刑法》,金光旭译,法律出版社2002年版,第117、128页。

失融资的机会。而且,企业本身就是风险社会的一部分,经济生活的全球化加重了企业可能面临的制裁风险。① 除受到本国的法律规制外,上述制裁风险还可能涉及两个方面:"一方面,跨国公司受制于超国家的法律规范,违反这些法律规范将会给它们自己招来严重的制裁,例如违反反垄断的法律秩序会被判处高额罚金,或者无法获得公共订单或信用贷款——这些都是世界银行可以对企业施加的处罚;另一方面,这些企业还可能触犯外国刑法并受到其制裁,也就是说,还在不断增加的风险是,它们将遭受真正的刑事制裁。"② 这也就意味着,旨在控制风险的法人犯罪制度产生了新的风险;全球化加剧了企业面临的刑事风险。尤其是,美国、欧洲等世界主要经济体都在通过(以最低联结点为根据的)责任施加的方式强化自己的规则输出,这无疑加剧了企业风险。中兴通讯事件、华为事件都足以说明这一点。

企业所面临的空前的合规风险强化了合规需求,推动了企业合规管理的开展。然而,合规管理意味着巨额投入:"根据一项针对 321 家企业的调查结果,每家需要遵守《萨班斯法案》的美国大型企业第一年实施《萨班斯法案》第 404 条款的总成本将超过 460 万美元;第 404 条款致使通用电气公司在执行内部控制规定上花费了 3000 万美元。"③"沃尔玛最近七个财政年度公布的《美国反海外腐败法》合规的费用高达 9.01 亿美元:2013 年为 157 亿美元;2014 年为 2.82 亿美元;2015 年为 1.73 亿美元;2016 年为 1.26 亿美元;2017 年为 9900 万美元;2018 年为 4000 万美元;2019 年为 2400 万美元(Q1,Q2,Q3)。"④作为经济理性人的企业,其自觉合规并非单纯为了履行企业社会责任,而是有其经济考虑,即通过合规投入,降低刑事合规风险。也就是说,企业寄希望于通过合规,一方面减少违法犯罪行为,降低由此带来的风险;另一方面,一旦发生内部员工职务关联性的犯罪行为,合规机制可以起到排除或者减轻责任的作用。可以

---

① Vgl. Dennis Bock, Criminal Compliance, Nomos, 2011, S. 30, 35.
② 〔德〕洛塔尔·库伦:《德国的合规与刑法》,马寅翔译,载赵秉志主编:《走向科学的刑事法学:刑科院建院 10 周年国际合作伙伴祝贺文集》,法律出版社 2015 年版,第 430 页。
③ 孙玭:《萨班斯法案逼近,搜狐、百度"不眠不休"》,载《第一财经日报》2006 年 7 月 12 日,第 C01 版。
④ Mike Koehler, Wal-Mart's Pre-Enforcement Action Professional Fees And Compliance Enhancements Top ＄ 900 Million, at:http://fcpaprofessor.com/wal-marts-pre-enforcement-action-professional-fees-compliance-enhancements-top-900-million/, Last visited: 13 Nov. 2018.

想象,如果一种制度对于企业的合规努力缺少回应机制,那么,企业根本不会心甘情愿地开展合规管理,原因在于,其非但没有从合规管理中得到应有回报,反而因合规资源的投入降低了竞争力。从这个意义上讲,刑事合规制度是企业对国家提出的一种期待,即通过规则构建,将企业合规努力与定罪、量刑或者起诉方式联系起来,降低企业的违法犯罪风险。

(二) 国家视角

1. 国家经济安全需要刑事合规制度

自公司制度诞生,其就面临如何自我管理的问题。可以说,公司合规与公司制度本身具有同等长度的发展史。然而,我们今天所谓"合规管理制度"的含义,来自美国20世纪60年代初期的探索。[1] 由水门事件引出的企业捐款丑闻刺激了《美国反海外腐败法》的出台。在该法案中,企业的账簿记录、内部控制(合规)条款与反贿赂条款得到同等程度的强调。国防工业丑闻和安然公司财务造假事件使得《美国联邦量刑指南》第八章"组织量刑指南"与《萨班斯法案》相继出台,从而将合规与公司或高管刑事责任联系起来。具体来说,量刑或缓/不起诉成为激励企业合规管理的政策工具。对我国而言,意义重大的关切点是:①为了执行《经济合作与发展组织公约》,美国于1998年对《美国反海外腐败法》进行了修订,将管辖权进行扩展,既要求美国发行人、国内相关者和在美国境内的其他人业务合规,也要求在美国上市的公司或者有义务向美国证券交易委员会报告的公司保证会计账目管理正确。[2] ②《萨班斯法案》通过加重企业高管以及会计执业者的刑罚强化了企业内控,并且,该法案于2007年7月15日开始对于所有在美上市公司产生效力。也就是说,管辖权的扩张使得美国的合规规则成为全球规则。于2018年5月25日颁行的欧洲《通用数据保护条例》也开始效仿美国的长臂管辖制度,向全世界推行欧洲的数据合规规则。对于身处经济全球化浪潮之中的中国企业而言,如何合规经营成为当务之急:"据不完全统计,2018年中国企业在海外遭遇的各类重大安全风险事件共413例,其中合规风险事件明显上升,总数达到67例,在各类风险中位居第四,尤其是,出口管制引发的合规风险呈现急剧

---

[1] See Charles J. Walsh, Corporate Compliance Programs as a Defense to Criminal Liability: Can a Corporate Save Its Soul?, *Rutgers Law Review*, Vol. 47, 1995, pp. 650-651.

[2] 15 U. S. C §78dd, §78m (b)(2).

上升趋势。"①中兴通讯事件、华为事件都是典型。据笔者粗略统计,仅2019年就有17家中国企业因为合规问题受到世界银行制裁,其中不乏享誉国内的明星企业。② 这些具有代表性的企业所遭受的合规风险,直接结果不仅是巨额的经济损失,更严重的结果是,整个企业的生存或者海外业务将会受到巨大冲击。可以肯定的是,由于美国通过长臂管辖的方式向全球推广其本国合规规则的做法逐步得到其他主要经济体的效仿,我国企业所面临的合规风险在逐步加大。在国家大力推进"一带一路"经济带建设的时代背景下,可以说,合规风险一定程度上影响着国家经济战略的实现和经济安全。

为规避我国企业"走出去"过程中的合规风险,国务院国资委于2018年11月2日印发了《中央企业合规管理指引(试行)》;国家发改委等七部门也于2018年12月26日联合出台了《企业海外经营合规管理指引》。然而,合规正在经历着"刑事化"的转向③,刑事合规成为推动企业合规的重要制度工具。因此,如何从具有更高法律位阶的刑事法的角度推动企业合规,关涉国家经济安全问题,可谓意义重大。

2. 传统企业犯罪控制手段的低效能需要"合规模式"的功能补给

传统上,我们对企业犯罪的控制,更多强调的是国家规制。尽管公司治理机制的建立也具有企业内部犯罪控制的作用,然而,合规机制是对传统公司治理机制的超越,是对内部控制的进一步强化,以及围绕这一点展开的内部制衡机制的重构。例如,通过赋予合规官监督者保证人义务(针对公司职员业务关联性违法行为)的方式,改变了传统公司治理中的责任分配机制,使得内部控制机制在犯罪治理中更加有效。也就是说,传统治理模式主要强调国家在犯罪治理中的规制。在这种模式中,主要依靠刑事法网的严密以及刑罚结构的合理配置实现犯罪控制。然而,如下文所述,我们传统的国家规制手段呈现低效能的特征,因此需要"合规模式"的功能补给。

(1)我国企业犯罪惩治的法网疏密及刑罚结构。

①企业犯罪惩治的法网疏密问题。

我国企业(单位)犯罪以总则加分则的形式进行建构,除《刑法》总则

---

① 参见《中资企业海外安全风险评估报告(2018)》。
② See Word Band Group Sanctions System Annual Report FY 2019, pp. 64-67.
③ 参见万方:《企业合规刑事化的发展及启示》,载《中国刑事法杂志》2019年第2期,第47—67页。

第 30 条和第 31 条关于单位犯罪的概述之外,分则大量规定了单位犯罪及其处罚。对于《刑法修正案(九)》之前的《刑法》,笔者曾进行过简要梳理,涉及单位犯罪的 146 个罪名,分布于若干条款。暂时抛开刑事法网是否严密不论,现行《刑法》中企业(单位)犯罪罪名体系经历了 1979 年的空白,到之后以单行刑法、附属刑法零星规定单位(企业)犯罪,再到 1997 年以法典的形式明确规定单位(企业)犯罪,可以说,这已经实现了企业(单位)犯罪规制的突破。加之对单位犯罪认识的深化以及规制的现实需求,单位犯罪规制体系逐步完善。具体来讲,主要是以刑法修正案的形式对单位(企业)犯罪刑法规制体系进行了补充。

单纯单位(企业)犯罪法条数目的增多只是企业犯罪刑事法网逐步严密化的一种表现,它表明的是一种发展趋势,而不是说我国的企业犯罪刑事法网就是严密的。实际上,相较于英美法中将法律中的"人"解释为包括自然人和法人,从而将法人与自然人等而视之,法人原则上可以构成自然人可为所有之罪(部分需要身份要素的犯罪,例如强奸罪、重婚罪除外)的立法模式,我国的企业(单位)犯罪立法确如储槐植先生笔下的"不严",但是要注意这样一个立法现象,即我国《刑法》中大量规定了兜底条款或者新型的口袋罪名。例如,我国《刑法》第 182 条的"操纵证券、期货市场罪"除前三款的行为方式之外,在第 4 款中规定了"以其他方法操纵证券、期货市场的";第 195 条"信用证诈骗罪"中在前三种行为方式之外又规定了"以其他方法进行信用证诈骗活动的";第 191 条"洗钱罪"在列举了"提供资金账户的""协助将财产转为现金、金融票据、有价证券的""通过转账或者其他结算方式协助资金转移的""协助将资金汇往境外的"四种洗钱行为后又规定"以其他方式掩饰、隐瞒犯罪所得及其收益的来源和性质的";第 225 条的"非法经营罪"也规定了非法经营的第四种行为方式"其他严重扰乱市场秩序的非法经营行为"。

司法实践中,兜底条款确实起到了兜底的奇效,此处可以非法经营罪为例窥见一斑:

经过一系列司法解释的具体化,非法经营罪的兜底条款已经涵盖了包括"非法经营电信业务""非法经营彩票""擅自发行基金份额募集资金"等多种行为方式,而且,"这份清单随着时间的推移还可以不断地拉长,因为司法解释规定的只是'其他严重扰乱市场秩序的非法经营行为'

中的一种,不可能穷尽非法经营行为"①。从非法经营罪法律条文以及司法解释列举的非法经营的行为方式看,一般都是违反国家特许经营许可的行为,例如电信业务等,但是在司法实践中"其他"方式有被任意化的嫌疑,最典型的案例是利用网游外挂软件进行"代挂代练"类型的非法经营案以及非法经营人类颅骨类型的非法经营案。暂且不论这些兜底条款以及口袋罪名是否违背罪刑法定原则,从客观上讲,它们确实在法无明文规定之时起到了"犯罪"堵截的作用。对此,我国有学者指出,堵截性条款的设置维护了刑法的稳定与统一;堵截性条款的设置为刑法解释提供了可能,从而使抽象的规则适用于具体的行为;堵截性条款具有严密刑事法网、强化法律保护、堵截犯罪的功能;在价值取向上,堵截性条款使得刑法可以兼顾形式正义与实质正义。②

除此之外,我国《刑法》中还使用了概括性的立法技术。例如,《刑法》第153条"走私普通货物、物品罪"的设立就弥补了《刑法》第151条、第152条、第347条特殊条款所留下的规制空隙,原因在于,"货物、物品"可以涵盖几乎所有的可用于出售营利的商品,对这些物品的走私行为自然可以受到规制;《刑法》第140条"生产、销售伪劣产品罪"中"产品"是一种概括性的概念,可以囊括该节规定的其他犯罪,甚至可以做更广的理解,这也是为什么在《刑法》第149条"对生产销售伪劣商品行为的法条适用"中规定"生产、销售本节第一百四十一条至第一百四十八条所列产品,不构成各该条规定的犯罪,但是销售金额在五万元以上的,依照本节第一百四十条规定定罪处罚。生产、销售本节第一百四十一条至第一百四十八条所列产品,构成各该条规定的犯罪,同时又构成本节第一百四十条规定之罪的,依照处罚较重的规定定罪处罚"的重要依据。鉴于概括性的立法技术所具有的弥补规制漏洞的功能,有学者呼吁:"为了发挥经济犯罪立法保障人权与预防犯罪的双重功效,经济犯罪的罪状必须提升其概括性。"③

基于以上分析,可以得出如下结论:虽然我国目前企业(单位)犯罪的法网不严,但是兜底条款、口袋罪名以及特殊的概括性立法技术客观上填补了部

---

① 陈兴良:《刑法的明确性问题:以〈刑法〉第225条第4项为例的分析》,载《中国法学》2011年第4期,第122页。

② 参见丁华宇:《刑法中的堵截性条款研究》,载《河南师范大学学报(哲学社会科学版)》2009年第6期,第144、145页。

③ 马荣春:《经济犯罪罪状的设计与解释》,载《东方法学》2013年第5期,第65页。

分漏洞,使得部分具有社会危害性但缺乏刑法明文规定的行为得到处理。

以上部分从整体上对我国企业(单位)犯罪的法网进行了梳理。然而,在笔者看来:一方面,法网的严密应当从刑法体系的整体视角进行考量;另一方面,常见、多发、影响大的犯罪也是一个重要的影响因素。试想,如果某种行为类型在司法实践中很少出现,那么,即便存在立法缺陷,也不会对整体规制效果产生大的影响;相反,如果常见、多发、影响大的犯罪的常规立法设置存在纰漏,例如,如果诈骗罪或者盗窃罪在我国刑事立法中缺失,那么其他方面再周全,恐怕也不能说法网的编织是严密的。基于这样的考虑,笔者认为,常见企业犯罪的法网是否严密对企业犯罪整体法网的评价具有重要意义。根据常见、多发、影响大的标准,笔者此处选取了生产、销售伪劣产品犯罪以及金融犯罪为例加以说明,因为产品安全涉及民众生命、健康问题,而金融犯罪则影响国家整体经济安全。经过对两类犯罪的立法沿革及现状分析不难发现,通过构成要件要素的变动(例如犯罪对象或行为方式的增加),或者犯罪形态的变化(例如结果犯向危险犯的转变,或者具体危险犯向抽象危险犯的转变),或者新罪名的增加等方式,两类企业犯罪的刑事法网逐步严密化,并且可以保证基本的刑法供给。① 事实上,这一点不仅体现在金融类以及伪劣产品类犯罪,在其他领域(例如多发的商业贿赂领域)也体现出了同样的趋势。当然,在总体上肯定的同时也不能否定在个别犯罪或者领域刑事法网过疏的现象,而这正是我们需要加以改进的地方。

②企业犯罪惩治的刑罚结构问题。

一方面,企业犯罪的刑罚结构由所有可能由企业实施的犯罪的刑罚结构所体现;另一方面,常见企业犯罪的刑罚结构对于整体刑罚结构的评价具有重要意义,非常见犯罪(如违规制造、销售枪支罪等)的刑罚设置对于整体结构影响不大。鉴于此,本部分将分别从整体与局部(常见多发的破坏社会主义市场经济秩序罪)两个维度加以分析;在整体和局部两个维度之内,又可以分别从横向(跨越法域的比较)和纵向(历史维度)两个方向展开。

a)整体分析与局部分析。

对于单一法律文本进行的刑罚结构的分析是一种静态分析,其评价标准是刑罚结构的轻重。在我国,轻罪与重罪的界定问题仅仅是一种理

---

① 参见李本灿:《企业犯罪预防中合规计划制度的借鉴》,载《中国法学》2015年第5期,第181页。

论上的界分,这一点不同于世界上很多国家存在的立法和司法实践中明确将犯罪划分为轻罪和重罪的立法体例。作为理论问题,轻重划分的标准存在不同的观点,主要有三年说、五年说和七年说三种主张,其中主要的争论是三年说和五年说。就三年说而言,我国存在一定的制度基础,例如,关于《刑法》上的属人管辖权中"法定最高刑为三年以下有期徒刑的,可以不予追究"的规定;保护管辖权上"外国人在中国犯罪,法定最低刑为三年以上有期徒刑的,可以适用我国刑法"的规定;以及三年有期徒刑可以作为缓刑条件的规定等。但是,考虑到以三年为标准进行划分会造成我国刑法轻罪重罪比例严重失调的局面,于是有论者主张五年说,而且五年说也具有现实的依据:最高法院工作报告即是以五年为标准进行轻重罪案件的统计工作,这一点从报告内容就可以看出。该论者还指出,轻罪以法定最高刑为标准,重罪以法定最低刑为标准是对德国刑法的误读,基于以上考虑,应当以五年有期徒刑作为轻罪和重罪的划分标准,最高法定刑为五年以下的为轻罪,五年以上的为重罪。① 基于对我国《刑法》整体偏重的考虑,笔者的分析采用五年标准说。

基于以上标准,笔者曾对《刑法修正案(九)》之前《刑法》中的 146 个可以由单位(企业)实施的犯罪进行了刑罚结构的统计,结果显示,法定最高刑在五年及以下有期徒刑的仅仅有 36 个罪名,占单位犯罪总数的约 25%。也就是说,法定最高刑在五年以上有期徒刑的比例为 75% 左右。② 这一点与

---

① 参见郑丽萍:《轻罪重罪之法定界分》,载《中国法学》2013 年第 2 期,第 138 页。
② 这里有一个问题需要说明,在上文引文郑丽萍教授的文章中,郑教授根据其自身界定的轻罪、重罪之界分标准,得出结论,在刑法 451 个罪名中,有 346 个罪名最高刑为 5 年以下有期徒刑,占所有罪名的 76.5%,也就是说,在所有的罪名中,法定最高刑在 5 年以上的,只有 105 个罪名。但是据笔者统计,仅仅是单位犯罪,就有 110 个罪名的法定最高刑为 5 年以上有期徒刑,加上仅仅由自然人实施的诸如故意杀人、故意致人重伤、绑架罪等,这个数字要远远偏离郑丽萍教授的统计。对于产生这种结果的原因,最有可能的解释是,我们对"法定最高刑"的理解有所偏差,郑丽萍教授可能采取了以基准刑为标准,而笔者理解的所谓法定最高刑包括加重情节或结果的刑罚。对于这个问题,1998 年 1 月 13 日颁布的《最高人民法院关于适用刑法第十二条几个问题的解释》第 2 条规定:"如果刑罚规定的某一犯罪只有一个法定刑幅度,法定最高刑或者最低刑是指该法定刑幅度的最高刑或者最低刑;如果刑法规定的某一犯罪有两个以上的法定刑幅度,法定最高刑或最低刑是指具体犯罪行为应当适用的法定刑幅度的最高刑或最低刑。"这也就意味着,在法定刑幅度在 2 个以上时,应当以最严重罪行下的法定最高刑或最低刑,也就是笔者所采用的为标准。对于笔者与郑丽萍教授统计的差异,在此仅做此说明,但是对于郑教授的统计结论笔者保留意见,因为如果按照其统计,我国 76% 的罪名属于轻罪,这一点显然与我国整体刑罚结构偏重的事实不相吻合。

部分国外立法例的轻重刑比例正好相反,例如,据学者统计,德国刑法中轻罪占77%,重罪占23%。① 虽然统计样本不同(该学者的统计是以整体刑法为样本,笔者仅仅是以企业犯罪为样本),但是如果将自然人犯罪考虑进去,笔者统计的轻重比例会进一步加大,即重罪比例会更大,因为由自然人实施的犯罪多属于自然犯,法定刑普遍偏重。这里还要注意两个立法例之间的差异,德国的轻重刑的区分点是一年自由刑,而笔者此处采用的是五年标准说。这就更加说明一个事实,即我国单位(企业)犯罪的整体刑罚属于重刑结构。这一点与学界一致认可的储槐植教授"厉而不严"的论断是一致的。另外,对于刑罚结构的另一个评价标准是死刑的设置问题。据笔者统计,在可以由单位实施的146个罪名中,有10个配置了死刑,约占6%,虽远低于总体死刑配置的13%,但是也说明了单位(企业)犯罪刑罚的重刑结构。

上文是对可能由单位(企业)实施的罪名的刑罚结构统计,然而,企业通常所实施的犯罪相对集中:北京师范大学中国企业家犯罪预防研究中心发布的《2013中国企业家犯罪报告》显示,在企业家涉案的罪名分布方面,总共涉及77个罪名,其中《刑法》分则第三章"破坏社会主义市场经济秩序罪"共涉及40个罪名,占罪名总数的51.9%。多数企业家犯罪是基于企业自身的利益所为,因此,这样的统计也可以反映企业犯罪的罪名集中情况。基于这样的考虑,笔者选取了《刑法》分则第三章"破坏社会主义市场经济秩序罪"为分析样本,以进一步说明企业犯罪的刑罚结构问题。在该章节中,可以由单位(企业)实施的70个罪名中,法定最高刑在五年有期徒刑以下的有18个,占26%,法定最高刑在五年以上的占74%,这一比例与单位(企业)犯罪总体刑罚结构相当。在该章中有6个条款配置了死刑,从而保证了对个别严重破坏社会主义市场经济秩序的犯罪足够的刑罚量供给。

b)纵向分析与横向分析。

对于企业(单位)犯罪的纵向比较,即对1997年《刑法》和1979年《刑法》的比较研究,试图从历史的维度说明企业(单位)犯罪的刑罚结构变化。然而,这里遇到了问题:1979年《刑法》没有规定单位犯罪,那么,如何进行比较? 企业的刑罚确实经历了从无到有的过程,即便如此,1979年《刑法》中的很多犯罪在现在看仍然可以由企业实施,只不过当时实行的

---

① 参见田兴洪:《宽严相济语境下的轻罪刑事政策研究》,法律出版社2010年版,第57页。

不是双罚制，而仅仅由自然人承担刑事责任。因此，这里做一个变通，仅从直接责任人承担刑事责任的角度对1979年《刑法》和1997年《刑法》进行比较。比较的文本选择1997年《刑法》与1979年《刑法》中均有规定，并且性质相同的犯罪，具体包括1997年《刑法》中的第125条、第141条、第151条、第152条、第153条、第177条、第178条、第201条、第213条、第227条、第332条、第340条、第341条、第345条、第347条、第363条以及1979年《刑法》中的第112条、第116条、第121条、第124条、第127条、第128条、第129条、第130条、第123条、第164条、第170条、第171条、第173条、第178条。具体比较分析结果如下：

第一，法定最低刑为三年有期徒刑的比例由1979年《刑法》规定的5%增加到了10%；而法定最低刑为五年有期徒刑的比例由0增加到了5%。

第二，法定最高刑为二年有期徒刑的比例由1979年《刑法》规定的10%下降到0；法定最高刑为三年有期徒刑的由55%下降到15%；法定最高刑为十年有期徒刑的由0增加到5%；法定最高刑为十五年有期徒刑的由15%增加到60%。

第三，在统计过程中仅以有期徒刑为标准进行了统计，此外，无期徒刑由1979年《刑法》规定的2个增加到了1997年《刑法》规定的9个；死刑由1979年《刑法》规定的0个增加到了1997年《刑法》规定的4个。

通过以上变化可以看出，法定最高刑和法定最低刑都有所升高，尤其是最高档的十五年有期徒刑以及无期徒刑、死刑都大幅度提高，由此足以表明1979年《刑法》到1997年《刑法》刑罚结构的变化，即由相对轻缓向重刑主义转变。这一统计结论也可以得到我国学者对《刑法》条文进行整体分析的结论支撑。采用同样的方法，樊文教授经统计得出结论："(1)1979年到1997年间最低刑是3年和5年以及10年和15年的分布频率份额从19.2%、7.9%、11.3%、0上升到了23.2%、12.3%、13.4%、0.4%；(2)3年、5年和10年以及15年作为最高刑的分布频率份额，从19.9%、12.6%、15.2%、21.9%上升到了28.2%、14.7%、19.0%、22.1%；(3)最低刑高于3年的量刑幅度分布频率份额占52.3%，比1979年的分布频率份额高出了9.9个百分点；最高刑高于5年的分布频率份额占68.7%，比1979年的分布频率份额高出了0.5个百分点；(4)1979年以来的《刑法》中，无期徒刑的分布数从22处增加到了167处；(5)与1979年《刑法》相比，1997年以来在立法上明显表现出持续加大处罚力度的惩罚主义倾向。"①

在刑罚的横向比较上,基于如下考虑,本文选取了我国台湾地区作为比较样本:一方面,我国台湾地区"刑法"中规定了单位(企业)犯罪,具有比较的可能性;另一方面,我国台湾地区与大陆同根同源,具有相同的文化背景,面对犯罪,民众具有相同的心理反应,反映到刑事立法也具有相似性,这一点与德国等西方国家不同。西方国家经历了近代的启蒙运动,加上经济的高度发展使得民众对犯罪的反应相对温和,发达的犯罪学研究也为刑事立法提供了科学支撑,使得其刑事立法明显轻缓。具体到样本,因为法律体系的差异、罪名设置的不同,只能以行为为标准进行比较,例如,虽然我国台湾地区"刑法"第 269 条名为"办理有奖储蓄或发行彩券罪、经营或媒介之罪",但其中的"非法发行彩票"的行为已经在 2005 年 5 月 11 日最高人民法院、最高人民检察院《关于办理赌博刑事案件具体应用法律若干问题的解释》第 6 条中有所规定,其属于我国《刑法》第 225 条"非法经营罪"第(四)项"其他严重扰乱市场秩序的非法经营行为"。因此,对于这两个条款刑罚的比较可以反映出两种行为的刑罚差异。经过对台湾地区"刑法"以及"银行法""证券交易法""破产法"等法律中附属刑法条款与我国大陆可以由企业实施的犯罪条款的比对分析,笔者选取出了如下比对样本:台湾地区"刑法"中的第 190-1 条、第 201 条、第 203 条、第 202 条、第 257 条、第 256 条以及"银行法"第 125 条、"证券交易法"第 174 条、"公司法"第 90 条、第 19 条与大陆《刑法》第 338 条、第 144 条、第 177 条、第 178 条、第 347 条、第 225 条、第 176 条、第 181 条、第 229 条、第 162 条之一、第 162 条、第 174 条。具体比较分析结果如下:

第一,在最低刑方面,大陆所有统计罪名都配置了法定最低刑;而台湾地区的法定最低刑为 2 个月的比例为 56.25%,加上最低刑为六个月的比例为 6.25%,共计 63.5%,除此之外还包括了最低刑为一年和三年的各 18.75%。从这一点看,台湾地区"刑法"相比于大陆《刑法》法定最低刑稍高,但是因为最低刑为二个月的占到了 56.25%,可以说拉平了两者的差距。因此可以说,两者在最低刑方面差距不大。

第二,在最高刑方面,大陆有 37.5% 的罪名配置了法定最高有期徒刑,这一比例高于台湾地区的 31.25%,同样,大陆有 25% 的罪名最高刑为

---

① 樊文:《犯罪控制的惩罚主义及其效果》,载《法学研究》2011 年第 3 期,第 114 页。

十年有期徒刑,而台湾地区仅仅有 12.5% 的罪名配置了十年有期徒刑,大陆有 18.75% 的罪名配置了五年有期徒刑的最高刑,而台湾地区只有 12.5%。另外,台湾地区有 25% 的罪名法定最高刑只有一年,大陆则缺少这样的立法现象。

第三,上述统计以有期徒刑为统计标准,无期徒刑和死刑在此单独计算。在台湾地区,上述统计罪行中有 4 个配置了无期徒刑,0 个配置了死刑,而大陆在无期徒刑和死刑配置上同样高出台湾地区,具体来说,配置了 5 个无期徒刑和 3 个死刑。

由以上两组统计数字可以看出,大陆和台湾地区在法定最低刑方面差异不大,大多数犯罪都配置了比较低的最低法定刑,体现了轻缓的一面;在法定最高刑方面,大陆要高于台湾地区,尤其是死刑配置上。这就充分说明了一点,即大陆刑法相比于台湾地区刑法,在重刑主义的道路上走得更远。

③总体评价。

通过以上论述可以看出:首先,我国企业(单位)犯罪经历了从无到有的蜕变,自 1997 年《刑法》规定了单位(企业)犯罪以来,通过刑法修正案的方式逐步严密了刑事法网,概括性立法技术的运用又在客观上弥补了法网的疏漏。此外,刑事立法在核心条款的设置上也逐步严密化,尤其是对金融犯罪、危害食品药品安全的犯罪等,这一点对于刑事法网也是很好的补强,因为常见、多发犯罪是刑法关注的重点。其次,在刑罚配置上,从历史发展的角度看,相比于 1979 年《刑法》,现行《刑法》更加严厉,尤其是,法定最高有期徒刑、无期徒刑和死刑的设置比例大幅提高。从横向角度看,即使与刑罚设置也相对较重的台湾地区相比,我国现行《刑法》的刑罚设置依然较重,尤其是在无期徒刑和死刑的配置上。总之,我国刑法的确表现出了樊文教授所称的"惩罚主义"倾向。

(2)该模式下我国企业犯罪的现状。

按照制度设计者的初衷,通过严刑峻法就可以遏制企业犯罪的高发态势。实际上,这种思维方式在立法和司法实践中都得到了一以贯之的体现,立法的逐步严密化、重刑主义只是其中的一个方面。除了从刑事立法上加大控制力度之外,刑事司法上不断开展各种关于经济犯罪的严打活动,"天网行动""亮剑行动"等闪亮的词眼不断跃然屏幕,从中央到地方,对经济犯罪的严打活动呈波浪式推进,有高潮也有低谷,但从未停止。笔者试图以"经济犯罪严打"为关键词在搜索引擎进行搜索,结果不计其数。问题是,法网的严密、严打或者专项治理活动不断,但结果如何呢?从现实来看,企业犯罪呈现愈发严峻的趋势。因企业犯罪并非规范的刑法术语,现有的研究或官方发布的统计数字都没有涉及企业犯罪数字。有学者通过对裁判文书网的梳理,得出结论:"2014 年 1 月 1 日至 2019 年 1 月 1 日,五年中单位犯罪共计 16 861 件,并且呈逐年上升态势。"①事实上,无论是裁判文书网发布的案例,还是最高司法机构发布的相关统计数字,都未能真实反映企业犯罪的全貌,换言之,这些统计数字都严重"缩水"了。总结起来说,造成这种现象的原因包括如下几点:首先是犯罪黑数的问题。作为一种犯罪学现象,犯罪黑数的存在不可避免,但与一般自然犯罪中犯罪黑数多是由于犯罪行为本身没有被发现而致不同,企业犯罪黑数的存在很大程度是人为原因造成的。具体来说,所谓"人为原因"是指,出于对经济秩序的维护而对企业犯罪的容忍、迁就,尤其是地方异化的招商政策导致的对企业犯罪刑事司法的挤压和腐蚀。其次是企业犯罪行政化处理的问题。大量的刑事犯罪案件直接以行政方式予以过滤,使得企业犯罪实际呈现出来的数字严重失真。

总结起来,在传统的治理模式之下,法网的严密化、刑罚的严厉化并未产生良好的企业犯罪治理效果。

(3)总结与反思:传统国家控制模式的低效能需要"合规模式"的功能补给。

如上所述,刑事法网的严密化、刑罚的严厉化并未产生如立法者所愿的治理效果,相反,企业犯罪态势愈发严重。这就说明,单一的国家规制难以有效治理企业犯罪。对此,国外的研究也得出了相同的判断:"我们的研究显示,建立在单一的刑罚威慑框架之下的企业犯罪控制很难起效。"②"刑事司法的传统观念排外地仅仅关注刑法和刑事司法本身,这显得太过狭窄因而难以捕捉有意义的行为。"③因此,我们有必要反思现行的企业犯罪控制理念及模式,从传统单一地依靠法律威慑的思维模式中跳出来。在本文看来,正在风靡全球的"合规模式"是企业犯罪传统治理

---

① 李勇:《检察视角下中国刑事合规之构建》,载《国家检察官学院学报》2020 年第 4 期,第 100 页。

② Sally S. Simpson, *Corporate Crime, Law and Social Control*, Cambridge University Press, 2002, p. 154.

③ Sally S. Simpson, "Making Sense of White-Collar Crime: Theory and Research", *Ohio State Journal of Criminal Law*, Vol. 8, 2011, p. 481.

模式的有益补充。

在书稿的写作过程中，先后发生了"昆山爆炸事件""天津港爆炸事件"以及"江苏响水爆炸事件"。刑法之内，我们要进行更深层次的思考，因为刑法是民众生命、健康保护的最后屏障，当其他社会控制手段失效时，刑法应该有所担当。问题是，如何担当？对上述事件相关人员可能涉及的重大责任事故罪，学界也普遍认为，其刑罚设置偏轻，因此应当调整其法定刑幅度。① 但这样的想法过于简单，并未走出惩罚主义的传统思维。不管是历次爆炸事件造成的巨大人员伤亡，还是一般的企业犯罪导致的公司垮台，都给我们敲响了警钟，即企业犯罪应当由事后问责，转向事前预防。当然，一般认为，刑罚的执行本身在满足报应正义的同时，也具有一般预防功能。即使从逻辑上认可刑罚的客观威慑作用，但其作用也十分有限，最起码单一的刑罚惩治无法有效预防企业犯罪。因此，通过上述重大安全事故案件，我们应该深入思考的是，如何更好地预防安全生产事故。进一步讲，如何更好地实现企业犯罪的预防。在众多的声音中，呼吁政府加强监管者最多，"无论任何时候，安全与环境都不应该成为企业发展的牺牲品，政府部门更不能将监管之责让渡给企业。相比对当事人的惩处，监管制度上的深刻反思同样不可或缺"②。该论者的论断中提到了政府部门与企业之间的关系问题，出于对企业的不信任，该论者提出了监管之责不能让渡给企业的观点。问题是，如何实现对企业的"贴身盯防"？这里首先有监管成本和资源有限性的问题，即使不计成本地进行企业监管，监管人员是否能够对于企业生产、经营行为进行时刻盯防？显然难以做到，因为监管是一种例行性的行为，而生产经营则是一种常态化的行为。因此，我们需要重新审视政府监管部门与企业之间的关系问题，监管之责能否由国家独自承担？答案显而易见。正是看到了企业犯罪的特殊性，合规治理模式被越来越多地提倡。

所谓企业犯罪治理的"合规模式"，即合规计划③（Compliance Pro-

---

① 参见刘守芬、申柳华：《重大责任事故罪法定刑配置研究》，载《河南大学学报（哲学社会科学版）》2006年第4期，第5页。
② 《媒体评昆山爆炸事故：政府决不能让出监管之责》，载人民网（http://politics.people.com.cn/n/2014/0804/c70731-25399947.html），访问日期：2014年8月6日。
③ 合规计划的概念更多地出现在英美文献之中；在德国文献中，更多称为"刑事合规"（Criminal Compliance），两者含义并无差别，都是从刑事法的角度对企业合规的解读。因为文献以及语境的差异，本文将两个概念等同使用，特此说明。

grams），简单讲，就是通过法律激励的方式鼓励企业建立自我管理机制，从而达到企业犯罪以及以企业为对象的犯罪的预防目的。以《美国联邦量刑指南》为例，法院对于设有有效合规计划的企业可减轻高达95%的罚金，如果企业怠于合规，可处最高达四倍的罚金。① 由此可以看出，合规计划实际上是国家运用刑事法手段推动企业自我管理的特殊犯罪预防模式，这样的方法与传统刑法相比具有独特的优势。"在这个理念中，国家控制主要不是体现在具有等级与规范性质的立法与执法方面，而是体现在一种'软性的'行为影响方面。与一般行政法或刑法相比，当事公司的自身规定常常能够更好地适应现代经济社会的技术上和经济上的众多特殊性质。这尤其依赖对于当事公司的特别知识，这些公司的全球性活动能力，以及它们对于防止犯罪之核心控制手段的掌握。这些控制手段既包括公司内部的等级制的指示权，也包括对重要信息系统的拥有。国家制定的规范有时并不符合公司的具体情况，而与这些国家规范相比，公司的自制可以是一个有效得多的方法。对于控制公司犯罪而言，在一个'规制了的自制'框架内，效率的额外提高是可能发生的。"② 诸多的实证研究也证明了合规治理模式的有效性：一项关于企业合规有效性的实证研究也显示，在接受访谈的企业中，22%的企业认为合规计划极其有效（Extremely Effective），58%的企业认为非常有效（Very Effective），20%的企业认为合规计划具有适度的效能（Moderately Effective），没有企业认为合规计划仅具有轻微效能（Slightly Effective）或者没有效力（No Effective）。③ 德国学者以德国企业为对象展开的研究也表明，合规模式可以更好地治理企业犯罪。④ 我国学者从诉讼风险的角度对企业内部控制进行了实证分析，其结论是："内部控制是否能够防范公司的诉讼风险，确保合规性目标这一内部控制基本目标的实现，有效保护投资者利益，尚未有相关的证据支持，本文的研究表明：总体来看，内部控制越有

---

① See U. S. Sentencing Guideline Manual (2011), §8, C2. 6.
② 〔德〕乌尔里希·齐白：《打击经济犯罪的刑法及其替代模式》，周遵友译，载〔德〕乌尔里希·齐白：《全球风险社会与信息社会中的刑法：二十一世纪刑法模式的转换》，周遵友、江溯等译，中国法制出版社2012年版，第263、264页。
③ See Ernst and Young LLp *Corporate Compliance Programs—Leading Practices Survey*, Ernst & Young LLP Publish, 2011, p. 4.
④ See Ulrich Sieber, Marc Engelhart, *Compliance Programs for the Prevention of Economic Crimes—An Empirical Survey of German Companies*, Duncker & Humblot, 2014, p. 132.

效,上市公司涉诉次数和涉诉金额越低,即面临的诉讼风险越低。"①

鉴于合规模式在犯罪治理上的有效性,世界范围内的诸多国家都将合规模式引入了本国的立法之中:在德国,旨在预防犯罪的合规计划主要设立在金融机构里,《德国反洗钱法》第14条第2款第2项要求金融机构建立旨在防止洗钱行为的适当的保护和控制机制;《德国银行法》第25a条也规定了全面的组织义务,据此金融机构应当指定一个适当的专门机构,由其负责法律规定的执行;《德国证券交易法》第33条还规定了广泛的组织义务,该法的规定在过去几年里变得越来越细,越来越全面,而且被德国联邦财政部的一个规章予以细化。② 如下文详述,企业合规情况也成为影响企业秩序违反责任或个人刑事责任核心要素。意大利突破了不承认企业犯罪的传统,于2001年制定了包含合规计划的第231号法令(Legislative Decree No. 231/2001- Law 231,以下简称"意大利第231/2001号法令"),并规定了合规管理体制的五项标准。在挪威,对企业犯罪的起诉具有很大的自由性,但是在考量是否对企业实施追诉时的一个重要要素是企业是否具有防止犯罪的合规措施。③《澳大利亚联邦刑法典》以及2010年的《英国反贿赂罪法案》(Bribery Art 2010)都有关于合规计划的规定。此外,智利、匈牙利、波兰、葡萄牙、瑞士等国也都存在合规计划的相关法律。关于合规计划的立法情况无法一一展示,总体来说,合规计划已经形成了世界潮流。

3. 企业犯罪司法效率的提升需要刑事合规制度

近些年,企业犯罪肆虐,不仅摧毁了一个个商业巨头,更是打击了民众的投资信心,造成资本市场不稳。因此,加强企业犯罪的治理力度是应然的选择。然而,因其复杂性,企业犯罪具有难以侦破、调查和起诉的特点。④ 具体来说,主要表现为以下两点:第一,企业的不法行为具有天然的易隐蔽性以及高度的复杂性和技术性。传统的强奸等犯罪中,被害人对

---

① 毛新述、孟杰:《内部控制与诉讼风险》,载《管理世界》2013年第11期,第155页。
② 参见〔德〕乌尔里希·齐白:《打击经济犯罪的刑法及其替代模式》,周遵友译,载〔德〕乌尔里希·齐白:《全球风险社会与信息社会中的刑法:二十一世纪刑法模式的转换》,周遵友、江溯等译,中国法制出版社2012年版,第244页。
③ See Jeffrey M. Kaplan & Joseph E. Murphy, *Compliance Programs and the Sentencing Guideline: Preventing Criminal and Civil Liability,* Thomson Reuters, 2013, p. 1031.
④ See Preet Bharara, "Corporations Cry Uncle and Their Employees Cry Foul: Rethinking Prosecutorial Pressure on Corporate Defendants", *American Criminal Law Review,* Vol. 44, 2007, p. 72.

于侵害事实有直接的感知,与此不同,价格操纵的被害人可能对于其额外支付价款的事实永远不会知情。与企业犯罪的易隐蔽性、高度复杂性、技术性相对的是相对落后的侦查技术。尽管从技术层面上说,随着科学技术的发展,现代侦查技术已经取得了长足进步,但传统的侦查模式仍然是建立在农业社会的基础之上,其主要针对的是传统的自然人犯罪,尤其是接触式杀人、伤害、强奸、抢劫等犯罪。进入工业社会,尤其是信息社会之后,公司得以飞速发展,现代化的大型企业无异于相对封闭的商业帝国,结构复杂、人员众多,且管理模式扁平化严重,这无疑强化了违法犯罪行为的隐蔽性。此外,网络信息技术的普遍应用,使得违法行为更具技术性。正如有学者所言:"大数据时代,这类犯罪(擅自发行股票、公司、企业债券犯罪)逐渐呈现从传统走向智能、犯罪时空多维度、通过网络实施、缺少犯罪现场、信息线索多以数据虚拟形式存在等特点,使得传统侦查手段捉襟见肘。"[1]第二,企业犯罪中的身份确定以及犯罪的主观状态的确定,往往存在难以克服的证据障碍,这一点在大型企业中尤其明显。尽管存在压倒性的犯罪间接证据存在,通常情况下也难以准确确定单个的有罪代理人或者集体;而有罪的直接证据是难以获得的;另外一个证据障碍是证人的可靠性问题,因为在企业犯罪案件中,多数熟知企业犯罪事实的人都是前公司职员,其中的很多人对于企业是心存怨恨的,部分人员自身将面临刑事追诉,作为起诉交易的一部分,这些证人答应指证企业。[2]

企业犯罪查处难,不但使得犯罪难以被及时发现,破坏市场秩序,而且耗费巨大司法资源。刑事合规制度的引入可以部分缓解这些问题:一方面,能够获得司法机构认可的合规计划包含了自我报告的制度要素,这样就解决了违法行为查处难的问题;另一方面,对于涉嫌违规的行为,企业一般会先行实施内部调查,如果确证违规行为及行为主体,按照合规计划制度的要求,其需要将相关内部调查的材料移送司法机关,这就

---

[1] 王贤德、安凯:《擅自发行股票、公司、企业债券犯罪侦查研究》,载《哈尔滨学院学报》2018年第8期,第45页。尽管论者以"擅自发行股票、公司、企业债券罪"为对象展开的研究,但其结论也同样适用于其他公司犯罪。诸多公司反舞弊人员在与笔者交流的过程中,普遍表达了这样的一种观点,即公司内部犯罪侦查难的问题,即便是入职几年的反舞弊人员,很多内部违规行为也很难查处。对于距离犯罪更近、更熟悉业务的内部反舞弊人员的内部调查工作尚且如此困难,更何况外部侦查,外部侦查的难度可以想象。

[2] See Patricia S. Abril, Ann Morales Olazabal, "The Locus of Corporate Scienter", *Columbia Business Law Review*, Vol. 81, 2006, pp. 106-108.

显著提高了司法效率,节约了司法资源。因此,从司法效率提升、司法资源节约的角度讲,企业犯罪的治理工作需要刑事合规制度。

4. 跨国性企业犯罪司法需要刑事合规制度

随着经济全球化进程的推进,企业全球化经营成为趋势。业务经营的全球化意味着违规行为的全球化。然而,全球化的商业违规行为却存在着证据获取的障碍。在本国的司法主权范围之内,尽管存在侦查困难问题,但最起码侦查权可以深入企业展开调查。在跨越国界犯罪的情况下,问题就变得复杂:对于发生在国外的违法行为,原则上本国无权展开侦查工作,即便可以通过刑事司法协助完成调查取证,也面临跨境证据的使用问题,更何况刑事司法协助的过程本身就耗时耗力。鉴于此,针对跨国性企业犯罪的全新的司法方式正在形成,即通过合规模式的引入,试图跨越司法管辖的主权障碍。[①] 具体来说,在发生全球性违规行为时,主权国家要求企业实施内部调查,将内部调查所形成的证据材料移送给相关主权机关。内部调查属于公司内部的管理行为,其较少面临司法主权的障碍。尽管其取得证据的合法性面临质疑,程序有待规范,但确实正在逐步成为司法主权行为的替代举措。例如,在西门子公司全球行贿案中,为了显示充分合作的态度,西门子公司实施了自我内部调查。该项调查覆盖了全球34个国家,包括1750场面谈,收集了上亿份文件。最终,西门子公司将内部调查形成的材料提供给了美国司法部,也因此获得了减轻处罚的优待。[②] 也就是说,在跨国性企业犯罪案件中,刑事合规制度可以实现司法机关与企业的共赢:一方面,司法主权障碍得以跨越,司法效率得以提升;另一方面,企业刑罚得以减轻。鉴于此,跨国性企业犯罪司法亦需要刑事合规制度。

(三) 小结

对于企业而言,合规制度可以有效降低违法犯罪行为发生的风险;即便违法犯罪行为发生了,合规制度也可以降低企业受制裁的程度;对于国家而言,合规制度可以有益补充传统国家规制模式的不足,有效预防企业犯罪;合规制度所要求的自我调查、配合司法机关的调查等制度因素可以

[①] Vgl. Wastl/Litzka/Pusch, SEC-Ermittlungen in Deutschland—eine Umgehung rechtsstaatlicher Mindeststandards, NStZ 2009, S. 71ff.

[②] 参见[美]卢西恩·E. 德尔文:《国际白领犯罪与国际化的内部调查》,朱霄康译,载《交大法学》2016年第2期,第74、75页。

有效节约司法资源,提升司法效率,在跨国性企业犯罪的案件中,亦可成为跨越管辖权障碍的有效方式。鉴于此,刑事合规制度得到越来越多的讨论和重视,其立法化已经成为全球性趋势。然而,国内对合规制度的研究刚刚起步,刑事合规制度的基础理论研究较为薄弱;在立法上,刑事合规制度尚未进入效力层次较高的法律之中,企业缺乏合规意愿和动力,因而造成了我国企业在海外经营过程中遭受合规风险的问题。基于以上考虑,加强对刑事合规制度的研究,具有重要的理论和现实意义,本书的问题意识也恰在于此。

二、国内外研究现状

(一)国外研究现状

刑事合规制度的初衷在于,通过企业的自我管理,有效预防企业犯罪,同时达到节约司法资源、提升效率的目的。因此,国外对刑事合规制度的研究,首先是从犯罪学层面展开的,亦即,相对于传统的规制模式,合规治理模式是否有更好的犯罪预防效果。代表性的研究是 Sally S. Simpson 教授的研究,其对比研究了传统威慑模式与合规治理模式的差异,提倡合作型治理模式。[①] Ulrich Sieber 教授和 Marc Engelhart 博士在德国范围内实施的关于公司合规实施情况的实证研究也涉及合规治理模式的有效性问题。[②]

在刑事合规制度问题上,德日和英美共同关注的研究方向是企业合规与单位刑事责任的关系问题。例如,在《美国联邦量刑指南》已经规定了合规可以减轻公司刑罚的前提下,Andrew Weissmann 和 David Newman 系统反思了合规与公司刑事责任的关系,并提出:为了激励企业合规,应当将刑事责任与有效合规计划的缺失建立更紧密的联系,即有效的合规计划可以排除企业责任。[③] Tiedemann 教授也主张,从组织缺陷的角度理解公司刑事责任。[④] 实际上,这种观点也涉及了合规与公司责任的关系问

[①] See Sally S. Simpson, *Corporate Crime, Law, and Social Control*, Cambridge University Press, 2002.

[②] See Ulrich Sieber, Marc Engelhart, *Compliance Programs for the Prevention of Economic Crimes—An Empirical Survey of German Companies,* Duncker & Humblot, 2014, pp. 113-150.

[③] See Andrew Weissmann and David Newman, "Rethinking Criminal Corporate Liability", *Indiana Law Journal,* Vol. 82, 2007, p. 451.

[④] Vgl. Klaus Tiedemann, Wirtschaftsstrafrecht, Verlag Franz Vahlen, 2017, S. 181, Rn. 449.

题,即合规可以排除公司刑事责任。日本学者樋口亮介[①]、今井猛嘉[②]的研究也涉及合规计划与单位刑事责任的关系问题。

在美国法的制度背景之中,深受替代责任以及浓厚的司法协商文化的影响,合规计划制度与企业缓/不起诉制度产生了紧密的关系。具体来说,有效合规计划的存在,或者承诺建立或完善合规计划成为对公司暂缓起诉或不起诉的重要根据;企业缓/不起诉成为推动公司合规计划的重要法制度工具。基于这样的司法现实,英美学者的研究广泛涉及企业缓/不起诉制度与合规计划的关系问题。例如,Wulf A. Kaal 和 Timothy A. Lacine 通过实证研究的方式系统分析了企业缓/不起诉制度对于公司治理机制的影响。[③] 几乎所有关于企业缓/不起诉制度的论著都讨论了合规问题,篇幅所限不再一一列举。

由于司法文化以及实体法中的单位犯罪制度的影响,德日的文献并没有关于企业缓/不起诉与合规计划关系的讨论。尤其是,在德国,由于单位犯罪制度不存在,其更多地将合规问题放在个人责任的认定之中进行讨论。德国学术界对于刑事合规问题系统化的讨论始于 2009 年 7 月 17 日的一个判决。在该判例中,德国联邦法院第五刑事法庭确立了合规官对于公司职员业务关联性行为的监督者保证人义务。[④] 自此之后,一系列的学术论著都在集中讨论合规官的保证人义务问题。例如,Thomas Rotsch 教授明确提出了"反对合规负责人的保证人义务"的观点,并对此进行了深入阐释。[⑤] Metin Konu 通过对保证人义务理论的系统梳理,最后得出支持合规官保证人义务的结论。[⑥]

此外,学术上普遍讨论的议题还包括合规计划的有效性问题以及

[①] 参见〔日〕樋口亮介:《法人处罚——立法论》,张小宁译,载李本灿等编译:《合规与刑法:全球视野的考察》,中国政法大学出版社 2018 年版,第 219、230 页。

[②] 参见〔日〕今井猛嘉:《对单位的处罚——立足于合规计划的研究》,周啸天、张小宁译,载李本灿等编译:《合规与刑法:全球视野的考察》,中国政法大学出版社 2018 年版,第 231—248 页。

[③] See Wulf A. Kaal, Timothy A. Lacine, "The Effect of Deferred and Non-prosecution Agreements on Corporate Governance: Evidence from 1993-2013", The Business Lawyer, Vol. 70, pp. 61-119.

[④] Vgl. BGHSt 54, 44.

[⑤] Vgl. Thomas Rotsch, Wider die Garantenpflicht des Compliance-Beauftagten, in: Schulz/Reinhart/Sahan (Hrsg.), Festschrift für Imme Roxin, C. F. Müller Verlag, 2012, S. 485ff.

[⑥] Vgl. Metin Konu, Die Garantenstellung des Compliance-Officers, Duncker & Humblot, 2014, S. 156ff.

企业内部调查的问题等。鉴于合规计划有效性认定的重要证据法意义,如何鉴别合规计划的有效性成为重要的理论议题,例如 Marc Engelhart 博士对于有效的合规计划标准认定问题的讨论。① 刑事合规制度与刑事诉讼法也具有密不可分的内在关联,其关联点之一就是企业内部调查问题。例如,在员工基于劳动法上的配合义务与刑事诉讼法上的不得自证其罪原则之间就存在某种冲突,如何解决这些问题就成为重要的理论议题。Carsten Momsen 教授对于两者的冲突问题②以及内部调查在实体法和程序法上的责任风险问题③进行了较为深入的研究。此外,Henrik Zapfe 博士也从刑事诉讼法的角度对于企业合规可能带来的侵犯企业与员工风险以及两个主体之间的利益问题进行了较为系统、深入的讨论。④

概括起来说,受到司法文化以及不同的学术传统的影响,在刑事合规问题上,英美学者与德日学者的研究呈现出方法论上的差异。英美学者主要从经验的角度展开研究,而德日学者更多地从规范的角度展开研究。就研究议题而言,刑事合规问题主要涉及的学术知识点包括合规与单位刑事责任理论之间的关系、合规与企业缓/不起诉之间的关系、合规制度的犯罪预防效果问题、合规人员的保证人义务问题、合规计划的有效性标准问题以及刑事合规制度所带来的实体和程序法上的责任风险问题等。

(二)国内研究现状

1. 学科与视角的分化

(1)学科的分化。

"合规"概念起源于医学领域⑤,表达的是遵循医嘱之意。现如今,合

---

① Vgl. Marc Engelhart, Sanktionierung von Unternehmen und Compliance——Eine rechtsvergleichende Analyse des Straf-und Ordnungswidrigkeitenrechts in Deutschland und den USA, Duncker & Humblot, 2010, S. 711ff.

② Vgl. Carsten Momsen, Internal Inverstigations zwischen arbeitsrechtlicher Mitwirkungspflicht und strafprozessualer Selbstbelastungsfreiheit, ZIS 2011, S. 508ff.

③ Vgl. Carsten Momsen, Criminal Compliance und Internal Inverstigation——Haftungsrisiken aus materieller und prozessualer Sicht, in: Thoms Rotsch (Hrsg.), Criminal Compliance vor den Aufgaben der Zukunft, Nomos, 2013, S. 47ff.

④ Vgl. Henrik Zapfe, Compliance und Strafverfahren——Das Spannungsverhältnis zwischen Unternehmensinteressen und Beschuldigtenrechten, Peter Lang, 2013.

⑤ 例如,Weber 等德国学者 1977 年即以"Patienten-Compliance"(患者合规)为题以专著讨论医疗领域的合规问题。

规概念已经扩展到企业经济学、法学等领域。作为一种公司治理形式,合规问题自然是企业经济学的研究范畴。在法学领域内,它首先是公司法的研究内容,旨在探索公司自律机制。例如,我国学者对于证券服务机构自律机制的研究。① 公司治理机制的转变,一定程度上依赖作为更大命题的"规制"理念的调整,例如,我国学者对于社会自我规制理论的研究②,以及个别领域内自我规制实践的研究③。这些都属于行政法的研究范畴。我国通过行政和解推动公司自我管理的实践,也是对行政法规制理论的践行。

随着企业犯罪增多,合规逐渐与刑法发生关联,公私共治成为犯罪治理的替代性措施。这就意味着,在广义的刑事法领域内,合规首先是犯罪学的研究范畴。例如,国内学者对于民营企业(家)犯罪的情境预防的研究。④ 作为一种新的犯罪治理理念,合规治理进入刑事法的前提是系列立法和司法政策的调整。这一点可以在《美国联邦量刑指南》中看出。该指南中的"个人量刑指南"与"组织量刑指南"分别在 1987 年和 1991 年发布。之所以有四年的时间差,原因在于组织量刑的复杂性。组织量刑规则的设定面临的首要问题是刑罚理念的选择。最初,个人量刑与组织量刑规则混同,均依照报应刑理论进行刑罚设置,但这种混同式的制度设计最终失败,因为量刑委员会内部存在着刑罚理念的显著差异。⑤《美国联邦量刑指南》1986 年草案中"供选择的组织制裁方法有报应刑理论(Just Punishment Approach)与威慑理论(Deterrence Philosophy)"⑥的最终版本以一种综合理念为指导进行制度设计。《美国联邦量刑指南》第八章"组

---

① 参见侯东德:《证券服务机构自律治理机制研究》,载《法商研究》2020 年第 1 期,第 129—142 页。实际上,早在 1981 年,国内已经开始了对国外公司内部控制理论的研究(通过 CNKI 检索获得信息)。

② 参见高秦伟:《社会自我规制与行政法的任务》,载《中国法学》2015 年第 5 期,第 73—98 页。

③ 参见王旭:《中国新〈食品安全法〉中的自我规制》,载《中共浙江省委党校学报》2016 年第 1 期,第 115—121 页。

④ 参见张远煌、邵超:《民营企业家犯罪及其情境预防》,载《江西社会科学》2016 年第 4 期;国外学者对于合规治理与传统社会控制方式的对比研究是更为典型的犯罪学研究范式。参见 Sally S. Simpson, *Corporate Crime, Law, and Social Control,* Cambridge University Press, 2002。

⑤ See Jeffrey M. Kaplan and Joseph E. Murphy, *Compliance Programs and the Corporate Sentencing Guidelines: Preventing Criminal and Civil Liability,* Thomson Reuters, 2013, p. 36.

⑥ United States Sentencing Commission, Preliminary Draft of the Sentencing Guideline, 1986, p. 163.

织量刑指南"在导言中指出:"本章旨在维护预防、发现和举报犯罪的内在机制,使对组织及其代理人的制裁总体上能够提供公正的惩罚、足够的威慑和对组织的激励。"①具体的规则更直观体现了这一点:组织量刑时,通过"责任点数""最小倍数""最大倍数"调节企业实际承受的罚金量。例如,当责任点数为 0 点以下时,最小倍数仅为 0.05,而当责任点数在 10 及以上时,则最大倍数可达到 4.00。② 80 倍的量刑差异其实反映的是一种"轻轻重重"刑事政策理念。我国学者以合规理念为指导,围绕企业犯罪治理政策的研究即属于刑事政策学的范畴。③ 作为新的犯罪治理制度,合规制度的有效性离不开对刑事实体法的准确理解。例如,缺乏对实体刑法的准确把握,风险识别就难免疏漏,这对于企业是毁灭性的。现代企业对于犯罪行为的敏感性决定,"合规"之"规"的核心即是刑事实体法规范。从这个意义上讲,刑事合规是企业合规制度的核心。孙国祥④、黎宏⑤、时延安⑥教授的研究即归属于刑事实体法范畴。

作为刑事合规制度的集大成之地,美国的对抗制诉讼文化及其严苛的公司归责模式所导致的激励不足共同引导出通过起诉激励方式推动公司合规的刑事合规类型。由此,合规成为刑事诉讼法的研究范畴。例如,我国学者以认罪认罚为切入点⑦,或者从比较法⑧的角度对企业合规的诉讼法机制进行的研究,就归属于刑事诉讼法范畴。

小结:企业合规问题是多学科的交叉问题。我国当前的研究,主要涉及企业经济学、公司法学、行政法学以及广义的刑事法学(刑事诉讼法、实体刑法、刑事政策、犯罪学),呈现显著的学科分化形态。然而,总体来

---

① See U. S. Sentencing Guideline Manual (2018), §8, Introductory Commentary.
② See U. S. Sentencing Guideline Manual (2018), §8, C2.6.
③ 参见李本灿:《企业犯罪预防中合规计划制度的借鉴》,载《中国法学》2015 年第 5 期,第 177—205 页。
④ 参见孙国祥:《刑事合规的理念、机能和中国的构建》,载《中国刑事法杂志》2019 年第 2 期,第 3—24 页。
⑤ 参见黎宏:《合规计划与企业刑事责任》,载《法学杂志》2019 年第 9 期,第 9—19 页。
⑥ 参见时延安:《合规计划实施与单位的刑事归责》,载《法学杂志》2019 年第 9 期,第 20—33 页。
⑦ 参见李本灿:《认罪认罚从宽处理机制的完善:企业犯罪视角的展开》,载《法学评论》2018 年第 3 期,第 111—121 页。
⑧ 参见陈瑞华:《企业合规视野下的暂缓起诉协议制度》,载《比较法研究》2020 年第 1 期,第 1—18 页。

说,刑事法角度的研究是主流,也是合规的核心。

(2)视角的分化。

某种意义上讲,学科的分化意味着视角的分化。然而,换一个角度,不同学科也可能属于同一个视角。刑事实体法学科视角下的刑事合规制度,主要讨论如何用刑法手段推动组织体自我管理。① 刑事诉讼法学科视角下的刑事合规制度,主要讨论如何建构旨在推动组织体自我管理的外部程序性激励机制。② 不管是程序性激励机制,还是实体性激励机制,对于企业合规而言,都是一种外部视角,更确切地说,都是站在国家视角探索如何推动企业合规的问题。从这个角度说,两种不同的学科视角均归属于国家视角。刑事政策学、犯罪学、行政法学的研究也都可以归属于国家视角。与此相对的是,从企业视角展开的讨论,即探索如何建构有效的合规计划制度,以避免可能面临的合规风险。这就意味着,企业合规显现出国家视角与企业视角的分化。国家视角的合规是指,保证企业守法的、促进法益保护的法制度工具(rechtliche Instrumente)。③ 与此相对,企业视角的合规是指,企业为了保证所有职员行为合法的整体性组织措施。④

回顾我国现有的企业合规研究不难发现,研究视角也大致遵循了国家与企业视角的二元区分。孙国祥教授对于企业合规与刑罚论(积极一般预防理论)、单位刑事责任论关系的研究⑤,陈瑞华教授⑥、黎宏教授⑦、时延安教授⑧对企业合规与单位刑事责任论关系的研究,陈

---

① Vgl. Thomas Rotsch, Compliance und Strafrecht—Fragen, Bedeutung, Perspektiven, ZStW 2013, S. 494.

② 参见李玉华:《我国企业合规的刑事诉讼激励》,载《比较法研究》2020年第1期,第21—29页。

③ Vgl. Dennis Bock, Criminal Compliance, Nomos, 2011, S. 21.

④ Vgl. Thorsten Alexander, Die strafrechtliche Verantwortlichkeit für die Wahrung der Verkehrssicherungspflichten in Unternehmen, Centaurus Verlag, 2005, S. 316.

⑤ 参见孙国祥:《刑事合规的理念、机能和中国的构建》,载《中国刑事法杂志》2019年第2期,第3—24页。

⑥ 参见陈瑞华:《合规视野下的企业刑事责任问题》,载《环球法律评论》2020年第1期,第23—40页。

⑦ 参见黎宏:《合规计划与企业刑事责任》,载《法学杂志》2019年第9期,第9—19页。

⑧ 参见时延安:《合规计划实施与单位的刑事归责》,载《法学杂志》2019年第9期,第20—33页。

瑞华教授①、李玉华教授②对企业缓起诉制度与企业合规关系的研究，都可以归属于国家视角的研究。区别于上述研究，韩轶教授在企业刑事合规风险的类型化基础上，对于企业刑事合规的基本内容和一般方案进行了探讨，这是典型的企业视角的研究。③

最后需要特别交代的是，视角的区分不意味着内容上的绝对分离。两种视角彼此都需要对方的知识补给。例如，企业视角下，预防风险的组织性措施需要参照刑事立法中的有效性标准，作为风险预防的前提，风险识别尤其需要准确理解实体法的内容；国家视角下，有效性合规标准具有证据法上的决定性意义，其确定离不开企业视角下公司治理的基本理论。这就意味着，尽管国内的研究出现明显的视角分化，但各自的研究并无方法上的优劣，都是有效刑事合规制度建构所必需的。在这个意义上，陈瑞华教授提出的"从整体视角对合规问题的全新研究"④确有必要。

2. 范围的拓展

对于刑事合规研究范畴的划定，Dennis Bock 教授曾经提出：刑事合规应当避免的是"与企业有关"的经济犯罪，换言之，刑事合规是公司刑法的研究范畴。⑤ Rotsch 教授则认为：从"组织关联性"（Organisationsbezug）来看，任何组织体都需要合规制度。⑥ Hilgendorf 教授也认为，将合规措施理解为组织机构（机关、高校、国家研究机构等）内部所采取的措施更有意义。⑦ Blassl 博士认为：越发复杂的工作程序以及通过资源集中形成的集权，使得在自成体系的组织结构中建构组织措施成为必要；合规不应当限

---

① 参见陈瑞华：《企业合规视野下的暂缓起诉协议制度》，载《比较法研究》2020 年第 1 期，第 1—18 页。
② 参见李玉华：《我国企业合规的刑事诉讼激励》，载《比较法研究》2020 年第 1 期，第 19—33 页。
③ 参见韩轶：《企业刑事合规的风险防控与建构路径》，载《法学杂志》2019 年第 9 期，第 1—8 页。
④ 陈瑞华：《企业合规制度的三个维度——比较法视野下的分析》，载《比较法研究》2019 年第 3 期，第 62 页。
⑤ Vgl. Dennis Bock, Criminal Compliance, Nomos, 2011, S. 23.
⑥ Vgl. Thomas Rotsch, Compliance und Strafrecht—Fragen, Bedeutung, Perspektiven, ZStW 2013, S. 489f.
⑦ 参见〔德〕埃里克·希尔根多夫：《刑法合规中的基本问题：以反腐为例》，江溯译，载〔德〕埃里克·希尔根多夫：《德国刑法学：从传统到现代》，江溯、黄笑岩等译，北京大学出版社 2015 年版，第 506 页。

于企业合规,否定政党内合规结构存在的必要性,就等于否定了合规自身的必要性与正当性。① 从国外的研究与实践情况看,合规已经超出企业合规的范围,政党合规、公共机构合规、军队合规都是合规研究的重要议题。

国内的合规问题研究也实现了从公司合规到组织体合规的跨越。魏昌东教授提出了建构公共权力领域合规计划的建议和具体方案:"以公权勘界为基础,根据权力属性,由监察委员会责成国家公权机关依法拟定明确而具体的权力清单,在提交监察委员会监督部门进行合规性审查后,交由公权机关依规行使。在权力行使过程中,监察委员会重点行使对权力运行合规性的评估与检验职责,降低权力运行风险。"②笔者曾提出的,以我国《刑法》第 397 条为中心建构公共机构腐败治理合规路径的观点③,也是对企业合规研究范围的拓展。

3. 合规与刑事法的主要学术联结点

尽管近几年的合规制度研究涉及多个学科,但随着国外对刑事合规制度立法与执法的强化,国内的研究也主要围绕合规与刑事法的关系展开。鉴于此,此处仅对合规与刑事法的学术联结点加以简要归纳。

(1)合规、犯罪预防与刑事政策。

从国家视角来看,合规被理解为保证组织体守法的制度性工具。也就是说,合规制度首先是作为一种政策工具与刑法发生关联。正是在这个意义上,合规被称为"打击经济犯罪的替代模式"④。经济犯罪"替代模式"的提出,源于传统单一国家规制路径效果不彰,因此需要其他模式的功能补给。合规模式实际上是将外部规则(国家法)内化为组织体的行为守则,并通过系列组织性措施保证规则的贯彻执行。也就是说,组织体自身被成功拖进了传统"国家—行为人"规制链条之中,构造出新型的规制

---

① Vgl. Johannes Sebastian Blassl, Zur Garantenpflicht des Compliance-Beauftragten, Peter Lang, 2017, S. 44f.

② 魏昌东:《国家监察委员会改革方案之辨正:属性、职能与职责定位》,载《法学》2017 年第 3 期,第 14 页;魏昌东:《监督职能是国家监察委员会的第一职能:理论逻辑与实现路径——兼论中国特色监察监督系统的规范性创建》,载《法学论坛》2019 年第 1 期,第 32、33 页。

③ 参见李本灿:《公共机构腐败治理合规路径的构建——以〈刑法〉第 397 条的解释为中心》,载《中国刑事法杂志》2019 年第 2 期,第 25—46 页。

④ 〔德〕乌尔里希·齐白:《打击经济犯罪的刑法及其替代模式》,周遵友译,载〔德〕乌尔里希·齐白:《全球风险社会与信息社会中的刑法:二十一世纪刑法模式的转换》,周遵友、江溯等译,中国法制出版社 2012 年版,第 236 页。

模式,即"国家—组织体—行为人"的二元规制模式。相比于国家,组织体距离犯罪行为更近,对于内部风险更为熟悉,其制定的内部规则与组织性措施也具有更强的适应性。因此,在一个"规制的自治"的框架内,更好的犯罪预防效果是可以期待的。国外学者的实证研究也证实了这一点。①

回顾国内对合规问题的研究历程,第一个研究视角是犯罪学视角。犯罪学学科视角的研究套路相对固定,即首先对我国当前的企业犯罪治理现状进行梳理,以此提出问题;其次是引出外国法中的企业合规制度,并对其全球化趋势与制度优势进行比较研究;最后是提出引入合规治理模式的建议及具体进路。犯罪学视角的研究往往涉及刑事政策的学科内容,即作为犯罪预防政策,合规进入刑法需要具体路径,该路径就涉及立法与司法政策的调整问题。例如,在上述"国家—组织体—行为人"的规制链条中,政策制定者希望看到的,也即合规机制发挥作用的前提,是组织体选择站在国家这一边,共同对抗不法行为人。然而,现实情况是,组织体及其内部职员是利益共同体,其往往沆瀣一气共同对抗国家调查。这种情况下,合规机制要想发挥实际作用,就需要刑事政策上的配合,打破组织体和具体行为人的共同利益关系。例如,通过立法强化单位及自然人责任,同时引入合规激励机制,严厉单位犯罪司法政策,为合规机制发挥作用创造机会和足够激励空间。② 以美国为代表的合规实践已经印证了这种路径的合理性。国内对于刑法分则个罪与合规关系的研究,也主要涉及犯罪学与刑事政策的学科内容。例如,于冲副教授对于网络平台刑事合规问题的研究,即以网络平台的刑事合规风险为出发点,以刑事合规制度的实现路径为落脚点③;陈冉副教授对于公害犯罪治理问题的研究,以"刑法在企业公害犯罪治理中的危机"为出发点,以"应对出路:刑事合规的引入"为路径,以"合规在企业公害犯罪治理上的刑法展

---

① See Ulrich Sieber, Marc Engelhart, *Compliance Programs for the Prevention of Economic Crimes—An Empirical Survey of German Companies,* Duncker & Humblot, 2014, p. 132.

② 国内最早从这个视角展开的研究,请参见李本灿:《企业犯罪预防中合规计划制度的借鉴》,载《中国法学》2015 年第 5 期,第 177—205 页。另外参见董文蕙、杨凌智:《论我国企业犯罪治理模式之应然转变——以刑事合规为视角》,载《南昌航空大学学报(社会科学版)》2019 年第 4 期,第 59—67 页。

③ 参见于冲:《网络平台刑事合规的基础、功能与路径》,载《中国刑事法杂志》2019 年第 6 期,第 94—109 页。于冲副教授对于人工智能风险规制问题的研究,也大体遵循了这种思路,参见于冲:《刑事合规视野下人工智能的刑法评价进路》,载《环球法律评论》2019 年第 6 期,第 44—57 页。

开"为终点。①

(2)合规、单位责任与刑罚论。

为了从内部瓦解组织体与其员工的利益共同体关系,《美国联邦量刑指南》率先通过量刑激励的方式鼓励组织体实施合规管理,积极预防、及时发现、报告内部违法行为。也就是说,合规借助于其与单位刑事责任理论的关系实现了刑事化。②

单位是刑法上的拟制实体,其实施行为与履行注意义务的方式不同于自然生命体。从单位故意犯的角度说,单位只能通过自然人实施行为。然而,这只能说明,自然人行为是单位犯罪的必要非充分条件,并不能由职员行为必然推导出该行为归属于单位。于是就产生了如何区分单位行为与自然人行为的问题。尽管单位由自然人构成,但单位不同于自然人,其履行注意与结果回避义务的方式也不同于自然人,于是,当发生职员违规行为之后,就产生了如何认定单位是否履行注意或回避义务的问题。作为犯罪预防的组织性措施,企业合规计划代表着单位对违规行为的态度及其履行监督管理义务的具体方式。当故意违规行为发生后,当然可以据此区分自然人行为与单位行为。在单位过失犯罪的场合,有效的公司合规制度意味着其尽到了注意与回避义务,自然不应承担过失责任。以妨害动植物防疫、检疫罪为例,其以"违反有关动植物防疫、检疫的国家规定"为前提,如果单位为防疫、检疫工作制定了详细的合规方案,即便结果依然发生了,也应当排除单位责任。国内对合规与单位责任论关系的研究已比较充分,相对统一的观点是,合规应当成为单位责任认定的核心要素。③

合规不仅可以成为责任刑的考量因素,即便是犯罪行为发生后,合规也可能对单位责任产生影响,即合规还可能对预防刑产生影响。具体来说,在消极的一般预防理论中,企业合规意味着预防必要性的降低,因而降低了预防刑;在积极的一般预防论中,预防效果的实现受三个因素的影

---

① 参见陈冉:《企业公害犯罪治理的刑事合规引入》,载《法学杂志》2019 年第 11 期,第 108—119 页。

② 参见万方:《企业合规刑事化的发展及启示》,载《中国刑事法杂志》2019 年第 2 期,第 55—57 页。

③ 参见黎宏:《合规计划与企业刑事责任》,载《法学杂志》2019 年第 9 期,第 9—19 页;时延安:《合规计划实施与单位的刑事归责》,载《法学杂志》2019 年第 9 期,第 20—33 页;孙国祥:《刑事合规的理念、机能和中国的构建》,载《中国刑事法杂志》2019 年第 2 期,第 3—24 页;李冠煜:《单位犯罪处罚原理新论——以主观推定与客观归责之关联性构建为中心》,载《政治与法律》2015 年第 5 期,第 41—46 页。

响,即惩罚概率、刑罚的种类与幅度以及民众对刑罚的感知程度。① 在民众对刑罚的感知程度相对稳定的情况下,预防效果取决于刑罚的种类、幅度以及惩罚概率。企业合规机制包含事前预防、事中运行以及事后及时报告违规事件等机制,可以显著提高违规行为的发现概率,从而降低预防效果对刑罚种类和幅度的依赖。也就是说,在积极的一般预防理论中,合规也起到对预防刑的调节作用。国内学者的研究已经涉及这个问题②,国外的立法例也积极践行了这一点。③

(3)合规与起诉激励。

国外的实践中,除通过出罪、量刑激励方式推动企业合规之外,起诉激励机制(缓/不起诉制度)也被广泛使用,现如今已经从美国传播到英国、法国、澳大利亚、新加坡等国家。起诉激励机制也成为合规制度研究的重要理论阵地。

因为我国刑事诉讼法尚未规定针对企业的缓起诉或不起诉制度,加上学界对合规问题的关注刚刚起步,因此对合规与起诉激励机制之间关系的研究相对较少。值得注意的是,随着最高人民检察院"合规不起诉"制度的广泛试点,对该问题的研究在逐步增多。④ 企业缓起诉制度之所以得到越来越多的提倡和践行,原因在于,传统的刑罚激励不足以推动企业合规。对于企业而言,一旦进入刑事诉讼程序,即可能产生企业污名化,进而产生严重负外部效应。有罪判决更是无异于间接宣告企业"死刑",因此,企业合规制度的推行需要更强有力的外部激励机制。企业缓/不起诉制度即充当了这种外部激励机制。从理论上说,起诉激励机制对于企业具有如下意义:负外部效应的克服;报应正义的实现与社会关系的

---

① 参见陈金林:《积极的一般预防理论研究》,武汉大学出版社2013年版,第226页。
② 参见李勇:《"合规计划"中须有刑法担当》,载《检察日报》2018年5月24日第03版。
③ 例如,奥地利法对于违规行为发生后建构合规机制的积极认可。Vgl. Thomas Rotsch, Compliance und Strafrecht——Fragen, Bedeutung, Perspektiven, ZStW 2013, S. 486.
④ 例如,《中国刑事法杂志》曾于2020年专题讨论了"企业附条件不起诉"问题。具体参见时延安:《单位刑事案件的附条件不起诉与企业治理理论探讨》,载《中国刑事法杂志》2020年第3期;欧阳本祺:《我国建立企业犯罪附条件不起诉制度的探讨》,载《中国刑事法杂志》2020年第3期;扬帆:《企业合规中附条件不起诉立法研究》,载《中国刑事法杂志》2020年第3期;李本灿:《域外企业缓起诉制度比较研究》,载《中国刑事法杂志》2020年第3期。

修复①；推动企业合规管理，预防未然之罪。正是在这个意义上，国内少有的研究都提出，应当以认罪认罚从宽处理机制为制度切入口，引入企业起诉激励机制。②

4. 尚须改进的地方

2018年的"中兴通讯事件"之后，国内学术界和实务界开始广泛关注、深入讨论企业刑事合规问题。可以说，刑事合规问题一时成为理论和实务界关注的焦点话题。短短的几年时间，已经有丰硕的学术成果产出，上文对国内研究现状的梳理即反映了这一事实。在肯定现有研究的基础前提下，本书认为，现有的研究尚存在如下问题：

第一，视角混乱的问题。如上文所述，对刑事合规的研究，可以从企业视角和国家视角两个角度展开，两个角度虽有交汇，但其学科归属和研究内容有较大差异。现有的很多研究存在视角混乱，即仅从企业视角理解刑事合规问题，忽视了作为焦点性学术现象的刑事合规制度被广泛关注的原因。实际上，企业视角下的刑事合规制度就是如何避免包括刑事风险在内的合规风险问题，它是风险管理、公司治理的另一种表达，因而主要是管理学或公司治理理论需要重点关注的问题。然而，作为近十年来经济刑法关注的核心议题，刑事合规制度的研究主要是从国家视角展开的。从刑事法的角度来说，研究视角的混乱影响了现有研究的学术价值。

第二，体系性和类型化不足的问题。现有的很多研究或者对具体问题的判断出现了知识性的偏差，例如，对于美国是否是刑事合规制度创始地的问题的判断，对于下文详细介绍的"雀巢公司侵犯公民个人信息案"是否是中国刑事合规第一案的问题的判断，对于以程序法上的认罪认罚从宽处理机制为切入口引入刑事合规制度，还是以实体法上的公司罪责理论为切入点引入刑事合规制度的争论，其中的错误判断都源于类型化与体系性不足。再例如，学者多主张通过立法引入刑事合规制度激励企

---

① 通过罚款、补偿金等类似制裁方式（Similar Sanction）实现报应正义，恢复被破坏的社会关系。在处罚方式上，尽管存在作为刑罚措施的"罚金"与作为行政罚的"罚款"的区别，但二者都表现为对企业的经济制裁，具有相似的效果。也正是在这个意义上，国外学者将"企业罚款"制度称作"标签性欺诈"（Etiketenschwindel），它只是立法者为规避企业刑罚与传统刑法中的罪责原则之间矛盾的鬼把戏而已。See Markus D. Dubber, "The Comparative History and Theory of Corporate Criminal Liability", *New Criminal Law Review*, Vol. 16, 2013, p. 216.

② 参见陈瑞华：《企业合规视野下的暂缓起诉协议制度》，载《比较法研究》2020年第1期，第17、18页；李本灿：《认罪认罚从宽处理机制的完善：企业犯罪视角的展开》，载《法学评论》2018年第3期，第111页。

业合规,然而,缺少对企业犯罪治理政策的体系性调整,立法上的制度引入根本没有作用空间和机会,这也涉及体系性思考的问题。

第三,对刑事合规制度的正当性根据关注不够。现有的研究多从比较法的角度展开,将地方性知识当成了"普世价值"。然而,一个制度之所以正当,从来不是因为它是什么,或者它在哪个国家存在,而在于如何在现有的理论体系中为其寻找体系根据。从这个意义上说,加强对刑事合规制度正当性基础的研究具有重要理论意义。

第四,对刑事合规制度的边界问题关注不足。现有的研究多看到了刑事合规制度所具有的提升企业犯罪预防效率、节约司法资源的价值,但对其制度风险缺乏应有的关注。例如,一定程度上说,刑事合规制度意味着刑事诉讼的私有化,即国家将本应由其自身承担的犯罪预防和调查工作转移给了企业,由此带来的问题是,基于私权保障而设置的刑事诉讼法的基本原则在多大程度上应当转移到企业合规管理的过程之中。其中最为突出的问题是,企业内部调查过程中如何保障职工的诉讼权利,如何在劳动法上的配合义务和刑事诉讼法上的不得自证其罪原则之间寻找平衡;其他的问题还包括,如何解决合规的标准化与企业经营自由之间的冲突问题,如何解决企业合规(要求企业自我报告,否则可能承担不利后果)与不得自证其罪原则之间的冲突问题,等等。这些问题提醒我们,刑事合规制度有其独有的价值,同时亦有不可忽视的风险。因此,强化对于刑事合规制度边界问题的研究实有必要。

本书的研究将在上述问题上重点着墨,这也恰恰是本书的学术价值所在。

三、方法论问题及本书的基本立场

刑事合规问题的研究主要集中在美国和德国。粗略观察现有的学术文献即可发现,两国学者的研究存在显著的方法论上的差异。美国学者多采用经验主义的研究范式,例如,通过实证研究的方式对刑事合规制度的有效性展开的研究,通过实证方式对于企业缓/不起诉制度对公司治理结构的影响的研究,等等。部分德国学者也借鉴了这种研究方法,例如,Ulrich Sieber 教授和 Marc Engelhart 博士通过实证研究方法,对于合规计划的实施情况及其有效性的研究。[①] 然而,深受德国教义学研究方法的

---

① See Ulrich Sieber and Marc Engelhart, *Compliance Programs for the Prevention of Economic Crimes—An Empirical Survey of German Companies,* Duncker & Humblot, 2014.

影响,多数学者坚持运用教义学的方式研究刑事合规问题。例如,作为德国学者关注最多的合规官的保证人义务问题,其本身就是刑法教义学的重要内容;为了合理解决刑事合规制度可能带来的私权侵害问题,德国学者从本国的刑事诉讼法文本出发所展开的研究①,也是典型的教义学的研究范式。

在刑事合规问题上,我国的研究起步相对较晚,加上在立法上缺乏相关规定,因而早期的研究具有显著的立法论特征。然而,随着知识的累积、认识的深化,教义学的研究方法得到越来越多的运用。例如,上文提到的黎宏教授对于合规与单位刑事责任关系的研究就是典型的教义学研究;孙国祥教授关于刑事合规的刑法教义学思考②,更具有方法论转型上的重要意义;笔者对于刑事合规的正当性基础③及其边界④的研究,也具有教义学的色彩。

总体来说,在本书看来,作为一种新的制度,立法论上的研究有其必要性;同时应当看到,在立法回应之前,采用教义学的方式,将刑事合规制度放入传统的刑法理论之中展开研究,为其寻找体系性地位,也具有必要性。这种方法具有独特的优势,如果合规的体系地位问题解决了,那么,我们当然可以在公司犯罪司法的过程中自觉将合规理念融入其中。也就是说,在本书看来,刑事合规制度的研究应当坚持多元方法论,我们应当在厘清刑事合规问题研究方法的前提下,合理观照本国的法律体系现状,选择合适的方法。

四、本书的具体内容

本书主体部分共分为六章:

第一章主要对刑事合规制度进行概括性论述。这一部分主要从制度的产生、发展、概念以及概念与概念的区分等几个角度展开论述,从合规制度的历史发展脉络中把握其概念,从而与公司治理实践中的公司治理、风险管理、公司社会责任等概念区分开来,为下文关于刑事合规正当性基础问题的研究做好铺垫。

---

① Vgl. Henrik Zapfe, Compliance und Strafverfahren—Das Spannungsverhältnis zwischen Unternehmensinteressen und Beschuldigtenrechten, Peter Lang, 2013.
② 参见孙国祥:《刑事合规的刑法教义学思考》,载《东方法学》2020年第5期。
③ 参见李本灿:《刑事合规制度的法理根基》,载《东方法学》2020年第5期。
④ 参见李本灿:《刑事合规的制度边界》,载《法学论坛》2020年第4期。

第二章主要解决刑事合规的制度正当性基础问题。自诞生之初,刑事合规制度就面临种种质疑,直到今天仍有学者呼吁将刑事合规制度从立法与学术研究中剔除出去。因此,制度的建构,首先需要解决制度正当性问题,即为什么是刑事合规,而不是行政或者民事合规?用刑事法手段介入公司治理,是否侵害了经济自由,违背刑法的最后手段性?以这些问题为出发点,这一部分首先对刑事合规制度进行了类型化处理,在此基础上,对不同制度类型的正当性基础问题分别展开论述。

第三章主要以教义学方法进行制度建构。从公司本体责任的角度来说,教义学路径的建构依赖如何理解单位刑事责任这一充满争议的问题,解决了单位刑事责任归责模式问题,也就解决了如何在传统理论中为刑事合规制度进行理论定位的问题。从自然人责任的角度说,如果解决了组织体内"人为什么要为具有完全自我答责能力的其他人负责"这一问题,自然可以围绕着自然人责任这一主线建构刑事合规制度。这一制度类型中,尤其值得关注的是公司领导和合规官的监督者保证人义务问题,以及公共机构内主体责任人的腐败治理义务问题。这一章节主要围绕以上问题展开论述。

第四章主要从刑事政策学,尤其是司法政策的角度,对于如何构建刑事合规制度展开论述。刑事合规制度立法化的实现并非问题的全部,制度的真正推行,需要系列配套制度的调整;同时,构建多元的公司犯罪司法政策,对于刑事合规制度的推行也具有重要意义。

第五章将围绕域外的企业缓起诉制度展开讨论,建构具有中国特色的激励企业合规的刑事诉讼程序机制。具体来说,首先,本章将围绕两条主线展开:第一,以时间轴为线索,从纵向维度对企业缓起诉的制度发源地的制度发展历程加以考察;第二,以空间轴为线索,从横向维度对企业缓起诉制度在全球范围内的扩张历程加以考察。两条线索最终汇集到一个问题,即如何建构具有中国特色的激励企业合规的刑事诉讼程序机制。其次,在比较考察的基础上,从微观层面对我国的企业合规检察制度改革试点进行观察,提出建构中国特色企业合规激励机制的具体方案。

第六章将就制度建构的边界问题进行论述。具体来说,这一部分将以经济自由与权利保障为着眼点,对于教义学路径的边界,刑事合规与经济自由的平衡,刑事诉讼法的基本原则在多大程度上可以适用于公司合规等问题进行论述,构建刑事合规的制度边界。

第一章 刑事合规制度概述

第一节 刑事合规的概念

一、"合规"概念的起源

"合规"的概念源于英文中的动词"to comply with"(遵守,符合,依从)。该术语最早使用于医学领域。在该领域其主要用于表示谨遵医嘱。近些年来,"合规"这一概念也逐渐用于企业经济学领域,主要用于表达在企业内部遵守法律、标准及指令。在法学学科中,该词最早运用于英美法系的银行业领域,意指在信贷机构等传统风险领域确保雇员行为的守法。① 不过,该词很快便被借用到法学等其他领域之中。现如今,该词在英美法中已基本等同于在企业内部遵守法律法规、行业标准、伦理规范。

近年来,经济法领域中的"合规"概念被引入德国法,其直接取自英文,且并没有被翻译成德语。与美国一样,它最早于 20 世纪 90 年代初期被运用于信贷领域。现如今,合规仍常被运用于信贷及金融领域(尤其是证券交易中)。② 直到几年前,合规才被普遍视为对不同部门法规定的遵守。③

就中国而言,早期的行政法规、部门规章或规范性文件中,多是在"内部控制"的概念之下规定企业合规管理问题。早在 1997 年,中国人民银行就发布了《加强金融机构内部控制的指导原则》。2001 年,财政部颁布了《内部会计控制制度规范——基本规范(试行)》和《内部会计控制规范——货币资金(试行)》。2006 年深交所发布了《深圳证券交易所上市

---

① Vgl. Holger Fleischer, Legal Transplants im Deutschen Aktienrecht, NZG 2004, S. 1129.
② 这亦为德国到目前为止法律中对该词的唯一运用,参见《德国证券交易法》第 33 条(§33 WpHG)。
③ Vgl. Christoph E. Hauschka, Corporate Compliance: Handbuch der Haftungsvermeidung im Unternehmen, Verlag C. H. Beck, 2007, S. 2ff.

公司内部控制指引》，强制要求在该所上市的公司进行内部控制评价，并强制要求披露内部控制评价报告。2008年财政部等五部委联合发布了《企业内部控制基本规范》，此后又发布了《企业内部控制配套指引》，要求企业进行内控。随着合规理念在全球范围内的普及，"合规"的概念也逐渐出现在位阶较低的规范性文件之中。以北大法宝为检索工具，以"合规"为关键词进行检索可以得出，截至2021年9月，涉及"合规"概念的"中央法规"文件共计703个，其中行政法规7个、部门规章653个、行业规定35个、司法解释1个。然而，经过仔细甄别不难发现，文件标题中的"合规"多指"要合乎规定"之意，与本书所指涉的组织关联性措施并无关系。进一步筛选，全面规定了企业合规管理义务及其履行方式的，只有《证券公司和证券投资基金管理公司合规管理办法》《中央企业合规管理指引(试行)》以及《企业境外经营合规管理指引》。此外，部分省份也发布了地方规范性文件，引导当地企业实施合规管理。例如，2019年7月9日，浙江省发布了《浙江省企业竞争合规指引》。应当说，这些文件对于推动合规管理深入开展具有重要意义。

在实践层面，较早的实践，有案可查的是2002年中国银行总行"法律事务部"更名为"法律与合规部"，设首席合规官。此后，中国大型商业银行都陆续开展了合规风险管理，如，2003年中国建设银行总行法律事务部设立合规处，2005年又单设合规部，负责合规风险管理事务。在各商业银行实践的基础上，上海市银监局于2005年制定了《上海银行业金融机构合规风险管理机制建设的指导意见》，2006年10月，中国银监会出台了《商业银行合规风险管理指引》，此后，国内银行业基本都开始了合规管理。[①]

二、合规与相关概念关系的厘清

(一)合规与公司治理的关系

和"合规"这一术语一样，"公司治理"这一概念也源自英美法系[②]，其意指企业监督和管理所需的法律上与事实上的秩序框架。[③] 正如《德国公司治理法典》中所示一样，相关的讨论大多情况下不涉及所有企业，而

---

① 参见刘红林：《商业银行合规风险管理实践》，经济科学出版社2008年版，第51、52页。
② Vgl. Patrick C. Leyens, Corporate Governance: Grundsatzfragen und Forschungsperspektiven, JZ 2007, S. 1061.
③ See Jill Solomon, *Corporate Governance and Accountability*, Wiley, Ltd, 2007, p. 12.

仅限于受公众特别关注的上市公司。其主要原因在于,在该类企业中资本所有与管理相分离,即存在所谓委托代理问题。自 20 世纪 30 年代美国经济学家提出该问题以来,学界关于企业有效监管的方式与程度的讨论从未间断。尽管如何制定合适的公司治理模式的问题在各国公司法中已是老生常谈,但在"公司治理"的名义下所进行的讨论直到 20 世纪 90 年代才渐受关注,而其真正的突破直到世纪之交才得以实现。美国因安然公司和世界通信公司破产而采取的一系列措施,特别是《萨班斯法案》的颁布,对世界各国产生了重要影响。影响之一就是,决定性地促进了公司治理这一话题从有限的争论转变为普遍的讨论,并使其自此成为一个独立的研究领域。①

从形式上看,我国《公司法》并未明确规定公司及其高管的合规义务,合规与公司治理的关系也无从得知,然而,从功能上看,现代意义上的"合规"意指促进企业员工行为合法的整体性组织措施,其与公司治理具有相同的价值目标。对于两者的关系,《德国公司治理法典》有较为清晰的阐释:与《德国公司治理法典》的原先规定无关,合规很早即被视为良好公司治理的一个重要方面。② 因此,有建议认为,至少应当在个别领域(诸如反腐败斗争领域)将合规义务纳入该法典当中。③ 2007 年该建议被部分采纳并补充进该法典。④ 不过这些变动主要还是形式上的。例如,董事会对于企业遵守法律规定与企业内部规定的义务(《德国公司治理法典》第 4.1.3 条)是通过附加的方式补充的。⑤ 另外,该法典还以类似的方式扩充了如下内容,即董事会须向监事会报告合规的相关行为(《德国公司治理法典》第 3.4 条)。这些规范并未对合规的具体规范作出限制,而是笼统地表示,合规即为遵守所有的法律规范。《德国公司治理法典》中唯一较大的改变在于须由监事会成立一个审查委员会,即审计委员会。修改后的版本明确规定,该委员会的工作包括处理合规的相关问题(《德

---

① Vgl. Patrick C. Leyens, Corporate Governance: Grundsatzfragen und Forschungsperspektiven, JZ 2007, S. 1061.
② Vgl. Holger Fleischer, Legal Transplants im Deutschen Aktienrecht, NZG 2004, S. 1131.
③ Vgl. Bachmann/Prüfer, Korruptionsprävention und Corporate Governance, ZRP 2005, S. 109ff.
④ Vgl. Jürgen Bürkle, Corporate Compliance als Standard guter Unternehmensführung des Deutschen Corporate Governance Kodex, BB 2007, S. 1797ff.
⑤ 《德国公司治理法典》在定义合规时提到了须遵守企业内部的指令,也就是说,《德国公司治理法典》是从广义层面来理解这一概念的。

国公司治理法典》第5.3.2条）。该条款是为了保证,委员会在发现可疑情况时能积极履行自己的监督义务。① 总体来说,《德国公司治理法典》仍一如既往地未能建议整体合规计划的制定,而是局限于整体计划下的个别措施。② 但是,该法典明确了,合规是一个良好公司治理结构的重要组成部分。

(二)合规与企业内部规章制度的关系

前文已经论及,从本质上讲,合规计划是一套旨在预防和发现企业犯罪的程序和机制。它需要一套针对违法行为的预防、发现、举报、内部调查以及惩治措施。也正是基于这个原因,Ulrich Sieber教授提出了合规计划中存在的"法律边界"（例如,内部调查的程序法边界问题,即其应当在多大程度上坚持刑事诉讼法的基本原则)的问题。除了内部控制措施之外,外部监督机制也是合规计划的重要措施。这种外部监督主要是通过外部独立审计以及律师的参与完成。"企业往往视审计为梦魇,但是合规计划恰恰包含了这样的制度,一个设计良好的核查和监督机制是必要因素；为了合规审计更为有效,审计人员应当与企业合规人员以及从事企业法律事务的职员充分沟通；总的来说,审计工作应当与内部审计保持充分的协调,内部审计应当与外部审计充分协作；在合规审计的过程中,律师也起着至关重要的作用,尤其是在某些特殊领域,如反垄断领域,在这样的案件中,律师可能起到主导作用。"③为了保证审计的独立性和真实性,防止诸如安然事件中的虚假财务以及会计公司销毁相关账簿记录等行为的发生,《萨班斯法案》对公司会计制度进行了深化改革,包括：建立独立的"公众公司会计监管委员会",对上市公司审计进行监管；通过负责合伙人轮换制度以及咨询与审计服务不兼容的制度设计提高审计的独立性；通过对公司高管人员的行为进行限定以及改善公司治理结构,增进公司的报告责任；加强财务报告的披露等合规措施。④ 所有这些都是一个得到法律承认的有效的合规计划的要素。尽管合规计划因企业性质、规模等个性化因素而有所不同,但是从形式上看,合规计划是一种整体性组织

---

① Vgl. Gregor Bachmann, in: DCGK-Kommentar-Kremer, 6. Aufl., Verlage C. H. Beck, 2016, Rn. 992a.
② Vgl. Michael Kort, Verhaltensstandardisierung durch Corporate Compliance, NZG 2008, S. 84.
③ Jeffrey M. Kaplan and Joseph E. Murphy, *Compliance Programs and the Sentencing Guideline: Preventing Criminal and Civil Liability,* Thomson Reuters, 2013, pp. 688-692.
④ See Sarbanes-Oxley Act of 2002, Title I to Title VI.

措施,其不仅包括与内部规章相类似的纸面上的行为守则,更要有一系列保证员工遵循行为守则的保障措施。由此可以看出两者的区别,即企业内部规章只是保证员工守法的单一组织措施,其是完整的合规计划所要求的整体组织措施中的有机组成部分。

(三)合规与企业社会责任的关系

"企业社会责任"(Corporate Social Responsibility)是一个与"企业合规""公司治理"这类术语同样盛行的概念。与"企业合规"和"公司治理"相同,"企业社会责任"亦不存在普遍适用的定义。一般来说,该词包含所有涉及企业对社会的责任的行为,但这并不主要指企业的任意慈善行为,例如,捐赠或赞助,而更多地指履行与企业经营紧密相关的义务的行为,其中包括遵守劳动法上的标准、环境标准、尊重人权以及企业的经营行为对股东、供货商、顾客及公众负责。① 这些行为既有来自法律所规定的有约束力的义务,还有来自无约束力的道德观念,其中的一个重要方面在于,对社会任务的自愿承担。这体现了企业作为"公民",即企业公民对社会的贡献,并彰显了其社会价值并不仅限于对法律规范的遵守。"企业社会责任"的部分内容与"公司治理"相重合②,而这部分内容很大程度上体现为企业对公众的责任及其对股东的责任,但是,"公司治理"更偏重企业的结构,而"企业社会责任"的重心却在于承担特定的社会任务。

从上述对于企业社会责任的描述不难看出,社会责任中很多是由法律规定的,例如,遵循与企业业务经营密切相关的劳动法上的标准与环境法上的标准的责任,而这种法规遵循恰恰又是合规计划所应该包含的内容。从范围上讲,企业社会责任远不止于上述与业务相关的责任,还包括任意慈善行为,例如捐赠或者赞助等,这一点已经超出了合规计划的内容。③ 因此,从上述描述不难看出企业社会责任、合规计划以及公司治理的关系(如图 1-1 所示):

---

① Vgl. Habisch/Schmidpeter/Neureiter (Hrsg.), Handbuch Corporate Citizenship: Corporate Social Responsibility für Manager, Springer, 2008, S. 3ff.

② Vgl. Schwalbach/Schwerk, in: Habisch/Schmidpeter/Neureiter (Hrsg.), Handbuch Corporate Citizenship: Corporate Social Responsibility für Manager, Springer, 2008, S. 71(82ff.).

③ 这里需要说明的一点是,捐赠或者赞助等任意慈善行为当然可以包括在合规计划之中,但是它并不具有强制性,法定的合规计划肯定是最低标准的内控措施,即只要在法律规定的范围内行事就是合规的,当然并不妨碍企业更进一步,而这种最低标准的内控措施较之于企业社会责任,范围要小很多。

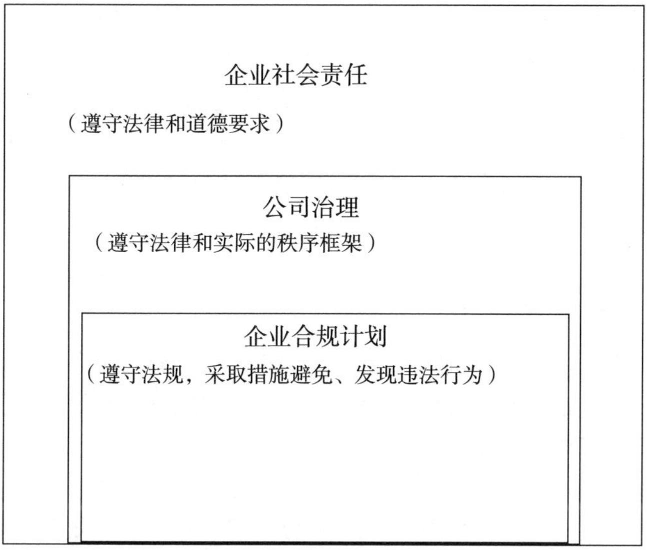

```
┌─────────────────────────────────────────┐
│           企业社会责任                    │
│        （遵守法律和道德要求）              │
│   ┌─────────────────────────────────┐   │
│   │          公司治理                │   │
│   │   （遵守法律和实际的秩序框架）     │   │
│   │   ┌─────────────────────────┐   │   │
│   │   │      企业合规计划        │   │   │
│   │   │（遵守法规，采取措施避免、 │   │   │
│   │   │      发现违法行为）       │   │   │
│   │   └─────────────────────────┘   │   │
│   └─────────────────────────────────┘   │
└─────────────────────────────────────────┘
```

图 1-1 企业社会责任、公司治理、企业合规计划关系图

（四）合规与企业伦理的关系

企业伦理，即一般所说的商业伦理（Business Ethics）中与企业相关的部分。近年来，在商业及企业中要求遵守伦理规则已经成为公共讨论的话题。并且，企业伦理在很多国家已渐渐成为企业识别（Corporate Identity）的重要组成部分。如前文所提到的其他概念，即企业社会责任、公司治理以及合规计划，对该概念亦不存在统一的定义。对这一概念的认识存在多种多样的观点，不过这些观点在一点上的理解是一致的，即企业并不能仅以金钱为指标，其亦应当以伦理为导向。只是，具体应当以何种伦理价值为导向，尚未定论。现今，与环境保护相关的价值往往被提及，例如，致力于资源节约、可持续发展与生态保护。此外还有与劳动者保护相关的价值，例如，劳动保护与尊重人权；或与消费者保护相关的价值，例如公平交易。① 因此，在诸多方面，企业伦理与企业社会责任发生了重合。不过，不仅与企业社会责任，企业伦理与企业合规在概念上也出现了一些重合，尤其是在涉及企业伦理的具体落实时。因此，人们往往将伦理计划

---

① Vgl. Till Talaulicar, Unternehmenskodizes: Typen und Normierungsstrategien zur Implementierung einer Unternehmensethik, Deutscher Universitätsverlag, 2006, S. 202ff.

与合规计划相提并论。① 一般情况下,当企业伦理这一问题在讨论中出现时,其多数在"合规计划"的名义下被讨论。"合规计划"这一概念看起来更为合适,原因在于,该概念范围更加宽泛,伦理仅被理解为合规计划诸多方面中的一个方面。② 因此,有些学者的观点并不被认同,他们认为,一个以伦理为基础的系统,与仅作为监督系统的合规计划截然相反。③ 这样一种认知极大地缩小了合规概念的范围,即将其误解为形式上的监督措施。

(五)进一步的区分

从内容上说,合规所包含的任务,在很多企业中已经被实施,其中部分任务已经由企业自有的部门所执行。因此,这里有必要厘清合规与其中最重要的工作及企业部门的关系:即合规计划与风险管理、控制、内部审计以及法务管理的关系。

风险管理是经济学科下属的一个分支,且近年来在法学上的意义也日益重要。风险管理解决的问题是企业如何在运营中发现风险并采取应对措施。④ 从合规问题上来看,它在评估法律风险时可突显其意义,而对纯经济风险的评估在此不作考虑。因此,合规的部分内容可被视为一套全面风险管理系统的组成部分,而另外部分内容则与风险管理并不相干。⑤ 反过来讲,风险管理作为确立法律风险的工具,也可以被理解为一个全面的合规计划的一部分。因此,本书的理解是,合规计划与风险管理是一种交叉关系。

---

① Vgl. Till Talaulicar, Unternehmenskodizes: Typen und Normierungsstrategien zur Implementierung einer Unternehmensethik, Deutscher Universitätsverlag, 2006, S. 115ff. 这一点从诸多的文献中也可以看出,因为"Compliance"往往与"Ethics"并用,"compliance program"也被称为"compliance and ethics program"。

② Vgl. Uwe H. Schneider, Compliance als Aufgabe der Unternehmensleitung, ZIP 2003, S. 645 (649). 文中作者建议将伦理标准纳入合规计划之中,而这与《美国联邦量刑指南》的观点不谋而合,自2004年起,《美国联邦量刑指南》中明确将"合规计划"修改为"合规与伦理计划"(Compliance and Ethics Programs)。

③ Vgl. Bettina Palazzo, Unternehmensethik als Instrument der Prävention von Wirtschaftskriminalität und Korruption, Die Kriminalprävention, 2001, S. 52 (54). 该书中,作者将以规则为导向的合规计划与以价值为导向的企业伦理相对立。

④ Vgl. Michael Kort, Verhaltensstandardisierung durch Corporate Compliance, NZG 2008, S. 81f.

⑤ Vgl. Thomas Lösler, Das moderne Verständnis von Compliance im Finanzmarktrecht, NZG 2005, S. 104ff.

控制是以协调企业行为为对象的一种企业治理手段。控制部门为企业管理层的决策提供支持,以便其以该部门的结果为依据做出计划并执行。因此,该部门须组织并负责向管理层报告企业状况,为管理层确立目标、计划和控制提供帮助。控制部门须生成与企业决策相关的数据,从这个角度来说,它与风险管理存在重叠,尤其在经济风险的评估方面,全面控制一般均须对经济风险做出评估。[1] 控制部门的一项主要工作是对企业各部门进行协调。通过对企业运营全过程的长期参与,控制部门亦可以对其他部门进行监督和控制。正是在监督与控制问题上控制与合规出现了交集。但是,控制的重心并非在对法律规定的遵守上,而是实现经济目标。从这一点来讲,控制与合规是两个存在交叉但又有所不同的领域。

在现代企业中,内部审计部门是大多企业的重要职能部门,其主要工作包括客观审查企业运营中的行为是否遵守了企业内部的规定。这类审查并不仅是为了确保行为遵守规定,还为了评估特定规范的经济性与合目的性。[2] 这种审查往往还包括对现有企业风险的审查,因此,从这方面说来,内部审计与合规计划联系紧密。实际上,内部审计与外部审计共同构成了合规计划的重要组成部分。《萨班斯法案》通过企业财务控制的强化促进企业内控也说明了这一点。鉴于二者之间的紧密联系,有人建议将合规工作归入内部审计中,这是与其目的最相符合的。[3] 但是,审计部门的工作并非主要着眼于预防,从这一点讲,两者的职能并非完全相同,合并两种职能的做法也并不可取。不过,为避免两者工作的重合,控制部门应当对它们作出协调。此外还可以这样做,即规定由审计部对合规计划的有效性进行审查。[4]

在法律问题上,法务管理的功能与合规出现了重叠,该部门可以在法律风险的发现上提供帮助,不过两者之间仍存在着差异:"从历史渊源上看,法务管理是公司乃至企业的传统内部职能,虽然并没有哪部法律要求

---

[1] Vgl. Pampel/Krolak, in: Christoph E. Hauschka(Hrsg.), Corporate Compliance: Handbuch der Haftungsvermeidung im Unternehmen, Verlag C. H. Beck, 2007, §15, Rn. 45ff.

[2] Vgl. Stephan/Seidel, in: Christoph E. Hauschka(Hrsg.), Corporate Compliance: Handbuch der Haftungsvermeidung im Unternehmen, Verlag C. H. Beck, 2007, §25, Rn. 169.

[3] Vgl. Campos Nave/Bonenberger, Korruptionsaffären, Corporate Compliance und Sofortmaßnahmen für den Krisenfall, BB 2008, S. 734f.

[4] Vgl. Jürgen Bürkle, in: Christoph E. Hauschka(Hrsg.), Corporate Compliance: Handbuch der Haftungsvermeidung im Unternehmen, Verlag C. H. Beck, 2007, §8, Rn. 34.

公司必须设立法务管理部门,但可能从公司诞生之日起,法务管理部门或法务人员就已经成为公司的一分子。合规管理则主要缘起于监管机构的要求;从管理依据上看,法务管理的依据是法律法规、监管机构规定、行业惯例,尤其是前两者。法务管理基本上不存在将法律法规内部化的过程,直接依据法律法规判断公司行为与法律法规的契合度及其法律后果。对于合规管理而言,其管理依据则相当广泛,包括法律法规、监管机构规定、行业自律规则、公司内部管理制度以及诚实守信的道德准则。其更强调对内部规章制度的遵循。因为作为内控的手段之一,合规在很大程度上是先把外部规则内部化为公司的规章制度,而后再依据内部规章制度进行控制。从风险类型上看,就法务而言,其关注的风险为法律风险,包括法律责任以及一类不能称之为责任,但会使公司丧失法律保障的风险或不利后果,例如,因为公司怠于行使债权而导致诉讼时效已过,则会导致清偿债权的诉讼请求得不到法庭支持的不利后果。就合规而言,其关注的风险则是违规风险,与法律风险在法律责任中的刑事责任与行政责任方面是重合的,其他则风马牛不相及。从管理定位和管理模式上看,传统的企业法律部门往往被定位为服务部门、支持部门,负责公司的诉讼管理、合同审核、产品条款审核、风险资产追偿等工作,是一种非流程化、标准化、被动的管理,而合规管理则被定位为内控部门、监督部门,负责检测、识别、评估、报告公司各部门及分支机构对合规规则的遵守情况和风险管理的发生及整改情况,是一种常规化、流程化、标准化的管理,更是一种主动的姿态;在专业性上,合规管理需要管理人员更加了解公司的业务,而法务管理则要求管理人员对法律更加熟悉。"[1]因此,合规管理与法务管理应当被作为两个不同的企业职能来看待。

三、刑事合规的概念

在本书开头"问题的提出"部分已经交代过,对刑事合规问题的理解可以从企业和国家两个视角展开。鉴于两个视角下"刑事合规"概念的根本性差异,此处亦在不同的视角下分别进行概念界定。

(一)企业视角下的刑事合规概念

企业视角下的合规意指,企业应当遵守法律、法规、行业规范等。相

---

[1] 秦国辉:《合规管理能取代法务管理吗?》,载《法人杂志》2009年第4期,第34、35页。

应地,刑事合规意指,企业应当遵循刑事法律规范。此为第一个层面的含义。需要提出的问题是,现代化的大型企业所涉员工动辄数十万,那么,企业如何保证所有职员行为合法?对于公司领导来说,其可以通过加强自身的政治素养、纪律、法律意识保证自身守法,但对于众多文化素养、品格、职业素养参差不齐的职员的行为合法性,很难保证。因此,现代意义上的合规主要意指,企业为了保证所有职员行为合法的整体性组织措施。① 此其第二个层面的含义。然而,刑事合规这一概念之所以成为近十年经济刑法的热门话题,主要不是在以上两个层面展开的:第一,在我国《宪法》第 5 条已经明确规定了各企业事业组织和个人的守法义务的前提下,再来讨论企业的刑事合规义务似乎没有什么必要。刑事法律是企业经营的红线、底线,其当然应当遵循。第二,"为了保证所有职员行为合法的整体性组织措施"更多关涉公司治理领域,与刑法的关联性较弱。基于以上原因,本书意义上的刑事合规概念主要从国家视角展开。

(二)国家视角下的刑事合规概念

首先需要说明的是,在文献中,刑事合规和合规计划这两个概念被不区分地加以使用。依笔者的观察,在德语文献中,更多使用刑事合规(Criminal Compliance)这一概念;在英语文献中,更多使用合规计划(Compliance Program)这一概念。实际上,这两个概念都是站在国家层面,对于企业合规的刑事法意义的讨论。因此,接下来的讨论将遵从原文献的表达方式,交叉使用刑事合规与合规计划这两个概念。

1. 现有观点的梳理

美国司法部是推行企业合规计划的重要力量。在《麦克纳尔蒂备忘录》中,司法部提出:合规计划并没有一个程式化的要求,它是企业管理部门确立的旨在预防和发现不法行为,确保企业活动符合刑事法律、民事法律、法规和规则的制度,但是合规计划的存在本身并不能确保企业免于承担因员工或者代理机构实施违法行为而需要承担的责任。对于合规计划的评估,关键在于企业是否最大化地保证其有效预防和发现员工实施的不法行为。② 归结起来说,美国司法部界定的合规计划是指,企业自身确

---

① Vgl. Thorsten Alexander, Die strafrechtliche Verantwortlichkeit für die Wahrung der Verkehrssicherungspflichten in Unternehmen, Centaurus Verlag, 2005, S. 316.

② See McNulty Memo, pp. 14-15.

立的旨在发现和预防不法行为的内部控制机制,而不仅是纸面上完美的制度设计或者表面装潢(window dressing)。它的关键在于其有效性,制度设计能否保障充分合规是合规计划的重要因素,至于如何保证其有效性,并没有一个固定的模式,企业应当确保合规计划适合自身的特殊情况。美国联邦量刑委员会所界定的合规计划概念也大致如此:"为构建有效的合规计划,企业应当尽职预防和侦查犯罪行为,推进企业文化建设,鼓励伦理及合法行为。"①

在学理上,经过对美国司法部和联邦量刑委员会相关法律规定的总结,Kaplan认为:合规计划实质上是一套旨在发现和预防企业违规行为的内部控制措施,而这样的内部控制措施应当考虑行业的一般特性,同时兼顾企业本身的特殊性,在兼顾一般与特殊性的基础上,按照美国联邦量刑委员会的合规要素进行程序的设计。② Miriam Hechler Baer认为:合规计划是企业为了发现违法行为,并向外部当局表明其守法决心而采取的一系列政策和控制措施。③ 德国学者Ulrich Sieber教授则认为:合规计划与风险管理、价值管理、公司治理以及商业伦理、诚信守则、行为守则、企业社会责任等概念都是描述公司治理的新理念,他们都是特指公司治理对于特定的目标和价值的定位。具体到合规计划,规定的是一种对——首先是法定的,有时又是伦理的或其他的——预定目标的遵守程序。④ 在介绍合规计划的内容部分时,Sieber教授主要从"目标和价值"以及"程序观念"两个方面展开:"具体来讲,这里的目标主要是指防止犯罪行为,特别是腐败、洗钱、恐怖融资、不正当竞争、伪造资产负债表、逃税、内部交易、破坏环境以及泄露公司秘密等犯罪行为。其他目标包括,针对公司职员而言,劳工法上的补充规定;针对顾客而言,售出产品的安全性能;针对供货商而言,订单的合理分配。此外还包括在世界范围内对人权进行的保护,例如防止童工、强迫用工或者歧

---

① U. S. Sentencing Guideline Manual (2018), §8B.
② See Jeffrey M. Kaplan and Joseph E. Murphy, *Compliance Programs and the Corporate Sentencing Guidelines: Preventing Criminal and Civil Liability,* Thomson Reuters, 2013, pp. 146-151.
③ See Miriam Hechler Baer, "Governing Corporate Compliance", *Boston College Law Review,* Vol. 50, 2009, p. 958.
④ 参见〔德〕乌尔里希·齐白:《打击经济犯罪的刑法及其替代模式》,周遵友译,载〔德〕乌尔里希·齐白:《全球风险社会与信息社会中的刑法:二十一世纪刑法模式的转换》,周遵友、江溯等译,中国法制出版社2012年版,第238、239页。

视。从价值方面讲,特别适用于公司经济价值的一般保护,而这种保护涉及的范围广泛,从谨慎地对待公司财产,到保护公司秘密;除公司方面的利益,还包括业务伙伴或第三人的利益以及社会利益。程序方面,不同公司合规计划的程序也各不相同,他们主要取决于各个公司的业务范围及其规模。"①国外其他学者对于合规计划概念的界定与上述两位学者的观点类似,不再一一介绍。

在国内,周振杰教授持有类似观点。他认为:"虽然现在许多国家都在立法中规定了企业适法计划②,但是尚无统一的概念,通常是指企业为预防、发现违法行为而主动实施的内部机制;基本的构成要素包括正式的行为规则、负责官员以及检举制度。"③

2. 自己观点的展开

从美国司法部、联邦量刑委员会以及学者对合规计划概念的界定可以看出,他们都是从以下几个方面展开:首先是制度的初衷,即合规计划是旨在预防和发现企业犯罪的制度。其次是制度初衷如何实现,即合规计划的程序问题——通过一整套内部控制措施实现预防和发现犯罪的目标。具体的措施应当考虑企业的特殊性质、企业规模、先前违法状况以及行业特性等因素,有针对性地进行制度建构。最后是关于合规计划的有效性问题,即它不应当仅仅停留在纸面,而应当切实地实现制度初衷。由此可见,这一层面的合规计划概念与"作为保证职员守法的整体性组织措施"这一企业视角下的合规概念并无本质差异。问题是,理念意义上的企业合规或者企业自律要远远早于制度层面的合规计划,如果仅从企业视角认识合规,无法得到合理解释的是,为什么它也只是在近二十年才得到广泛讨论?事实上,合规之所以成为一个新的学术增长点被广泛关注,得益于其成为一个新的起诉、定罪、量刑政策,即合规与起诉、定罪、量刑问题发生了某种关联。虽然前述部门或者学者都有一个共识,即合规可以影响企业刑事责任,但其并未

---

① 〔德〕乌尔里希·齐白:《打击经济犯罪的刑法及其替代模式》,周遵友译,载〔德〕乌尔里希·齐白:《全球风险社会与信息社会中的刑法:二十一世纪刑法模式的转换》,周遵友、江溯等译,中国法制出版社 2012 年版,第 242—244 页。

② 这里需要说明的是,国内关于"Compliance Program"一词的翻译存在差异,大多数学者将其翻译为"合规计划",也有学者将其翻译为"适法计划""法规遵从计划"等。尽管译法不同,但意义相同。

③ 周振杰:《企业适法计划与企业犯罪预防》,载《法治研究》2012 年第 4 期,第 27 页。

将这种影响囊括进合规计划的定义。在本书看来，这一点是一个缺憾，我们应当将合规计划的法律效果视为合规计划概念的一部分，而这一部分也恰恰是其不同于企业自律理念的关键所在。

具体到合规计划的法律效果，在刑事法上主要包括：合规成为影响起诉决定的核心要素；合规成为影响定罪或量刑的核心要素。在美国、英国、法国、新加坡、加拿大、巴西等国，合规已经成为检察官起诉决定的核心考量要素。① 依照《美国联邦量刑指南》，企业犯罪时，法院对于设有有效合规计划的企业可减轻高达95%的罚金，如果企业怠于合规，可处最高达4倍的罚金。② 甚至，合规计划在某些情况下还具有正当化的功能。"这可能出现在《日本刑法》第35条的正当业务行为的一环的企业活动里。例如，保安公司的人员按照内容严格的守法计划在实行保安业务时引起物品上的损害或者人身伤害；又如，航空公司的飞行员或者航运公司的船长在严格依照守法规则的航行中，遇到难以预料的危难而为了避免更大的损害不得已导致一定损害结果的场合；再如，在与媒体报道和名誉毁损罪的关系问题上，守法计划也许会发挥正当化功能。另外，根据将过失犯罪的本质掌握在违法性层面的学说，守法计划可能被掌握为客观注意义务之标准，而发生伴随着企业活动的人身事故时，有跟正当化功能联

---

① 参见李本灿：《域外企业缓起诉制度比较研究》，载《中国刑事法杂志》2020年第3期，第90页。

② See U. S. Sentencing Guideline Manual (2011), §8, C2.6.；需要特别指出的是，在U. S. v. Booker and Fanfan v. U. S.之后，《美国联邦量刑指南》(下称《指南》) 由强制性走向了参考性，在后Booker/Fanfan时代，美国联邦法院法官在对个人的审判中经常表达这样的观点，即因刑罚过于严厉而让人不安，因此对《指南》也仅仅是加以参考，但是这种情况很少发生在企业量刑的场合，因为对企业不存在监禁刑的问题，在Rita v. U. S.案中，法庭还表达了这样的观点，即尽管《指南》从强制性走向了参考性，但是法官按照《指南》进行裁判仍被视为是合理的。此外，因为《指南》不再具有强制性，从理论上讲，它对企业量刑的影响可能更大了，因为在前Booker时代，《指南》为组织体量刑设置了上限下纲，而这样的情况已经不存在了。实际上，《指南》的标准仍被其他政府机关适用，例如美国环境保护署、美国健康与人类服务部以及美国司法部。这一点从一个高级检察官在道德高级职员协会2004年度会议的报告中可以看出，该检察官说，即使Booker和Fanfan案使《指南》从强制性走向了参考性，但是美国司法部仍适用该标准衡量企业犯罪的起诉等问题。See Jeffrey M. Kaplan and Joseph E. Murphy, *Compliance Programs and the Corporate Sentencing Guidelines: Preventing Criminal and Civil Liability*, Thomson Reuters, 2013, pp. 31-32.

结的余地。"①

归结起来说,刑事合规/合规计划是指国家以起诉、定罪或量刑等外部激励方式推动企业建构可以有效预防、发现违法犯罪行为的内部控制机制的法制度工具。②

第二节 制度史的考察:以美国法为切入点

一、企业合规理念的发展

尽管公司被认为是近代历史最伟大的发明,但深受殖民影响的美国在最开始却对它非常警觉,原因在于,他们当初所反对的垄断却可能在公司这一组织形式中得以合法化地存在。也就是说,在公司产生之初,美国对它充满了不信任。③ 可以想见,基于对公司的不信任,自我管理理念和制度不可能得到重视。然而,过于强调单一的政府规制,产生了规制效率低下等系列问题,加上公司制度逐渐被认可、接受,公司的自我管理理念得到越来越多的重视。一般认为,合规导向的内部规则来源于1887年的

---

① 〔日〕甲斐克则:《守法计划和企业的刑事责任》,但见亮译,载陈泽宪主编:《刑事法前沿》(第三卷),中国人民公安大学出版社2006年,第357页。当然,甲斐克则教授关于企业合规计划与正当化功能的联结功能的论述只是一家之言,因为关于过失犯罪的本质的体系性地位,因旧过失论、新过失论以及危惧感说而不同。具体来讲,旧过失论认为过失是责任要素,从这一点出发,企业合规计划并不涉及企业行为的合法性与否的问题,而只是对企业的刑事责任产生影响,企业违法行为的发生本身已经说明了其没有尽到注意义务,至少没有完全尽到注意义务。但是根据新过失论以及危惧感说,过失犯罪在违法性阶段就已经与故意犯罪有所区别,因此应该将过失认定为违法要素,而不是责任要素。在这种情况下,如果犯罪不具有回避可能性,那么合规计划就可以实现行为的正当化。参见周振杰:《企业适法计划与企业犯罪预防》,载《法治研究》2012年第4期,第33、34页。

② 与本书的观点类似,孙国祥教授将刑事合规/合规计划定义为:"为避免因企业或企业员工相关行为给企业带来的刑事责任,国家通过刑事政策上的正向激励和责任归咎,推动企业以刑事法律的标准来识别、评估和预防公司的刑事风险,制定并实施遵守刑事法律的计划和措施。"参见孙国祥:《刑事合规的理念、机能和中国的构建》,载《中国刑事法杂志》2019年第2期,第7页。

③ See Harvey L. Pitt and Karl A. Groskaufmanis, "Minimizing Corporate Civil and Criminal Liability: A Second Look at Corporate Codes of Conduct", *Georgetown Law Journal*, Vol. 78, 1990, p. 1575.

《美国州际商业法案》。① 该法案对于行业自律和监管做出了详尽规定,对后来监管立法工作影响深远。② 以至于,在1929年的经济大萧条时期,自我监管理念仍得到强调。③ 在认识到政府监管的不足之后,美国证券交易委员会主席道格拉斯也倡导证券行业自治。1938年的《马罗尼法案》修订了1934年的《美国证券交易法》,即通过增加第15条A项,授权作为私人规制主体的美国全国证券交易商协会(National Association of Securities Dealers, NASD)管理柜台/场外交易(over-the-counter)的权力。尽管不能不受美国证券交易委员会的监管,美国全国证券交易商协会也获得了相关的自我管理权限。④ 据我国学者介绍,出于金融系统稳定的考虑,从20世纪30年代起,美国政府加强了对金融行业的监管。严格的监管也保障了美国银行业乃至整个金融系统数十年的稳定发展。鉴于金融领域合规监管的成效,政府逐渐认识到加强企业监管的重要性,相继出台了大量针对企业商业活动的监管政策和法律,以加强对企业的监管;与之相对应,企业也逐渐认识到合规监管的重要性,并开始着手构建加强行业监管和自我监管的企业合规措施。⑤

美国合规管理理念和制度在全行业普及过程中,对20世纪60年代之后的系列典型案件起到催化作用。

首先是电气领域系列反垄断合规案。美国1890年的《谢尔曼法案》明确禁止垄断。1974年,垄断行为甚至被升级为重罪。然而,时至20世纪50年代,美国电气行业出现了严重的产能过剩,价格成为市场内区分竞争者的唯一途径。经过毁灭性的价格战之后,电气公司之间达成共识,共谋分配市场、固定价格、串通投标。事情败露之后,部分企业选择了与政府合作,而最终受到最严厉罚金刑处罚的通用电气公司试图通过合

---

① See Robert C. Bird and Stephen Kim Park, "The Domains of Corporate Counsel in an Era of Compliance", *American Business Law Journal*, Vol. 53, 2016, p. 210.

② See Geoffrey Parsons Miller, *The Law of Governance, Risk Management and Compliance*, Wolters Kluwer, 2014, p. 139.

③ See Joel Sligman, *The transformation of Wall Street: A History of the Securities and Exchange Commission and Modern Corporate Finance*, Houghton Mifflin, 1982, p. 184.

④ See Harvey L. Pitt and Karl A. Groskaufmanis, "Minimizing Corporate Civil and Criminal Liability: A Second Look at Corporate Codes of Conduct", *Georgetown Law Journal*, Vol. 78, 1990, pp. 1577-1578.

⑤ 参见万方:《企业合规刑事化的发展及启示》,载《中国刑事法杂志》2019年第2期,第49页。

规加以抗辩。通用电气公司提出，1946年公司就引入了书面的合规政策，1954年进一步完善了该政策。最终，通用电气公司没有能够说服任何人，法官不认为其已经采取了有效的合规计划。尽管通用电气没能进行有效的合规抗辩，但这一系列的判决刺激了企业界实施有效的合规计划。①

其次是系列反腐败合规案。1972年，水门事件爆发。1973年，美国特别检察官起诉了多家企业及其董事会成员，原因是，这些公司和个人在1972年的总统选举活动中违法捐款。1974年，美国证券交易委员会明确表示，上市公司的董事会或职员因不法原因支付而受到有罪判决，是对国民特别是股东必须公开的重大事实。为了促进不法原因支付的公示，美国证券交易委员会制定了自愿自我公示的计划。最终，有四百多家企业承认存在有疑问的或非法支付，总价值达3亿美元。鉴于腐败行为（包括贿赂海外官员）的普遍性，美国国会于1977年制定了《美国反海外腐败法》。② 与企业合规相关的是反贿赂条款和账簿记录条款。第一，原则上禁止美国的上市公司向外国官员、政党、政治家进行政治捐助和行贿。③ 第二，由于违规支付多通过秘密财务账户进行，为了遏制违法支付，要求企业制定本企业资产的详细清单，并妥善保存；企业履行上述义务时，必须在内部设置会计控制机制。④ 尤其值得关注的是，在立法之初，《美国反海外腐败法》仅根据属地管辖原则行使管辖权，其规制范围相对有限。然而，该法1998年的修正案增加了属人管辖原则，将美国公司或个人在境外实施的腐败行为也纳入了法案的规制范围。此外，通过对"美国境内"这一要素的扩张解释，将利用美国邮件、州际商业的任何工具实施腐败的行为，都纳入规制范围之内。例如，经美国打电话、发送电子邮件、短信、传真以及通过外国银行进行美元汇款等，都属于在美国境内

---

① See Richard A. Whiting, "Antitrust and the Corporate Executive II", *Virginia Law Review*, Vol. 48, 1962, p. 3.

② 参见 Harvey L. Pitt and Karl A. Groskaufmanis, "Minimizing Corporate Civil and Criminal Liability: A Second Look at Corporate Codes of Conduct", *Georgetown Law Journal*, Vol. 78, 1990, pp. 1582-1584. 同时参见〔日〕川崎友巳：《合规管理制度的产生与发展》，李世阳译，载李本灿等编译：《合规与刑法：全球视野的考察》，中国政法大学出版社2018年版，第7—9页。

③ See 15 U. S. C., §78dd-1(a)(1)-(3).

④ See 15 U. S. C., §78m (b)(2)(A)-(B).

实施的行为。① 也就是说,《美国反海外腐败法》具有非常宽泛的管辖范围,相应地,对于推动全球范围内的企业合规起到了重要作用。

再次是系列内幕交易案。《美国证券交易法》明确禁止内幕交易,并且要求企业制定内部行为守则。从表面上看,证券企业也发展了广泛、复杂的合规和培训计划。例如,中国墙(Chinese Walls)、限制清单(Restricted Lists)、监视清单(Watch Lists)已经成为证券业的专有词汇。尽管如此,20世纪80年代还是发生了一系列内幕交易案,例如,Drexel Burnham Lambert、Michael Milken、Lowell Milken、Bruce Newberg 等公司都在这个时期被处理。系列内幕交易丑闻使立法者意识到现有立法的不足,因而制定了《美国内幕交易与证券欺诈取缔法》(Insider Trading and Securities Fraud Enforcement Act of 1988)。② 该法案明确指出:经纪人和交易商应当充分结合自身的业务性质,确立、维护、加强纸面的政策、程序,以有效预防滥用材料、非公开信息的行为。③ 如果相关责任人故意或者轻率地没有确立、维持或执行任何本法所要求的政策或程序,并且由此实质性地对于违规行为做出了贡献,则其要承担相应的民事罚款(civil penalty)。④ 该法案对于推动证券交易领域的合规计划发挥了重要作用。

最后是国防工业舞弊丑闻案。20世纪80年代中期,美国国防部及其签约供货商身处舆论的风口浪尖,原因是,民众认为,浪费和弄虚作假行为在国防物品采购中普遍存在。例如,国防采购中马桶座的价格就被虚假抬升到600美元。⑤ 在民意调查中,78%的民众曾经听到或读到过关于国防物资采购中的欺诈或其他不法行为的报道;62%的民众认为,欺诈等不法行为是国防开支浪费的主要原因。⑥ 为了解决系列国防工业舞弊案件所反映出来的问题,罗纳德·里根总统指示,并于1985年7月15日成

---

① 参见肖扬宇:《美国〈反海外腐败法〉的新动向及我国国内法表述》,载《中国刑事法杂志》2020年第2期,第162、163页。

② See Harvey L. Pitt, Karl A. Groskaufmanis, "Minimizing Corporate Civil and Criminal Liability: A Second Look at Corporate Codes of Conduct", *Georgetown Law Journal*, Vol. 78, 1990, pp. 1587-1589.

③ See 15 U. S. C., §78o(c)(3)-(g).

④ See 15 U. S. C., §78u-1-(b)(1)(B).

⑤ 具体可参见《纽约时报》的报道,载纽约时报网(https://www.nytimes.com/1986/02/18/us/dept-of-hundred-dollar-toilet-seats.html),访问日期:2021年1月23日。

⑥ See President's Blue Ribbon Commission on Defense Management, A Quest for Excellence: Appendix: Final Report, 1986, p. 215.

立了国防行政特别委员会——帕卡德委员会(Packard Commission)。帕卡德委员会号召国防工业确立伦理守则。经过与帕卡德委员会主席帕卡德磋商,18家接受国防部订单的企业联合起草了《国防工业商业伦理和行为倡议书》(Defense Industry Initiatives on Business Ethics and Conduct)。该倡议书包含六项基本原则:第一,供应商必须拥有并且遵守成文的商业伦理和行为守则;第二,行为守则中的各项目所要求的应当是企业或从业者能达到的较高道德水平,并且公司应当就行为守则下的员工责任加以培训;第三,供应商应当为公司成员举报不正当行为提供自由开放的环境;第四,供应商有义务通过监督体系自我管理,确保自身行为合乎美国联邦采购法律,并采取措施自我揭弊,同时纠正管理漏洞;第五,为了保持国防工业的廉洁性,供应商有遵守商业伦理的团体义务;第六,供应商承担遵守以上原则的公共责任。① 与企业界自发实施合规计划相对应,美国国防部也对帕卡德委员会作出了类似回应。1986年7月24日,时任国防部副部长William H. Taft IV给87家国防部供应商写信,勾勒出了"国防部自愿揭弊计划"(DOD Voluntary Disclosure Program),鼓励供应商将自我揭弊作为企业合规计划的核心。对于达到要求并被列入"国防部自愿揭弊计划"的企业,美国国防部承诺向美国司法部作出有利于企业的建议。然而,美国司法部在是否回应、配合"国防部自愿揭弊计划"的问题上显得犹豫不决。这种犹豫从美国司法部副部长Arnold Burns给时任美国国防部副部长Taft的信件中可以看出:一方面,他指出,威慑是起诉公司时的首要目的,通过威慑可以促进企业建立预防性举措,并为员工确立清晰的是非标准;另一方面,他也承认,企业迅速的自我揭弊行为以及及时的矫正措施也不应当被挫伤。② 直到一年之后的1987年7月17日,美国司法部才发布了"关于国防部自愿揭弊计划的指引",并将其纳入了《美国联邦检察官手册》。该指引指出:美国司法部在国防采购欺诈领域的目标是,威慑企业的同时,通过起诉裁量鼓励供应商实施合规计划。③ 由于国防工业事关美国国家安全,该领域内的公司丑闻引起了美国各界的高

---

① See President's Blue Ribbon Commission on Defense Management, A Quest for Excellence: Appendix: Final Report, 1986, pp. 251-254.

② See Benjamin B.Klubes, "The Department of Defense Voluntary Disclosure Program", *Public Contract Law Journal*, Vol. 19, 1990, p. 511.

③ See Benjamin B.Klubes, "The Department of Defense Voluntary Disclosure Program", *Public Contract Law Journal*, Vol. 19, 1990, p. 512.

度重视。可以说,系列国防工业舞弊案极大推动了企业合规理念的普及以及制度层面立法化的实现。

总结起来,早在19世纪80年代,美国就出现了企业合规理念及相关立法;20世纪60年代之后的系列公司丑闻(尤其是20世纪80年代中期的系列国防工业舞弊丑闻[①])直接推动了合规理念的普及以及合规计划立法化的实现。

二、企业合规的刑事化

通过美国企业合规理念的发展简史不难看出,早在20世纪60年代就曾出现了通用电气公司尝试通过合规进行抗辩的司法实践。尽管最终没有成功,但该案具有重要的启示意义,合规计划在企业刑事责任认定时具有重要意义。20世纪80年代的国防工业舞弊案促进了"国防部自愿揭弊计划"的实施。为了激励企业自我揭弊,在美国国防部的斡旋之下,美国司法部也开始考虑将合规计划作为定罪量刑时的考量因素。也就是说,企业合规逐步具有了刑事法意义,呈现出刑事化的趋势。

1991年,美国联邦量刑委员会发布了《美国联邦量刑指南》第八章"组织量刑指南",由此开启了企业合规刑事化的新篇章。具体来说,"组织量刑指南"正式通过立法形式赋予了合规计划刑事法意义。该章节的序言明确指出:"本章旨在维持预防、发现和举报犯罪的内在机制,使对组织及其代理人的制裁总体上能够提供公正的惩罚、足够的威慑和对组织的激励。"[②]此处的激励措施主要包括罚金刑的减轻以及企业缓刑。

企业罚金刑方面,美国"组织量刑指南"根据公司成立时是否具有犯罪目的进行了区分,成立时具有犯罪目的的组织将被科处足够导致其解体的罚金。[③] 对于其他组织,罚金刑的计算方法是:首先,根据组织的罪行等级(Offense Level)决定处罚的基数(Base Fine);其次,根据犯罪收益、犯罪所造成的损失以及罪过程度确定一个罚金额;最后,结合犯罪历史、合

---

① 据学者介绍,"在20世纪80年代企业丑闻'出现—谴责—处罚—变革'的大背景下,企业经营的理想状态逐渐改变,遵守商业伦理越来越成为从业者的共识。也正因为如此,20世纪80年代被称为'伦理时代',80年代末甚至出现'不重视商业伦理的企业为非主流企业'的论述"。〔日〕川崎友巳:《合规管理制度的产生与发展》,李世阳译,载李本灿等编译:《合规与刑法:全球视野的考察》,中国政法大学出版社2018年版,第15页。

② See U. S. Sentencing Guideline Manual (2018), §8, Introductory Commentary.

③ See U. S. Sentencing Guideline Manual (2018), §8, C1.1.

规计划等指标加减其罚金。① 依照该量刑标准,法院对于设有有效合规计划的企业可显著减轻其罚金刑。②

在企业缓刑方面,美国"组织量刑指南"分别对判处组织缓刑的条件、缓刑判决的附加条件、对缓刑条件违反的处理等问题作出明确规定。如果在宣判时,雇员人数在 50 名以上,或者被要求建立且还没有建立有效的合规和伦理计划,法院应当判处组织缓刑,并设置 5 年以下的考验期。③ 在判处缓刑时,法院可命令该组织按照法院规定的形式和手段,向公众公布所实施犯罪的性质、被定罪的事实,被判处刑罚的性质,以及将采取的防止类似行为再次发生的措施。④ 在根据美国"组织量刑指南"第 D1.1 条判处组织缓刑时,附加下列条件是合适的:①组织应当构建并向法院呈报有效的合规计划,同时呈报其实施合规计划的规划;②第一项所要求的合规计划一旦获得法院批准,组织就应当将其连同犯罪行为按照法院要求的形式通知职员和股东;③组织应当定期向法院或缓刑考验官汇报其实施合规计划的进展情况。⑤ 如果组织违背了上述缓刑考验条件,法院可以延长考验期,或者施加更严格的缓刑考验条件,或者撤销缓刑,重新量刑。⑥

尽管由于以下原因,美国"组织量刑指南"的直接影响减弱了,但其仍具有里程碑意义:第一,美国公司犯罪案件的有限性。据美国学者介绍,每年大概有 200 个公司受到有罪判决;第二,企业缓起诉或不起诉成为受美国司法部青睐的企业犯罪司法政策。⑦ 之所以说美国"组织量刑指南"具有里程碑意义,原因是:第一,在此之后,尽管美国司法部发布了一系列的备忘录,强调通过缓起诉或不起诉方式处理企业犯罪的司法政策,但系列备忘录很大程度上遵循了美国"组织量刑指南"的基本规定。尽管系列备忘录的内容有所变化,但都强调自我揭弊、充分合作、合规计划对于企业责任的影响,而这些都源自美国"组织量刑指南"。第二,美国

---

① See U. S. Sentencing Guideline Manual (2018), §8, C2.3-2.10.
② See U. S. Sentencing Guideline Manual (2018), §8, C2.6.
③ See U. S. Sentencing Guideline Manual (2018), §8, D1.1-1.2.
④ See U. S. Sentencing Guideline Manual (2018), §8, D1.4 (a).
⑤ See U. S. Sentencing Guideline Manual (2018), §8, D1.4 (b)(1)-(3).
⑥ See U. S. Sentencing Guideline Manual (2018), §8, F1.1.
⑦ See Todd Haugh, "The Criminalization of Compliance", *Notre Dame Law Review*, Vol. 92, 2017, pp. 1227-1228.

司法部之外的其他执法机构在评估企业合规计划,进而作出执法决定时,也会参考美国"组织量刑指南"所规定的合规计划样本。例如,美国证券交易委员会的《关于合作与行政执法决定关系的委员会声明》(Seaboard Report)所设定的一系列用以评估是否以及如何激励违规企业的标准,也大量重复了美国"组织量刑指南"的标准。①

继美国"组织量刑指南"正式开启企业合规的刑事化历程之后,作为程序激励机制的企业暂缓起诉或不起诉制度以及《萨班斯法案》对于推动企业合规的刑事化都起到了重要作用。出于体例编排考虑,后文将在不同的地方详述企业缓/不起诉的制度史以及《萨班斯法案》的概况及其对刑事合规全球化的影响。

为了回应 2008 年的金融危机而出台的《多德—弗兰克法案》②对于推动企业合规也发挥了重要作用。该法案要求在美国证券交易委员会注册登记的投资顾问应设立首席合规官,负责执行旨在预防违反《美国投资顾问法案》行为的政策和程序。③ 在金融衍生品市场,掉期交易商(swap dealers)和主要掉期参与者(major swap participants)应当设置首席合规官职位,直接向董事会或高级职员报告合规工作。④ 这一要求使得首席合规官必须构建合适的政策和程序保证企业行为的合法性。进一步说,首席合规官必须有效执行公司的政策和程序,遇到利益冲突情形,与董事会或高级管理人员进行有效协商,并确立修正不合规程序的适当程序机制。⑤ 如果企业不履行上述义务,则可能面临民事和刑事制裁。⑥ 另据国外学者介绍:"虽然现在得出明确的结论为之尚早,但是《多德—弗兰克法案》还有望产生额外的实施海外贿赂的证据。根据规定,对潜在的违反《美国反海外腐败法》行为的原始信息的举报,将在任何政府实施的超过 100 万美元的制裁活动中获得 10% 到 30% 的奖励。这些举报条款虽才生效几个月,但美国证券交易委员会的执法部门已经报告,收到的《美国反

---

① See Todd Haugh, "The Criminalization of Compliance", *Notre Dame Law Review*, Vol. 92, 2017, pp. 1229-1230.

② Dodd-Flank Wall Street Reform and Consumer Protection Act, Pub. L. No. 111-203, 124 Stat. 1376 (2010).

③ 17 C. F. R., §275. 206(4)-7(2015).

④ See Dodd-Frank Wall Street Reform and Consumer Protection Act, §731.

⑤ 17 C. F. R., §3.3(a)(d)(2015).

⑥ See Theodore L. Banks and Rebecca Walker, *Corporate Compliance and Ethics Institute 2014*, Practising Law Institute, 2014, p. 87, p. 101.

海外腐败法》举报案件数量和质量急剧上升。"①由以上介绍不难看出，《多德—弗兰克法案》对于推动企业合规及合规的刑事化都发挥了重要作用。

总结起来说，从《美国联邦量刑指南》第八章"组织量刑指南"开始，企业合规制度逐步呈现刑事化的趋势；刑事法成为推动企业合规的重要法制度工具。

三、《萨班斯法案》与刑事合规制度的全球化

（一）《萨班斯法案》出台的背景

在21世纪之初，《萨班斯法案》制定之前，美国爆发了大规模的公司丑闻，其中一个重要方面是财务欺诈。从时间点来看，公司丑闻大规模的爆发恰恰是在2001年、2002年②，其中就包括诸如安然（Enron）、泰科国际（Tyco International）、阿德尔菲（Adelphia）、世界通信（WorldCom）这样举世闻名的大企业，这就极大地损害了投资民众的利益并动摇了其投资信心。美国民众对此也极为愤怒。据调查，62%的民众认为这些企业丑闻对于美国经济的损害极为严重③，84%的民众认为这些公司丑闻造成的伤害甚至要大于恐怖主义袭击以及美国在阿富汗地区的战争。④ 在安然公司以及世界通信公司财务丑闻事件之后，美国律师协会成立了一个工

---

① 〔美〕约瑟夫·约克奇：《美国〈反海外腐败法〉的和解方案、内部结构及合规文化》，万方、黄石译，载《河南警察学院学报》2019年第1期，第32页。

② 这两年的会计丑闻包括：One. Tel (Ernst & Yong), Enron (KPMG), Swissair (MxKinsey & Company), Adelphia (Deloitte & Touche), AOL (ernst & yong), Bristol-Myers Squibb (Price waterhouse Coopers), CMS Energy (Arthur Andersen), Duke Energy (Deloitte & Touche), Dynegy (Arthur Andersen), EL Paso Corporation (Deloitte & Touche), Freddie Mac (Pricewaterhouse Coopers), Gobal Crossing (Arthur Andersen), Halliburton (Arthur Andersen), Homestore.com (Pricewaterhouse Coopers), Inclone Systems (KPMG), Kmar t(Pricewaterhouse Coopers), Merck & Co. (Pricewaterhouse coopers), Merrill Lynch (Deloitte & Touche), Mirant (KPMG), Nicor (arthur andersen), Peregrine Systems (KPMG), Qwest Communications (Arthur Andersen & KPMG), Reliant Energy (Deloitte & Touche), Sunbeam (Arthur Andersen), Tyco International (Pricewaterhouse Coopers), WorldCom (Arthur Andersen)。See Accounting Scandal：http://en.wikipedia.org/wiki/Accounting_scandals, last visited: 6 Feb. 2020.

③ Richard W. Stevenson and Janet Elder, "Poll Finds Concerns that Bush Is Overly Influenced by Business", *New York Times,* July 18, 2002.

④ See Grechen Morgenson, "What If Investors Will not Join the Party", *New York Times,* June 2, 2002.

作小组,对企业犯罪问题进行系统的调查,并在调查报告中称"安然仅仅是众多企业犯罪中的一个",进而论断:"很多企业治理系统已经显著无效。"①对于公司丑闻的集中爆发以及由此引发的民众的极大愤怒,美国政府及相关部门也都迅速作出了回应。参众两院都举行了专门的听证会讨论相关问题,美国证券交易委员会也积极展开相关调查并发布了新的规章,纽约证券交易所公司问责和上市标准委员会(The New York Stock Exchange Company Accountability and Listing Standards Committee)也颁布新的规则提高公司治理的相关标准。美联储主席格林斯潘以及时任总统布什都要求进行及时的立法改革。正是在这种背景下,《萨班斯法案》才得以迅速制定,并于2002年7月25日在参众两院通过,7月30日由总统布什签署生效。美国总统布什在签署《萨班斯法案》的新闻发布会上称:"这是自罗斯福总统以来对美国商业界影响最为深远的改革法案,准则松弛和利润虚假的时代已经结束,没有企业董事会能够凌驾于这个法律之上;从9·11事件后威胁我们经济的恐怖主义,到今天威胁投资人信心的欺诈,无论何时面临挑战,我们都已经勇敢地面对这种挑战,美国的经济依靠的是诚实和公正,经济界的人大多坚持这种价值。有了这个法案,我们将拥有新的手段实施这种价值,并且我们将积极地运用这种手段保护我们的自由企业体系,打击腐败和犯罪。"②

(二)《萨班斯法案》的主要内容及影响

1.《萨班斯法案》的主要内容

《萨班斯法案》又被称为《公众公司会计改革与投资者保护法案》。由法案名称即可以看出,其主要改革内容是公司会计制度。《萨班斯法案》内容非常广泛,主要包括:成立公众公司会计监管委员会(Public Company Accounting Oversight Board),负责监管执行公众公司审计的会计师事务所及注册会计师;通过负责合伙人轮换制度以及咨询与审计服务不兼容等制度提高会计及审计的独立性;加大公司的财务报告责任;强化财务披露义务;加重对违法行为的处罚力度;增加经费,强化美国证券交易委员会的监管职责;要求美国审计总署加强调查研究。与该项研究直接

---

① American Bar Association, Task Force Report on Corporate Responsibility, Preliminary Report, 2002.

② Elisabeth Bumiller, "Corporate Conduct: The President Bush Signs Bill Aimed at Fraud in Corporations", *New York Times,* July 31, 2002.

关联的是,对于财务犯罪罪名体系的严密化,相关财务欺诈犯罪刑事责任的加重,以及加强企业内控的第 404 条款。具体来讲,《萨班斯法案》第八章 Sec.801—Sec.807 规定了"公司欺诈及其刑事责任",第九章 Sec.901—Sec.906 规定了"白领犯罪及其刑罚的提高",第十一章 Sec.1101—Sec.1107 规定了"公司欺诈责任"。①

《萨班斯法案》第八章 Sec.802 规定了窜改文件的刑事责任:在《美国法典》第 18 编第七十三章后增加第 1519 条,即在联邦调查和破产过程中销毁、篡改、伪造记录的犯罪。该条规定:"在美国各政府部门管辖权限内的或在涉及第十一章的案件中,以及与此有关或是其前案的案件中,以阻止、妨碍或影响调查或正当行政行为为目的,在任何记录、文件或者有形物中故意更改、销毁、毁坏、隐瞒、掩盖、伪造或者做假账的,应根据本章处以罚金、20 年以下的监禁刑或者两者一并处罚。"第 1520 条规定了销毁审计记录的犯罪,对相关行为可以处罚金或者 10 年以下监禁刑或者两者并处。Sec.805 要求美国量刑委员会适时检查并修订量刑指南以及相关政策,保证对于上述不断增加的欺诈以及妨碍司法犯罪足够的刑罚威慑。Sec.807 规定了公开上市交易的公司欺诈股东的犯罪,即在《美国法典》第 18 编第六十三章后增加第 1348 条"证券欺诈"。该条规定:"任何人故意实施或者计划实施一个计划或者骗局,①在依照 1934 年的《美国证券交易法》第 12 节进行注册或者根据该法第 15(d)节发行证券的过程中欺骗任何人,或者②借助虚假的或者欺骗性的借口或者许诺在按照上述法律发行证券的过程中,通过买卖证券获得金钱和财产的,应当处以罚金或者 25 年以下的监禁刑或者两者并处。

《萨班斯法案》第九章 Sec. 903 规定了邮件和电信欺诈的刑事责任。该条规定:①将《美国法典》第 1341 节第十八章中的"5"替换成"20",即将邮件欺诈的法定最高刑由 5 年监禁提高到了 20 年监禁;②将《美国法典》第 1343 节第十八章中的"5"替换成"20",即将电信欺诈的法定最高刑由 5 年监禁刑提高到了 20 年监禁。Sec.904 规定了违反《1974 年雇员退休收入保障法》的刑事责任。该条规定,将该法第 501 节的个人罚金由 5 000 美元提高到 10 万美元,自由刑由 1 年提高到 10 年,法人罚金刑由 1 万美元提高到 50 万美元。Sec.905 要求美国量刑委员会对《美国联邦量

---

① 对于该部分条款的介绍可以直接参见 Sarbanes-Oxley Act 2002, Sec. 801-807, 901-906, 1101-1107, 不再一一标明出处。

刑指南》进行及时的跟进修订,保证对于法案中涉及的犯罪的足够的刑罚量。Sec.906 规定,在《美国法典》第 18 编第六十三章后增加第 1350 条,即公司官员虚假财务报告的刑事责任。该条规定:"对于知道财务报告不符合要求而提供证明的官员(根据法案规定,财务的定期报告应包括公司首席执行官和财务总监的真实性声明,由此可以推断此处的处罚对象主要是负责的官员)处最高 100 万美元的罚金或者 10 年监禁刑,或者并罚;对于明知财务报告的定期报告没有满足本节的所有要求而却根据本节(a)和(b)小节蓄意签署证明的,处以最高 500 万美元的罚金或者 20 年监禁刑,或者并罚。"

《萨班斯法案》第十一章是"公司欺诈责任法案"。其中,Sec.1102 规定了"篡改记录或者阻止官方调查"的相关犯罪及其刑事责任:插入新的小节(c),即"(1)改变、销毁、篡改或隐匿记录、文件或其他对象,或企图这样做,以破坏对象的完整性或者在官方调查中的可用性;(2)其他阻碍、影响或阻止官方调查或企图这样做的行为,应当被处以罚金或者最高 20 年的监禁刑或者两者并处。"Sec.1106 规定,对 1934 年《美国证券交易法》的刑罚调整,即将虚假或者误导性陈述的法定罚金刑由 100 万美元提高到了 500 万美元,法定最高自由刑由 10 年提高到了 20 年,而对公司等法人的罚金刑则由 250 万美元提高到了 2500 万美元。此外,Sec.1107 还规定了对举报人打击报复的,可处罚金或者 10 年以下监禁刑或者并罚。

除严密刑罚体系之外,《萨班斯法案》的重要一条是 Sec. 404——加强企业内部控制的条款。该条款规定,公司按照 1934 年的《美国证券交易法》编制的年度报告应当包括内部控制报告;公司管理层有责任建立和维护内部控制系统及相应控制程序,保证其充分有效;对于该节(a)中要求的管理层对内部控制的评价,即担任公司年度审计的会计公司应当对内部控制的有效性进行测试和评价,并出具评价报告。

2.《萨班斯法案》的影响

《萨班斯法案》又名《公众公司会计改革与投资者保护法案》。虽然从上述法案的名称以及内容看,多为加强会计改革,保证其独立性以及执业的合法性,通过增加企业以及企业高管的刑事责任的方式推动企业如实公布其财务信息,拒绝财务欺诈。但是该法案的"最昂贵的条款"却是 Sec. 404,"根据该条款的要求,每个上市公司必须将公司的每一个岗位的职务、职责描述得一目了然,而这项工作需要大量材料和文件支持。同时,为了达到 Sec. 404 的要求,上市公司要保证对交易进行财务记录的每一个环节都有相应的内部控制制度,例如对交易的条件、合同成交的记录、付款和交货的时间、业务的具体负责人员等作出详细的记录和制定相应的控制措施,此外,还需要及时总结出内部控制中存在的缺陷并提出具体的补救措施。显然对于一个已运作和上市多年的公司来说,要完成这些对内部记录的弥补和完善绝非易事,特别是对于组织机构分散、业务范围广泛、经营种类多样化且跨国经营的大型公司而言,其重新规范的工作量可想而知。"①对于每一个在美国上市的公司,都必须进行上市前的内部控制措施审查,因为要求企业建立内控措施的 Sec. 404 已经于 2006 年 7 月 15 日起开始对在美国上市的且年销售收入在 5 亿美元以上的外国公司生效,于 2007 年 7 月 15 日开始对在美国上市的并且年销售收入在 5 亿美元以下的外国小型企业生效。从表面上看,上述刑罚加重条款与内部控制并无关联,实际上,一方面通过刑罚推动会计执业的合法性,在一定程度上就确保了企业合规,因为内部、外部财务控制是合规计划的重要制度要素;另一方面,通过加重企业高管以及会计执业者的刑罚,更加凸显了合规计划中激励措施在量刑中的意义,从而激励企业实施合规计划,也敦促会计公司合法从事相关会计业务。

除直接影响之外,《萨班斯法案》Sec. 404 对企业还有显著的间接影响。间接影响主要表现为,受该条款的精神影响,各个国家陆续引进相关的制度,要求企业建立内部控制措施。例如,2003 年的《法国金融安全法》、2005 年的《意大利金融服务机构法规》、2004 年的《澳大利亚审计改革与公司信息披露法案》、2002 年的《德国公司治理准则》等法案中都对公司提出了内控要求。我国从 20 世纪 90 年代就开始了企业内控的实践,也逐步建立了内部控制的法律体系,例如,2006 年 9 月深圳证券交易所发布的《深圳证券交易所上市公司内部控制指引》,2007 年 3 月财政部公布的《企业内部控制规范》以及香港联交所公布的《公司治理事务和公司治理报告的准则》等都要求企业建立内控措施,并定期审核其有效性。"2008 年 6 月 28 日,财政部、证监会、审计署、银监会、保监会联合发布了《企业内部控制基本规范》,标志着企业内部控制规范体系建设取得了重大突破。"②

---

① 施君:《解读美国萨班斯法案 404 条款及其立法启示》,载《扬州大学学报(人文社会科学版)》2009 年第 3 期,第 88 页。

② 孟焰、张军:《萨班斯法案 404 条款执行效果及借鉴》,载《审计研究》2010 年第 3 期,第 99 页。

总结起来,受系列公司丑闻的刺激,美国政府深刻地意识到,需要通过更加严厉的举措推动企业实施合规计划,《萨班斯法案》就充分体现了这一理念。由于《萨班斯法案》具有广泛的管辖范围,其对于推动刑事合规的全球化发挥了重要作用。

四、基于美国法的反思:刑事合规制度真的产生于美国吗?

通过对美国企业合规制度发展及其刑事化的历程不难发现:其一,用刑事法手段推动企业合规已经成为普遍的立法和司法实践;其二,用以推动企业合规的刑事法手段的多样性,也决定了刑事合规制度类型的多样性。例如,《美国联邦量刑指南》式的通过罚金刑的减轻或加重推动企业合规的制度是刑事合规的重要制度类型之一;与《美国联邦量刑指南》不同的是,美国司法部发布的系列关于公司起诉政策的备忘录将合规作为起诉决定裁量的核心要素,从而缔造了"作为起诉激励事由的刑事合规制度"。这也是刑事合规制度的重要制度类型。《萨班斯法案》通过强化关键个人的刑事责任,推动以财务内控制度为核心的合规制度的方式,也是刑事合规制度的重要制度类型。上述列举的刑事合规制度的三种制度类型不代表全部,但从中不难抽象出刑事合规的制度要素,即①刑事法手段;②自我管理。如果从刑事法手段和自我管理两个要素出发来理解刑事合规制度①,那么,通过赋予自我管理以正当化或排除责任的刑法意义的制度类型,当然也是刑事合规制度,而这种制度类型在美国之外的立法中早就存在。例如,1974 年的《澳大利亚贸易实践法》(Trade Practices Act) section 85(1)(c)(ⅱ)项规定:旨在避免违法犯罪的合理的预防措施以及正当程序的运用,可以成为辩护事由。美国《新南威尔士州公司法》(1982) section 229 (2)项规定:如果企业的管理人员或者其他官员没有采取措施保障其企业内部设置了有效的合规系统,则被施加刑事责任。(如果反向理解,当然可以得出结论:如果企业设置了合规制度,则可以进行合理抗辩。)由此需要提出的问题是,刑事合规制度真的产生于美国吗?

以往的研究中,很多学者缺乏对刑事合规制度的规范理解以及制度史考察,从而做出了值得进一步商榷的判断。例如,Ulrich Sieber 教授就

---

① Vgl. Thomas Rotsch, Compliance und Strafrecht—Fragen, Bedeutung, Perspektiven, ZStW 2013, S. 494.

有类似判断。① 国内的赵恒博士也在多个文章中表达了"刑事合规(计划)起源于美国"的观点。② 以美国法为切入点,对于企业合规及其刑事化的历程的细致考察以及规范化理解之后,可以得出的结论是,最起码在立法层面上,刑事合规制度并非起源于美国。某种意义上说,美国只是借助其强大的经济实力以及全球影响力唤醒了企业合规的意识。

第三节 制度现状的考察

一、美国法的考察

目前,中国学术界对刑事合规问题的研究主要以美国为范本。例如,对《美国反海外腐败法》《美国联邦量刑指南》《萨班斯法案》以及企业暂缓/不起诉制度的研究已经广泛展开,形成了丰富的文献。本书前文对企业合规刑事化历程的考察也都有所涉及,出于体例安排考虑,后文也会详细介绍《美国联邦量刑指南》关于合规与组织量刑关系的问题,以及企业缓/不起诉与合规的关系问题,为避免重复,这里不再赘述。为了整体呈现美国法的现状,这里仅补充介绍对企业合规制度有重要影响,而又容易被忽视的两点内容,即美国"组织量刑指南"2004年修正案和2010年修正案。

(一)美国"组织量刑指南"2004年修正案

1991年美国"组织量刑指南"生效后,企业合规计划得到迅速发展。随之而来的,是合规计划在运行中产生了诸多问题,因此需要理论上的及时跟进。为了解决实践中遇到的问题,美国联邦量刑委员会成立了专门工作组(The Ad Hoc Group)。在前期大量工作的基础上,该专门工作组于2004年4月30日公布了一个修改意见稿,建议对于美国"组织量刑指南"进行大规模修订。修改建议稿主要包括以下几点:第一,关于风险评

---

① 参见〔德〕乌尔里希·齐白:《打击经济犯罪的刑法及其替代模式》,周遵友译,载〔德〕乌尔里希·齐白:《全球风险社会与信息社会中的刑法:二十一世纪刑法模式的转换》,周遵友、江溯等译,中国法制出版社2012年版,第236页。

② 参见赵恒:《涉罪企业认罪认罚从宽制度研究》,载《法学》2020年第4期,第129页;赵恒:《认罪答辩视域下的刑事合规计划》,载《法学论坛》2020年第4期,第150页;赵恒:《刑事合规计划的内在特征及其借鉴思路》,载《法学杂志》2021年第1期,第66页。

估的问题。在此之前,企业风险评估的义务只能从法律表述的字里行间推论得出,但该修正案明确了企业定期进行风险评估的义务,评估结果也必须考虑进合规计划的设计、实施、修订等工作之中。① 第二,关于组织文化的问题。在此之前,无论是美国"组织量刑指南"草案或者1991年最终的法律案,都只是强调企业自身预防和发现犯罪的理念或者具体措施,但公司治理实践反映出,组织文化具有更为重要的意义,它胜过于任何的具体举措。鉴于此,该修正案中强调了组织文化的作用。② 第三,对企业伦理的强调。该建议稿除了强调合规计划本身的有效性外,还强调了企业行为的合伦理性,即企业应当建立有效的"企业合规和伦理计划"。③ 从这一点可以看出,建议稿对企业提高了要求,因为合法仅仅是最低的要求,而合乎企业伦理,则是更高的境界。第四,对企业高层职责的强调。企业高层应当加强对企业合规计划的监管,为了更好地履行职责,领导者本身应当接受培训。④ 第五,合规计划有效性的评估问题。建议稿要求企业定期对合规计划的有效性加以评估。⑤ 美国"组织量刑指南"2004年修正案于2004年11月1日正式生效。

(二)美国"组织量刑指南"2010年修正案

美国"组织量刑指南"2010年修正案有三点突出的变化:首先是确认了法庭有权对涉事企业进行监控,以此作为判处企业缓刑的条件;其次是指导拥有有效合规和伦理计划的企业在发现犯罪后如何进行反映;最后是高层职员参与犯罪时,合规计划有效性认定的例外规定。也就是说,原

---

① See U. S. Sentencing Guideline Manual(2004), §8, B2.1(c).
② See U. S. Sentencing Guideline Manual(2004), §8, B2.1(a)(2).
③ See U. S. Sentencing Guideline Manual(2004), §8, B2.1. 在"组织量刑指南"生效十年后,上述专门工作组负责对合规计划的效果进行评估,该专门工作组详细地讨论了应在何种程度上将企业伦理补充进现有的合规体系。目前为止,对这个问题仍存在争议,即企业伦理是否为有效合规计划的一个部分,抑或是一个独立的领域。一种观点认为,企业伦理往往被视为促进企业守法的一个关键点,因此,它应当被纳入企业合规计划的规定之中。与之相反的观点是,企业伦理是企业社会责任的一般论题,其与犯罪制裁无直接关系。由于对该问题存在争议,该专门工作组在向美国联邦量刑委员会的报告中避免提及"伦理"这一争议概念,而是仅仅建议,美国"组织量刑指南"须在这个方面作出补充。与专门工作组不同,美国联邦量刑委员会并不认为"伦理"概念的使用有问题。因此,在向国会提交的改革建议中,美国联邦量刑委员会着重强调了企业中伦理价值的实现。该建议最终在2004年修正案中得以出现,即强调合规的同时注重企业伦理,是为"企业合规与伦理计划"。
④ See U. S. Sentencing Guideline Manual(2004), §8, B2.1(b)-(2)(A), (4)(A),(2)(B),(2)(C).
⑤ See U. S. Sentencing Guideline Manual(2004), §8, B2.1(b)(5)(a),(4)(b).

则上,如果企业高层职员参与犯罪,则不能认为企业具有有效的合规计划,但美国"组织量刑指南"2010年修正案对此作出例外规定。① 具体来讲,当存在以下条件时,即使企业高层职员参与犯罪,企业的合规计划也可以得到承认并受到量刑上的优待:负有合规具体操作职责的职员具有直接向管理部门或者其下设部门报告的职责;组织合规和伦理计划在外部调查之前已经发现了犯罪;组织迅速将犯罪情况向当局政府机关进行了报告;具有具体经营合规职责的员工没有参与、宽恕或者故意无视犯罪。② 从这一点可以看出,美国"组织量刑指南"2010年修正案加强了企业合规人员,主要是首席合规官(Chief Compliance Officer, CCO)的作用,企业应当在合规人员的配置、授权以及自主性问题上给予足够的重视。③

二、英国法的考察

传统上,英国采等同责任原则(Identification Liability)对企业进行刑事责任归属。在等同责任原则之下,企业高层类似于自然人的大脑和神经,其行为和责任就是企业的行为和责任。这种责任归属原则简单易操作,但却导致企业犯罪范围的时宽时窄。在部分场合,高层不一定代表企业,其行为和责任也不一定能归属于企业,此时按照等同责任原则进行归责,则导致处罚范围过宽;在部分场合,若完全以企业高层为媒介认定企业责任,将员工实施的行为完全排除在企业犯罪之外,则会限缩处罚范围。更重要的是,等同责任原则并未反映出企业责任的本质,也缺乏激励企业有效实施合规计划的刑事政策效果。这种情况下,立法者开始探索新的企业犯罪归责模式,2007年《英国企业过失杀人与企业杀人法》就是新的突破。该法规定:如果因组织和管理活动严重背离其应当承担的义务而导致人员死亡,那么该部分所规定的组织应当承担刑事责任;在判断是否存在重大义务违反时,应当考虑组织是否遵守相关健康和安全法规,以及是否存在容易导致犯罪行为的态度、政策以及惯例。④ 这也就意

---

① See United States Sentencing Commission, Amendments to the Sentencing Guidelines, 2010, pp. 17-21.

② See U. S. Sentencing Guideline Manual(2010), §8, C2.5(f)(3)(C).

③ See Jeffrey M. Kaplan & Joseph E. Murphy, *Compliance Programs and the Corporate Sentencing Guidelines: Preventing Criminal and Civil Liability,* Thomson Reuters, 2013, p. 74.

④ See Corporate Manslaughter and Corporate Homicide Act 2007, Section 1, Section 8.

味着,企业合规计划可以排除企业责任。这就是一种不同于美国"组织量刑指南"的新的刑事合规制度类型。

同样的制度类型在2010年《英国反贿赂法案》中也有体现。该法第7条"商业组织预防贿赂失职罪"规定:①如果职员意图为企业获得商业机会,或为获得或维持商业行为中的优势而实施贿赂其他人的行为,则企业要承担责任;②如果商业组织能够证明,其已经实施了充足的旨在防止贿赂行为的程序机制,则可以成为辩护事由。第9条规定:国务大臣应当制定关于预防组织成员犯罪的适当程序和措施的指南并进行适时修订。[①] 2011年英国司法部发布了细化《英国反贿赂法案》第9条的具体指导意见。不同于美国"组织量刑指南"规定的具体的合规措施,该指导意见并没有将意见"公式化",而是具有结果导向性,保持了足够的弹性,只是设定了组织建立合规计划的六条原则。①适当的程序:企业预防职员从事贿赂犯罪的程序应当适应组织活动面临的具体风险以及组织的性质、规模和复杂性,而这样的程序应当明确、实用、可进入并被有效地贯彻和执行。②高层的践行:组织的高层应当身体力行,致力于员工贿赂行为的预防,并努力培育对于贿赂零容忍的企业文化。③风险评估:企业应当定期评估其所面临的内外的贿赂风险的性质以及程度。④尽职审查:企业应当采取正当的、以具体风险为基础的正确方法,对相关人员代表企业或者企业正在实施或者即将实施的服务进行审查,以降低贿赂风险。⑤沟通:企业应当保证其反贿赂和反腐败的政策以及程序,通过包括培训在内的内部和外部的沟通能够深入企业并被广泛理解。⑥监控和检查:企业应当对于其预防贿赂的正当程序进行监控并适时进行必要的改进。[②]

除了通过实体法推动企业合规的刑事合规制度类型之外,英国于2013年引入了企业缓起诉制度,以此推动企业合规。这也是一种新的刑事合规制度类型。出于体例安排考虑,下文在讨论刑事合规程序机制的建构问题时,将对英国程序法中的刑事合规制度加以介绍,此处不再详述。

---

① See Bribery Act 2010, Chapter 23, §7, §9.
② The Bribery Act 2010-Guidance.

三、德国法的考察

对于德国的企业合规立法,Ulrich Sieber 教授进行了系统的梳理。在德国,旨在预防犯罪的合规计划主要是设立在金融机构里,《德国反洗钱法》第 14 条第 2 款第 2 项(§14 Abs.2 Nr.2 Geldwäschegesetz)要求金融机构建立旨在防止洗钱行为的"适当的保护和控制机制"。这种机制提出的要求包括:员工要可靠(第 14 条第 2 款第 3 项);他们要定期接受关于洗钱方法的培训(第 14 条第 2 款第 4 项);确立一个与刑事追诉机关进行联络的主管人员(第 14 条第 2 款第 1 项)。《德国银行法》第 25a 条(§25a Kreditwesengesetz)也规定了全面的组织义务,据此金融机构应当指定一个"适当的专门机构",由其负责法律制度的执行。比如,这样的专门机构可以是"负责反洗钱与反欺诈行为的适当的业务与客户安全机构"(第 25a 条第 1 款第 3 项),也可以是"对业务活动进行全面记录的机构"(第 25a 条第 1 款第 2 项),或是设立了"内部控制程序"的"适当而有效的风险管理机构"(第 25a 条第 1 款第 3 句)。《德国证券交易法》第 33 条(§33 Wertpapierhandelsgesetz)还规定了广泛的组织义务,该法的规定在过去几年中变得越来越细,越来越全面,而且被德国联邦财政部的一个规章予以细化。根据《德国证券交易法》第 33 条第 1 款第 1 项,证券服务公司为了履行法定义务,还应"制定适当的原则,预留资金,设立程序",特别是要设立一个长期性与有效性的合规职能,从而能够独立地履行职责。①

对于企业合规计划的法律效果,德国刑事立法层面尚无明确回应。受传统罗马法的影响,德国传统刑法并不承认法人犯罪,刑法是以具有道德可谴责性的个体为制裁对象的实体法,虽然在特定的历史阶段德国曾经承认对于组织可以施加刑事惩罚,例如对于税务犯罪,但是第二次世界大战之后德国刑法取消了这样的条款。② 因此,作为定罪量刑政策的合规计划在德国暂时不存在明确的立法基础。"从德国现行法来看,这样的激励效果目前还几乎没有发生,因为这里的合规计划对于量刑或免予起诉(Verfahrenseinstellung)产生的相应效果尚未明确规定,或者难以立即予以

---

① 参见〔德〕乌尔里希·齐白:《打击经济犯罪的刑法及其替代模式》,周遵友译,载〔德〕乌尔里希·齐白:《全球风险社会与信息社会中的刑法:二十一世纪刑法模式的转换》,周遵友、江溯等译,中国法制出版社 2012 年版,第 244、245 页。

② See Antonio Fiorella & Alfonso Maria Stile, *Corporate Criminal Liability and Compliance Programs*, Jovene Editore Napoli, 2012, p. 175.

明确,这也是德国法不同于美国法和意大利法的地方。"①

刑事立法层面法律效果的缺失,不等于企业实施的合规计划没有任何法律效果。事实上,尽管德国刑法没有单位犯罪规定,但单位可以成为《德国秩序违反法》(Ordnungswidrigkeitengesetz)的处罚对象。该法第30条规定:如果有人作为法人的合法代表机构或此种机构的成员、作为无法律能力的社团的理事会或其成员或者作为人合商业公司的有代表权的股东而实施犯罪或违反秩序行为,并由此而致使法人或人合团体的义务受到损害,或者致使该法人或人合团体不当得利或将会不当得利,则可以对该法人或人合团体科处罚款。既然企业可以成为秩序罚的对象,那么,企业的合规计划当然可以成为减轻秩序罚责任的要素。从实践看,合规计划在罚款裁量中发挥了重要的作用,即任何有效的合规计划将被作为一个减轻情节在罚款裁量中加以考虑,而合规不仅仅是事前的,事后针对相关违法行为建立合规计划,预防类似行为的再次发生也会导致罚款的减轻,西门子公司事后的合规措施就被积极地考虑进罚款的裁量上了。② 在Ferrostaal案的审理中,位于慕尼黑的拜仁第一州法院对企业处罚的罚款金额为公司对内容管理系统(Content Management System, CMS)投入金额的一半(3000万欧元)。③ 也就是说,法院因为企业实施了合规管理而减轻了其罚款数额。

与《德国秩序违反法》第30条相关联的是其第130条。该条明确规定:作为经营场所的所有人,故意或过失不采取为在经营场所或企业中防止产生违背义务行为而必要的监督措施,并且此种监督义务是作为所有人应当履行的、倘若违背即应受到刑罚或罚款处罚的,则在应为之监督下本可防止的违背义务行为发生时,上述违背监督义务的行为即为违反秩序行为。任命、谨慎挑选监督人员也属于必要的监督措施。也就是说,该条赋予了经营场所所有人合规义务,如果违背该义务,可以招致因秩序违

---

① 〔德〕乌尔里希·齐白:《打击经济犯罪的刑法及其替代模式》,周遵友译,载〔德〕乌尔里希·齐白:《全球风险社会与信息社会中的刑法:二十一世纪刑法模式的转换》,周遵友、江溯等译,中国法制出版社2012年版,第261页。

② See Antonio Fiorella & Alfonso Maria Stile, *Corporate Criminal Liability and Compliance Programs,* Jovene Editore Napoli, 2012, pp. 193-194.

③ 参见〔德〕托马斯·罗什:《合规与刑法:问题、内涵与展望——对所谓的"刑事合规"理论的介绍》,李本灿译,载赵秉志主编:《刑法论丛》(第48卷),法律出版社2016年版,第354页。

反的罚款。由于《德国秩序违反法》属于广义上的经济刑法,有学者将该法第 130 条作为"刑事合规的中心规范"。① 也有学者以《德国秩序违反法》为联结点,推导出了公司领导对于下属职务关联性犯罪行为的监督者保证人义务。② 也就是说,公司领导是否履行《德国秩序违反法》第 130 条中的合规义务,成为自身刑事责任的决定性因素,由此可以推导出一种新的刑事合规制度类型,即"以合规作为个人责任联结点类型的刑事合规制度"。尽管本书不赞同将《德国秩序违反法》第 130 条作为"刑事合规的中心规范",或者从中推导出领导人的监督者保证人义务的学术观点,但该条款所具有的重要意义不言而喻。鉴于此,我们暂且可以称之为"准刑事合规制度"。

与《德国秩序违反法》第 130 条相关联但有本质不同的是,由德国联邦最高法院的系列判决所形成的"以合规作为个人责任联结点类型的刑事合规制度"。这种制度类型最初在 2009 年德国联邦最高法院第五刑事法庭审理的"柏林城市清洁公司诈骗案"中形成,后经德国联邦最高法院的系列判决确认,已经成为在缺失单位犯罪基本规范的制度背景下推动企业合规的重要方式。出于体例考虑,下文关于刑事合规教义学建构方式的讨论中,将详细展开相关判决以及由此形成的制度类型的基本问题,此处不再赘述。

四、意大利法的考察

传统意大利法中不承认企业犯罪,因为犯罪是个人的,刑罚的目的在于改造个体。这一点在《意大利宪法》中有明确说明。③ 然而,愈发严重的企业犯罪同样发生在意大利,2003 年乳制品巨头帕玛拉特(Parmalat)因长期的财务欺诈等原因而申请破产的事实就说明了这一点。此外,意大利还承担着国际公约中要求惩治法人商业贿赂等犯罪行为的

---

① 参见〔德〕丹尼斯·伯克:《合规讨论的刑法视角——〈秩序违反法〉第 130 条作为刑事合规的中心规范》,黄礼登译,载李本灿等编译:《合规与刑法:全球视野的考察》,中国政法大学出版社 2018 年版,第 312、313 页。

② 参见〔德〕克劳斯·罗克辛:《德国刑法学 总论》(第 2 卷),王世洲等译,法律出版社 2013 年版,第 32 节,边码 140,141。

③ See The Constitution of the Italian Republic, Art. 27.

国际义务。① 为此，意大利立法机关于 2001 年 6 月 8 日颁行了意大利第 231/2001 号法令。该法令的颁布部分解决了法人犯罪问题，同时将刑事合规制度引入了意大利法。

根据该法令规定，犯罪行为实施前建构并有效实施的合规计划可以排除企业责任。具体来说，实施犯罪行为人员类型不同，合规计划的作用机制也稍有差异。第一，在企业的代表人、董事或高级管理人员实施犯罪行为的情况下，如果企业能够证明以下情况，则其不承担责任：①犯罪行为实施前，公司已经采纳并有效运行了适合于预防此类犯罪行为的合规计划；②公司已经任命了负责监督合规计划功能、完善并对合规计划充满敬意的监督机构；③犯罪行为系采取欺诈性方式绕过（fraudulently circumventing）合规计划而实施；④监督机构已经正确履行了职责。② 第二，如果犯罪行为系由普通职员实施，则在满足了如下条件时，公司不承担责任：①犯罪行为实施前，公司已经采纳并有效运行了适合于预防此类犯罪行为的合规计划；②职员没有遵循已经确立的规则。③ 如果企业在犯罪行为发生后采纳并有效实施了合规计划，则对企业的经济制裁可以减轻，并且不能对企业施加取消资格的制裁。④ 此外，如果在调查期间，企业要求给予时间以采纳并有效实施能够弥补组织体缺陷的合规计划，则针对企业的预防性措施（precautionary measures）可以暂缓执行。⑤

鉴于合规计划需要根据不同性质、大小的企业而制定，事前难以提出程式化的要求，立法者只是在意大利第 231/2001 号法令中提出了可以被接受的合规计划的最低限度要求：①确定可能发生法令规定的犯罪的活动范围；②针对必须予以预防的犯罪制定预防议案；③确定可以有效预防实施上述犯罪的公司财务资源管理的程序；④实施向负有监督该内控机

---

① 《禁止在国际商业交易活动中贿赂外国公职人员的公约》（OECD Convention on Combating Bribery of Foreign Public Officials in International Business Transactions）、《保护欧洲共同体金融利益公约》（Convention on the Protection of the European Communities' Financial Interests）、《反贿赂欧洲共同体官员或欧盟成员国官员公约》（Convention on the Fight Against Corruption Involving Officials of the European Communities or Officials of Member States of the European Union）中都有相关规定。
② See Legislative Decree No. 231(2001), Article 6.
③ See Legislative Decree No. 231(2001), Article 7.
④ See Legislative Decree No. 231(2001), Article 12, 17.
⑤ See Legislative Decree No. 231(2001), Article 49.

制的董事会的报告程序;⑤引进合适的惩罚不遵守规章的内部制裁机制。①

关于意大利第 231/2001 号法令,最后需要指出两点:第一,该法令刚刚颁行时,法人犯罪的范围仅限定在诸如腐败、诈骗以及诈骗国家财产等犯罪,以使该法令相比于传统法不至于走得太远,但是这种情况在 2002 年 3 月有所改变,从针对国家财产的犯罪扩大到了类似的针对私人的犯罪。② 第二,从字面表述看,该法令所规定的企业责任是行政责任,但其实质是刑事责任。"立法者将法人责任界定为行政责任只是为了规避意大利《宪法》第 27 条的限制。公司为刑事犯罪而不仅仅是行政违法行为负责,案件由刑事法庭而非行政法庭审理,以及在审理案件过程中适用刑事程序而非行政程序等,这些事实均表明,意大利第 231/2001 号法令所规定的法人责任从实质上说是刑事责任而不是行政责任。"③基于意大利第 231/2001 号法令所规定之制裁的严厉性,意大利学界和实务界均肯定法人基于犯罪的责任之刑事性或"准刑事性",从而,对法人责任的追究不能突破刑法的保障性原则。④

与意大利第 231/2001 号法令相似的还有 2008 年关于工作场所健康和安全保护的第 81 号法令(以下简称"意大利第 81/2008 号法令")、2015 年关于促进税务机关与纳税人合作的第 128 号法令(以下简称"意大利第 125/2015 号法令")以及 2018 年意大利竞争管理局(Italian Competition Authority)发布的《意大利反垄断合规计划指南》。

意大利 81/2008 号法令第 30 条第 1 款规定:如果可以很好确保商业组织履行法律义务的组织和管理模式被采纳并有效实施,则法人、公司以及不具有法人身份的团体可以被排除"行政责任"。⑤ 该条第 2—6 款以及此后几个条款都提及了合规计划的建构问题。意大利第 128/2015 号法令第 3 条引入了税务合规计划制度,即通过税务机关和纳税人的合

---

① See Legislative Decree No. 231(2001), Article 6.
② See James Gobert and Maurice Punch, *Rethinking Corporate Crime,* Cambridge University Press, 2003, p. 110.
③ 范红旗:《意大利法人犯罪制度及评析》,载赵秉志主编:《刑法论丛》(第 15 卷),法律出版社 2008 年版,第 303 页。
④ 参见耿佳宁:《单位固有刑事责任的提倡及其教义学形塑》,载《中外法学》2020 年第 6 期,第 1499 页。
⑤ See Legislative Decree No.81(2008), Art. 30: Models of Organization and Management.

作,有效评估、发现、管理控制潜在的税务风险,有效预防、解决税务争端。① 纳税人应当在适当的时候,建构、维持内部控制机制;一旦加入合作机制,纳税人就应当采取措施确保履行旨在消除逃税可能的义务;一旦被选中要接受检查,纳税人就应当汇集公司结构中的所有机制使税务机构的执法活动得以顺利展开,这个过程中,纳税人也应当与执法机构充分合作;加入合作机制后,纳税人向税务部门提出的诉求或主张将会以简化的程序来审查;部分案件中,行政罚款将会减半;任何的案件中,罚款都不得高于最低限额。②《意大利反垄断合规计划指南》对于合规计划的内容做出了详细规定:第一,反垄断合规应当成为企业文化和政策的有机组成部分;第二,必须有反垄断风险的确定和评估机制;第三,通过培训使员工获得专业的反垄断知识;第四,设立对于暴露在反垄断风险下的程序的管理体系;第五,激励机制,即设置特定机制鼓励合规;第六,对合规体系的持续检查和完善。③ 如果反垄断调查前企业就设立了有效的合规计划,则最多可以减轻 15% 的行政罚款;如果反垄断调查前企业就设立了合规计划,但合规计划不完全有效,也不是明显不足,则在企业能够在调查程序开始后完善合规计划的情况下,行政罚款最多可减少 10%;如果反垄断调查前企业设立的合规计划明显不足,则不能减轻罚款,但如果调查开始后其引入了有效的合规计划,可以减轻最多 5% 的行政罚款。④

五、日本法的考察

周振杰教授在其文章中对于日本的合规计划实施情况进行了简要介绍,他指出:"在美国的影响下,日本政府早在 20 世纪 80 年代就开始推动企业制定、实施适法计划。1987 年,日本的旧通商产业省对出口关联企业提出了实施适法计划的要求,为进一步推动企业适法计划的应用,1987 年 11 月,通商产业省在《出口贸易管理令实施规则》中要求,在申请出口许可之际必需附适法计划。1988 年 2 月,为提高出口申请审查手续的效率,出台了事前提出适法计划,接受审查,之后再进行出口许可申请的制度,也即,企业的适法计划实质上成为获得出口许可的必要条件。20 世纪

---

① See Legislative Decree No.128(2015), Art. 6.
② See Legislative Decree No.128(2015), Article 5(2)(a)(b), 5(6)(3), 6(2).
③ See Italian Competition Authority, Guidelines on Antitrust Compliance Programs, Part Ⅱ.
④ See Italian Competition Authority, Guidelines on Antitrust Compliance Programs, Part Ⅳ, Part Ⅴ.

90年代,随着《反垄断法》执行的加强,反垄断领域企业适法计划的重要性显著提高。为此,日本于1991年先后颁布了《反垄断法适法计划辅导》与《反垄断法适法计划手册》,对必要的基本事项作了简洁的规定。以上述两项文件以及其后颁布的立法为基础,日本经济的各界逐渐制定了统一的指导守则,要求企业制定、实施适法计划。"[1]由以上介绍不难看出,此处的合规主要是对于企业建立内部控制机制的法律指导意见,但企业合规所具有的法律效果并不明确。也就是说,要求企业实施合规计划的法律法规在日本广泛存在,但合规计划在刑事法上的法律效果尚不明确,因此需要结合实体刑法加以讨论。

在日本,刑法典规定的个罪以自然人为主体而设定,法人无法触犯。关于这一点,判决和学理上均无异议。然而,行政刑法领域存在大量对作为事业主的法人处罚的规定。特别刑法领域的法人处罚规定基本上都以"两罚规定"的形式做出。做出该当违法行为的自然人(法人的代表者或者其他法人的从业者)与作为事业主的法人,都需要承担刑事责任。两罚规定中的问题是,在自然人作为违法行为的直接行为者的情形下,对作为事业主的法人进行处罚,是基于怎样的根据。首先,在法人的代表者有违法行为的情况下,因其可以视为法人通过它的代表者所为的行为,法人自身可以被视为实施该当违法行为的人,因而需要负刑事责任(行为责任)。其次,对法人的代表者以外的法人从业者的违法行为,法人承担刑事责任的根据是过失推定。作为事业主的法人,对行为者的选任、监督及违法行为的防止没有尽到必要的注意义务就推定存在过失。[2] 既然是推定过失,当然可以推翻。为了免于刑事责任,作为被告人的法人必须从对从业者的选任、监督上尽到了必要的注意义务的角度进行立证。对系列火灾事故判例的总结也可以看出这一点:"不问起火的原因为何,追究防火管理责任主体独立的管理监督过失责任,以事前的安全体制确立义务违反为过失实行行为的内容;火灾事故案存在起火原因的不可预测这一特殊因素,宾馆、商场的经营者即使再集中精神也不可能对他人自我答责的放火、失火行为存在具体的预见。而如果采取不作为犯构造,以安全体制确立义务违反作为过失的实行行为,就可以不必再执着于'起火'这一恼人

---

[1] 周振杰:《企业适法计划与企业犯罪预防》,载《法治研究》2012年第4期,第28、29页。需要说明的是,周振杰使用了"适法计划"这一表述,但这是翻译问题,"适法计划"与"合规计划"所表达内容相同。

[2] 参见〔日〕佐伯仁志:《制裁论》,丁胜明译,北京大学出版社2018年版,第137、138页。

的中间因素。只要存在怠于确立安全体制的不作为,因此导致了结果发生,行为人对安全体制不完备的情况下如果发生火灾就会致人死伤存在认识,就可以实现处罚。"① 这里的"选任、监督及违法行为的防止义务""事前的安全体制确立义务"实际上是合规义务的具体表达。正是基于这样的原因,日本学者普遍认为,通过合规计划,可以更客观地判断企业责任。② 甲斐克则教授进一步在新过失论和旧过失论两个学说下分别讨论了合规文化在刑法解释论上的意义:第一,若根据在违法性阶段来考虑过失犯罪的本质的观点(新过失论)来看,合规文化有可能被理解为客观的注意义务的标准,假设在企业活动中发生了人身伤亡,当遵守了一定的合规文化时,其有与正当化机能相结合的余地;第二,从旧过失论出发,若企业精心筹划并实践合规文化,有可能考虑将其作为过失推定的反证素材,从而免除企业责任。③

总结起来,在日本,要求企业建立合规计划,或者完善公司治理机制的法律众多,但刑事立法层面并未赋予合规计划明确的刑事法意义;在司法实践中,合规计划往往成为判断企业是否履行监督管理义务的重要材料,从而起到正当化或免除责任的作用。从这个意义上说,刑事合规制度也在日本法中被践行了。

六、法国法的考察

近几年,法国的刑事合规制度受到普遍关注,但在《关于提高透明度、反腐败以及促进经济生活现代化的 2016-1691 号法案》(以下简称《萨宾第二法案》)之前,法国的法人犯罪制度中几乎没有刑事合规制度的存在空间。据学者介绍,法国刑法以"代表责任"为法人刑事责任的规则模式:首先,法人刑事责任是间接责任,即由法人机关(决策机关,包括董事会和股东大会)或代表实施犯罪行为;其次,法人刑事责任是个人责任,即实施

---

① 曹菲:《管理监督过失研究——多角度的审视与重构》,法律出版社 2013 年版,第 121、142 页。
② 参见〔日〕田口守一:《企业犯罪与制裁制度的方式》,张小宁译,载李本灿等编译:《合规与刑法:全球视野的考察》,中国政法大学出版社 2018 年版,第 257 页。
③ 参见〔日〕甲斐克则:《企业的合规文化·计划与刑事制裁》,谢佳君译,载李本灿等编译:《合规与刑法:全球视野的考察》,中国政法大学出版社 2018 年版,第 277—279 页。

犯罪行为是为了法人利益。① 也就是说,只要是法人机关或其代表为了法人的利益实施的犯罪,法人都应当承担刑事责任,不管法人为此做了什么。在这种间接类型的归责模式中,企业合规不会对企业责任产生影响,而且,将单位责任限定在机关或代表人实施犯罪行为的范围之内,相较于美国的替代责任,本身就显著限缩了单位刑事责任的范围。单位刑事责任范围的缩小,亦同步降低了单位对作为减轻责任机制的合规计划的需求。事实上,美国合规计划的广泛推行,与其替代责任所造成的公司责任的严厉性具有不可分割的关系。② 回到法国法,立法者已经明确拒绝了法人归责的直接模式,尽管部分学者或地方法官尝试引入"结构性疏忽理论"(organizational failure),但最高法院却坚持传统的对刑法典的狭义解释,即维持了间接归责模式。由此导致的结果是,合规计划制度的发展受到阻碍。③

由于难以通过法人刑事责任归责模式促进企业合规,近年来,法国逐步通过立法引入了刑事合规制度。2016年,法国通过《萨宾第二法案》,正式引入了刑事合规制度。《萨宾第二法案》设定的刑事合规制度的内容包括④:

第一,企业合规计划的要素。企业的反腐败合规计划应当包括如下要素:①设定一个规定哪些行为可能构成贿赂从而应当予以禁止的行为守则;②设置内部举报系统,通过员工搜集违反行为守则的行为;③设置旨在根据业务线条以及业务所在地的不同而进行风险识别的风险地图系统(risks mapping);④设置根据风险地图评估客户、一级以及中间供应商的程序;⑤通过内部或外部方式进行财务控制,确保财务账簿没有被用以掩饰贿赂行为;⑥对于最可能暴露在贿赂风险之下的管理人员和职工进行培训;⑦设定对违反行为守则员工的惩戒措施;⑧设置对于已经实施的

---

① 参见陈萍:《法国法人刑事责任归责机制的形成、发展及启示》,载《政治与法律》2014年第5期,第49、50页。

② See Miriam Hechler Baer, "Governing Corporate Compliance", *Boston College Law Review,* Vol. 50, 2009, pp. 963-964.

③ See Stefano Manacorda · Francesco Centonze and Gabrio Forti, *Preventing Corporate Corruption: The Anti-Bribery Compliance Model,* Springer, 2014, p. 482.

④ See Alexandre Bailly and Xavier Haranger, "Sapin II: The New French Anticorruption System", available at: https://www.lexology.com/library/detail.aspx?g=27c54ff0-f764-4bb6-a11a-9691cdc3f48f, last visited Feb.1, 2021; also see: http://online.eversheds.com/documents/global/france/the-new-french-anti-corruption-law-sapin%20II_March_2017.pdf, last visited: Feb.1, 2021.

措施的评估和内部控制系统。

第二,适用范围。合规计划适用于以下企业:①拥有500名员工,或者归属于某集团公司,而该集团公司的母公司在法国注册设立且员工人数在500名以上;并且②营业额或合并营业总额超过1亿欧元。

第三,责任问题。如果符合条件的公司没有履行建构合规计划的义务,则企业可能遭受最高100万欧元的行政罚款(administrative penalties),负有责任的高管可能受到最高20万欧元的行政罚款。此处的行政罚款可以累积。① 如果公司内已经发生了贿赂行为,公司可能被强制要求建立合规计划(mandatory compliance),在法国反腐局(AFA)的监督之下,须在最迟5年之内完成。如果公司不履行强制性的合规计划建构义务,或者阻碍该义务的履行,将构成刑事犯罪,负责的公司法定代表人或经理可能被判处最高2年监禁刑以及最高5万欧元罚金刑,公司则可能在犯罪行为所带来的利益限度内承担罚金刑。

第四,企业缓起诉制度。基于公共利益考虑,经企业同意,检察官可以决定采取缓起诉措施,同时与企业达成"公共利益司法协议"。协议的重要内容就是,要求企业建立或完善合规计划,预防类似行为再次发生。基于体例安排考虑,本书将在讨论刑事合规程序机制建构问题时,详细介绍法国的企业缓起诉制度,此处不再赘述。

《萨宾第二法案》是法国为履行反腐败的国际义务而制定的专门法案。该法案通过之后,也对其他领域产生了影响。具体来说,《萨宾第二法案》引入的企业合规制度也被借鉴到了其他领域。例如,《法国企业警惕义务法》(French Corporate Duty of Vigilance Law)就要求一定范围内的企业,依照《萨宾第二法案》关于法案腐败合规的精神,设定合规计划,预防工人权利侵害、严重的身体或环境损害以及安全风险。② 由于该法案缺少刑事激励要素,并不完全契合本书关于刑事合规问题的讨论,其具体内容不再展开。

七、澳大利亚法的考察

澳大利亚的诸多法律中都存在刑事合规制度,而且,刑事司法实践也

---

① 由这一点可以推知,如果受到处罚后,公司或高管仍不履行建构合规计划的义务,并不会转化升级为刑事处罚,但仍有可能继续遭受行政罚款,罚款累积计算即可。

② See Ludovic Malgrain and Jean-Pierre Picca, "Compliance in France in 2019", *Europe, Middle East and Africa Investigations Review 2019*, Law Business Research Ltd, 2019, p. 56.

已经广泛践行了刑事合规制度。

首先,刑法典中的公司刑事责任条款是刑事合规制度的基础条款。1995 年的《澳大利亚联邦刑法典》规定:如果在法人内部,存在指挥、鼓励、容忍或者导致不遵守相关条款的法人文化;或者法人没有创造和保持一种遵守相关条款所需要的法人文化,则应当认为存在违法授权或者许可。① 与上述两项的实施相关的因素包括:法人的高级主管是否已经授权实施具备相同或者相似特征的犯罪;实施犯罪的法人的雇员、代表或者高级职员是否基于正当的理由或者合理的期望而确信法人的高级主管会授权或者许可犯罪行为。② 上述条款中,法人文化是指存在于法人整体或者作为相关活动发生地的法人某部门的态度、政策、规则、行为或者实践的程序。③ 澳大利亚法中的法人文化主要从法人对违法行为的态度、政策、规则或者实践程序等方面加以考察,这就意味着,有效合规计划可以成为良好企业文化存在的证明材料。也就是说,在澳大利亚法中,有效的合规计划可以排除企业责任。④

其次,竞争法领域也广泛接受了企业合规影响定罪或量刑的理念。据国外学者统计,在少量案件中,合规计划抗辩取得了成功,即合规计划成为排除企业责任的要素;尽管合规抗辩很少被接受,是否存在并践行(或者愿意在违法行为发生后建构)合规计划至少在刑罚量定上起到减轻或加重作用。与竞争法领域类似,其他大量存在公司刑事责任的判例法领域,尽管没有明确表达合规计划可以排除企业责任,但"正当程序""合理预防性措施""企业文化"也起到同样作用。⑤

最后,《澳大利亚公司法》中存在多个涉及合规计划的条文。例如,Part.9.4 AAA 详细规定了对举报人进行保护的制度;Part.5C.4, 5C.5 则分别对"合规计划"(compliance plan)、"合规委员会"的相关内容作出详细规定。关于合规计划的刑事法意义,从我国学者的下列论述中可以推断出,公司法中的有效合规计划也可以起到刑罚减免作用:"《澳大利亚公司

---

① See Model Criminal Code, Part.2.5: 12.3(2)-(c)(d).
② See Model Criminal Code, Part.2.5: 12.3(4).
③ See Model Criminal Code, Part.2.5: 12.3(6).
④ See Stefano Manacorda · Francesco Centonze and Gabrio Forti, *Preventing Corporate Corruption: The Anti-Bribery Compliance Model,* Springer, 2014, p. 421.
⑤ See Stefano Manacorda · Francesco Centonze and Gabrio Forti, *Preventing Corporate Corruption: The Anti-Bribery Compliance Model,* Springer, 2014, pp. 428-432, 437.

法》第9.4AAA部分就直接指出,法人设计并予以推行的具体合规计划被判定为有效从而具有诉讼意义的必要条件之一是能够做到'鼓励雇员、管理人员以及项目承包商对发现的涉及法人组织的犯罪行为向澳大利亚证券与投资委员会或法人组织内部高级管理人员及时进行举报或披露'。"①

八、中国法的考察

经过详细梳理不难发现,我国若干行政规章都在着力推动企业合规。以北大法宝为工具,以"合规"为关键词进行检索,并且人工筛选出有意义的结果可以发现,《证券公司和证券投资基金管理公司合规管理办法》《中央企业合规管理指引(试行)》以及《企业境外经营合规管理指引》都对企业合规制度做了全面规定。在"内部控制"的名义下,财政部等五部委发布的《企业内部控制基本规范》也对企业合规作出了全面规定。归纳这些规章或者规范性文件不难发现,完整的合规计划已经呈现出来。应当说,这些文件对于推动合规管理深入开展具有重要意义。如果将合规作为单位归责中的核心要素②,那么,以上文件对于认定企业是否履行注意义务具有重要的证据法上的意义。

在以金融业为代表的重点领域,通过行政处罚或行政和解促进企业合规的实践也已经广泛展开。在公司犯罪的司法过程中,通过定罪、量刑或起诉激励等方式推动企业合规的实践也已经广泛展开,部分刑事合规制度类型甚至也存在实在法根据。接下来,本书将在刑事合规制度类型化的基础上,对我国的刑事合规立法以及司法实践加以详细梳理。

经过对世界范围内主要的合规立法文本的考察,可以将刑事法中合规激励机制类型化为如下四种:

第一,作为违法或责任阻却事由的刑事合规。违法或者责任阻却是新旧过失论对于企业合规在企业责任认定上的不同认识③,两者最终都达

---

① 宋颐阳:《企业合规计划有效性与举报人保护制度之构建——澳大利亚路径及其对中国的启示》,载《比较法研究》2019年第4期,第90页。

② 参见时延安:《合规计划实施与单位的刑事归责》,载《法学杂志》2019年第9期,第29—32页。

③ 参见〔日〕今井猛嘉:《对单位的处罚——立足于合规计划的研究》,周啸天、张小宁译,载李本灿等编译:《合规与刑法:全球视野的考察》,中国政法大学出版社2018年版,第245页以下、277页以下。

到了出罪的效果。学术文献中反复被提及的《英国反贿赂罪法案》(2010)第7条"商业组织预防贿赂失职罪"是这个类型的代表。如果寻着这个标准进一步探索不难发现,我国《刑法》中的每个单位犯罪条款都是这一类型的刑事合规的制度载体。例如,隐匿、故意销毁会计凭证、会计账簿、财务会计报告罪的引入,客观保障了单位财会合规机制的有效执行;反过来说,如果单位财会合规机制完善,即便个别狡诈的职员实施了上述行为,也可以排除企业责任。

第二,作为量刑激励方式的刑事合规。《美国联邦量刑指南》第八章"组织量刑指南"中的合规制度是这个类型的代表。美国主流的单位犯罪归责模式是代位责任,这一点在《美国联邦量刑指南》[1]以及美国联邦巡回区上诉法院的系列判决[2]都有所体现。代位责任带来的结果是,公司承担了严格责任。也就是说,企业合规无论如何都不能排除责任,只能减轻责任。

第三,作为起诉激励方式的刑事合规。这种制度类型发源于美国,并且大有形成全球浪潮的趋势。上文提到,美国代位责任模式下,合规只能减轻企业责任。然而,对于企业来讲,定罪本身就具有毁灭性,其追求的是除罪化效果,而不是减轻责任。实践表明,代位责任存在合规激励不足的问题,从而导致企业仅仅具有实施次优合规计划的动力。[3] 为了弥补实体法上合规激励不足的问题,程序法上的补充性激励机制就产生了,即将企业合规与起诉建立联系,如果企业存在良好的合规计划,或者承诺建立、完善合规计划,那么可以对其缓/不起诉。目前,英国、法国、新加坡等国已经将企业缓起诉制度引入了本国法律系统。

第四,以合规作为个人责任联结点类型的刑事合规。上述三种类型都是通过排除或减轻公司自身责任的方式推动企业合规。有疑问的是,对于没有规定单位犯罪制度的国家如何通过刑事法手段激励企业合规?即便我国有单位犯罪制度,但也具有显著片段性,在不存在单位责任的业务领域中,如何激励企业建立专项合规制度是个重要问题。例如,我国的重大责任事故类的犯罪多没有规定单位责任,如何推动企业建立旨在促进安全生产的合规机制?合适的方式是,以合规作为个人责任的联结点,通过个人责任,促进其履行合规责任。这个类型的典型代表是德

---

[1] See U. S. Sentencing Guideline Manual (2018), Chapter 8, Introductory Commentary.
[2] See United States v. Ionia Mgmt., 555 F. 3d 303; United States v. Singh, 518 F. 3d 236.
[3] 参见〔美〕菲利普·韦勒:《有效的合规计划与企业刑事诉讼》,万方译,载《财经法学》2018年第3期,第142页。

国。2009年,德国联邦法院第五刑事法庭确立了合规官(compliance officer)对于公司内其他员工的业务关联性行为的监督者保证人义务。① 在学理上,少数观点认为,合规官的监督者保证人义务是第一位的义务②;主流观点认为,对于企业内违法行为的第一位的监督者保证人义务属于公司领导,因其具有命令指示权以及组织权能,经过业务分工、授权,合规官取得了派生性的监督义务。③ 公司领导对于职员的业务关联性行为的监督者保证人义务在最新的系列判决中都得到了确认。④ 通过赋予公司领导与合规官监督者保证人义务,客观上建构了一条不发生断裂的合规责任链条,每个职位上的责任人只有积极履行建构、运行合规计划的职责,才能排除个人责任。同样的制度类型在我国刑法中也可以找到。例如,我国《刑法》第134条规定了重大责任事故罪,以此惩罚"在生产、作业中违反有关安全管理的规定,发生严重后果"的行为。根据2015年最高人民法院、最高人民检察院发布的《关于办理危害生产安全刑事案件适用法律若干问题的解释》第1条规定,《刑法》第134条第1款规定的犯罪主体,包括对生产、作业负有组织、指挥或者管理职责的负责人、管理人员、实际控制人、投资人以及直接从事生产、作业的人员。也就是说,《刑法》第134条不仅旨在强化直接从事生产作业的人员的合规意识,还可以通过刑事责任倒逼相关管理人员、投资控制人员确立内部控制制度。同样的规范目的,在《刑法》第133条及对应的司法解释、第133条之一第2款等诸多条款中都有所体现。

经过仔细梳理,可以总结出我国刑事司法践行合规理论的四条路径:

第一,合规成为排除公司责任的事由。在郑某等侵犯公民个人信息案中,对于被告及辩护人提出的"本案系单位犯罪"的辩护意见,两级法院都认为,公司政策、员工行为规范、公司DR任务材料等文件以及要求所有营养专员接受合规培训并签署承诺函的事实均表明,公司反对上述违法行为,因此,公司不应承担责任。⑤

---

① Vgl. BGHSt 54, 44, Rn. 3-6.
② Vgl. Kraft/Winkler, Zur Garantenstellung des Compliance-Officers—Unterlassungsstrafbarkeit durch Organisationsmangel?, CCZ 2009, S. 32.
③ Vgl. Dannecker/Dannecker, Die „Verteilung" der strafrechtlichen Geschäftsherrenhaftung im Unternehmen, JZ 2010, S. 990; Rönnau/Schneider, Der Compliance Beauftragte als strafrechtlicher Garant, ZIP 2010, S. 57.
④ BGHSt 57, 42; BGHZ 194, 26; BGH B. v. 06. 02. 2018-5 StR 629/17-NStZ 2018, 648.
⑤ 参见甘肃省兰州市城关区人民法院(2016)甘0102刑初605号刑事判决书;甘肃省兰州市中级人民法院(2017)甘01刑终89号刑事裁定书。

第二,合规成为积极证立个人责任的联结点。在大量案件中,由于单位的内部控制机制缺陷,导致违法犯罪行为发生,在直接行为人自我答责之外,对单位内部控制机制缺陷负有责任者也因此承担了相关失职责任:在顾某广等重大责任事故案中,身为矿长,顾某广应当建立安全生产管理机制,配齐生产管理人员、制定煤矿管理的各项规章制度,保证安全投入,其却背离职责,导致事故发生,依法构成重大责任事故罪。① 除大量案件判决理由中提及的内部管理机制缺陷的问题之外,检察院的控诉意见及其辅助证据也大量涉及内部管理机制缺陷对于被告人责任认定的影响,此处不再详细举例。

第三,合规成为刑罚减免事由。在福州市立顺公交公司单位行贿一案中,辩护人提交了闽侯县交通运输管理局的证明文件,以证明被告单位"年上缴税收80万元,解决了几百人就业问题,在公交行业亏损情况下肩负社会责任②,投入巨大用于解决'出行难'问题,为群众出行安全以及偏远地区人民群众出行便利做出贡献"。对此,法院认为,"上述证明材料均与本案犯罪事实无关,仅作为被告单位平时表现的一种说明性材料,在量刑时予以综合考虑"③。

第四,合规成为不起诉公司或公司领导的事由。在无锡市某科技公司虚开增值税专用发票案中,为不影响公司的科技攻关行动,检察机关依法对公司和公司领导作出相对不起诉处理,并发出检察建议书,督促公司建立合规制度。④ 在王某等人对非国家工作人员行贿案中,考虑到嫌疑人系被索贿等情节,以及公司处于上市筹划期等特殊情况,为最大限度降低刑事追诉对公司的影响,深圳市南山区检察院依法作出不起诉处理,并将依托法律监督者身份,帮助企业进行合规建设,并定期监督合规计划落实

---

① 参见贵州省金沙县人民法院(2016)黔0523刑初207号刑事判决书。
② 这里需要做一个交代:尽管判决中未直接用"合规"或者"内部控制"等词汇表达,而仅仅以"履行社会责任"为由对涉事企业从轻处理,但这也体现了合规对于责任的影响。这里涉及合规与企业社会责任之间关系的问题。权威观点认为,合规计划的目标和价值是多元的,不仅包括公司方面的利益,还经常包括业务伙伴或第三人的利益以及社会利益(比如环境领域、防止使用童工、强迫用工或歧视等)。也就是说,合规计划本身就包含社会责任的内容。参见〔德〕乌尔里希·齐白:《打击经济犯罪的刑法及其替代模式》,周遵友译,载〔德〕乌尔里希·齐白:《全球风险社会与信息社会中的刑法:二十一世纪刑法模式的转换》,周遵友、江溯等译,中国法制出版社2012年版,第240—243页;Marc Engelhart, Sanktionierung von Unternehmen und Compliance: Eine rechtsvergleichende Analyse des Straf- und Ordnungswidrigkeitenrechts in Deutschland und den USA, Duncker & Humblot, 2010, S. 50。
③ 福建省闽侯县人民法院(2017)闽0121刑初563号刑事判决书。
④ 参见史济峰:《不起诉决定助力企业焕发生机》,载《检察日报》2020年6月12日第03版。

情况。① 此外，上海市长宁区检察院也已经在 12 个案件中以不起诉的方式激励企业合规，不再一一详述。

需要说明的是，尽管我国的公司犯罪司法已经在实践不同的刑事合规制度类型，然而，部分制度类型缺少立法根据，因而如何体系化地引入刑事合规制度仍须深入研究。例如，"合规不起诉"制度已经在全国多个试点单位进行探索，但如何在我国刑事诉讼法中引入程序激励类型的刑事合规制度还需要进一步研究。从公司刑事归责理论的角度来说，公司合规当然可以成为影响定罪量刑的因素，部分案件也确实体现出了这种理念，然而，合规并未成为影响罪责的稳定性的要素。因此，如何建构定罪或量刑激励模式的刑事合规制度也需要进一步研究。也就是说，尽管不同的刑事合规制度类型已经体现在我国的立法或刑事司法实践，但这并不意味着我们已经形成了系统化的刑事合规制度，更不意味着本书接下来对刑事合规系统化建构的讨论没有意义。

九、其他国家

在挪威，对企业犯罪的起诉具有很大的自由性，但是在考量是否追诉企业时的一个重要要素是，企业是否具有防止犯罪的合规计划。在瑞士，企业如果没有采取合理、必要的措施预防贿赂犯罪，则要受到刑事追诉。虽然法律并没有进一步规定具体的内控举措，但是确立了大概的原则，即职员是否被充分地告知、监督和控制，以此作为是否存在合规计划的标准。韩国在这方面相对宽松，如果企业已经尽到了注意义务或者采取了适当的监督措施预防犯罪，则可以免于贿赂外国公职人员的处罚。2010 年 12 月西班牙也通过修订法律，制定了"合规抗辩"的相关法律。② 此外，通过对智利、匈牙利、波兰、葡萄牙、瑞典等国法律文本的考察不难发现，刑事合规制度也已经被借鉴到了其本国法之中。关于合规计划的立法情况无法一一展示，即便已经加以详细考察的，也只是对法律文献中经常提及的主要立法文本的考察，因而难免出现挂一漏万的情况，但可以肯定的是，刑事合规制度已经形成世界潮流。

---

① 参见曾焕阳：《南山检察院依法不起诉，助力企业合规经营》，载广州日报大洋网（https://news.dayoo.com/gzrbyc/202004/20/158752_53297870.htm），访问日期：2020 年 10 月 23 日。

② See Jeffrey M. Kaplan and Joseph E. Murphy, *Compliance Programs and the Sentencing Guideline: Preventing Criminal and Civil Liability*, Thomson Reuters, 2013, pp. 1031-1032.

第二章 刑事合规制度的正当性根据

第一节 问题的提出

美国的《美国反海外腐败法》以及《萨班斯法案》都通过长臂管辖的方式,扩展了其管辖范围,使得其他在美国或者与美国公司有业务往来的企业都具有合规义务。2018年5月25日颁布的《欧洲通用数据保护条例》也开始效仿美国,通过长臂管辖扩展其管辖范围,推广欧洲的个人信息数据合规规则。长臂管辖已经成为世界主要经济体推行合规规则的重要方式。尽管我们可以采取对抗性立法,但是这并不能改变其他国家的法律效力,或者说,我们仍然应当遵循其他国家或者组织体的合规规则。为规避我国企业"走出去"过程中的合规风险,国家发改委等七部门联合出台了《企业海外经营合规管理指引》;国务院国资委也于2018年印发了《中央企业合规管理指引(试行)》。为了激励企业开展合规管理,最高人民检察院提出,要"运用认罪认罚从宽制度依法办理涉企刑事案件";刑事立法上,拒不履行信息网络安全管理义务罪的设立,也凸显了立法者通过刑事法手段强化企业合规管理的决心。① 学理上,笔者本人也曾在不同时期,分别提出从量刑政策、刑事诉讼程序两个角度,将刑事合规制度融入国内法体系的主张。② 然而,刑事合规制度始终面临一个可能的质疑:为什么是刑事合规,而不是通过民事责任、行政责任推动企业合规?刑事合规制度是否背离了刑法的最后手段性原则?本章将以这种质疑为起点展开论述。

需要特别交代的是,因为公司犯罪并未成为全球性规则,表现在刑事

---

① 参见李本灿:《拒不履行信息网络安全管理义务罪的两面性解读》,载《法学论坛》2017年第3期,第140、141页。
② 参见李本灿:《企业犯罪预防中合规计划制度的借鉴》,载《中国法学》2015年第5期;李本灿:《认罪认罚从宽处理机制的完善:企业犯罪视角的展开》,载《法学评论》2018年第3期。

合规制度上,呈现类型化差异。例如,在不承认法人犯罪的德国,量刑激励以及起诉激励并非合适路径,其主要通过赋予公司领导以及合规官保证人义务的方式①,推动自然人履行合规义务。然而,这是纯粹的保证人义务问题的范畴,归属于完全不同的教义体系。本章主要从公司本体责任的角度,对于刑事合规制度的正当性问题展开论述。

第二节 从合规到刑事合规:刑事合规的内涵与类型化

一、从合规到刑事合规:刑事合规的内涵

(一)公司角度的考察

如前所述,合规这一概念最初被用于医学领域,表示遵循医嘱之意。现今,该词被用到法学领域,表达的意思是,在企业内部遵守法规。此处的"规",是一个广义的概念,除了包含法律法规之外,还包括经由公司具体化的内部规章,甚至更高层次的企业伦理精神。也就是说,合规包含了公司遵循刑事法规范的内涵。事实上,公司的刑事合规义务在我国的公司法中有所体现:"公司从事经营活动,必须遵守法律(当然包括刑事法律)、行政法规,遵守社会公德、商业道德,诚实守信,接受政府和社会公众的监督,承担社会责任。"(《公司法》第5条第1款)从这个意义上说,"合规"与"刑事合规"是包含与被包含的关系。对于公司而言,刑事合规的这层含义并无特别之处,至多在于提醒企业,应当注意因违反刑事法律规范可能招致的刑事法律风险。这个层面的刑事合规不在本章的讨论范围之内。

(二)国家层面的考察

企业视角的"合规",实质是企业开展的自我管理,以避免包括刑事风险在内的运营风险。在这个意义上,"合规计划"与"风险管理""价值管理""公司治理""商业伦理""诚信守则""行为守则"以及"公司社会责任"等概念具有相似性,都是描述公司治理的新概念,都是定义公司调控的某些目标和程序,只是侧重点不同而已。②如果仅从"企业自我管理"

---

① Vgl. BGHSt 54, 44, Rn. 3-6, 27.
② 参见〔德〕乌尔里希·齐白:《打击经济犯罪的刑法及其替代模式》,周遵友译,载〔德〕乌尔里希·齐白:《全球风险社会与信息社会中的刑法:二十一世纪刑法模式的转换》,周遵友、江溯等译,中国法制出版社2012年版,第238页。

的角度理解合规,那么,这个概念就失去了独特性。法律具有行为规范的机能,就自然人而言,每个人不实施违法犯罪行为主要依靠内在自觉,而不是法律的外在威慑。也就是说,公民的守法首先依靠的也是自我管理。从这个意义上讲,企业的自我管理就没有特殊意义。然而,从另一个侧面看,企业的自我管理又不同于自然人实施的自我管理:自然人的自我管理不需要经济的投入,或者说,主要不依靠经济投入;企业的自我管理则需要巨额的经济资源投入。"根据一项针对321家企业的调查结果,每家需要遵守《萨班斯法案》的美国大型企业第一年实施《萨班斯法案》第404条款的总成本将超过460万美元。这些成本包括3.5万小时的内部人员投入、130万美元的外部顾问和软件费用以及150万美元的额外审计费用。全球著名的通用电气公司就表示,404条款致使公司在执行内部控制规定上的花费已经高达3000万美元。"①"沃尔玛最近七个财政年度公布的FCPA合规的费用高达9.01亿美元:2013年1.57亿美元;2014年2.82亿美元;2015年1.73亿美元;2016年1.26亿美元;2017年9900万美元;2018年4000万美元;2019年2400万美元(Q1,Q2,Q3)。"②正是看到这一点,合规计划制度的反对者质疑:"企业具有采取仅有装潢意义的合规计划的动力,因为建立满足'组织量刑指南'要求的合规计划是昂贵的……"③因为利益因素的存在,合规计划的有效性仅取决于企业高层的道德性;然而,当鸡圈由狐狸看守时,鸡的安全将无以保证;基于这些考虑,应当认为,合规计划或许是一个预防犯罪的工具,但是它并不是企业犯罪抑制的灵丹妙药,不应当被过分重视,这些问题的解决还要回到政府规制本身。④

"回到政府规制"的主张是对企业自我管理的否定。然而,自我管理

---

① 孙琲:《萨班斯法案逼近百度搜狐不眠不休》,载《第一财经日报》2006年7月12日,第C01版。

② Mike Koehler, Wal-Mart's Pre-Enforcement Action Professional Fees And Compliance Enhancements Top $900 Million, at: http://fcpaprofessor.com/wal-marts-pre-enforcement-action-professional-fees-compliance-enhancements-top-900-million/, last visited: Nov. 13, 2018.

③ Lindsay K. Eastman, "Revising the Organizational Sentencing Guidelines to Eliminate the Focus on Compliance Program and Cooperation in Determining Corporate Sentence Mitigation", *Minnesota Law Review*, Vol. 94, 2010, pp. 1630-1644, 1649-1650.

④ See S. J. Charles Barnes, "Why Compliance Program Fail: Economics, Ethics and the Role of Leadership", *HEC Forum*, 2007, pp. 112-113, 121-122.

理念的倡导恰是因为单一国家规制在企业犯罪治理上的低效能。① 因此,不能因为自我管理可能面临的问题就简单复归单一国家规制,而应当在自我管理理念的基础上,通过法律加以引导。刑事合规就是这样的一种制度,即将企业的自我管理与国家规制理念融合起来,构建"国家—企业"的合作治理模式。② 也就是说,国家层面的刑事合规是这样一种制度,即将企业合规管理与刑事责任建立关系,通过量刑激励或起诉激励等方式(以平衡企业的合规投入),推动企业自觉进行自我管理,以达到企业(风险降低,刑事责任减轻或避免)与国家(司法效率提升,公司犯罪治理效果提升,避免因企业受到刑事追诉产生的负外部效应等)共赢的目标。

二、刑事合规类型的重新界定

(一)过往的类型化尝试

相关论著曾尝试对刑事合规进行类型化处理,将刑事合规类型化为"英国模式"与"美国模式"。③ 前者以英国立法最为典型,通过独立构罪的方式推动组织体进行腐败犯罪的自我管理;后者以美国最为典型,通过量刑的激励,推动企业内控。④ 然而,这种分类存在两个问题,容易使人产生误解:第一,为什么是"英国"与"美国",而不是其他。这种划分方法与刑法的关联度不够,或者不够明显,并不能明确阐释不同合规类型的刑法意义。第二,合规在责任论和刑罚论上的机能正在发生转变,并且,两种模式在逐步融合,这种情况下,单纯以国别为标准进行类型区分并不十分贴切。例如,美国"组织量刑指南"将合规与刑罚联系在一起,合规与否成为加重或减轻企业刑事责任的重要考量因素。然而,5%～400%的量刑激励制度发挥作用需要基础性条件,即较高的基准刑标准与稳定的刑罚预期。如果基准刑偏低,刑罚的加重或者减轻意义不大;如果没有稳定的

---

① 参见李本灿:《企业犯罪预防中国家规制向国家与企业共治转型之提倡》,载《政治与法律》2016 年第 2 期,第 51—53 页。

② Kimberly D. Krawiec, "Cosmetic Compliance and the Failure of Negotiated Governance", *Washington University Law Quarterly*, Vol. 81, 2002, p. 487.

③ 需要交代的是,此处的重新类型化并不是对"英国模式""美国模式"的绝对否定,两种模式仍有不同的核心内涵,这一点在下文讨论与刑事合规相关联的刑事政策调整问题时,仍有意义。

④ 参见李本灿:《刑事合规理念的国内法表达——以"中兴通讯事件"为切入点》,载《法律科学(西北政法大学学报)》2018 年第 6 期,第 97—100 页。

刑罚预期,再严厉的刑罚也是一纸空文,企业更看重眼前的合规成本。中国的公司犯罪刑事立法与司法可以很好阐释这一点:与公司成立、运营、终止相关联的单位犯罪基准刑显著偏低,例如,与公司内控相关的隐匿、故意销毁会计凭证、会计账簿、财务会计报告罪罚金刑幅度仅为2万元~20万元(其他条款类似),对于现代企业而言,这几乎相当于"罚酒三杯",无关痛痒;地方政府为发展经济而给予企业的"超国民待遇"使得企业一路绿灯通行,企业因违法犯罪行为受到处罚的可能性极小;两个因素叠加起来,造成了我们的企业合规意识淡薄的现状。在美国,至少在《萨班斯法案》显著强化企业责任之前,量刑激励同样是远远不够的,以至于,装潢意义的合规计划充斥市场,学者呼吁将合规计划制度剔除出《美国联邦量刑指南》。经过在个案中尝试公司缓/不起诉之后,1999年的《美国联邦公司起诉规则》开始了公司犯罪缓/不起诉的标准化尝试。时至今日,起诉激励已经成为推动企业合规的重要手段。"实际上,每一份暂缓起诉协议或不起诉协议都要求企业对合规计划进行修改。尽管早期的协议对发展合规计划只是一笔带过,但是,近来却有越来越多的协议对合规提供了详尽的框架。对于合规的仔细修改,既强调了合规在起诉和量刑过程中的重要性,也表明了其是在刑事调查中试图避免刑事定罪的企业达成缓/不起诉协议的关键要素。"①作为企业合规计划推行的制度性工具,公司缓/不起诉制度的引入客观上改变了合规的"美国模式",使得"美国模式"呈现混合形态。与此同时,英国也已经将企业缓起诉这一程序激励机制引入国内法系统,从而使其合规模式复杂化。第三,"美国模式"与"英国模式"的分类更多关注的是合规在刑事实体法上的意义,然而,企业合规问题程序化的趋势越发明显,因而有必要加入程序法角度的考量。综合考虑以上三点,我们将在这里对刑事合规的类型进行重新阐释。

(二)从合规的刑事法意义角度的重新阐释

首先需要予以说明的是,这里的"重新阐释"并非对先前论著中分类方法的否定,而是从另一个侧面,即从合规与刑罚意义的关联性的角度进行重新分类,这样更有利于指导公司犯罪司法实践。大体而言,可以从如下三个角度对刑事合规制度进行重新分类:

第一,作为违法或责任阻却事由的刑事合规。一般而言,企业故意犯

---

① Ryan D. McConnell, et al., "Plan Now or Pay Later: The Role of Compliance in Criminal Cases", *Houston Journal of International Law*, Vol. 33, 2011, p. 564.

罪中,合规计划的存在并不能起到阻却违法的作用,违法性已经在行为及结果中彰显无遗。即使存在形式意义上的合规计划,但故意犯罪已经表明,它仅具有装潢意义,不符合合规计划的"有效性"要件。个别情况下,合规计划可能起到责任阻却的作用。这里主要涉及违法性意识问题。例如,尽管原本打算遵守严格的合规文化进行营业活动,却没有赶上最先端的信息,从而给公司造成损害的情况,只要符合违法性错误的"相当理由",就有可能不会被问责。① 过失犯罪中,合规计划可能在新旧过失论的不同理论体系中起到违法或责任阻却的作用。在旧过失论或修正的旧过失论的意义上,过失的核心在于结果预见的可能性;单位充分调查可设想的情况,并为了防止这些状况而实施充分的客观的防治对策,此时,虽然预见了侵害法益的结果,但由于单位为了避免该结果而采取了充分的手段,所以违法结果不是因该单位而产生的(阻却责任)。与之相对,新过失论认为过失的本质在于它是脱离了社会相当性标准的行为,所以可以更容易地以履行了合规计划为理由否定单位的过失。通过"标准行为=履行合规计划"的解释可以更容易得出结论(阻却违法性)。②

无论是阻却违法,还是阻却责任,合规计划都可以起到排除企业行为犯罪性的功能。在以往的分类中,《英国反贿赂法案》第 7 条的"商业组织预防贿赂失职罪"被归为合规的"英国模式"的典范。这种理解本身没有问题,然而,如果从"刑事法手段"与"自我管理"两个角度理解国家/社会意义层面的刑事合规制度,那么,只要规定了单位犯罪的国家,都存在这层意义上的刑事合规制度。日本通过监督管理过失理论推动组织体合规归属于这一类型;我国《刑法》中大量存在的重大责任事故类的犯罪,也是同样的立法例,在这些犯罪中,合规计划可以起到排除犯罪性的作用。从这个意义上讲,尽管合规计划制度被认为首先产生于美国③,但不得不说,美国的贡献可能仅是唤醒了企业、立法者、司法者的合规意识,而并非首先创设了规则本身。

---

① 参见〔日〕甲斐克则:《企业的合规文化·计划与刑事制裁》,谢佳君译,载李本灿等编译:《合规与刑法:全球视野的考察》,中国政法大学出版社 2018 年版,第 278 页。
② 参见〔日〕今井猛嘉:《对单位的处罚——立足于合规计划的研究》,周啸天、张小宁译,载李本灿等编译:《合规与刑法:全球视野的考察》,中国政法大学出版社 2018 年版,第 245—246 页。
③ 参见周振杰:《企业适法计划与企业犯罪预防》,载《法治研究》2012 年第 4 期,第 28 页。

第二，作为起诉激励事由的刑事合规。不同于定罪或量刑激励的情形，需要讨论的是，起诉激励类型的刑事合规当如何归类？在先前的论著中，基于以下两个原因，笔者提出了准用阻却违法或责任类型的观点：首先，缓/不起诉在排除企业自身刑事责任的方式上不同于上述两种情况，但结果类同（尽管所附条件具有一定程度的义务性，但企业自身的刑事责任多被排除了）；其次，美国在公司责任认定上采代位责任原则，该模式下，合规无法排除责任，由此产生的责任严苛问题只能由实体转向诉讼程序，此举实属权宜之计。现在来看，如果从单一实体法的角度看，准用违法/责任阻却类型的刑事合规制度也并无不妥，但是，如前文所述，本部分内容的类型化兼顾了刑事实体法和刑事程序法，这种情况下，有必要将程序法中的刑事合规制度独立出来，类型化为"作为起诉激励事由的刑事合规"。

第三，作为量刑激励事由的刑事合规。这种类型的刑事合规制度以《美国联邦量刑指南》最为典型。其将合规计划设定为加减罚金刑的核心考量因素，甚至，整个《美国联邦量刑指南》第八章"组织量刑指南"都在围绕如何推动公司合规而展开。"在奥地利法中，这种类型的预防措施（合规措施）也被定位为刑罚的减轻事由。"[1]事实上，归属于正当化/免责事由类型的刑事合规制度也可能表现出刑罚减轻的机能，因为合规被理解为公司履行注意义务的方式和表现，那么，注意义务的履行不仅是有与无的问题，还有大小差别。在公司履行了一定程度的注意义务，但是仍没有避免结果发生的场合，合规成为良好"企业公民"的标识，起到从宽量刑的作用。尤其是，当事后整备的合规计划被认可（出于推动公司合规的政策考量）之后，合规只能起到加减罚金刑的作用。由此可见，刑事合规类型已经跨越了国别，混合形态已经成为常态。

最后需要再次说明的是，这里的类型化是在单位犯罪的语境中展开，并没有包含所有的刑事合规制度类型。在非单位犯罪的制度背景下，"以合规作为个人责任联结点类型的刑事合规制度"也是独立的制度类型。下文刑事合规建构的教义学路径就围绕这一制度类型展开，教义学证成的过程，也恰是该制度类型的正当化证立过程。

---

[1] Martin Böse, Strafbarkeit juristischer Personen-Selbstverständlichkeit oder Paradigmenwechsel im Strafrecht, ZStW 2014, S. 145-146.

第三节　作为违法/责任阻却或量刑激励事由的刑事合规的正当性根据

一、公司刑事责任的构造与刑事合规

从学术史的角度来看，公司刑事责任理论经历了自然进路的研究范式向规范进路研究范式的转变。前者仍然以传统罪责理论为基础，强调自然人的责任，公司责任是一种代位责任；后者则强调公司的自身责任，自然人责任可能仅是公司责任的联结点，甚至仅是观察对象，公司是在为自己的行为负责，而不是为员工的行为负责。两种责任认定模式下，刑事合规具有不同的意义；公司刑事责任认定模式的差异，导致了刑事合规类型的分化。

（一）自然进路的公司罪责模式

传统大陆法系坚持认为：法人不具有可谴责的灵魂和肉体，因而，不能用刑罚处罚法人。与此不同，19世纪以前的英美法，则更多地出于功利主义的考虑，不处罚法人犯罪。因为，在此之前，企业法人犯罪较为稀少。但是，随着工业社会的到来，法人犯罪日益增多，用刑事手段处罚法人犯罪的普通法规则逐步确立。[①] 在19世纪初期，法庭开始持这样的观念，即商事企业也应该像私营、公共事业的企业一样承担公共损害的刑事责任。[②] 随着公司在社会生活中的作用的凸显以及公司致损案件的增多，法庭扩大了公司刑事责任的范围。到19世纪晚期，借鉴侵权法中的替代责任，英国法庭开始让公司为其代理人的行为负责。但是，其后的判例仍对法律拟制的"人"的刑事责任进行了限制，公司只能对于要求严格责任的不法行为承担责任，而不涉及道德维度上的要求有犯罪意图的诸如非法侵入、强奸、杀人等犯罪。[③] 客观上，这就规避了责任主

[①] 参见周振杰：《比较法视野中的单位犯罪》，中国人民公安大学出版社2012年版，第8页以下。

[②] See James R. Elkins, "Corporations and the Criminal Law: An Uneasy Alliance", *Kentucky Law Journal*, Vol. 65, 1976, pp. 91-92.

[③] See Andrew Weismann with David Newman, "Rethinking Criminal Corporate Liability", *Indiana Law Journal*, Vol. 82, 2007, p. 419.

义原则的拷问。① 此后，犯罪故意首先在美国 1908 年的纽约中央和哈德逊河铁路公司诉美国案②中，被归属于法人。美国联邦在个案中关于法人刑事责任的态度明确之后，得到大量州的支持和效仿，运用联邦普通法理论将替代责任引入州的法律系统。从替代的范围来看，《美国模范刑法典》将其限制在"高层管理人员"在职权范围内，至少部分为法人利益而实施的行为。但是，很多州并没有按照该法典行事，而是将替代责任主体降低到了低层次公司职员，甚至包括销售员、体力劳动者、卡车司机或者文职人员。③ 与美国相比，英国的替代责任范围相对较小。1944 年，英国通过检察长诉肯特苏克塞斯公司案（DDP v. Kent Sussex Contractor Ltd.）等三个判例确立了等同责任原则。关于等同责任，在 1957 年的博尔顿公司案（H. L. Bolton Co. Ltd. v. T. J. Graham & Sons Ltd.）中法官解释道：企业在诸多方面与自然人类似，存在支配其行为的大脑和神经，也存在受大脑和神经支配的双手；企业中的高级职员代表了企业的精神，支配企业的行为，其心理状态就是企业的心理状态，而企业中的某些从事具体业务的雇员或者代理人，相当于受大脑和精神支配的双手，执行具体行为。④ 从等同责任的定义看，等同的范围仅限于代表企业精神与意志、支配企业行为的高级职员。由此可见，在传统观点里，除替代范围不同之外，等同责任与替代责任本质并无不同，两者都是个人责任；对企业刑事苛责，是通过由个人到组织体的方式进行的。⑤

我国学界对于单位刑事责任的认定模式，也呈现出自然进路与规范进路的分化。具体来说，下述主张呈现自然进路的特征，表面上维护了单位刑事责任与传统罪责理论的和谐关系。

1. 法人责任与个人责任一体化理论

该理论认为，法人犯罪中的犯罪法人与卷入其中应负刑事责任的自

---

① See Kathleen F. Brickey, "Corporate Criminal Accountability: A Brief History and an Observation", *Washington University Law Review*, Vol. 60, 1982, p. 405.
② New York Central with Hudson River Railroad Co. v. United States, 212 U. S. 481.
③ See Andrew Weismann with David Newman, "Rethinking Criminal Corporate Liability", *Indiana Law Journal*, Vol. 82, 2007, p. 423.
④ See Michael J. Allen, "Textbook on Criminal Law", Oxford University Press, 2007, p. 251.
⑤ 需要特别说明的是，等同责任存在广义和狭义的区分，这里的判断是站在广义等同责任角度的阐释，狭义的等同责任是否与代位责任本质相同，需要进一步讨论，下文也会涉及这一问题。

然人既不是共同犯罪的关系,也不是所谓双重主体。用共同犯罪的理论解释法人犯罪显得十分牵强,而且无法解决许多理论与实际问题,比如如何摆放他们的主从关系等。双重主体的观点又过分强调了法人犯罪的外在表现形式,却没能揭示出法人与那些同时负刑事责任的人员的特殊内在关系,而这恰恰是问题的实质。在否定共同犯罪论与双重主体论的基础上,论者提出了法人责任与个人责任一体化理论:法人与有关自然人在法人犯罪中融为一体,结合成为一个犯罪主体并共同承担刑事责任。① 在该理论中,法人通过自然人实施犯罪行为;自然人的行为是法人承担刑事责任的根据。

2. 一个刑事责任主体、两个受刑主体的公司犯罪刑事责任理论

该理论认为:"追究公司刑事责任是因为从犯罪的实施来看,公司行为是在公司意志支配下对社会的侵害或威胁,公司是实施公司犯罪的真正主体,责任成员只不过是对公司意志形成存在影响力或具体实施公司行为的自然人……自然人的行为和罪过在公司犯罪中的作用是显而易见的,它与公司的意志与行为不可分割,因而表露于外的则是一个有机的整体。公司与其内部自然人都要承担刑事责任的根源在于二者之间存在独立性与从属性的二重性特征。"②"从公司自身角度来看,它是以一个整体的形象出现,公司要为其内部自然人的行为承担责任,即责任的转化,这是从属性的一面;从内部结构上来考察,公司与内部自然人之间的意志独立性,自然人也要对自己的行为承担责任……可以说,我国现在公司犯罪刑事责任的承担模式与美国的现行做法具有一定程度上的相似性。"③由此可以看出,该理论中,公司责任具有从属性,自然人责任具有独立性;从属性决定,公司责任源自自然人责任;自然人责任的独立性,使得自然人需要在公司承担责任之外,也承担相应刑事责任。

(二)规范进路的公司罪责模式

自然进路的公司罪责模式通过强调公司罪责的从属性,将自然人责任归属于公司责任。该模式最大程度地契合了传统的责任理论,然而却

---

① 参见娄云生:《法人犯罪》,中国政法大学出版社 1996 年版,第 75 页以下。
② 卢林:《公司犯罪论:以中美公司犯罪比较研究为视角》,法律出版社 2010 年版,第 204 页。
③ 卢林:《公司犯罪论:以中美公司犯罪比较研究为视角》,法律出版社 2010 年版,第 205 页。

面临疑问：自然人确是公司的有机组成部分，公司行为依赖自然人，然而，自然人的行为可能体现公司意志，但也可能仅是个人意志的体现；即便用"利益归属""职务范围"标准加以限定，也不能否定个别情况下，自然人的行为并非公司的行为，相应地，自然人责任不一定是公司责任。正是看到自然人与公司自身相互独立的面向，规范进路的公司罪责模式越来越多地被提出。

1. 以企业精神或政策为核心构建的公司罪责模式

Ann Foerschler 认为，美国现有的代位责任模式使得刑事追诉在如下情形中困难重重：不透明的组织体结构试图掩盖责任人；责任分散以及公司决策的集体性特征导致难以具体认定行为人的罪责。基于对传统模式的反思，该论者提出了所谓"三叉检验模式"，以此确定公司罪责：①公司活动或政策是否违反法律？②公司是否可以合理预见公司活动或政策会导致公司代理人实施违法行为？③公司是否接受了代理人所实施的违法行为？这一理论模型的目的在于，将公司的犯罪意图作为独立现象予以观察，以区分于代理人的个人意图，进而将关注的焦点从对自然人主观意图的考察转移到从公司内部决策结构探寻公司意图。①

Pamela H. Bucy 在反思传统模式的基础上，提出了以企业精神为核心的企业罪责认定模式，企业只有如下情况才能承担刑事责任：存在鼓励代理人实施犯罪行为的精神的情况。在该标准下，司法人员需要证明如下四个要素，并且超越合理怀疑：企业精神、鼓励、犯罪行为、行为由代理人实施。② 在该模式下，企业职员的主观意图与行为成为观察对象；违规行为后企业采取的补救措施以及企业在预防犯罪行为上是否尽职成为重要的考察因素。然而，尽管这些因素是认定企业精神的重要参考，但任何单一要素都不足以确定企业刑事责任。在这些因素的基础上，还要进一步考察企业正式或非正式的层级结构、企业目标与政策、报酬计划及其为员工提供的教育与监督情况等。经过系列考察，如果能够证实企业内部存在鼓励违规的精神，那么，企业要为其代理人的行为负责；如果不存在鼓励违规的精神，即便代理人违法，企业也不需要为此

---

① See Ann Foerschler, "Comment, Corporate Criminal Intent-Toward a Better Understanding of Corporate Misconduct", *California Law Review*, Vol. 78, 1990, pp. 1306-1311.

② See Pamela H. Bucy, "Corporate Ethos: A Standard for Imposing Corporate Criminal Liability", *Minnesota Law Review*, Vol. 75, 1991, p. 1121.

承担刑事责任。①

与上述两位学者观点类似的还有 Brent Fisse 教授所构建的前摄性与反应性过错理论(proactive and reactive fault):以自然人的犯罪行为作为外部要素,如果企业存在明示或暗示授权实施违法行为的政策,或者没有采取措施防止该行为或其他类似违法行为,或者现有的政策没有履行反应职责,则公司要为自然人的行为负责。②

2. 推定的企业过错理论

推定的企业过错理论(constructive corporate fault)认为,企业犯罪主观罪责并不需要完全通过主观标准加以证明,非主观标准与主观证据都需要参照;公司目的、认识、轻率或疏忽都需要在合理性判断(reasonableness judgments)的协助下完成,正因如此,推定罪责并非严格的客观责任;企业的行为是否客观证实了其意图或目的、认识或明知、疏忽或轻率,平均规模、结构或复杂程度的公司是否可以感知到该伤害的风险,都是企业罪责推定要考虑的因素。③

3. 我国的类似理论

国内较早从规范进路研究公司罪责的是何秉松教授,其主张人格化社会系统责任论:一方面,法人是一个由自然人组成的有机整体,法人的活动是通过自然人的自觉活动实现的;另一方面,法人是人格化的社会系统,它具有自己的整体意志和行为,从而也具有自己的犯罪能力和刑事责任能力;不能把法人整体的意志和行为,归结为任何个人的意志和行为,也不能把法人犯罪归结为个人犯罪,法人刑事责任的本质是整体责任。④

黎宏教授旗帜鲜明地主张组织体责任论:"在考虑单位犯罪的主观要件的时候,应当将传统的单位刑事责任和现代的组织体责任论结合起来考虑。即,作为追究单位刑事责任的前提,首先,对于已经发生的、客观上可以归属于单位的某种危害结果,作为单位化身的单位组成人员即单位代表或机关成员的自然人必须具有成立犯罪所具有的故意或过失……但

---

① See Pamela H. Bucy, "Corporate Ethos: A Standard for Imposing Corporate Criminal Liability", *Minnesota Law Review*, Vol. 75, 1991, pp. 1182-1183.

② See Brent Fisse, "The Attribution of Criminal Liability to Corporations: A Statutory Model", *Sydney Law Review*, Vol. 13, 1991, pp. 279-280.

③ See William S. Laufer, "Corporate Bodies and Guilty Minds", *Emory Law Journal*, Vol. 43, 1994, pp. 704-705.

④ 参见何秉松主编:《法人犯罪与刑事责任》,中国法制出版社1991年版,第485页。

是,在判断单位代表或机关成员是否具有某种罪过时,除以单位代表或机关成员所作出的决定内容为根据之外,还得考虑单位自身的特征(法人结构、成立宗旨、政策等)。"①

上述国内外学者的观点,尽管名称有别,但并无本质不同,其都批判了传统代位责任的不足,但公司自身责任的认定也都离不开自然人责任②,只是需要在自然人责任外,寻找公司自身责任的实质根据,或通过精神,或者理念、政策,或者通过组织体特征来认定公司自身责任。经过仔细考究不难发现,陈兴良教授③、张文教授④所持观点也都与此相近。此处不再赘述。

4. 系统论视角的公司责任理论

从系统论角度解析公司责任的理论,以 Günter Heine 为典型。Heine 提出了原初社团刑法的概念(ein originäres Verbandsstrafrecht),并试图抛开自然人作为联结点的传统归责模式,仅从企业未能改善组织系统,使得危险不再有可能采取补救措施的角度理解公司的刑事责任。之所以偏离传统以自然人的行为与罪责为根据来认识公司罪责的方法,原因在于,大型企业的去中心化与权力分化,伴随这种现象的是,个体的意义弱化,核心刑法(Kernstrafrecht)的罪责原则不再适用了。⑤

(三)刑事合规与两种模式的内在关联

1. 自然进路:刑罚平衡需要刑事合规制度

自然进路的公司罪责理论具有简单易操作的特点,然而其始终面临

---

① 黎宏:《单位刑事责任论》,清华大学出版社2001年版,第292页。

② 黎宏老师批判何秉松教授时指出:"这种见解一方面声称法人整体意志有别于个人意志;另一方面,在法人意志的分析上,却又通过各种方式将其还原给了法人中的自然人。由此可见,我国的所谓法人独立责任论也并没有脱离传统的法人责任论的窠臼。"黎宏:《单位刑事责任论》,清华大学出版社2001年版,第291页。然而,黎宏教授也并未如其所批判的那样,完全脱离自然人责任认定法人责任,正因如此,王良顺教授批判道:"虽然它表明该理论是法人固有的刑事责任论,但是,它却同时认为单位实施的危害行为又必须是通过自然人的违法行为来进行的,这就是说,它实际上又落入了以自然人为媒介的窠臼。"王良顺:《单位犯罪论》,中国人民公安大学出版社2008年版,第70页。

③ 参见陈兴良:《单位犯罪:以规范为视角的分析》,载《河南省政法管理干部学院学报》2003年第1期,第17页。

④ 参见张文、刘凤桢、秦博勇:《法人犯罪若干问题再研究》,载《中国法学》1994年第1期,第63—65页。

⑤ Vgl. Günter Heine, Die strafrechtliche Verantwortlichkeit von Unternehmen, Nomos, 1995, S. 249 f., 287f.

质疑。据国外学者介绍,在美国联邦法院层面,公司罪责认定并不要求证明公司是否采取有效措施以揭露并处理员工的违法行为。[①] 也就是说,自然进路的公司罪责模式过于强调单位对于个人责任的依赖性,并未考虑单位罪责的独立性。实际上,单位行为离不开自然人,但这至多说明,自然人的行为可能归属于单位,但并不绝对。自然人在职权范围内,为了单位利益实施的行为,多数情况下体现了单位意志,单位需要为此承担罪责。但是,"职权范围"与"为单位谋利"要件并不是单位整体意志的同义表达,完全可能出现这样的情况,亦即,职员在职权范围内,为了单位利益实施的行为违背了单位的意志,甚至,单位明令禁止此类行为。此时,自然人行为及其意志不能归属于单位。然而,在自然进路的罪责模式中,公司是否采取反对措施并未被考虑进来,对于公司而言,"这种将自然人的责任几乎是无条件地转嫁给法人的责任理论不仅在本质上同近代刑法所坚持的自己责任原则相悖,而且在实际的应用过程中,也存在很多问题"[②]。从结果上来看,这种归责模式无异于让公司承担严格责任,过于严苛。因此,该模式需要一种平衡机制,矫正由代位责任造成的责任严苛问题。刑事合规制度充当了责任平衡机制。从这个意义上说,减轻罪责意义上的刑事合规是代位责任的有益补充;代位责任模式下,量刑激励类型的刑事合规制度是一种应然选择。

2. 规范进路:公司责任认定需要刑事合规制度

在第一个层面的规范视角下,自然人的行为与责任是公司罪责的联结点;同时,公司独立性得到强调;如果公司存在特定精神、政策、组织结构,则可以认为,自然人的行为是个人行为,责任不能归属于公司。在第二个层面的规范进路中,自然人的行为与责任不再重要,而是从纯粹规范的角度理解公司罪责,沟通代替了思想、意识,公司罪责仅在于未能改善组织系统,防止企业内部人或者物的危险的发生。两种模式在认识公司罪责的问题上角度不同,但是,有一点都得到认同,即公司是在为自己的行为承担责任,而不是为自然人的行为承担代位责任。公司自身责任的认定过程中,是否有良好的内部沟通系统成为重要的考量因素。在这个意义上,合规成为"精神""政策""组织结构"等概念的规范化表达,成为

---

① Vgl. Sara Sun Beale, Die Entwicklung des US-amerikanischen Rechts der strafrechtlichen Verantwortlichkeit von Unternehmen, ZStW 2014, S. 32ff.

② 黎宏:《单位刑事责任论》,清华大学出版社 2001 年版,第 143 页。

认定公司罪责是否存在的核心要素;合规成为排除公司自身罪责的事由;相应地,在规范进路的公司责任模式下,排除违法或责任类型的刑事合规制度是公司罪责理论的应有之意。

二、刑罚理论与刑事合规

(一)刑罚正当性理论的演变

刑罚论要回答的是,为什么要用刑罚手段惩罚一个人?为什么是这个人?传统上,我们在刑罚目的理论下讨论这些问题,但实际上,无论是报应刑论,还是目的刑论,或者是相对报应论,都不是关于刑罚目的自身的争论,而是针对刑罚的正当化根据所形成的理论。[①] 大体上,刑罚的正当化根据存在绝对主义、相对主义、并合主义三个理论类型。

绝对主义理论的典型代表是前期古典学派的康德和黑格尔,前者主张等害报应,后者主张等价报应。报应理论反对刑罚追求任何目的,否则就有将人作为手段的嫌疑,是对人的尊严的侵害。然而,绝对理论具有浓厚的时代色彩,一旦离开那个个人权利意识高涨的时代,其是否合适则存在疑问。"在新的历史条件之下,社会问题的存在让人们开始重新认识国家权力的社会效用。尤其是在自由资本主义向垄断主义转向的过程中,国家权力不再单纯是一种障碍、一种可能侵犯个人自由的猛兽,社会同时需要这种权力对社会生活进行一定程度的干预,以维持共同的社会生活。这在刑罚理论中的体现就是所谓的相对主义。"[②]实际上,在黑格尔提出等价报应理论之后,"'价'如何衡量"就成为问题,因为"价"本身含有社会的价值判断,这也就导致其本身并没有明确的界限。"价"的存在已经打通了所谓公正观念与预防理论之间的隔阂。[③]

相对主义理论包含两个分支,即一般预防理论与特殊预防理论。前者以理性经济人假设为前提,认为社会一般人在实施具体行为前都会进行利弊权衡,法定刑的设置以及刑罚的适用可以起到威慑作用,使其不敢犯罪;后者以犯罪人自身为对象,主张通过刑罚使犯罪人复归社会。相对主义为我们展示了美好的愿景,然而,或者因为理论前提缺陷,或者难以通过理论有效性的检验,都难以被片面主张:一般预防论忽视了一个事

---

① 参见张明楷:《新刑法与并合主义》,载《中国社会科学》2000年第1期,第104页。
② 陈金林:《积极一般预防理论研究》,武汉大学出版社2013年版,第39页。
③ 参见陈金林:《积极一般预防理论研究》,武汉大学出版社2013年版,第201页。

实,即并非所有人在实施犯罪行为前都会权衡利弊,激情犯罪、过失犯罪中都缺乏理性;特殊预防论过分相信了自然科学的作用,也忽视了矫治所需要的巨额资源投入。累犯、少年犯有增无减的事实证明,无论是特殊预防,还是一般预防,其犯罪预防效应均存在疑问。此外,预防论的片面强调,会导致刑罚的严厉化或者不定期化,这些都是与现代刑法的基本精神相背离的。随着预防理论的没落,传统的报应理论重新复兴,这就是所谓新古典主义。然而,如上所述,报应理论已经走出了传统的绝对报应,而兼具了预防色彩。

并合主义理论又被称为相对报应论,其实质是对绝对报应论与预防论的折中。该理论一方面强调通过刑罚恢复报应正义,另一方面强调预防犯罪目的的实现。① 通过考察主流国家的立法不难发现,并合主义已经成为通行理论:我国《刑法》第5、63、81条等多个条文均体现了并合主义倾向。② 《德国刑法典》第46、46a条体现了并合主义态度。《日本刑事诉讼法》第248条体现了并合主义精神。美国也采取了综合理论:"经历了两百多年的论战之后,目的论和道义论这两大阵营都已筋疲力尽。大体而言,学者、立法者,以及负责制定当时已广为适用并有约束力的量刑原则的量刑委员会,就'综合'理论的这种或那种修正观点达成了共识,而这种理论以罕有的气量将人们之前以为相互之间完全不协调的诸多因素结合在了一起。"③

(二)并合主义与刑事合规

1. 传统的并合理论与刑事合规

并合主义是报应与预防目的的融合。预防目的不仅包括特殊预防与一般预防,还涉及一般预防内部积极一般预防与消极一般预防的区分。因此,并合主义理论内部也有不同观点:据我国学者介绍,费尔巴哈将报应与消极的一般预防作为刑罚的正当化根据;韦塞尔斯主张报应刑与特殊预防的综合;考夫曼则主张报应刑与一般预防(包括积极一般预防与消

---

① 参见〔日〕西田典之:《日本刑法总论》,刘明祥、王昭武译,中国人民大学出版社2007年版,第14页。

② 参见张明楷:《新刑法与并合主义》,载《中国社会科学》2000年第1期,第105、106页。

③ 〔美〕马库斯·德克·达博:《积极的一般预防与法益理论——一个美国人眼里的德国刑法学的两个重要成就》,杨萌译,载陈兴良主编:《刑事法评论》(第21卷),北京大学出版社2007年版,第444页。

极一般预防)、特殊预防的并合。① 西田典之教授也认为,应当在"无责任则无刑罚"这种消极的责任主义的意义上理解报应刑,在此范围内,考虑一般预防与特殊预防的需要。② 基于以下原因,张明楷教授主张报应刑与一般预防(包括积极与消极)、特殊预防目的的并合:并合主义有利于同时保护个人权利与社会利益;并合主义有利于适当处理刑罚积极主义与刑罚消极主义的关系;并合主义有利于协调罪刑均衡原则与刑罚个别化原则;并合主义可以在整体上使刑罚既不会过于严厉,也不会过于轻缓,从而使刑罚在整体上保持适当程度。③ 在笔者看来,融合了报应刑与一般预防、特殊预防目的的并合主义总体上是合理的。传统刑法中的责任,实际已经不仅指报应责任,还同时考虑了预防必要性。例如,Roxin 教授以"答责性"的概念替代了传统的责任概念,将预防必要性纳入了责任的考量范围。④ 然而,积极一般预防与消极一般预防理论内涵存在差异,其是否能够并合存在疑问。鉴于此,笔者将分开讨论积极一般预防与消极一般预防,此处的并合,仅指消极一般预防与特殊预防、报应刑的并合。

大体而言,法定刑的设定上,一般预防优先于特殊预防;在量刑与行刑阶段,特殊预防优先于一般预防;预防刑的设定或量定,都必须在报应责任的限度内进行。在刑罚制定阶段,对特殊预防的考虑主要是惯犯、常习犯的设立(如日本法)以及累犯、自首、坦白等制度的法定化。例如,《德国刑法典》第46条强调了"行为人之动机与目的;行为人之过往生活;行为人人格与经济关系以及犯后表现,特别是努力损害弥补以及行为人为达成与被害人调和之努力"在刑罚量定中的作用;我国刑法中,除累犯、自首、坦白、立功等法定因素外,《关于常见犯罪的量刑指导意见》还规定了诸如"个人成长经历和一贯表现"(针对未成年人,实际上成年人犯罪也会考虑)、"自愿认罪"(2018年新修订的《刑事诉讼法》也有规定)、"退赔退赃"、"积极赔偿被害人经济损失并取得谅解"、"前科"等行为前或行为后影响预防刑的因素。在量刑阶段,主要是在责任刑的限度内(责任的确定可能也包含了一般预防因素),结合法定的或者酌定的影响特殊预防

---

① 参见张明楷:《责任刑与预防刑》,北京大学出版社2015年版,第73页。
② 参见〔日〕西田典之:《日本刑法总论》,刘明祥、王昭武译,中国人民大学出版社2007年版,第14页。
③ 参见张明楷:《责任刑与预防刑》,北京大学出版社2015年版,第83—86页。
④ 参见〔德〕克劳斯·罗克辛:《刑事政策与刑法体系》(第二版),蔡桂生译,中国人民大学出版社2011年版,第76—81页。

必要性的因素,进行责任确定。从这个意义上说,行为前后的表现等体现特殊预防必要性大小的因素,即使没有法定化,也应当在量刑过程中加以考虑。

前述传统刑罚理论是针对自然人犯罪展开的,然而,自公司成为适格的犯罪主体之后,就没有理由将其排除出刑罚理论的适用范围。也就是说,公司刑罚也应当遵从刑罚的基本原理。用传统刑罚理论重新检视刑事合规制度不难发现,刑事合规制度是公司刑罚理论的当然之义;它不过是责任刑与预防刑在公司刑法中的集中表达而已,而非什么新的创举。具体来说,公司经营中的合规管理是公司履行注意义务的方式,在过失犯罪中,直接影响责任刑的认定,由此可以引导出违法或责任阻却类型的刑事合规制度;在注意义务的履行未达到合理标准,结果仍然发生的情况下,合规管理仍可能影响责任刑,但并不能排除责任,由此只能引导出责任减轻类型的刑事合规制度;尽管公司实施了合规管理,但是仍然实施了故意犯罪,则合规管理相当于自然人的一贯行为表现,这种表现并不能影响责任刑,但这是预防刑应当考量的因素,由此可以引导出责任减轻类型的刑事合规制度。

需要特别指出的是,刑事合规制度旨在促进企业事前建立合规管理制度,预防违法犯罪行为,也就是说,合规限于犯罪行为发生前实施的管理措施。然而,强化企业内控的政策需求使得刑事合规制度的内涵正在发生变化,亦即,犯罪行为发生后建立的合规管理措施也可能成为刑罚裁量的影响因素。从刑罚理论的角度来看,事后类型的合规管理制度是影响预防刑的情节,由此可以引导出责任减轻类型的刑事合规制度。

2. 积极一般预防理论与刑事合规

积极一般预防的概念由德国学者 Heinrich Beckmann 于 1979 年首先提出。它所表达的含义是:刑罚的制裁对没有违反规范的一般民众有鼓励、表彰和肯定的效果,对违法行为的评价准确传递出一种信息,即触犯规范的人是错的,坚持遵守规范始终是正确的选择;其主旨是通过指导公众的行为,确立公众对于规范的认定、尊重进而预防犯罪。[①] 也就是说,积极的一般预防首先是一种预防理论,但不同于消极一般预防:后者以刑罚威慑一般民众,因而被质疑与"举起棒子吓狗"无异,侵害人的尊严;前者

---

① 参见周光权:《行为无价值论与积极一般预防》,载《南京师大学报(社会科学版)》2015 年第 1 期,第 39 页。

则改变了刑罚与行为之间的传达机制,以说服代替了恐吓。听起来,积极一般预防理论充满温情,相比于威慑理论,"积极阳光"很多。从接受程度来看,德国主流学者多数支持该理论,我国也有部分学者(如周光权、陈金林等)支持该理论。然而,该理论也并非没有疑问,例如,刑罚传达机制从"恐吓"到"说服"的转变,并未改变刑罚的惩罚性实质,既然是惩罚,说服可能就显得虚情假意,因为说服失败的结果仍然是惩罚。也就是说,"遵守刑法并非是自发的守法主体的意识和自愿守法观念的结果,而是刑罚威慑之下的功利性选择。事实上,积极一般预防的规范认同不过是刑罚威慑的一种反面阐释"①。再比如,如果是纯粹象征性的积极一般预防理论,则容易导致刑罚成为推行某种价值观的工具。事实上,它是一种在经验主义理论与规范主义理论之间调和的产物,呈现双层结构,既然如此,积极一般预防仍然面临经验上的可证实性问题。② 这一点与消极一般预防并无差异。陈金林副教授在另外一处直截了当地指出:"目前大多数有关积极一般预防经验可证实性的论证都未能比较圆满地解决上述三个方面的问题,这也正是一般预防理论经验证实难题一直悬而未决的原因。"③本部分内容旨在在理论内涵阐释的基础上,讨论积极一般预防与刑事合规的关系,因此,此处不再展开讨论积极一般预防理论是否可取,积极一般预防与消极一般预防孰优孰劣。

需要弄清楚的是,积极一般预防与报应刑、特殊预防之间的关系。尽管不同于报应理论与特殊预防理论,但积极一般预防理论以民众为媒介,吸收了报应理论与特殊预防理论的某些成分。具体来说,积极一般预防理论借鉴了报应理论对价值和规范面的重视;以民众为媒介,其并不排斥特殊预防理论的某些成果,对部分的经验性结论,甚至必须予以考虑。④ 因此,大体上说,积极一般预防是一种综合性的理论,是预防观念和刑罚道义正当化的合体;积极一般预防在传统威慑理论与报应理论之间找到了中间道路,通过刑罚效果支持和强化伦理价值,很好地将预防和对

---

① 徐伟:《论积极一般预防的理论构造及其正当性质疑》,载《中国刑事法杂志》2017年第4期,第88页。
② 参见陈金林:《积极一般预防理论研究》,武汉大学出版社2013年版,第153—170页。
③ 陈金林:《积极一般预防理论研究》,武汉大学出版社2013年版,第190页。
④ 参见陈金林:《积极一般预防理论研究》,武汉大学出版社2013年版,第139—144页。

伦理价值的尊重结合起来了。①

如果承认积极一般预防理论是综合性的刑罚理论,那么,积极一般预防效果完全可以涵盖报应与预防(一般与特殊)目的。积极一般预防效果的实现受三个因素的影响,即惩罚概率、刑罚的种类与幅度以及民众对刑罚的感知程度。② 民众对刑罚的感知程度受一个国家或地区的刑罚执行方式与文化的限制,相对稳定,因此,预防效果很大程度上依赖惩罚概率与刑罚的种类与幅度。也就是说,惩罚概率的提升,降低了积极一般预防效果对刑罚严厉性的依赖,因而可以采取相对宽缓的刑罚;自首、坦白、立功等量刑制度完全可以用积极一般预防理论进行解释。回到刑事合规问题,如下文所述,其制度背景就是,风险增多,国家单一规制能力和资源有限,因此需要引入企业的自我管理,以提升企业犯罪预防的效果。有效合规计划的制度要素中,无论是事前预防机制(包括发现、举报等举措)的建立,还是事中展开的内部调查以主动进行外部揭弊,抑或事后的积极配合,补充完善合规漏洞,客观上都是提升违法犯罪行为惩罚概率的举措,对企业采取宽缓的刑罚也是积极一般预防理论的应有之意。由此,积极一般预防理论可以引导出违法或责任阻却类型的刑事合规(当报应责任不存在时)以及责任减轻类型的刑事合规制度。

三、风险、规制与刑事合规

(一)风险社会中的刑法变迁与刑事合规

在文献中,刑事合规被认为是风险刑法的一个结果。③ 然而,事实与规范是二元分离的世界,这种二元性表明,由既有的事实或秩序中无法推断出应然的价值判断。也就是说,我们不能从"什么是"中得出,什么是富有价值的,什么是正确的,什么是应该是怎样的;从未有什么东西因为"它是"或者"它曾经是"就说明"它是正确的";不可避免的事并非因此就值得追求。④ 尽管不能从"刑事合规是风险刑法的结果"中推论出刑事合规

---

① Vgl. Schünemann/von Hirsch/Jareborg (Hrsg.), Positive Gerneralprävention: Kritische Analysen im deutsch-englischen Dialog, C. F. Müller Verlag, 1998, S. VI.
② 参见陈金林:《积极一般预防理论研究》,武汉大学出版社 2013 年版,第 226 页。
③ Vgl. Thomas Rotsch, Compliance und Strafrecht—Fragen, Beteutung, Perspektiven, ZStW 2013, S. 495.
④ 参见劳东燕:《风险社会中的刑法:社会转型与刑法理论的变迁》,北京大学出版社 2015 年版,第 3 页。

的制度正当性,但是,风险社会及其刑法变迁无疑成为论证制度正当性的大背景。

风险社会的概念由德国社会学家乌尔里希·贝克提出。这个概念提出的初衷是解读 20 世纪中后期的社会变革。不同于部分国内学者将"风险"完全作为实在意义的概念①,或者完全等同于客观归责理论中的"风险"②,风险社会中的"风险"主要是关乎未来的要素:风险的内容不止于已经发生的影响和损害;与财富具体可感的明证性相比,风险具有某种非真实性,在这个意义上,风险既是现实的,也是非现实的。"一方面,很多危害和损害在今天已经是真实的(水体的污染和消逝、森林破坏以及新型疾病);另一方面,风险论证的真正社会动力来自预期中的未来危险。在这个意义上,风险一旦出现就意味着大规模破坏,以至于其后的补救行动都将无济于事。因此,即使作为猜想,作为将来的危险,作为预测,风险也同预防行动有着实际的关联,并使之得到了发展。"③正是由于风险的非真实性,劳东燕教授认为,"风险社会"概念中的"风险"兼具实在性与建构性,风险感知与实在的风险之间并非简单的对应关系:例如,人们死于恐怖主义的风险客观上要远小于死于机动车交通事故的风险,但公众对恐怖主义威胁的感知却更为强烈。④ 阿尔布莱希特教授将其概括为"低概率、高影响",并且认为,"这些重大影响的事件尽管对安全性没有什么影响,但它们的确造成了人们的不安全感"⑤。"风险社会中的公民对于犯罪有着与事实形势不符的恐惧,这就致使其同时对于安全保障有了更高的诉求。"⑥由此可见,风险社会概念中的核心并非风险自身,而是透过风险折射出的民众对于安全的需求。随着安全问题的日益凸显,在风险

---

① 参见张明楷:《"风险社会"若干刑法理论问题反思》,载《法商研究》2011 年第 5 期,第 83—85 页。
② 参见王振:《坚守与超越:风险社会中的刑法理论之流变》,载《法学论坛》2010 年第 4 期,第 74 页。
③ 〔德〕乌尔里希·贝克:《风险社会:新的现代性之路》,张文杰、何博闻译,译林出版社 2018 年版,第 23、24 页。
④ 参见劳东燕:《风险社会中的刑法:社会转型与刑法理论的变迁》,北京大学出版社 2015 年版,第 24 页。
⑤ 〔德〕汉斯·约格·阿尔布莱希特:《安全、犯罪预防与刑法》,赵书鸿译,载《人民检察》2014 年第 16 期。
⑥ Heinz Schöch, in: Friedrich Lösel (Hrsg.), Kriminologie und wissensbasierte Kriminalpolitik, Forum-Verlag Godesberg, 2007, S. 45.

社会中,弥漫着一种普遍的不安全情绪,人们更加关心的是如何预防未来可能出现的坏的东西。这种坏的东西既可能是技术发展带来的污染或不安全的食品、药品,也可能是遭遇犯罪攻击的风险。① 民众的不安情绪激发了国家的保护欲望,因为在现代国家所依赖的正当性基础中,有少数几个当属确定无疑、毫无争议,保护其成员的外部和内部安全这个目的就属于其中之一。② 权力和法是实现安全的两种方式。实际上,权力可能化身为政策需求,大踏步跨进法律系统,使法律体系朝预防的方向越走越远。

作为保障法,刑法是安全保障的利器,因而也难免沦为安全保障的工具,由责任刑法向安全刑法转向。③ 其在法律规范上主要体现为刑罚处罚的早期介入,大量处罚抽象危险犯和犯罪预防行为。④ 体现在经济犯罪领域,经济刑法也出现了结构性调整:①犯罪圈的扩张与刑罚的严厉化;②法益保护前置化,由实际损害转向法益危险;③刑法介入多样化,行为标准拓展与责任规范扩张。行为标准拓展主要是持有型犯罪的大量增加;责任规范扩张主要体现在,将不属于个人亲自实施的行为和法人实施的犯罪行为也纳入刑法的调控范围进行定罪处罚。⑤ 也就是说,单位犯罪的出现就是风险刑法的表现之一。⑥ 与刑罚整体的轻缓化相对,公司刑事责任严厉化趋势明显。美国通过《萨班斯法案》强化公司与白领责任是最好的例证。就连崇尚刑法谦抑的日本,提高法人刑罚的呼声也一直十分强烈。⑦ 对于企业或单位自身而言,刑事责任是致命的:高额的罚金(尤其是在美国)使企业竞争力减弱;因刑事追诉导致企业形象受损,可能丧失市场份额;刑事追诉还可能使企业被列入黑名单,丧失参与公共项目的机会;刑事追诉被当作征信情况的重要参考,使企业丧失融资的机会。而

---

① 参见劳东燕:《风险社会中的刑法:社会转型与刑法理论的变迁》,北京大学出版社2015年版,第30页。
② 参见〔德〕乌尔里希·K.普罗伊斯:《风险预防作为国家任务——安全的认知前提》,刘刚译,载刘刚编译:《风险规制:德国的理论与实践》,法律出版社2012年版,第134页。
③ 参见赵书鸿:《风险社会的刑法保护》,载《人民检察》2008年第1期,第42页。
④ 参见何荣功:《预防刑法的扩张及其限度》,载《法学研究》2017年第4期,第140页。
⑤ 参见姜涛:《风险社会之下经济刑法的基本转型》,载《现代法学》2010年第4期,第92—94页。
⑥ 参见劳东燕:《公共政策与风险社会的刑法》,载《中国社会科学》2007年第3期,第132页;高铭暄、孙道萃:《预防性刑法观及其教义学思考》,载《中国法学》2018年第1期,第169页。
⑦ 参见〔日〕芝原邦尔:《经济刑法》,金光旭译,法律出版社2002年版,第117、128页。

且,企业本身就是风险社会的一部分,经济生活的全球化加重了企业可能面临的制裁风险。① 除受到本国的法律规制外,上述制裁风险还可能涉及两个方面:"一方面,跨国公司受制于超国家的法律规范,违反这些法律规范将会给它们自己招来严重的制裁,例如违反反垄断的法律秩序会被判处高额罚金,或者无法获得公共订单或信用贷款——这些都是世界银行可以对企业施加的处罚;另一方面,这些企业还可能触犯外国刑法并受到其制裁,也就是说,还在不断增加的风险是:它们将遭受真正的刑事制裁。"②

也就是说,旨在控制风险的法人犯罪制度产生了新的风险;全球化加剧了企业面临的刑事风险。尤其是,美国、欧盟等世界主要经济体都在通过责任的方式强化自己的规则输出,这更加剧了企业风险。中兴通讯事件、华为事件都足以说明这一点。从国家的角度而言,其具有通过制度设定的方式减轻本国企业可能遭受制裁的动机,刑事合规制度就充当了减轻企业责任的作用:通过刑事法手段,激励企业按照国内或国际规则塑造自身合规机制,从而降低了刑事违规的可能,即使出现违法犯罪现象,也可以起到出罪或减轻罪责的作用。从企业自身的角度而言,风险的增加也增强了减少风险的需求,合规制度就迎合了企业的这种需求,这也可以为"企业为什么愿意为合规投入金钱"的问题提供了合理的经济解释。③

简言之,风险社会的时代背景使得刑法向预防走向转型;单位犯罪是预防刑法的重要特征和表现;经济全球化加剧了企业可能面临的刑事风险,相应地,降低刑事风险的需求逐步高涨;刑事合规制度的出罪或减轻罪责的机制为企业降低风险提供了通道,对于国家以及企业而言,这一点都至关重要。从实际情况看,制度的成效已经初步显现:"这里可以确定的是,从实然法的角度来看,旨在预防犯罪的合规计划已经由于事实上和法律上的原因,不仅减少了公司职员的个人刑事可罚性的风险,而且还减少了公司法律责任上的风险和罚款数额。"④单单这一点就足以为刑事合规制度提供正当

---

① Vgl. Dennis Bock, Criminal Compliance, Nomos, 2011, S. 30, 35.
② 〔德〕洛塔尔·库伦:《德国的合规与刑法》,马寅翔译,载赵秉志主编:《走向科学的刑事法学:刑科院建院 10 周年国际合作伙伴祝贺文集》,法律出版社 2015 年版,第430 页。
③ Vgl. Lothar Kuhlen, in: Kuhlen/Kudilich/Ordiz de Urbina (Hrsg.), Compliance und Strafrecht, C. F. Müller, 2013, S. 14.
④ 〔德〕乌尔里希·齐白:《打击经济犯罪的刑法及其替代模式》,周遵友译,载〔德〕乌尔里希·齐白:《全球风险社会与信息社会中的刑法:二十一世纪刑法模式的转换》,周遵友、江溯等译,中国法制出版社 2012 年版,第 261 页。

性注解。

(二)合作规制理论与刑事合规

在行政法领域,规制理论得到越来越多的讨论。规制理论中,存在诸多的规制策略类型,通过"命令—控制"手段实施的政府规制与纯粹的自我规制是规制理论的两个极端。从福利国到规制国,政府的角色发生了变化,从福利或其他基本服务的直接提供者转向规制者。政府职能的转型使得其必须要改变政策工具类型,以实现其规制职能。尽管不同学者所强调的规制特征或品行可谓迥异,但大部分规制学者都同意,规制国是"保持距离的治理",不再适用单边的、裁量性、命令式的控制方式,必须要预先明确设定规则和标准,要更为依赖保持距离型的监督方式。① 由此所导向的实际上是介于命令控制型的规制与纯粹自我规制中间的规制类型。这种规制类型也是行政法应对现代社会的必然选择:公共任务不断增多,国家并没有能力(产品安全、建筑安全、环境保护以及网络治理等领域的专业知识)和财力处理各种行政任务,以至于,各部门行政法领域纷纷出现规制失灵现象;在这种情况下,社会自我规制受到青睐。② "提及规制的观念和定义,最好的方法或许是不去采取任何单一通用的理解。当考虑什么是政府的直接控制之下时,我们可以思考政府制定的规则以及政府机构在监督与执行规则过程中的作用。但是当考虑一个领域内各个主体的行为之时,我们就需要一个更为广义的概念去更好地理解如何塑造被规制者的行为。这一思考进路提示我们,必须认识到在理解现实、塑造行为过程中,政府能力有着严重的局限性,也要认识到非政府主体的存在价值与活动潜力。因此,当代有关'去中心化的规制'领域的研究,在很大程度上不仅关注私人规制和其他非政府规制,也在探索私人主体与公共主体之间的关系,这些主体共同构成'混合规制体系',其中在一定程度上存在着互相观察甚至合作。"③合作规制的价值在于:有效调动相应知识和专家;减轻国家负担和成本,以较低成本达成较高遵从率;克服市场失灵的不足,阻止对消费者和环境造成的损害,提升公司治理水准,解

---

① 参见〔英〕罗伯特·鲍德温、马丁·凯夫、马丁·洛奇编:《牛津规制手册》,宋华琳、李鸻、安永康译,上海三联书店2017年版,第71—74页。
② 参见高秦伟:《社会自我规制与行政法的任务》,载《中国法学》2015年第5期,第73、75页。
③ 〔英〕科林·斯科特:《规制、治理与法律:前沿问题研究》,安永康译,清华大学出版社2018年版,第5、6页。

决诸如公司社会责任与贸易道德问题;有助于采取诱导或其他易于使人接受的基准,因应规制事项的不可预测性;丰富市场竞争机制,创造专业人士的就业市场;强化市场参与者的责任与主体性;等等。此外,社会自我规制(合作规制)还具有法理基础:不仅符合规制理论的发展趋势,而且暗合了"回应型法理论""反身法理论"。①

回到公司犯罪的治理问题,首先需要肯定,国家有义务治理公司犯罪,塑造健康的市场秩序;其次,距离犯罪较远、治理能力的专业化限制等因素决定了,单一的国家规制难以有效治理企业犯罪。因此,国家与企业的合作治理也是必然选择。这也是合作规制理论在犯罪治理领域的一种具体体现。刑事合规制度实际上是通过刑罚激励的方式对合作规制理论的积极回应,而这种回应具有刑罚论上的根据,具有正当性。

第四节 作为起诉激励事由的刑事合规的正当性根据

上一节中,对"作为违法/责任阻却或量刑激励事由的刑事合规制度的正当性根据"的讨论,主要是在单位刑事责任理论与刑罚论的框架内展开的。也就是说,无论是排除责任还是降低责任,都可以在传统刑法理论中找到根据。然而,作为起诉激励事由的刑事合规则需要更多地在功利主义的诉讼理念之下展开讨论。在本书看来,作为起诉激励事由的刑事合规制度至少可以从如下几个方面获得其正当性根据。

一、起诉法定向起诉便宜的转型

众所周知,国家形成之后逐步垄断了刑罚权。尤其是近代国家确立之后,确立了国家独占刑罚权的国家追诉模式。国家追诉模式的确立意味着,私人复仇受到禁止,加害人与被害人自行解决纠纷的空间受到挤压。然而,国家垄断刑罚权,禁止私人复仇也就意味着,国家有权利,同时也有义务去追诉犯罪。尤其是,随着现代分权制衡思想的出现,起诉法定原则还具有这样的意蕴,即避免检察官成为执政者的附庸而对权贵阶级滥权不予追诉。②

---

① 参见高秦伟:《社会自我规制与行政法的任务》,载《中国法学》2015 年第 5 期,第 75、76、80—86 页。

② 参见王皇玉:《刑事追诉理念的转变与缓起诉——从德国刑事追诉制度之变迁谈起》,载《月旦法学杂志》2005 年第 4 期,第 57 页。

起诉法定原则背后所体现的刑罚思想是有罪必罚的绝对报应观。然而,绝对报应观这一看似平等对待每一个人的刑罚观念却可能导致实质的不平等,原因在于,其对于人进行了绝对的抽象,每一个人都是理性人,都可以自由决定违法抑或合法。然而,现实生活中,行为人之所以违法,有多种多样的个性化因素参与,换句话说,违法行为是在个人、家庭、社会等多种因素的综合作用下发生的。随着近代学派的兴起,目的刑理论得到强调。目的刑论认为,刑罚本身并没有什么意义,只有在为了实现一定目的即预防犯罪的意义上才具有价值,因此,在预防犯罪所必要而且有效的限度内,刑罚才是正当的。① 正是在预防的意义上,预防理论的集大成者李斯特强调:"必要的刑罚是正确的刑罚,也即公正的刑罚。"② 也就是说,在李斯特看来,合乎正义的刑罚是指有必要的刑罚,如果不存在刑罚的必要,就不能对行为人施加刑罚,否则就不合乎正义。

李斯特的特殊预防思想深深地影响了以德国为代表的大陆法系。受特殊预防思想的影响,起诉便宜主义抬头。《德国刑事诉讼法》于1924年引进的微罪不起诉制度,1975年对微罪不起诉范围的扩大(§153 StPO)以及引入的暂缓起诉制度(§153a StPO)都是这一理念的结晶。③ 2016年,日本也出台了司法交易制度,在"保留或取消起诉、适用罚条、量刑变轻"事项上,允许检察官与被告人协商。④ 在美国,"标签理论"对于刑事政策的转向起到推动作用。"在这个立场中,着眼于犯罪者被贴上了是从社会统制机关或者'世间'脱离出来的脱离者或者犯罪人,重视赋予这种烙印反而会制造出脱逸行动的方面。所以,某个人并不是因为是犯罪人才被贴上标签,而是因为被贴上标签他才成为犯罪人,这根本性地转换了思想根源。"⑤ 为了克服标签效应所造成的犯罪人再社会化困难的问题,西方国家的刑事政策出现转向。微罪处分、缓/不起诉等制度正是在这种背景下产生,而转处程序也暗合了两极化的刑事政策,对于缓解案件

---

① 参见张明楷:《刑法学》(第五版),法律出版社2016年版,第505页。
② 〔德〕冯·李斯特:《论犯罪、刑罚与刑事政策》,徐久生译,北京大学出版社2016年版,第5页。
③ 参见王皇玉:《刑事追诉理念的转变与缓起诉——从德国刑事追诉制度之变迁谈起》,载《月旦法学杂志》2005年第4期,第58页。
④ 参见崔文玉:《辩诉交易对企业犯罪的抑制——辩诉交易的功能扩张》,载《南京大学学报(哲学·人文科学·社会科学)》2019年第4期,第119页。
⑤ 〔日〕上田宽:《犯罪学》,李世阳译,商务印书馆2016年版,第237页。

压力,优化整合司法资源起到重要作用。①

回到我国《刑事诉讼法》,从多个规定"应当"起诉和"应当"不起诉的条款可以看出,我国的起诉制度已经确立了起诉法定主义和起诉便宜主义二元并存的格局,起诉法定主义是主要原则,起诉便宜主义是补充原则。② 尤其是,2012年修订后的《刑事诉讼法》引入了针对未成年人轻微犯罪的附条件不起诉制度,使得起诉便宜的色彩愈加浓厚。

总的来说,无论是从英美法系国家、传统的大陆法系国家,还是我国的刑事诉讼法来看,传统的起诉法定原则都已经向起诉便宜原则转型。这是作为企业合规程序激励机制载体的企业缓/不起诉制度兴起的时代背景,也是其正当性根据之一。

二、公共利益维护

对于推动企业合规的企业暂缓起诉制度,有学者认为,其符合利益兼得原理,因而具有正当性:"检察机关通过与涉案企业达成暂缓起诉协议,使得绝大多数涉嫌犯罪的企业最终避免了被提起公诉的结局,摆脱了被法院定罪的命运,并避免承受诸多方面的附带结局,防止因企业破产而出现员工失业、投资人或股东血本无归、养老金领取者老无所依、客户以及其他无辜第三人沉重代价等一系列后果,避免因经济动荡或金融危机而影响政府的管治秩序……除此以外,检察机关还会基于提高诉讼效益的考虑,通过适用暂缓起诉协议,避免冗长烦琐的司法程序,避免法庭审判的不确定性,减轻检察官在公司犯罪案件中承担极为沉重的调查责任和举证负担,从而最大限度地提高执法效率和增加执法力度。"③如果在这一制度类型中实现了利益兼得,那么也就意味着,公共利益得到维护。一方面,从检察机关的角度说,司法效率的提升和司法资源的优化配置意味着,其可以更好地维护公共利益;另一方面,从企业的角度说,无论是公共企业还是私营企业,其都具有一定程度的公共性,企业利益的维护也在一定程度上维护了公共利益。具体来说,通过程序激励推动企业合规至少可以在如下方面维护公共利益:

---

① 参见刘磊:《慎行缓起诉制度》,载《法学研究》2006年第4期,第81、82页。
② 参见姚莉、詹建红:《论价值选择维度中的检察官追诉裁量权》,载《法商研究》2004年第6期,第91页。
③ 陈瑞华:《企业合规视野下的暂缓起诉协议制度》,载《比较法研究》2020年第1期,第11、12页。

（一）司法效率提升

近些年，企业犯罪肆虐，不仅摧毁了一个个商业巨头，更是打击了资本市场的投资信心。因此，加强企业犯罪的治理力度是应然的选择。然而，因其复杂性，企业犯罪具有难以侦破、调查和起诉的特点。[①] 具体来说，主要表现为以下两点：第一，企业的不法行为具有天然的易隐蔽性以及高度的复杂性和技术性。传统的强奸等犯罪中，被害人对于侵害事实有直接的感知，与此不同，价格操纵的被害人可能对于其额外支付的事实永远不会知情。第二，企业犯罪中的身份确定以及犯罪的主观状态的确定，往往存在难以克服的证据障碍，这一点在大型企业中尤其明显。尽管存在压倒性的犯罪间接证据，通常情况下也难以准确确定单个的有罪代理人（guilty agent）或者集体；而有罪的直接证据是难以获得的。另外一个证据障碍是证人的可靠性问题，因为在企业犯罪案件中，多数熟知企业犯罪事实的人都是前公司职员，其中的很多人对于企业是心存怨恨的，部分人员自身将面临刑事追诉，作为起诉交易的一部分，这些证人答应指证企业。[②]

企业犯罪查处难，一方面使得犯罪难以被及时发现，破坏市场秩序；另一方面耗费巨大司法资源。公司缓/不起诉制度的出现，可以节约、优化配置司法资源。[③] 因为多数企业犯罪缓起诉的适用以涉事企业积极配合司法调查为前提。推动美国企业犯罪缓起诉制度的系列备忘录均体现了这一点：①美国司法部企业缓起诉政策的第一次统一化尝试是，1999年6月16日颁布的《美国联邦公司起诉规则》（Federal Prosecution of Corporations，又称 Holder Memo），该备忘录提出的，决定是否起诉企业的9点标准的第4点就是"及时自愿的自我揭弊以及企业积极配合调查的自愿性"[④]；②因为安然公司事件等系列公司丑闻的刺激，2003年1月20日，时任美国司法部副部长 Larry D.Thompson 颁布了第二个备忘录，名为《美国联邦商业组织起诉规则》（Principles of Federal Prosecution of Business Organizations，又称 Thompson Memo，即汤普森备忘录）。该备忘录相较之前，有很多变动，但是，其格外强调缓起诉考量中的真诚

[①] See Preet Bharara, "Corporations Cry Uncle and Their Employees Cry Foul: Rethinking Prosecutorial Pressure on Corporate Defendants", *American Criminal Law Review*, Vol. 44, 2007, p. 72.

[②] See Patricia S. Abril and Ann Morales Olazabal, "The Locus of Corporate Scienter", *Columbia Business Law Review*, Vol. 81, 2006, pp. 106-108.

[③] See U. S. Attorneys' Manual(1997), §9-22.010.

[④] Holder Memo, Part Ⅱ "Charging Corporations—Factors to Be Considered".

合作。① 该备忘录也被认为转变了企业的起诉政策,即从企业犯罪起诉转变为合作、自我揭弊基础上的协商解决,因而促进了企业犯罪缓起诉及不起诉的广泛适用。② ③2008 年 8 月 28 日,时任美国司法部副部长 Mark Filip 颁布了新的备忘录,即 Filip Memo。该备忘录对于签署的《美国联邦商业组织起诉规则》进行了修订,并且清晰表明了态度,即合作应当成为减轻处罚的考量因素。③ 从美国实践情况看,大多数缓起诉协议也都包含了企业积极配合司法调查的相关内容:"经过对 1993 年到 2013 年间签署的缓起诉以及不起诉协议的内容考察可以发现,91.1% 的缓起诉及不起诉协议包含了合作要求(Cooperation Requirement)。"④

简言之,在作为起诉激励事由的刑事合规制度中,企业缓起诉以企业的充分合作为前提,这就可以显著提高司法效率。

(二)公司治理改善

在英美国家,企业缓起诉的适用呈持续增多趋势。这种趋势使得检察权的传统职能得到扩张,即从对于惩罚的关注到对于企业合规的强调。⑤ 大多数的缓/不起诉协议都强调公司治理的改变,例如,内部控制的改善、合规计划的更新升级等。这一点得到了学者的数据支持:"我们的研究表明,1993 年到 2013 年公开发布的 271 例缓起诉或不起诉协议中,97.41% 的协议包含了公司治理改变的相关要求。具体来说,公司治理改变主要包含如下种类:①业务变更;②董事会变更;③高级管理层变更;④监控;⑤合作;⑥合规计划;⑦权利的放弃。"⑥实际上,"汤普森备忘录"已经清晰表明,公司治理改善是美国联邦检察官起诉决定重点关注的问题:"在评估合规计划时,检察官可以考察公司是否确立了可以有效发现、

---

① See Thompson Memo, Preface.

② See Vikramaditya Khanna and Timothy L.Dickinson, "The Corporate Monitor: The New Corporate Czar?", *Michigan Law Review*, Vol. 105, 2007, p. 1719.

③ See Filip Memo, p. 7.

④ Wulf A. Kaal and Timothy A. Lacine, "The Effect of Deferred and Non-Prosecution Agreements on Corporate Governance: Evidence from 1993-2013", *The Business Lawyer*, Vol. 70, 2014, p. 39.

⑤ See p. J. Meitl, "Who's the Boss? Prosecutorial Involvement in Corporate America", *Northern Kentucky Law Review*, Vol. 34, 2007, p. 2.

⑥ Wulf A. Kaal and Timothy A. Lacine, "The Effect of Deferred and Non-Prosecution Agreements on Corporate Governance: Evidence from 1993-2013", *The Business Lawyer*, Vol. 70, 2014, p. 9.

防止不法行为的公司治理机制。"①因此,可以预见,企业犯罪缓/不起诉将会持续推动公司治理的改善,进而有效预防企业犯罪。②

(三)负外部效应克服

企业犯罪不同于个人犯罪,对其惩处可能面临严重的负外部效应,例如失业、股价暴跌等,影响资本市场稳定。美国司法机关对于安达信会计师事务所的刑事追诉是对这个问题的最好诠释:因涉嫌参与安然公司财务造假事件,销毁相关财务资料,并拒绝认罪协商,安达信会计师事务所被指控犯有妨碍司法罪(Obstructing Justice)。2002年6月15日,安达信被判定有罪,最终被判处50万美元罚金,并禁止其在5年内从事业务。安达信因此失去公共审计业务资格并最终倒闭,造成2.8万名职员失业。③ 安达信事件的影响让人深思,尤其是2005年美国最高法院推翻了原刑事判决之后,如何避免"安达信效应"成为政策制定者考虑的重要问题。事实上,安达信案件之后,美国的企业犯罪刑事政策发生了巨大变化,亦即,更加偏好缓起诉的适用。④ 这一点在《美国检察官手册》(U.S. Attorneys' Manual)中有明确说明:"一般原则:检察官在决定是否对企业进行刑事追诉时,可以考虑可能由此引起的附随效果。注释:如果针对企业的刑事追诉将会对第三人产生重大影响,可以考虑适用不起诉或者缓起诉协议。"⑤随后的诸多企业犯罪案件,即便是受到巨大争议和政治压力的HSBC案,也因为可能由此产生巨大负外部效应,最终适用了缓起诉协议加以解决。⑥

---

① Thompson Memo, p. 10.

② 在这里,有必要对一种批评意见加以回应:有学者指出,公司改革超出了检察官的职责范围。See John S. Baker Jr., "Reforming Corporations Through Threats of Federal Prosecution", *Cornell Law Review,* Vol. 89, 2004, pp. 312-313. 该论者的言外之意是,检察权逾越了其应有范围,属于权利滥用,也是"不务正业"的表现。对此,笔者不能赞同,因为作为一项司法政策,缓/不起诉对于公司治理的强调,目的在于犯罪预防。企业犯罪具有特殊性,相比于单一的国家规制,国家与企业的合作治理被广泛认为是有效的犯罪控制方法。因此,如何通过法律手段(包括刑事法手段)推动企业内部治理机制的建立和完善具有重要意义。

③ See Lawrence D. Finder and Ryan D. McConnell, "Devolution of Authority: The Department of Justice's Corporate Charging Policies", *Saint Louis University Law Journal,* Vol. 51, 2006, pp. 14-15.

④ See Elkan Abramowitz and Jonathan Sack, "The 'Civil-izing' of White-Collar Criminal Enforcement", *New York Law Journal,* May 7, 2013, p. 1.

⑤ U. S. Attorney's Manual (2015), §9-28. 1100: Collateral Consequences.

⑥ Court E. Golumbic and Albert D. Lichy, "The 'Too Big to Jail' Effect and the Impact on the Justice Department's Corporate Charging Policy", *Hastings Law Journal,* Vol. 65, 2014, pp. 1318-1323.

企业缓/不起诉的目的之一是负外部效应的克服,但究竟能否实现制度初衷存在疑问。对此,有学者认为,"安达信效应"的克服只是臆想,事实上,安达信案件之后,并没有企业因为刑事追诉而倒闭。① 该论证结论的得出,源于部分数据支持,但是在笔者看来,这些数据和论据存在问题。在 54 个受到刑事追诉的企业中,有 37 个存活,12 个被兼并,5 个倒闭。② 尽管部分企业是 3 年之内被合并或者倒闭的,但这并不能排除刑事追诉的潜在影响可能;对于依然存活的企业,论者也无法证明其业绩没有受到刑事追诉的影响,亦即,企业存活并不等于没有负外部效应;样本企业存活,并不能排除这种可能,即样本之外的很多企业因为刑事追诉而倒闭;更重要的是,检察官在起诉考量中已经充分考虑了负外部效应问题,部分可能产生严重负外部效应的企业犯罪案件已经通过缓起诉或不起诉的方式解决了,因而难以被样本囊括。例如,在 HSBC 案中,考虑到如果起诉该公司,则其必然失去银行经营许可(Banking License),造成整个银行系统的不稳定,鉴于此,最终选择了缓起诉协议的方式加以解决。

归结起来,刑事追诉必然对企业自身以及社会产生巨大负面影响,企业缓起诉可以在某种程度上降低负外部效应。

(四)报应正义实现与社会关系平复

企业犯罪从宽处理机制中的缓起诉,最终有两种结果:起诉或者不起诉。因刑事起诉后果严重,绝大多数企业都会认真履行缓起诉协议规定的义务,避免遭受追诉。这难免给人一种错觉,即企业并未为其行为付出应有代价,损害报应正义,难以平复受损的社会关系。事实是,企业惩罚并未免除,而是以其他类似形式(Similar Sanctions)做出。例如,在企业缓起诉协议被第一次适用的 Prudential 案中,该企业不仅同意支付 3.3 亿美元作为投资人利益基金,还愿意额外支付其他任何合理请求③;在 HSBC 案中,HSBC 不仅被罚没 12.56 亿美元,而且还同意承担 6.65 亿美元的民

---

① Gabriel Markoff, "Arthur Andersen and the Myth of the Corporate Death Penalty: Corporate Criminal Convictions in the Twenty-First Century", *University of Pennsylvania Journal of Business Law*, Vol. 15, 2013, p. 827.

② Gabriel Markoff, "Arthur Andersen and the Myth of the Corporate Death Penalty: Corporate Criminal Convictions in the Twenty-First Century", *University of Pennsylvania Journal of Business Law*, Vol. 15, 2013, p. 823.

③ See United States Attorney Southern District of New York, Deferred Prosecution to Prudential Securities Incorporated, Magistrate Judge's Docket No. 94.

事罚款。① 尽管这种类似制裁形式不同于刑事制裁,但考虑到企业法人无法承担监禁、生命等刑罚,两者的实质内容没有本质不同,都表现为对涉案企业的经济制裁。也就是说,因为企业无法承受监禁刑、生命刑等刑罚,只能通过赔偿、罚金等方式预防未来之罪,而这一点已经在缓起诉协议中实现了。总之,缓起诉协议中的大额财产处罚亦可成为有效惩罚犯罪,平复社会关系的手段。

最后需要特别说明的是,从公共利益维护的角度讲,旨在推动企业合规的暂缓起诉的范围应当有所限制。其原因在于,作为民主主义之结晶的刑事法律本身即体现出了最大的公共利益。也就是说,企业实施违法犯罪行为本身就是对公共利益的侵害,相应地,依照罪刑法定原则对其依法予以处理就是对公共利益的维护。如果以激励企业合规为由一再后撤法治底线,那么必然出现劣币驱逐良币的现象,到那时,企业守法将成为奢侈品。正是在这个意义上,本书在后文企业合规程序法激励机制建构时,坚持底线思维,主张为该类型的刑事合规制度划定边界,只有在不起诉企业不会显著动摇公民或企业的守法意识时,才可以实施暂缓起诉。在该底线之外,如果确实存在重大公共利益,则完全可以借助我国现行《刑事诉讼法》中的特殊不起诉制度加以解决。

三、刑事诉讼私有化的结果

从宪法的角度说,一致的观点是,国家垄断着暴力(Gewaltpomopol),其也承担着公共安全、秩序维护的职能,保留着刑事追诉的权力。② 这一点不难理解,我国《宪法》第28条"国家维护社会秩序,镇压叛国和其他危害国家安全的犯罪活动,制裁危害社会治安、破坏社会主义经济和其他犯罪的活动,惩办和改造犯罪分子"的规定也充分反映了这一点。然而,刑事追诉活动的私有化现象在18世纪中期的英国以及19世纪初的法国开始出现。③ 直到今

---

① See Office of Public Affairs, "HSBC Holdings Plc. and HSBC Bank USA N. A. Admit to Anti-Money Laundering and Sanctions Violations, Forfeit $1.256 Billion in Deferred Prosecution Agreement", at: https://www.justice.gov/opa/pr/hsbc-holdings-plc-and-hsbc-bank-usa-na-admit-anti-money-laundering-and-sanctions-violations, last visited: Feb. 13, 2017.

② Vgl. Bois Mende, Grenzen Privater Ermittlungen durch den Verletzten einer Straftat, Nomos, 2001, S. 78f.

③ Vgl. Bois Mende, Grenzen Privater Ermittlungen durch den Verletzten einer Straftat, Nomos, 2001, S. 34f.

天,私人正在以各种形式参与到刑事诉讼活动之中。① 这一点也不难理解,考察我国《刑事诉讼法》就可以看出。例如,我国《刑事诉讼法》第五编第二章对"当事人和解的公诉案件诉讼程序"的确立。在传统的诉讼构造中,国家代表被害人与犯罪嫌疑人处于对立状态,和解程序的确立意味着,被害人参与诉讼程序,私人之间的合意得到了法律的认可。又如,2018年修订后的《刑事诉讼法》引入的认罪认罚从宽处理制度。不同于刑事和解程序,认罪认罚从宽处理机制中,司法机关与犯罪嫌疑人进行充分协商,如果达成合意,则可以影响诉讼程序选择以及最终的量刑,这本质上也是私人对刑事诉讼程序的参与。

回到公司犯罪治理问题,现代公司犯罪的高度复杂性、隐蔽性等特征决定了,传统的侦查模式难以有效应对。传统的侦查方式和技术在农业社会就已经形成,工业社会的技术革新也对侦查技术产生了积极的影响。然而,这些侦查方式和技术对于传统的接触式犯罪可能卓有成效。例如,我们通常认为,只要实施了犯罪行为,总会留下痕迹,通过现代的生物识别等技术,我们完全可以有效地进行身份识别。然而,现代的企业犯罪与传统犯罪存在显著差异,其具有高度隐蔽性、复杂性和技术性,人员的身份、主观状态确定存在显著障碍。尤其是,现代大型企业可谓是一个商业帝国,人员众多、业务遍及全球,具有相当程度的封闭性,如果没有自我揭弊和内部调查,外部侦查力量很难发现或介入(例如,存在管辖权等障碍)。即便侦查部门有技术能力发现企业内部犯罪,司法资源的有限性也在客观上限制了执法活动的普遍展开。鉴于此,内部控制措施正在成为预防、发现和惩治违法犯罪活动的重要举措,相应地,如何有效推动企业进行内部控制,并主动、充分配合司法机关的执法活动,也正在成为重大的理论议题。上文已经提到,下文也会详细介绍的美国司法部发布的具有节点意义的系列备忘录都强调了"合作"(cooperation)的重要性,其根本目的就在于,通过激励措施充分调动企业自身在企业犯罪治理中的积极性。简言之,现代公司犯罪治理的复杂性决定了,有效团结包括企业自身在内的私人力量成为不得已的、必要的选择,亦即,在公司犯罪治理上,刑事诉讼程序的私有化不可避免。在这种背景下,作为起诉激励事由的刑事合规制度也不过是时代浪潮自然衍生的一个结果。

---

① Vgl. Beatrice Brunhöber, Privatisierung des Ermittlungsverfahrens im Strafprozess, GA 2010, S. 571.

第三章 刑事合规制度建构的教义学路径

第一节 刑事合规与刑法教义学关系概述

一、刑事合规问题教义学化的可行性

从方法论上说,国内学界对合规问题的研究已经实现了从现象描述、制度引介到规范化阐释的跨越。例如,黎宏教授从企业合规角度对于企业刑事责任的研究①,孙国祥教授对于刑事合规与刑法教义学关系的研究②,都是合规问题教义学化的典型代表。然而,方法论意义上的刑事合规研究的教义学化却并未得到广泛认可。原因在于,"围绕着概念、法条以及概念与法条之关系展开的教义学研究,是以尊重现行实定法为前提,在现行法秩序框架之内活动,以对现行法律的尊重为前提"③,而刑事合规源于现代社会企业犯罪日益严重的刑事政策应对。④ 纵观我国《刑法》《刑事诉讼法》以及《公司法》,没有任何一部法律使用过"合规"这一概念,因此,合规问题的教义学化也可能被认为是"无源之水""无本之木"。然而,本书认为,合规风险已经来临,在通过立法建构激励企业合规的刑事合规制度尚需时日的情况下,通过教义学的方法建构刑事合规制度具有必要性,并且基于如下原因,也具有可行性:

(一)刑事合规以刑事法规范为基础

"合规"之"规"具有丰富的内涵,其涵盖了企业经营中的所有法律、法规、行业规定甚至是伦理守则。这就决定了,"每个法律渊源对于合规

---

① 参见黎宏:《合规计划与企业刑事责任》,载《法学杂志》2019年第9期,第9—19页。
② 参见孙国祥:《刑事合规的刑法教义学思考》,载《东方法学》2020年第5期,第20—31页。
③ 车浩:《理解当代中国刑法教义学》,载《中外法学》2017年第6期,第1406页。
④ 参见孙国祥:《刑事合规的刑法教义学思考》,载《东方法学》2020年第5期,第20页。

努力的目标方向都具有决定性的影响,尤其是在系统化的组织内,特别是经济性组织。这些企业受制于各种形式的规则,包括以刑罚保障的规则。如果要保证企业的持续性,则必须要让企业员工对此遵守并加以关注。"①从刑事合规的基本功能和概念可知,其在前置领域预先对刑事实体法的规定加以具体落实。② 刑事实体法规定的具体落实实际上是风险识别过程,这是组织体内部行为守则确定以及结构化的前提。③ 某种意义上说,刑事风险的识别与刑事法规范的发现和解释工作同步,解释的准确性与否直接决定着企业未来可能面临风险的大小。例如,在 2016 年《关于办理贪污贿赂刑事案件适用法律若干问题的解释》第 13 条已经将事前无约定的事后受财以及感情投资型受贿认定为受贿罪的情况下,再以违背罪刑法定原则为由,采信无罪的解释结论,可能会给公司带来刑事风险。又如,在骗取贷款罪(《刑法》第 175 条之一)逐步口袋化的今天,骗贷风险几乎存在于每一个企业之中。有效避免骗贷风险的前提是对骗取贷款罪构造的准确把握。典型的问题是,存在足额担保的情况下,虚构或者任意改变贷款用途的行为是否构成骗取贷款罪?学理上存在较为有力的无罪说④,实践中亦可见无罪判决。⑤ 可是,至少在《刑法修正案(十一)》之前,这种解释可能脱离了司法解释对该罪"其他严重情节"规定,因而得出了不合适的结论。⑥ 以个案为例证立自己无罪说的观点也不尽合理,事实上,司法实践也存在大量有罪判决。⑦ 需要说明的是,尽管《刑法修正案(十一)》删除了该条中的"其他严重情节"之规定,但是问题并未完全得到解决,事实上,作为升格法定刑条件的"或者有其他特别严

---

① 〔德〕丹尼斯·伯克:《作为比较法研究对象的刑事合规》,载李本灿等编译:《合规与刑法:全球视野的考察》,中国政法大学出版社 2018 年版,序言部分。

② Vgl. Uwe H. Schneider, Compliance als Aufgabe der Unternehmensleitung, ZIP 2003, S. 645f.

③ Vgl. Marc Engelhart, Sanktionierung von Unternehmen und Compliance: Eine rechtsvergleichende Analyse des Straf-und Ordnungswidrigkeitenrechts in Deutschland und den USA, Duncker & Humblot, 2010, S. 167ff.

④ 参见孙国祥:《骗取贷款罪司法认定的误识与匡正》,载《法商研究》2016 年第 5 期,第 56 页;王新:《骗取贷款罪的适用问题和教义学解析》,载《政治与法律》2019 年第 10 期,第46 页。

⑤ 参见湖北省高级人民法院(2014)鄂刑一终字第 00076 号刑事判决书。

⑥ 参见张明楷:《骗取贷款罪的保护法益及其运用》,载《当代法学》2020 年第 1 期,第 59—62 页。

⑦ 参见江西省横峰县人民法院(2018)赣 1125 刑初 71 号刑事判决书。

重情节"之规定并未被删除,这就意味着,情节要素仍可能成为损失要件之外决定罪与非罪的核心要素。

简言之,离开了刑法教义学,作为合规机制建构基础的风险识别工作都难以完成,更不用说合规机制的有效建构和运行。

(二)刑事合规制度边界的划定离不开教义学

作为风险刑法与经济全球化的产物,刑事合规制度具有明显的时代性。迎合时代需求不意味着对传统教义学的背离。"法教义学的当代发展,已经从过去那种科学面向的、唯体系化的、纯粹依靠概念和逻辑推理构建起来的法教义学,转向为实践和经验面向的、融合了多学科知识、包含了目的、利益和价值判断的法教义学。"[①]刑事合规制度不仅具有单位刑事责任论与保证人义务理论上的根据,也顺利将刑事政策上的预防目的融入规则体系。从刑事合规的出罪与责任减轻功能看,其并不违背罪刑法定原则。然而,在合规监管的问题上,则出现了问题:法定可罚性范围的前置领域在结构上是开放的,其后果是,对于规则的构建,刑事合规并不包含任何的内部界限,从自由的角度看,这是存在问题的。[②] 部分案件中,合规规则为刑事责任创设了新的联结点,例如,德国达姆施塔特地方法院从对内部合规规则的违反中推导出职员背信罪的义务违反性。[③] 在一些国家,不合规甚至成为加重处罚的事由。[④] 对于刑事合规制度与刑法教义学之间的冲突问题,理论界存在两种解决思路:一种思路是强调经济刑法的独立性。例如,德国学者托马斯·罗什认为,现代刑法学已经被分裂成几个不同的部分,以至于刑法教义学变得分散且日趋无力,这在通过刑法典的普通规定去解决经济刑法问题方面表现得尤为明显。因此,刑法的分部化管理是解决问题的合适方式。从分部化管理的角度理解经济刑法,应当强调经济刑法的独立性,其从以前的刑法教义学中解放出来,并会使特定的刑事责任的一般原则,尤其是构成要件以及经

---

① 车浩:《理解当代中国刑法教义学》,载《中外法学》2017 年第 6 期,第 1423 页。

② Vgl. Thomas Rotsch, Criminal Compliance, ZIS 2010, S. 616.

③ Vgl. Frank Saliger, Karsten Gaede, Rückwirkende Ächtung der Auslandskorruption und Untreue als Korruptionsdelikt—Der Fall Siemens als Startschuss in ein entgrenytes internationales Wirtschaftsstrafrecht? HRRS 2008, S. 57.

④ See Jonathan A Clough, Carmel Mulhern, The Prosecution of Corporations, Oxford University Press, 2002, p. 188.

济刑法自身的程序法得以规范化。① 另一种思路是坚持传统的刑法教义学,即刑事合规制度必须接受传统刑法教义学的检视。例如,日本学者甲斐克则教授认为,"合规以行为主义、罪刑法定主义、责任主义等基本原则为前提"②。在本文看来,主张经济刑法的独立性,并试图使刑事合规制度脱离传统刑法教义学的检视的观点将合规制度过于政策化、工具化,逾越了应有的制度边界。也就是说,刑事合规应当有制度边界,而制度边界的划定离不开传统教义学的支持。

(三)单位责任论本身就是教义学的重要范畴

单位犯罪并非传统刑法学的命题,但自从单位犯罪普遍进入各国(尤其是大陆法国家)刑法之后,如何解决单位责任与传统责任主义原则之间的冲突就成为核心问题。从单位罪责理论的学术史可以看出,其经历了自然进路向规范进路的转变。研究路径转变的根源就在于,传统以自然人为媒介建构单位责任的路径有背离罪责自负原则的嫌疑,因此,有必要重新认识单位责任。由此可见,进入刑法之后,单位责任论就成为教义学的重要范畴。

从责任主义原则出发,我国《刑法》第30条不仅具有单位犯罪的宣示意义,它还告诉我们,单位犯罪是单位自身的犯罪,任何个人都可能代表单位,任何个人也都可能不代表单位。在认定单位责任的过程中,我们需要以个人犯罪行为和责任为观察对象,进一步判断是否可以从个人行为中推断出单位意志,如果能,则可以认定单位责任,如果不能,则不能认定单位犯罪。在单位责任的归属过程中,学界越来越有力的观点是,企业合规建设情况应当成为企业刑事责任的依据。③

由此可见,既然合规计划可以成为单位责任认定的重要参考要素,那么对它的研究自然离不开教义学方法。

(四)合规官保证人义务问题亦是教义学的重要范畴

我国当前的合规制度研究深受英美法的影响,都是在单位犯罪的语

---

① Vgl. Thomas Rotsch, Compliance und Strafrecht——Konsequenzen einer Neuentdeckung, in: FS-Samson, 2010, S. 141.

② 〔日〕甲斐克则:《企业的合规文化·计划与刑事制裁》,谢佳君译,载李本灿等编译:《合规与刑法:全球视野的考察》,中国政法大学出版社2018年版,第67页。

③ 参见黎宏:《合规计划与企业刑事责任》,载《法学杂志》2019年第9期,第9页;时延安:《合规计划实施与单位的刑事归责》,载《法学杂志》2019年第9期,第20页。

境中展开。然而有疑问的是,在没有单位犯罪的国家(例如德国)如何构建刑事合规制度?如果从"利用刑事法手段推动企业自我管理"的角度理解刑事合规制度,那么,就没有理由将刑事合规限定在单位犯罪的语境。实际上,通过赋予特定自然人(例如公司领导以及合规官)对职员的业务关联行为的监督者保证人义务的方式推动企业合规,也是一种有效的建构路径。然而,在强调自我答责的现代刑法中,如何证立"为他人行为负责"这一命题就成为问题。这恰恰是教义学的重要范畴。需要特别指出的是,现在主要是德国学者在讨论这个问题,但这绝不意味着这种讨论对我们国家没有任何意义。原因在于,尽管我们国家存在单位犯罪制度,但其具有显著片段性。在非单位犯罪的领域,这种讨论就具有补充性意义。

二、刑事合规制度建构的教义学路径概述

如上所述,刑事合规的讨论可以在单位犯罪和个人犯罪两个语境中展开,因此,其教义学建构路径可以沿着如下两个方向展开:

第一,公司本体责任路径。本书前文也已有详细论述,企业合规是影响单位犯罪定罪量刑的重要参考因素。在以美国为典型的代位责任模式之下,有效的合规计划不能排除企业责任,而只能成为减轻责任的事由;在组织体责任模式之下,有效的合规计划可以排除企业责任。具体到我们国家的制度建构问题,即应当将企业合规作为排除、减轻责任的事由,还是将其仅仅作为减轻责任的事由,取决于我们国家的单位犯罪归责模式。只有弄清了单位犯罪的归责模式,才能建构符合我国立法实际的刑事合规制度。鉴于此,本章将首先从公司本体责任的角度讨论我国的单位犯罪归责模式,在此基础上,提出企业合规的刑事法意义。

第二,个人责任路径。在单位犯罪制度具有显著片段性的立法背景下,不可能仅仅围绕公司本体责任路径展开,还应当围绕个人责任建构激励企业合规的路径。这就涉及公司领导人以及合规官对业务关联性违法犯罪行为的监督者保证人义务问题。这个问题的解决可以在客观上建构起围绕个人责任展开的激励企业合规的教义学路径。与此相关联的是,公共机构内的反腐败合规激励机制的建构问题。在我国的反腐实践中,主体责任制具有重要意义。主体责任制对于推动公共机构建立反腐败内部控制机制具有重要作用,然而,主体(纪律)责任不能代替刑事责任,在主体责任制的基础之上,我们完全可以建构一条以我国《刑法》第397条为中心的公共机构腐败犯罪治理合规路径。鉴于公共机构腐败治

理的重要性以及反腐实践中主体责任制的启发意义,本章将对公共机构的腐败治理合规路径建构问题加以阐述。①

需要特别说明的是,诚如上文所述,教义学对于刑事合规制度边界的划定具有重要意义,而制度边界也应当是教义学路径需要观照的问题。然而,出于体例安排,本章节的讨论主要从正面展开,至于反向的制度边界建构问题,将在后文专章讨论。

第二节 公司本体责任视角的考察

一、问题的提出

目前,在经济全球化,尤其是"一带一路"经济带建设的时代浪潮中,中国企业正在面临着紧迫的合规风险,风险的发生很大程度上源于我国企业的合规意识淡薄。如何推动我国企业自觉合规?合规风险的发生,实际上源自企业运营规则的改变。由于特殊的经济体制,我国企业的运营很大程度上呈现权力依赖的特征,政治权利在国有经济中的过多参与加重了经济对权力的依赖;民营经济也被迫陷入权力依赖的漩涡之中,这就导致其思维定势,以权力为问题解决导向,换句话说,遇到问题,其想到的首先不是规则,而是"找关系"。这是企业在国内市场运营的潜在规则,然而,在经济全球化的背景下,企业要"走出去",势必要面临规则的转变,即由权力依赖向规则导向转变。由于权力依赖思维固化,没有做好意识转变,加上欧美主要经济体逐步强化其合规规则,使得我国企业在"走出去"过程中遭受了前所未有的合规风险。合规风险问题的解决,当务之急是强化企业的合规经营意识。对此,法律应当起到引导作用。

从立法论的角度而言,未来的立法应当考虑刑事合规的制度构建,这不仅源自其理论上的正当性,还在于明示的刑事合规规则对于唤醒企业

---

① 这里需要特殊说明的是,如下文所述,笔者认为,合规计划是组织体的风险防控机制,从"组织关联性"的角度讲,当然不能排除高校、事业单位、公共机构等组织体的合规问题,以主体责任制为线索建构起来的公共机构腐败犯罪治理合规机制就是典型。然而,合规是经济全球化的产物,因此,它也经常被限定在企业范围内,在"企业合规"的名义之下加以讨论。出于表述、文献资料使用便捷性的考虑,本书的讨论也主要是在企业犯罪的语境内展开,但这并不是对其他类型组织体合规的否定,事实上,在企业犯罪语境下得出的讨论结果也同样适用于其他组织体犯罪。

合规意识具有重要作用。然而,可以预见,立法对刑事合规制度的回应需要较长的时间。在立法尚未构建刑事合规制度之前,通过解释论的方法,将合规理念融入刑事司法,不失为经济、实用的选择。通过将合规与单位刑事责任论建立联系,不仅使公司刑事责任量定趋于科学化,客观上还起到了推动企业合规的作用,可谓意义重大。

在上一个章节关于刑事合规正当性基础的论述中,我们试图将刑事合规制度拉入传统刑法理论,对其进行理论定位,以此解决一个问题,即以何种方式推动企业合规。关于刑事合规的理论基础问题,初步的结论是:刑事合规制度是作为风险刑法之结果的单位犯罪制度的附随产物;单位犯罪的罪责构造的特殊性决定,合规计划是单位刑事责任的决定性因素;传统的刑罚理论同样适用于单位刑罚,单位犯罪预防刑的考量因素具有一定程度的开放性,合规计划本就应当是需要考量的因素,即便没有立法规定,在刑罚论上亦不存在障碍。以上结论的得出,具有重要的实践意义:合规计划应当成为单位责任量定的重要考量因素。具体来说,在采用组织体责任模式的司法制度中,合规可能起到排除或者减轻企业罪责的作用;在采用代位责任模式的司法制度中,合规可能起到减轻罪责的作用。接下来的问题是,我们国家究竟应当采取何种单位犯罪归责模式?这个问题直接决定了企业合规的刑事法意义。如果这个问题得到解决,那么,我们自然可以运用教义学的方法,将合规理念融入单位犯罪司法,建构起刑事合规制度。这也恰是本节的问题意识和价值所在。

二、单位刑事责任论的反思与重构:新组织体责任论之证成

单位刑事责任论的研究正在进行研究范式的转化。在研究方法上,以时间轴为线索,可以清晰地看到单位责任论的规范化趋势:人的"影像"在单位责任认定中逐步虚化,从最开始的代位责任(极端路径之前端)到以卢曼(Luhmann)的系统论为理论工具的系统责任论(极端路径之后端),中间还存在形形色色的中间责任形态。本部分的主旨在于,对不同的研究范式进行梳理与反思,以我国《刑法》第 30 条、第 31 条为中心,建构单位责任论的基本教义规则。

(一)极端路径之前端:代位责任之否定

1.代位责任的历史发展及其内涵

研究单位刑事责任理论,不得不提的一句古罗马法格言是"法人不能

犯罪"。然而,弗里希(Frisch)和梯德曼(Tiedemann)都对这一格言的真实性提出了质疑。① 事实上,至少从中世纪以来,英美法系和大陆法系国家都普遍接受了法人刑事责任,并且在 1800 年之前的英国和 1800 年之后的德国都没有完全否认法人刑事责任。② 然而,法人犯罪始终面临着可谴责性问题,即法人没有可以谴责的灵魂和肉体,无受刑能力。③ 也就是说,如何实现对法人犯罪的归责成为理论上的焦点。

对于单位的责任认定问题,实践一开始采取的是回避态度,即认为单位犯罪无须故意或过失,应当承担严格责任。④ 犯罪故意第一次被归属于公司,是在 1908 年的纽约中央和哈德逊河铁路公司诉美国案。该案件中,美国联邦最高法院表示,经法律授权的代理人的认识和目的能够归属于法人。⑤ 也就是说,在公司犯罪案件中,可以适用代位责任原则解决公司责任问题。美国联邦最高法院的态度明确后,大量州法院开始效仿,将代位责任原则引入州法律系统。直到现在,《美国联邦量刑指南》仍然坚持代位责任原则:组织只能通过其代理人实施行为并对其代理人实施的犯罪承担责任。⑥

2.我国学者对代位责任理论的提倡

我国学者娄云生认为,法人犯罪中的犯罪法人与卷入其中应负刑事责任的自然人既不是共犯关系,亦非双重主体,而是一体化的关系;法人与自然人在法人犯罪中融为一体,结合为一个犯罪主体并共同承担刑事责任,这其中包含三层含义:第一,法人与其中直接负责的主管人员和主要责任人员在法人犯罪中是一个犯罪主体;第二,法人犯罪主体是由法人团体和作为法人团体构成因素的有关人员彼此异质的两部分组成的复合

---

① Vgl. Wolfgang Frisch, in: Georg Frund/Frauke Rostalski (Hrsg.), Strafrechtliche Verantwortlichkeit für Produktgefahren, Peter Lang, 2015, S. 156; Klaus Tiedemann, Die „Bebußung" von Unternehmen nach dem 2. Gesetz zur Bekämpfung der Wirtschaftskriminalität, NJW 1988, S. 1169.

② See Markus D. Dubber, "The Comparative History and Theory of Corporate Criminal Liability", *New Criminal Law Review,* Vol. 16, 2013, p.204.

③ See John C. Coffee Jr., "'No Soul to Damn: No Body to Kick': An Unscandalized Inquiry into the Problem of Corporate Punishment", *Michigan Law Review,* Vol. 79, 1981, p. 386.

④ See Kathleen F. Brickey, "Corporate Criminal Accountability: A Brief History and an Observation", *Washington University Law Quarterly,* Vol. 60, 1982, p. 410.

⑤ See New York Central & Hudson River Railroad Co. v. United States, 212 U. S. 481.

⑥ See U. S. Sentencing Guideline Manual (2018), Chapter 8, Introductory Commentary.

体;第三,组成法人犯罪主体的两个部分在法人犯罪中不是分工的关系,而是彼此融合和互为表现的关系。也就是说,法人组织中的有关自然人将犯罪法人化,而法人组织则通过有关的自然人来实施犯罪。①

我国学者卢林认为:"公司与其内部的自然人都要承担刑事责任的根源在于二者之间存在独立性与从属性的二重性特征;从公司自身角度看,它以一个整体的形象出现,公司要为其内部自然人的行为承担责任,即责任的转化,这是从属性的一面;从内部结构来考察,公司与内部自然人之间的意志具有独立性,自然人也要对自己的行为承担责任……可以说,我国现在公司犯罪刑事责任的承担模式与美国的做法具有相似性。"在看到中美两国公司犯罪归责模式相似性的同时,该论者还主张借鉴美国模式,因为其更为详细和明确。②

童德华教授认为,替代责任并不破坏罪刑法定与罪刑相适应的基本原则;替代责任与主客观相一致的精神并不背逆;因为企业违法对于社会影响巨大,因此有必要通过替代责任原则促使企业主履行监管职责。③ 侯艳芳教授基于环境犯罪治理的考虑④,万方博士基于企业犯罪治理的效率考量⑤,都主张引入替代责任。

3. 代位责任之否定

将代位(替代)责任理论作为单位刑事责任的根据,存在简单、易于操作的优点,也充分展示了预防刑法特征,但该理论存在如下问题,为本书所不采:

首先,方法论上的错误。替代责任制度来源于罗马法的准私犯和法国法的准侵权行为,也就是说,替代责任是侵权法中的特殊侵权责任。不同于一般侵权责任,特殊侵权责任是为他人行为负责,这与传统的责任自负原则存在冲突。然而,基于以下原因,替代责任具有民事法上的正当性:民事责任的财产性质决定了侵权赔偿责任可以替代;权利义务相一致

---

① 参见娄云生:《法人犯罪》,中国政法大学出版社 1996 年版,第 75、76 页。
② 参见卢林:《公司犯罪论:以中美公司犯罪比较研究为视角》,法律出版社 2010 年版,第 204—207 页。
③ 参见童德华:《刑事替代责任制度研究》,载《中国刑事法杂志》2002 年第 1 期,第 35—36 页。
④ 参见侯艳芳:《单位环境资源犯罪的刑事责任:甄别基准与具体认定》,载《政治与法律》2017 年第 8 期,第 92 页。
⑤ 参见万方:《企业合规刑事化的发展及启示》,载《中国刑事法杂志》2019 年第 2 期,第 64—65 页。

原则是特殊侵权责任的基础,也就是说,行为人享受第三人行为所带来利益的同时,也应当承担相应的义务;公平责任是特殊侵权替代责任的另一个基础;加重社会责任理论为特殊侵权替代责任提供了新的理论依据。① 归结起来,代位责任的理论根据在于,责任扩张更有利于对受害人赔偿的实现,民事责任的财产性也使得责任扩张成为可能。不同于侵权法,刑法的主要目标在于威慑与报应;这两个"孪生目标"具有相互依赖性,除非行为人亲自参与或者通过授权、指导参与了不法行为,仅以威慑之目的难以使刑罚正当化,因为刑法的适用以道义责任为基础;侵权法的赔偿目的与刑法的目的完全不同,不加鉴别地将前者的原则适用于后者,让人无法接受。②

其次,代位责任与责任主义原则存在冲突。现代刑法以责任主义为原则。这一点从我国《刑法》第 14 条、第 15 条以及第 30 条可以得出。也就是说,单位犯罪是单位自身的犯罪,以故意或过失为必要;尽管单位犯罪也必须通过员工实施,但员工的行为也未必是单位的行为,单位责任的认定亦应接受责任主义原则的检视。然而,源自侵权法的代位责任造成"雇佣人实际上系负无过失责任"③。严格责任的政策价值在于,以此促进雇主进行严格监督,预防员工违规。童德华、侯艳芳教授倡导引入代位责任的理论根据也在于此。然而,预防价值的实现不能逾越责任主义原则;在缺乏激励机制或者激励不够的情况下,单位可能更愿意承担损害赔偿而非高额的监督成本,亦即,制度初衷可能难以实现。

最后,代位责任还可能造成犯罪认定"过度概括"与"不够概括"的缺陷。所谓过度概括,主要是指对于公司责任的认定过于宽泛,"使公司负担罪责并不需要诉诸公司本身任何的特质,只要有员工的犯罪便已足够"④。这一点实际就是严格责任问题。所谓不够概括,是指在部分场合,难以认定公司犯罪,导致犯罪认定不周全的现象。原因在于,公司责任由个人责任触发,个人责任难以认定时亦难以认定公司犯罪。在某些

---

① 参见杨立新:《侵权法总则》,人民法院出版社 2009 年版,第 557—566 页。
② See Philip A. Lacovara, David P. Nicoli, "Vicarious Criminal Liability of Organizations: RICO as an Example of a Flawed Principle in Practice", *St. John's Law Review*, Vol. 64, 1990, pp. 736-738.
③ 王泽鉴:《侵权行为》,北京大学出版社 2009 年版,第 452 页。
④ 蔡蕙芳:《组织体犯罪与组织体罪责——美国刑法上组织体罪责理论的介绍与评析》,载《逢甲人文社会学报》2000 年第 1 期,第 340 页。

案例中,尽管是公司的政策或程序而造成的犯罪,但由于无法辨认出组织体内个别员工或数个员工以便将犯罪结果归责于某特定的行为人,因此最终无法让公司对员工的行为负责。①

(二)极端路径之后端:系统责任论之否定

1.以系统论为理论工具的法人责任论

(1)功能系统的组织支配理论(funktional-systemische Organisationsherrschaft)。

该理论的典型代表是金特·海涅(Günter Heine)。在其教授资格论文《公司的刑事责任》一书中,海涅教授首先区分了一组概念,即个人行为人(Individualtäter)与系统行为人(Systemtäter)。个人行为人适用传统个人刑法;在组织结构清晰,信息以及决策权集中于最高领导人员,核心人员的指示权以最短、最直接的路径向下传递并得到有效执行的小型公司内,传统个人刑法的归责原则仍可以适用;然而,大型公司内部,去中心化(Dezentralisierung)以及权力分化(Kompetenzaufteilung)特征明显,企业的行动能力(Handlungsmacht)最终只能通过不同的、在每个部门中或多或少独立展开的工作任务(例如产品研发、生产以及销售)之间的协作而获得。在大型组织的功能要素背后,个体的支配能力减弱了,企业内部自我答责的行为也减少了,整体系统的组织结构中并不具有的全体性的权能也就自然消失了。② 也就是说,传统刑法假定信息控制、决策权以及执行权集中于单一个体,然而,现代企业组织体中的去中心化与功能分化使个体的作用难以确定;线性结构越少,功能分化越多,对个体行为人的确定越困难;大型企业并非通过在特定地点和时间内完成的单一决策展开活动,企业活动往往通过或多或少具有独立性的多个经济部门之间的协作完成,这就容易产生有组织的不负责任。除此之外,传统以个人责任为联结的公司罪责模式将不可避免地造成威慑与预防漏洞:由于大型组织体的内部复杂性,对责任人员的确证存在很大困难,即使可以顺利找到责任个体,也仅是职位较低的公司员工,难以由此确证公司责任;底层员工在公司内部仅发挥了有限功能,对他们难以施加较重刑罚,如果仅仅处以罚金,则由于罚金的个别化裁量原则,显得意义有限,尤其是在公司补偿制

---

① 参见李文伟:《法人刑事责任比较研究》,中国检察出版社2006年版,第69页。

② Vgl. Günter Heine, Die strafrechtliche Verantwortlichkeit von Unternehmen, Nomos, 1995, S. 27-31.

度广泛存在的情况下。① 基于以上原因,海涅认为,在潜在的系统行为人中,是否能确定个人需要为错误的决策承担刑事责任并非没有疑问,有必要根据组织体的内部复杂性,区分适用个人刑法与公司刑法。

海涅所构建的独立的公司责任理论的核心在于,放弃传统以个人责任为媒介来认定公司责任的观点,构建原初的社团责任(originäre Verbandshaftung)。原初的社团责任建立在通过"功能—系统性组织支配"而进行的企业程序引导与控制之上;责任产生于执行"功能—系统性组织支配"过程中的畸变(Fehlentwicklungen),因为这种畸变,失去了及时予以回转的机会;如果开始存在机会能够将企业潜能激发,对企业的子系统进行组织,对于企业的运行予以控制,进而使得企业风险能够随时得到合理控制,但企业并未能对组织系统进行改进,使得对于紧迫的风险不再有可能采取补救措施,并且使得企业的回转过于迟延,这就会产生企业责任。② 简单讲,企业责任源自于企业自身有缺陷的组织运营(Faulty Operation)。③

(2)建构主义的公司责任理论(konstruktivistischen Unternehmensschuldbegriffs)。

该理论的代表者是迪兹(Díez)。在系统性阐释自己理论设想的论著中,迪兹首先总结性陈述了研究范式转换的问题。他主张,在公司刑事责任问题上,应当运用自创生社会系统论(Theorie sozialer autopoietischen Systeme)进行研究范式的转换。按照这种观点,现实是被建构的,系统论的世界里不存在现实,系统自身建构了环境(Umwelt);不仅公司被作为自创生社会系统予以观察,甚至连我们研究的法律、人自身都是自创生再生产的结果;法律、公司以及人都是自创生系统。④

在解决了理论工具问题之后,迪兹从"刑法上的人作为刑法系统的建

---

① See Günter Heine, "New Development in Corporate Criminal Liability in Europe: Can Europeans Learn from the American Experience or Vice Versa?", *Saint Louis-Warsaw Transatlantic Law Journal*, Vol. 1998, 1998, pp. 176-177.

② Vgl. Günter Heine, Die strafrechtliche Verantwortlichkeit von Unternehmen, Nomos, 1995, S. 249, 287.

③ See Günter "Heine, New Development in Corporate Criminal Liability in Europe: Can Europeans Learn from the American Experience or Vice Versa?", *Saint Louis-Warsaw Transatlantic Law Journal*, Vol. 1998, 1998, p. 186.

④ Vgl. Carlos Gómez-Jara Díez, Grundlagen des konstruktivistischen Unternehmensschuldbegriffs, ZStW 2007, S. 294-295.

构物""公司的组织权能""公司刑法中人的可归责性"三个方面入手对"公司作为积极的刑法上的人"的命题进行了论证。在这一部分,迪兹实际上解决了法人的主体性问题。在他看来,刑法上的人是建构物,本身并不包含来源于自然意义、政治意义或者经济、宗教意义的信息,它仅是能够进行沟通的人造物(Artefakt)。所有的人,包括自然意义的人与法人,都是法规范的创造物,相比于法人,自然人并不具有更高的实在性,或者说,两者具有相同的实在性或者拟制性。具体到公司的可罚性问题,刑法上的人格的获得,需要满足两个前提条件:第一,在人这一"面具"之后的系统需要显示出以充分的自身复杂性为基础的特定的自我指涉性;第二,刑法上的人要具有忠诚于法规范的能力,即能够合理观照法规范。这一点具有两个结果:首先,公司必须能够支持法规范效力,这一点可以通过适当的公司文化得以实现;其次,不忠诚于法规范的公司文化的创设,将被视为缺乏法规范忠诚态度,象征性表现出公司罪责。简言之,刑法上的人需要具备两种能力,即保护规范效用的能力以及使得规范成为问题的能力,而这两个方面的能力分别朝相反的方向发展,即权能与可归责性。①

在公司的权能问题上,传统理论存在循环论证的死结:传统刑法以自然人为对象进行建构,公司不是刑法上的人,因此公司不能犯罪。海涅通过"功能—系统性组织支配"的概念解决了这个问题;兰珀(Lampe)通过"社会人"这一上位概念解决了这一问题;迪兹则通过将法人与自然人同置于积极的刑法上的"人"这一概念之下解决了这一问题。他认为,从规范的立场看,组织体自身具有自我组织权能,这种权能应当保证没有不被允许的风险从自己管辖的领域内流出,相应地,每个人都应当为从自辖领域内流出风险承担刑事责任。在可归责性问题上,迪兹认为,公司与自然人一样,只有部分可以被归责,界分标准是,公司是否具有反射潜能,或者说是自我观察能力。自我观察能力与系统自身复杂性相关;满足可归责性的自我观察需要足够的系统复杂性,也就是说:只有具有足够内部复杂性的系统才可能成为积极的刑法上的人,因为只有在这样的系统才具备真正的能为刑罚奠定基础的自律性。②

---

① Vgl. Carlos Gómez-Jara Díez, Grundlagen des konstruktivistischen Unternehmensschuldbegriffs, ZStW 2007, S. 308-309.

② Vgl. Carlos Gómez-Jara Díez, Grundlagen des konstruktivistischen Unternehmensschuldbegriffs, ZStW 2007, S. 310-314.

2. 我国的类似观点

海涅和迪兹观点的形成深受卢曼系统论的影响。卢曼认为,有机体由"细胞"构成;心理由"思想"构成;不同于前两种系统,社会系统由"沟通"构成,沟通与主体意识截然分离,是由信息、告知、理解三阶段构成的社会过程;沟通不是人的沟通,而是系统自身的沟通,也就是说,"沟通纯粹是社会系统自身选择性运作的产物,虽然沟通以环境中至少存在两个心理系统为前提,但与主体意识以及主体间共识无直接关系。此种概念界定抽象地构造出'空无一人的社会',作为有机体和心理系统的'人'被归诸环境。"①也就是说,海涅和迪兹共同的观点是,作为传统刑法上唯一适格主体的"人"的形象被虚化,在犯罪与责任认定中,人并无意义。从这一核心论点出发,也可以在我国学者的论著中找到相似观点。

周振杰教授提出了企业刑事责任"二元模式"的概念,即区分个人刑事责任与企业刑事责任。在二元模式的基础上,周振杰认为,未来的立法应当按照如下方向重构:第一,犯罪故意与过失条款中增加如下规定:"单位存在鼓励、纵容或者默认违法行为发生的管理缺陷或者单位文化的,推定单位存在故意""因单位未充分履行预防违法行为的义务而导致危害结果发生的,推定单位存在过失"。第二,在单位犯罪及其刑罚相关条款中增加如下规定:"认定单位刑事责任,不以个人行为构成犯罪为前提。个人行为构成犯罪的,根据分则的相应规定定罪处罚""单位犯罪的,对单位判处罚金。单位积极制定并有效实施内部犯罪预防措施的,可以从轻、减轻或者免除处罚。"②也就是说,上述观点试图构建单位责任与个人责任的二元体系,强调两者在认定基础、逻辑以及程序上的独立性;个人责任认定遵从传统方法,强调道义责任,单位刑事责任则具有客观性,应当以是否履行单位自身的犯罪控制义务为中心进行考察,不以个人责任为前提。从单位责任的独立性与客观性,隔断与个人责任的关联性这一点上,周振杰的观点与系统责任论异曲同工。

3. 系统责任论之否定

相比于传统法人责任理论,系统责任论进行了研究范式的转化,具有方法上的新颖性;从结论上看,只要承认罪责自负原则,单位就只能对自

---

① 陆宇峰:《"自创生"系统论法学:一种理解现代法律的新思路》,载《政法论坛》2014年第4期,第155、156页。

② 周振杰:《企业刑事责任二元模式研究》,载《环球法律评论》2015年第6期,第157页。

身的行为负责,这一点也并无异议。然而,基于以下几个原因,系统责任论为本书所不采:

(1)方法论上的问题:方法的不妥当性、结论的不确定性与片面性。

从刑法教义学的视角,许乃曼(Schünemann)对系统论在公司刑法中的适用问题进行批判:从内部系统视角看,这个概念最大的失败在于公司明知问题。按照美国法的传统观点,如果单个团体代理人并不具备对于避免法益侵害所必需的认知,而多个片段性认知的集合可以满足认知条件,则公司责任仍可以被肯定。此处,组织体缺陷存在于有缺陷的沟通行为,然而,从系统论的角度讲,组织体仅能以一种寄生的方式使沟通行为与那些在结构上与组织体耦合在一起的个体发生联系。尽管人们可以将这种沟通行为称为组织体有缺陷的法忠诚,但仍不可改变的是,这种组织体缺陷与那种并非在系统论上所拟制,而是在自然意义上存在的自然人的行为能力有本质差异。而且,自然人的法忠诚与组织体的法忠诚在规范的深层结构上也有着本质差异。对于法规范的要求,企业仅会自发生产利益导向的沟通行为,也就是说,为了避免金钱上的惩罚而避免法损害,而不是真正认同法律的内在价值;与此相对,自然人的意识中,内在的法效力可能会被重复生产,原因是多样的,可能源自宗教原因,可能源自绝对命令、黄金法则或者其他人内在认同的原则。正是在这个意义上,系统论视角的企业并不能作为独立的参与者参加法规范的内在价值及其效力的讨论,其也并不具有承载自我责任的能力。源自美国的"良好企业公民"或者"企业伦理"的概念与自创生系统论并不具有可对比性,试图构建能够适用于自然人与组织体的统一罪责与刑罚概念的做法也必然会失败。总结起来,将自创生系统论通过反身法(reflexives Recht)运用到传统的规制法领域的做法毫无意义,并且具有误导性,也是对刑法的狭隘解读。① 道斯(Dous)也对毫无保留地将系统论适用于公司责任领域的做法表达了质疑:系统论仅是一个理论,系统责任论者对于传统刑法可能进行了过度改造;不加批判地接受系统论的做法充分显示出社会科学与刑法学知识转换中的问题。② 提倡系统责任论的海涅实际上也表达了对该理

---

① Vgl. Bernd Schünemann, Die aktuelle Forderung eines Verbandsstrafrechts—Ein kriminalpolitischer Zomie, ZIS 2014, S. 5-6.

② Vgl. John Christina Dous, Strafrechtliche Verantwortlichkeit in Unternehmen, Peter Lang, 2009, S. 33.

论的方法论基础的隐忧。①

方法的误用也产生了结论的不确定性以及片段性问题。这一点在迪兹、道斯、海涅的论述中也有所提及。迪兹认为,"以什么为标准来界分积极的刑法上的人"是一个有待解决的问题,对此可以从两个方向来认识:一方面,消极到积极的刑法上的人的过渡是规范界限问题,它可能因为社会与历史原因而有所改变;另一方面,就像个人刑法中的精神系统一样,公司刑法中组织体的精神基础具有重要意义。尽管提出了两个方向,但问题仍没有得到解决,最终还是回到了另一个模糊的标准,即内部复杂性。原因在于,只有在具有足够内部复杂性的组织系统内才存在为刑罚奠定基础的自律性,才存在自我观察能力。在此意义上,因为儿童以及"信箱"公司(Briefkastenfirmen)不存在足够的内部(精神或者系统)复杂性,因而并不是真正的值得刑罚处罚的刑法上的人。② 就此而言,建构主义的公司责任论就不适合我们国家,因为一人公司的刑事可罚性已经在我国得到普遍承认。③ 系统责任论脱离公司法的前置基础,构建了自身独立的标准,某种意义上说,是对罪刑法定原则的背离。此外,迪兹还使用了"公司文化"这样的词汇来论证公司罪责,这本身就是缺乏客观标准的概念,与刑法所要求的明确性相去甚远。道斯也指出,以系统论为方法来认定公司刑事责任的做法,难以提供刑法所必需的明确性。④

海涅的理论体系建立在区分小型企业与复杂的大型企业的基础之上,然而,对于如何区分"大"与"小",其并未提出明确标准。因而,作者自己都不得不承认理论本身的明确性与可预测性存在问题。⑤ 除此之

---

① See Günter Heine, "New Development in Corporate Criminal Liability in Europe: Can Europeans Learn from the American Experience or Vice Versa?", *Saint Louis-Warsaw Transatlantic Law Journal*, Vol. 1998, 1998, p. 188.

② Vgl. Carlos Gómez-Jara Díez, Grundlagen des konstruktivistischen Unternehmensschuldbegriffs, ZStW 2007, S. 309, 314.

③ 参见《上海新客派信息技术有限公司、王志强虚开增值税专用发票案——依法成立的一人公司能否成为单位犯罪主体》,载中华人民共和国最高人民法院刑事审判第一、二、三、四、五庭主办:《刑事审判参考》(总第82集),法律出版社2012年版,第1、2页。

④ Vgl. John Christina Dous, Strafrechtliche Verantwortlichkeit in Unternehmen, Peter Lang, 2009, S. 33.

⑤ Vgl. Günter Heine, Die strafrechtliche Verantwortlichkeit von Unternehmen, Nomos, 1995, S.215; See Günter Heine, "New Development in Corporate Criminal Liability in Europe: Can Europeans Learn from the American Experience or Vice Versa?", *Saint Louis-Warsaw Transatlantic Law Journal*, Vol. 1998, 1998, p.183.

外,海涅的论著中还透露出以卢曼系统论为工具的系统责任论的共同缺点:"无论如何,企业自身必须扮演对于所有运营风险的监督者保证人的角色。"①这种观点存在两个问题:首先是物的风险与人的"风险"等同视之的问题,这一点超出本书范畴,将另作讨论;其次,人为割裂了作为犯与不作为犯,即单位只能以不作为的方式实施犯罪。②这种观点造成了单位犯罪处罚显著的片段性,不为笔者所接受。

(2)理论内部的观点分裂。

近些年来,随着法学研究范式的转变,借用系统论方法建构人格化的系统责任论的观点在国内也得到了部分学者的倡导。

实例一:人格化社会系统论。概括起来说,该理论包括以下几个关联要点:第一,法人是人格化的社会系统,法人的刑事责任就是人格化社会系统的刑事责任;第二,法人是作为系统整体实施犯罪的,因而其刑事责任是整体责任;第三,法人是一个由自然人组成的有机整体,法人的活动是通过自然人的自觉活动实现的;第四,在法人犯罪中,实际上是一个犯罪,两个犯罪主体和两个刑罚主体(两罚制)或者一个刑罚主体(单罚制);第五,在法人整体犯罪中,法人成员是否负刑事责任,不是追究法人刑事责任的必要条件,恰恰相反,法人构成犯罪,是追究法人内部成员刑事责任的前提。③

实例二:组织体正犯理论。我国台湾学者蔡蕙芳以"组织体之犯罪支配"为核心,建构了组织体正犯理论。该论者认为:"组织体之犯罪支配性是强调法人组织阶层结构运作下之犯罪支配性;组织体之客观化制度运作,性质上属于'结构'与'体制'对'人'的'功能体制上之组织支配',有别于组织体内之上级对下属之'人'对'人'的犯罪支配性。"④该论者在强调组织体罪责整体性,组织体政策、决策结构、运作程序、文化、习性等因素对组织体罪责推定的决定性意义的同时,并未否认自然人的意义与责

---

① Günter Heine, "New Development in Corporate Criminal Liability in Europe: Can Europeans Learn from the American Experience or Vice Versa?", *Saint Louis-Warsaw Transatlantic Law Journal*, Vol. 1998, 1998, p.188.
② Vgl. Günter Heine, Die strafrechtliche Verantwortlichkeit von Unternehmen, Nomos, 1995, S.287.
③ 参见何秉松主编:《法人犯罪与刑事责任》,中国法制出版社 1991 年版,第 485、486 页。
④ 蔡蕙芳:《"我国"法人犯罪立法之检视与理论建构》,载《东吴法律学报》2017 年第 4 期,第 44 页。

任。在组织体正犯理论中,自然人的故意或过失是单位罪责的"参考资料";追究法人正犯罪责之外,仍应追究自然人之罪责,两种责任相互配合,始能符合罪责原则与发挥刑法之预防作用。①

上述两种观点,尤其是蔡蕙芳在"功能体制上之组织支配"概念之下建构的组织体正犯理论,与海涅等人的系统罪责理论具有理论工具上的相同或相似性,然而,在系统责任是否以自然人为媒介,系统责任应实行双罚制亦或单罚制等问题上,却推导出了截然相反的结论。这也足以说明,系统论在法人刑事责任研究中的工具性价值存在疑问。

(3)缺乏实在法根据。

我国《刑法》第31条明确规定了单位犯罪的处罚原则:"单位犯罪的,对单位判处罚金,并对其直接负责的主管人员和其他直接责任人员判处刑罚。本法分则和其他法律另有规定的,依照规定。"作为单位处罚的统领性条款,"并"字说明了一点,即单位刑事责任是一个整体,包含了两个并列组成部分,自然人责任产生于单位整体责任。按照基本的刑法教义,责任产生于刑事义务的违反,也就是说,人作为要素实质性参与了单位犯罪。与此相对,卢曼的社会系统论主张,社会系统由沟通组成,沟通是最基本的构成;此处的沟通不是人的沟通,人的心理系统是不可见的,人与人之间无法沟通,只能由沟通自己沟通,也就是说:"沟通进行沟通,而不进行思考;意识进行思考,而不进行沟通。"②由此可见,无论是自然人在单位犯罪中的形象问题上,还是在单位犯罪的处罚制度上,以卢曼社会系统理论为工具而推导出的系统责任理论,都与我国基本的单位处罚制度格格不入。

(三)中间路径:组织体责任论与同一视理论的整合

1.国内学说的组织体责任属性的本质叙说

(1)我国《刑法》第30条、第31条语境下的单位犯罪认定逻辑。

学界存在一种普遍的认识,即我国《刑法》第30条并无实际意义,"既没有解决何谓单位犯罪的问题,也没有给出单位犯罪的概念,只是明确了哪些主体可以构成单位犯罪"③。在笔者看来,这种观点存在偏颇:《刑法》

---

① 参见蔡蕙芳:《"我国"法人犯罪立法之检视与理论建构》,载《东吴法律学报》2017年第4期,第45—63页。
② 〔德〕克内尔、纳塞希:《卢曼社会系统理论导引》,鲁贵显译,巨流图书公司2000年版,第93页。
③ 聂立泽:《单位犯罪新论》,法律出版社2018年版,第24页。

第 30 条的功能在于,它确定了单位犯罪的定罪原则,完成了从个人一元主体到个人与法人二元主体的刑法嬗变。① 也就是说,《刑法》第 30 条告诉我们,单位犯罪是单位作为独立刑法主体的自身的犯罪,而不是单位的各个成员的犯罪之集合,也不是所有成员的共同犯罪。② 与第 30 条相似,《刑法》第 31 条实际也不仅宣示了单位犯罪的双罚制原则,"其实,本条还隐含了单位犯罪案件中的责任认定与处理逻辑,即出现危害结果之后,首先认定单位责任,处罚单位,然后处罚个人;立法强调的是单位犯罪,个人处罚不过是单位处罚的附带后果,并非单位处罚的前提和基础"③。

单位犯罪的认定逻辑,可以归结为两个相反的方向:由人到单位的逆向归责;由单位到人的正向归责。前一种方法存在两个问题:其一,有违背责任主义原则的嫌疑,这一点前文已述,不再展开;其二,无法合理说明处罚范围的合理性问题,即为何在处罚直接行为人之外,也要处罚可能仅表现为不作为的主管人员的责任,尤其是直接行为人具有完全的自我答责能力的情况下,单位主管人员为何要为他人行为负责?此外,人的行为也可能被双重评价了,即单位责任以人的责任为根据,除此之外人还需要承担独立责任。如果脱离单位犯罪的语境,遵循"由人到单位"的逻辑顺序认定责任,这些问题都无法得到圆满解答。再结合上文对《刑法》第 30、31 条的解读,可以得出结论,单位犯罪的归责只能遵循"由单位到人"的逻辑顺序,单位责任是单位自身犯罪须承担的责任,即组织体责任。

(2)作为联结点的"人"的必要性。

在传统代位责任模式下,人的责任是单位责任的发生根据,可以说,自然意义上的人是公司的全部。在作为中间路径的组织体责任论中,一方面,单位是在为自己的行为承担责任,而非代他人受罚;另一方面,单位所实施的危害社会的行为,是通过作为单位组成人员的自然人所实施的。④ 在研究范式转换后的系统责任论中,自然人亦未丧失作为联结点的作用。

---

① 参见陈兴良:《规范刑法学(上册)》(第四版),中国人民大学出版社 2017 年,第 257 页。
② 参见张明楷:《刑法学(上)》(第五版),法律出版社 2016 年版,第 135 页。
③ 周振杰:《企业刑事责任二元模式研究》,载《环球法律评论》2015 年第 6 期,第157 页。
④ 参见黎宏:《单位刑事责任论》,清华大学出版社 2001 年版,第 327 页;李本灿:《自然人刑事责任、公司刑事责任与机器人刑事责任》,载《当代法学》2020 年第 3 期,第 107—109 页。

第一，重读迪兹与海涅。上文已经提到，迪兹认为，刑法上的人需要具备保护规范效用的能力以及使得规范成为问题的能力。然而，不可否认的是，系统自身无法进行效用反思，只有人类才具有效用反思能力。① 如果认为，随着刑法上确立单位的主体地位就等于认可了单位的效用反思能力，那么，这里存在一个隐含的前提，即公司等组织体的效用反思能力是通过自然人获得的，即使强调人的整体性，亦不能否认，自然人具有联结点的作用。在海涅看来，公司刑事责任的根据在于有缺陷的组织运营。事实上，风靡全球的刑事合规制度也只不过是组织体责任的另一种表达，其制度初衷在于通过刑事责任推动公司领导人履行组织体的合理塑造义务。恰恰是因为人在组织体塑造或者有缺陷的组织运营中的作用，在学理上才出现了对合规制度的质疑：它的有效运行依赖领导人的德性，这是与其经济人本性相悖的，因而，"当鸡圈由狐狸把守时，鸡的安全将无以保证"②。即使在无单位犯罪制度的德国，学理上也从"不履行对组织体的减小风险的塑造义务"出发，推导出了公司领导基于先行行为的监督者保证人义务。③

在阅读海涅教授的相关论著的过程中可以发现，其大量援引了国外的立法例来印证其观点的合理性，例如英国、加拿大、澳大利亚在公司不作为犯上的归责模式④；瑞士的公司罪责模式⑤。英国的立法主要指《英国反贿赂法案》第 7 条的"商业组织预防贿赂失职罪"，然而值得注意的是：该条款以"相关职员"的行贿为联结点；适当程序可以作为抗辩事由，适当程序的六条规则中包含"高层践行"要求。⑥ 加拿大法中，法人犯罪将犯罪因素分散在成员之中，亦即，当犯罪行为与犯罪意思发生主体分离时，应整体看待，追究法人刑事责任；《澳大利亚刑法典》的突出贡献是，继续

---

① Vgl. Friedrich v. Freier, Kritik der Verbandsstrafe, Duncker & Humblot, 1998, S. 137.

② S. J. Charles Barnes, "Why Compliance Program Fail: Economics, Ethics and the Role of Leadership", *HEC Forum,* 2007, pp. 112-113, 121, 122.

③ Vgl. Nikolaus Bosch, Organisationsverschulden in Unternehmen, Nomos, 2002, S. 219.

④ See Günter Heine, "Criminal Liability of Enterprises and New Risks—International Developments-National Consequences", *Maastricht Journal of European and Comparative Law,* Vol. 2, 1995, p. 118.

⑤ Günter Heine, "New Development in Corporate Criminal Liability in Europe: Can Europeans Learn from the American Experience or Vice Versa?", *Saint Louis-Warsaw Transatlantic Law Journal,* Vol. 1998, 1998, p. 189.

⑥ Ministry of Justice, The Bribery Act 2010-Guidance, pp. 15, 23.

承认替代责任、同一原则和集合原则,但又向前跨了一步,引入了法人文化概念。① 瑞士刑法则区分了真正的公司罪责(限于部分犯罪)与一般的附属公司罪责。在后一种类型中,如果由于组织体缺陷而无法对自然人进行归责,则公司应当被归责;公司责任产生于组织体缺陷,但仍以行为的发生为必要前提,而此处的行为可能是无责任的具有构成要件符合性与违法性的行为。② 简言之,海涅所利举的立法例,尽管强调组织体因有缺陷的内部结构而需要承担刑事责任,但是,自然人的联结点作用仍属必要。

第二,回归经典文献中"人"的形象。单位刑事责任问题的研究,绕不开两部经典,即恩斯特·哈夫特(Ernst Hafter)与理查德·布希(Richard Busch)的著作。哈夫特专门讨论了社团罪责与直接行为人罪责的关系,其基本观点是:在有组织的社团不法行为中,总是存在两种有责的意志,即社团意志与体现并执行社团意志的个体意志;社团意志通过自然人个体得以执行,自然人总是扮演直接行为人的角色。③ 布希认为,在心理的、自然意义上说,社团不能实施行为,也没有理由承担责任,然而,它是否要为作为直接行为人的自然人的行为负责存在争议,对此,应当予以肯定,即社团行为存在于个体行为中,是个人行为延伸的结果。④ 除此之外,弗里希和梯德曼的观点也具有代表性:弗里希认为,在传统观点看来,责任与人的行为能力难以割裂,只有自然人具有传统意义上的行为能力;然而,法人行为能力可以通过间接方式加以建构,因为在间接或者意义上说,法人通过其机关成员获得了法规范遵循能力。⑤ 在公司罪责问题上,梯德曼是组织体罪责的倡导者。然而,在最新的教科书中,其提出了以"混合模式"作为未来改革方向的建议:"未来的改革,应采取混合模式,在有责的个人行为与无责但危险的个人行为之外,将为机构成员和代理人的行为替代性归责的企业刑罚可罚性作为刑法的第三条轨道;对企

---

① 参见李文伟:《法人刑事责任比较研究》,中国检察出版社2006年版,第37、40页。

② Vgl. Martin Böse, Strafbarkeit juristischer Person Selbstverständlichkeit oder Paradigmenwechsel im Strafrecht, ZStW 2014, S. 139.

③ Vgl. Ernst Hafter, Delikts und Straffähigkeit der Personenverbände, Julius Springer, 1903, S. 103-104.

④ Vgl. Richard Busch, Grundfragen der strafrechtlichen Verantwortlichkeit der Verbände, Theodor Weicher, 1933, S. 69-70.

⑤ Vgl. Wolfgang Frisch, in: Mark A. Zöller, Hans Hilger, Wilfried Küper und Claus Roxin (Hrsg.), Gesamte Strafrechtswissenschaft in internationaler Dimension—Festschrift für Jürgen Wolter zum 70. Geburtstag am 7. September 2013, Duncker & Humblot, 2013, S. 363-364.

业员工行为的替代性归责可以得到组织缺陷和监督缺陷中集体要素的补强。如果企业为了阻止犯罪实施或者为了给犯罪设立障碍，而采取了必要、可期待的措施，则应当认为，不存在组织体缺陷。"①实际上，梯德曼教授将传统代位责任与组织体责任进行了理论整合，个人责任是基础，在此基础之上，需要考察组织体自身的罪责，即其为防止犯罪发生采取了什么措施，以此推断组织体罪责。

通过梳理不难发现，无论是早期的自然进路，还是现代的规范研究进路，自然人都扮演了单位罪责的联结点作用。

第三，回到《刑法》第31条。上述两点从理论上阐释了自然人在单位责任认定中的不可或缺性，而我国《刑法》第31条也体现了这一点。无论是双罚制规定，还是单罚制规定中，自然人都需要承担刑事责任。结合刑法中的自我责任原则，可以得出基本的结论，即自然人并非为单位承担转嫁责任，而是为自己的行为负责。进一步推论，自然人的自我责任是单位责任的一部分，与单位罚金"并"列为单位刑罚的基本要素。这也就意味着，自然人犯罪以某种形式被包含进单位犯罪之中了，亦即，单位责任以自然人责任为媒介，人的联结点作用不可缺少。

(3) 国内学说的梳理：组织体责任属性的本质叙说。

《刑法》第30条、第31条的解释结论是，我国《刑法》中的单位责任以自然人责任为联结点，然而，自然人责任不绝对是单位责任；单位责任的判断须结合自然人与单位自身两方面的因素。也就是说，组织体责任是我国《刑法》第30条、第31条的应有之义。尽管组织体责任论得到越来越多的提倡，然而，在笔者看来，国内早已存在的各种各样的学说多具有组织体责任的内涵，本质上应当归属于组织体责任。例如，陈兴良教授的"双层次理论"认为："法人不同于个人，法人是一个组织体，它通过法人组织中的自然人实施某种行为；这种行为虽然是由自然人实施的，之所以能够视为法人行为，主要是因为它符合法人意志。法人犯罪具有双重机制：表层是代表人的犯罪行为，当这一行为是由法人做出的决策或者获得法人认可时，就触及了深层的法人的犯罪行为。"②这一理论中的"深层"考察，体现出了组织体责任的色彩。再比如，张文教授很早之前就提出：

---

① Klaus Tiedemann, Wirtschaftsstrafrecht, Verlag Franz Vahlen, 2017, S. 181, Rn. 449.
② 陈兴良：《单位犯罪：以规范为视角的分析》，载《河南省政法管理干部学院学报》2003年第1期，第17页。

"法人犯罪必须是在法人意志支配下实施的,这是法人犯罪的主观根据。法人成员的行为,只有当它是在法人犯罪意志支配下实施时,才能成为法人犯罪行为的组成部分。否则,是法人成员(自然人)个人犯罪,而不是法人犯罪。"①张文教授"强调应冲破自然人犯罪的传统理论羁绊,从法人是个社会有机体的实际情况出发",亦体现出组织体责任论的内涵。此外,王作富教授②、何秉松教授③的观点也是组织体责任论的另一种表达。

2. 组织体的另一个自我:同一视理论的本体责任属性

上文已经论证了,由我国《刑法》第 30 条、第 31 条出发,组织体责任论是应有之义。有疑问的是,"组织体"是什么? 或者说,在承认自然人的联结点作用的前提下,哪些人能够代表单位? 陈兴良教授认为:"法人成员的行为只要是为法人利益实施的职务行为,均应视为法人行为。"④言外之意,单位代表、主管人员、直接责任人员、其他单位成员都是能够代表单位的主体。在这种理论的指导下,以部分员工(非公司负责人)犯罪而认定构成单位犯罪就不足为奇。然而,这不仅造成了逻辑上的分裂,而且与我国《民法通则》第 38 条(以作者观点提出时对应的民法规则为准)的基本规定存在冲突。基于以下原因,笔者认为,只有领导集体能够代表单位,或者说,组织体的另一个自我是领导集体。

(1)《公司法》对于公司职权的层次性分配。

公司机构设置中,具有决策权限的是公司股东会和董事会,尤其是董事会,起到联结股东会和执行机构的作用,对于公司具体政策制定和执行引导起到决定性作用。我国《公司法》第 37 条、第 46 条分别规定了股东会和董事会的相关职权:股东会系公司权力机关,主要负责公司总的方针政策事宜,因为其非常设性,对于公司的实质性参与度较低;董事会作为常设性机构,对股东会负责,对于公司中观层面的事务起决策作用。应当说,在不同层次的事务中,股东会和董事会对公司实际运营起到主导作用,体现单位意志,对单位行为起到支配作用。这一切不但具有事实根

---

① 张文、刘凤桢、秦博勇:《法人犯罪若干问题再研究》,载《中国法学》1994 年第 1 期,第 64 页。
② 参见王作富:《刑事实体法学》,群众出版社 2000 年版,第 160 页以下。
③ 参见何秉松主编:《法人犯罪与刑事责任》,中国法制出版社 1991 年版,第 470 页以下。尽管人格化社会系统论体现出组织体责任论的特征,值得赞许,但其"一个犯罪,两个犯罪主体"的观点为笔者所不取。
④ 参见陈兴良:《本体刑法学》(第二版),中国人民大学出版社 2011 年版,第 459 页。

据,在《公司法》中亦有章可循。

(2)单位监督管理责任的实质解读。

一般认为,刑事责任因刑事义务违反而引起。"对于刑事责任的认定来说,首要之点就是确定行为人是否负有不实施或者实施某行为以防止危害结果发生的刑事义务。"①对于单位犯罪而言,每一个条款都可谓一项刑事义务,其内容为,保证不从单位内部输出风险。正是在这个意义上,学界普遍认为,"单位对其所属成员负有监督管理的义务"②;"无论如何,企业自身必须扮演监督者保证人角色,防止运营风险发生"③。然而有疑问的是,这是否与监督者保证人义务的理论内涵相符合。一般认为,监督者保证人义务的形成根据在于,风险升高,法益保护的必要性增强,因而需要扩展责任范围,使第三人为他人的行为负责。④ 也就是说,监督者保证人是在某种联结点的作用下(例如危险前行为)为他人的行为负责,而非为自己的行为负责。回到公司刑法,我们所说的"单位的监督管理义务"不可能是组织体自身的义务:单位无非是人和物的集合,而作为管理对象的也是公司职员与危险物品,也就是说,监督主体与监督对象发生重合,在"单位的监督管理义务"的命题下,实际上是自我管理,与监督者保证人义务的理论内涵并不兼容。问题并非出自监督者保证人义务理论,而在于"单位的监督管理义务"的表述自身,因而需要对"单位的监督管理责任"的命题进行重新解读。在笔者看来,所谓"单位的监督管理责任"无非是"单位领导集体的监督管理责任"的另一种表达,这一点也得到国内相关学者的印证。⑤ 另一个事实也从侧面印证了笔者的观点:国外的相关文献都是在"公司领导人责任"的概念下讨论公司对于人的犯罪危险与物的危险的监督者保证人义务⑥;"功

---

① 冯军:《刑事责任论》(修订版),社会科学文献出版社2017年版,第17页。

② 杜文俊:《单位人格刑事责任研究》,黑龙江人民出版社2008年版,第117页。

③ Günter Heine, "New Development in Corporate Criminal Liability in Europe: Can Europeans Learn from the American Experience or Vice Versa?", *Saint Louis-Warsaw Transatlantic Law Journal*, Vol. 1998, 1998, p. 188.

④ Vgl. Johannes Sebastian Blassl, Zur Garantenpflicht des Compliance-Beauftragten, Peter Lang, 2017, S. 340f.

⑤ 参见黎宏:《单位犯罪的若干问题新探》,载《法商研究》2003年第4期,第45页;石磊:《单位犯罪关系论》,山东大学出版社2005年版,第134页。

⑥ Vgl. Yü-hsü Hsü, Garantenstellung des Betriebsinhabers zur Verhinderung strafbarer Handlungen seiner Angestellten?, Centaurus Verlagsgesellschaft, 1986, S. 1ff.; Patrick Spring, Die strafrechtliche Geschäftsherrenhaftung: Unterlassungshaftung betrieblich Vorgesetzter für Straftaten Untergebener, Verlag Dr. Kovač, 2009, S. 1ff.

能/决策承担者"之类的表述在公司刑事责任的文献或者立法中也随处可见①。

单位领导集体监督管理义务来自于与自由相对的责任,即自由的另一面就是答责。公司法赋予了领导集体开设公司的自由,同时也赋予了其特定义务:《公司法》第 147 条规定了董事及高级管理人员的忠实义务与勤勉义务,这两种义务可以具体化为领导人对公司业务的注意与监督义务。② 注意和监督义务是公司领导的集体责任,具有不可转委托性。③ 刑事立法上单位犯罪条款的设立,实质上是对公司法上义务的确认,即领导集体具有监督管理义务。

"单位=具有决策权的领导集体"关系的建构,也说明:同一视理论不同于代位责任,其具备了单位本体责任属性。④ 正因如此,有学者认为我国采取了同一视理论⑤;有学者认为,"我国刑法关于单位犯罪的规定,是同一视理论与组织模式理论的结合"⑥;本书从我国《刑法》第 30 条、第 31

---

① Vgl. Heiner Alwart, Strafrechtliche Haftung des Unternehmens—vom Unternehmentäter zum Täterunternehmen, ZStW 1993, S.763; Marianne Johanna Hilf, Die Strafbarkeit juristischer Personen im schweizerischen, österreichischen und liechtensteinischen Recht, ZStW 2014, S. 83ff.

② 参见朱锦清:《公司法学》(下),清华大学出版社 2017 年版,第 59 页以下。

③ Vgl. Frank G. Schmidt-Husson, in: Christoph E. Hauschka(Hrsg.), Corporate Compliance: Handbuch der Haftungsvermeidung im Unternehmen, Verlag C. H. Beck, 2007, § 7, Rn. 2ff.

④ 对于"同一视理论"的含义,理论上存在争议,争论核心在于,哪些人可以与法人等同视之? 如果用广义和狭义进行区分,那么,狭义的"同一视"是将法人机关(例如,全体股东大会、董事会)与法人自身等同视之,这种观点具有公司法和公司章程的根据;广义的"同一视"从更宽泛的意义上理解法人机关,即便在个别领域具有代表法人的权力,也可视为法人自身,例如投资经理在其职权范围内的行为与意思应与法人等同视之。具体参见李文伟:《法人刑事责任比较研究》,中国检察出版社 2006 年版,第 23—29 页。国内部分学者将同一视理论与代位责任等同视之,他们所说的同一视理论应当是指广义上的同一视理论,即坚持从个体行为人中推导法人责任。从这个意义上讲,将其与代位责任等同看待也具有一定合理性。将两者等同看待的观点有卢建平、杨昕宇:《法人犯罪的刑事责任理论——英美法系与大陆法系的比较》,载《浙江学刊》2004 年第 3 期,第 95 页;张克文:《法人刑事责任的初步反思:一个否定的立场》,中国政法大学出版社 2010 年版,第 67 页;周振杰:《企业刑事责任二元模式研究》,载《环球法律评论》2015 年第 6 期,第 149、150 页。需要特别说明的是,笔者从作为前置法的《公司法》出发,坚持狭义的同一视理论。

⑤ 参见吴天云:《大陆处罚法人犯罪规定的问题点》,载《展望与探索》2012 年第 6 期,第 32 页。

⑥ 张明楷:《刑法学(上)》(第五版),法律出版社 2016 年版,第 138 页。实际上,对于"结合论"中的同一视理论,张明楷教授自己也认为,"对此问题还可以进一步研究"。参见张明楷书,第 138 页,注释 63。

条中推导出了组织体责任模式。以上不同观点出现的实质原因在于，同一视理论将单位领导层视同单位自身，与组织体责任论具有内在一致性。

3."人"的形象的虚与实

（1）人的形象的虚化：作为"参考资料"的直接行为人责任确证的非必要性。

人作为联结点在单位责任认定中具有必要性，有争议的是，作为"参考资料"的直接行为人的责任是否需要确证？现有的研究有两种不同观点：一种观点认为单位责任源于人的责任，直接行为的责任应当确证①，单位内部自然人之间系共犯关系的观点②也应归属于这一类；另一种观点认为，作为"参考资料"的直接行为人的责任即使难以确证，也可以认定单位责任。③ 在笔者看来，基于以下原因，作为"参考资料"的直接行为人的责任无须确证：

首先，直接行为人仅是单位犯罪的观察对象，具有参考作用，并非单位犯罪中的行为人。作为非犯罪主体，直接行为人的责任当然不需要确证。

其次，现代企业运营模式下，作为"参考资料"的直接行为人责任确证存在困难，过于强调其责任，可能造成有组织地不负责任。随着大型企业的去中心化与功能分化，公司并非基于在某一特定时间和地点做出的行政决定而实施行为，而是通过不同的、承担独立责任的多个经济部门的协作而实施公司行为。分工合作已经常态化，没有人能独立实施全部行为，以至于难以正确找出符合犯罪构成要件的行为人；或者因为业务的片段性，个人无法拥有完整认识，以至于经常难以确定具体构成要件故意的行为人；抑或在法人整体运作失灵，许多较轻程度的过失集合成集体过失

---

① 参见黎宏：《单位刑事责任论》，清华大学出版社2001年版，第326页；〔日〕佐伯仁志：《制裁论》，丁胜明译，北京大学出版社2018年版，第162页。

② 参见董玉庭：《论单位实施非单位犯罪问题》，载《环球法律评论》2006年第6期，第703、705页；张克文：《拟制犯罪和拟制刑事责任——法人犯罪否定论之回归》，载《法学研究》2009年第3期，第48页。

③ 参见蔡蕙芳：《"我国"法人犯罪立法之检视与理论建构》，载《东吴法律学报》2017年第4期，第15、45页；Günter Heine, "New Development in Corporate Criminal Liability in Europe: Can Europeans Learn from the American Experience or Vice Versa?", *Saint Louis-Warsaw Transatlantic Law Journal*, Vol. 1998, 1998, pp. 176-178。

时,并没有单独的组织成员可完整负责。①

最后,在部分场合,即使单个直接行为人难以确证,或者难以满足全部构成要件,或者每个单独的行为均是合规行为,亦可能存在单位自身责任。第一种情况的例子是,在集体行为中,客观危害结果多次发生,但难以确定具体行为人,公司也未能及时完善内部控制机制,那么,公司至少可能承担一定限度的监督管理过失责任。第二种情况的典型案例是美国的新英格兰银行案②:三个职员的行为在缺乏意思联络的情况下分别满足了部分构成要件,但单独都不够罪,这种情况下,美国法院采取了"集合认知"的处理方法,肯定了银行的责任。尽管这种处理方法不值得赞同,但笔者认为,对于错误地维持了内部沟通系统的行为,银行应当承担管理过失责任。第三种情况的典型案例如:按照公司授意,某化工公司员工甲、乙、丙三人每日各排放污水 4000 立方米,而甲公司的合规排放标准为每日 1 万立方米。这种情况下,如果甲、乙、丙三人之间并无犯意联络,对彼此间的行为也并不知悉,分别来看,三人的行为都是合规行为,但公司存在组织体支配,须对整个排污行为承担故意责任。

(2)人的形象的具体化:作为"行为人"与"监督者"的领导集体责任确证的必要性。

我国传统刑法强调单位意志的独立性与整体性。③ 上文也已经论证,单位整体并非其他,而是那些对于单位决策起到决定性作用的领导集体。既然立法确立了单位的犯罪主体地位,并且通过《刑法》第 14、15 条明确了责任主义原则,那么,作为单位另一个自我的领导集体的责任就必须得到确证,否则就是对责任主义原则的违背。

概括起来说,公司领导可能作为"行为人"与"监督者"两种身份承担责任。前者主要是领导参与员工行为的情形,包括组织、实施、指使、授意等形式;后者主要是领导故意或过失不予管理的情形。需要特别说明的是,保障单位合规运营的责任是整体性责任,尽管在领导层内存在水平授权,在领导层下存在垂直授权,但是授权不改变义务或责任归属,因此,任何个人,甚至是公司董事长,都不能完全代表公司。责任确证的方式是:

---

① 参见蔡蕙芳:《"我国"法人犯罪立法之检视与理论建构》,载《东吴法律学报》2017 年第 4 期,第 15 页。

② United States v. Bank of New England, 821 F. 2d 844, 854, 855, 856.

③ 参见李桂红:《单位犯罪中单位行为与单位意志的认定》,载《当代法学》2006 年第 4 期,第 53 页。

第一,垂直方向。以普通员工行为作为"观察对象"或"参考资料",确证主管领导的故意或过失。概括起来,可能存在如下形式:员工行为合规,主管领导故意(将员工作为无认知的工具的场合);员工犯罪故意,主管领导故意或监管过失;员工犯罪过失,主管领导过失或故意(将员工作为无认知的工具的场合)。

第二,水平方向。以主管领导的行为作为"观察对象",确证公司的整体性认知。概括起来,可能存在如下形式:主管领导故意,其他领导默认,则公司存在故意;主管领导故意,其他领导对于主管领导存在选任、监督过失,则公司存在过失,若无选任、监督过失,则公司无过失;主管领导过失,其他领导对于主管领导存在选任、监督过失,则公司存在过失,若无选任、监督过失,则公司无过失。为了合理控制处罚范围,需要对监督管理的方式方法加以限定,即监督措施(包括垂直和水平监督)须具有适宜性、必要性与可期待性。也就是说,监督措施必须是达成防止职员违法所必需(如仔细选任职员与监督者、合理的任务分工、足够的监督控制、法令教导、工作抽检、适当制裁等),但亦不应苛求单位使用不合比例的花费,或严重影响企业运作功能,或破坏对于职工工作信赖的监督措施。① 在"双重过失"或"多重过失"竞合的场合,也应当通过《刑法》第13条的"但书规定"合理控制处罚范围。

4. 理论整合:新组织体责任论的建构

通过以上论述可以得出基本结论:在大的方向上,应当坚持组织体责任论,坚持由组织体到责任人,而非由责任人到组织体的认定方法。尽管黎宏教授在20世纪90年代就明确提出了组织体责任论,但本书在以下三个方面与黎宏教授的组织体责任论存在不同,因而可自称为"新组织体责任论"。

(1)单位意志的问题。

黎宏教授认为,单位自身意志的内容是"单位代表或机关成员在单位的业务活动上所做出的决定"②。对于"直接负责的主管人员"的概念,黎宏教授指出:"负领导责任的人员不一定是单位的主要领导,但他必须是

---

① 参见许泽天:《从行政罚法相关规定看法人与法人之代表及法人之职员的不法归责——建构法人刑法的核心问题》,载《月旦刑事法评论》2018年第8期,第140、141页;Dennis Bock, Strafrechtliche Aspekte der Compliance-Diskussion——§130 OWiG als Zentrale Norm der Criminal Compliance, ZIS 2009, S. 74-76。

② 黎宏:《单位刑事责任论》,清华大学出版社2001年版,第328页。

领导机构中的成员,其中大多是主管某方面工作或某些部门的领导。领导机构中和单位犯罪没有直接关系的其他领导成员,不应当让其承担单位犯罪的刑事责任。"①结合这两点可知,所谓"单位代表或机关成员",是指单位分管领导,而非领导集体;相应地,分管领导的意志可以认定为单位自身意志。然而,如果放到公司犯罪背景下,这种观点与《公司法》第37条、第46条的基本规定存在冲突,为笔者所不取。在笔者看来,单位的合法性义务依存于领导集体,是一种集体责任;领导集体内部水平方向上的授权并不改变义务归属,而仅改变义务的履行方式,即从直接合法性义务转变为对主管负责人的选任、监督义务。

(2)单位一般人员是否能代表单位的问题。

黎宏教授认为,因为单位自身并不能像自然人一样亲自做出某种身体上的动作,因而"单位所实施的危害社会的行为,是通过作为单位组成人员的自然人——不论是单位代表或机关的组成人员还是最底层的从业人员——所实施的"②。然而,如若认为最底层的从业人员的行为也可能是单位的行为,那么,势必存在处罚范围过宽的问题,于是,黎宏教授又使用了"业务关联"要件加以限制;传统理论上则添加了"利益归属"要件加以限制。然而,为了纠正处罚范围过宽而附加的条件又产生了新的问题,例如,处罚范围过窄,利益归属要件使得单位无法构成过失犯罪,部分不以利益要件为必要的犯罪,单位也无法构成③;处罚范围过宽,仅具有业务关联性,可能造成单位承担结果责任。例如,主观上为了单位利益,或者为博取单位领导好感,一般员工自掏腰包行贿以获取订单的行为,显然不能认定为单位行为。④ 正是看到了"业务关联性"在限制单位犯罪范围上的局限性,黎宏教授又用"实质要件"加以限制,即进一步判断"单位组成人员的行为是否是单位组织体自身意志的真实反映"⑤。然而,既然组织体自身意志是处罚单位的实质根据,单位一般人员的行为与意志就不具有决定意义,实际上,单位一般人员仅仅是单位责任判断的"观察对象"

---

① 黎宏:《论单位犯罪中"直接负责的主管人员和其他直接责任人员"》,载《法学评论》2000年第4期,第67页。
② 黎宏:《单位刑事责任论》,清华大学出版社2001年版,第327页。
③ 参见李翔:《论单位犯罪主体归责二重性》,载《法学》2010年第10期,第145页。
④ 孙炼受贿、行贿案[(2017)粤刑终491号]中,爱立信(中国)广州分公司韩某林自掏腰包行贿50万元的行为,就不能以具有"业务关联性"为由,认定为单位行贿行为。
⑤ 黎宏:《单位刑事责任论》,清华大学出版社2001年版,第328页。

或"参考资料"。尽管可以认为一般人员经过授权取得了代表单位的资格,与单位领导集体形成"同心异体"的共犯关系,但是,在过失犯罪中则不能得出这样的结论。在过失犯罪中,普通员工的过失不意味着单位过失;普通员工与单位领导不存在共犯关系,只能分开、独立判断,亦即,员工是员工,单位(领导集体)是单位。因为我国《刑法》第30条、第31条并未区分单位故意犯罪与单位过失犯罪,因而,两者的教义规则应当统一。据此,只能得出如下结论:单位领导集体故意=单位故意(以法定为限,否则为自然人犯罪);单位领导集体过失=单位过失(以法定为限,否则为自然人犯罪);普通员工仅得以共同正犯或单独过失加以处罚。

(3)个人是否需要确证或完全充足构成要件的问题。

对于板仓宏教授的"法人固有的刑事责任论"中虚化人的形象,黎宏教授提出了如下质疑:"即便没有特定具体的行为人也能对法人予以处罚,这就确实会让人怀疑,该学说实际上不是在主张对法人科处绝对责任吗?……不得不叫人觉得有只要发生了违法行为就得负结果责任之嫌。"①对此,上文也已经分析,作为直接行为人的一般员工,其仅是单位责任的"观察对象"或"参考资料",其责任不需要确证。

三、新组织体责任论视角下合规计划的刑法意义

通过对单位刑事责任理论详细的学术史考察,结合我国《刑法》第30条、第31条两个基本规范,笔者提出了应以新组织体责任论为根据对单位犯罪进行责任归属的主张。通过以上论述不难发现,尽管在以下三点不同于传统的组织体责任理论,但其仍具有组织体责任的理论属性:第一,单位意志如何认定。也就是说,在谁能代表单位意志的问题上,笔者认为,单一的分管领导不能代表单位意志,单位责任是单位领导集体的责任,相应地,单位意志也只能通过领导集体意志加以考察。第二,单位一般人员是否能代表单位的问题。笔者认为,单位一般人员仅仅是单位犯罪的"观察对象"或"参考资料",其与单位形成了共犯关系,或者仅仅是个人过失,因而不能代表单位。第三,个人是否需要确证或完全充足构成要件的问题。基于"观察对象"的理论定位,笔者认为,一般职员不需要具体确证或完全充足构成要件。从组织体责任论的国内代表黎宏教授的论述看,他对这一点的观点似乎已经发生了变化。在早年的作品中,黎宏

---

① 黎宏:《单位刑事责任论》,清华大学出版社2001年版,第326页。

教授在"单个行为人是否需要确证或完全充足构成要件"的问题上认为,当然需要具体确证行为人,且行为人完全充足构成要件,否则,"不得不让人觉得只要发生了违法行为就得负结果责任之嫌"①。然而,在最新的论述中,黎宏教授似乎又改变了观点。他指出:"任何个人的行为均未达到刑法分则具体犯罪的法益侵害程度要求,但将全体人员的行为集合起来作整体评价时却能达到法益侵害程度要求的,也可以说满足了具体单位犯罪的客观要件。"②如果抛开第三点,那么笔者主张的新组织体责任论与传统组织体责任论的关键区分点也就在于,究竟谁能代表单位。在这个问题上,两种观点会做出不同的回答。尽管如此,有一点是共通的,即单位责任的归属方式应当是由组织体到个人,而非相反。由此出发,单位责任就是单位自身的责任。

目光再转回本书第二章关于刑事合规制度正当性根据的讨论。在组织体责任论下,企业实施了合规计划即可以表明,企业履行注意义务或结果回避义务,因而可以排除企业责任。也就是说,从我国《刑法》第 30 条、第 31 条出发所建构的新组织体责任论(或传统组织体责任论)之内,合规计划可以排除(完全履行义务时)或降低(不完全履行义务时)企业责任。从这个意义上说,以下两个案例具有示范意义:

【案例 1】 在郑某等侵犯公民个人信息案中,原审判决认定:被告人郑某、杨某分别担任雀巢(中国)有限公司西北区婴儿营养部市务经理、兰州分公司婴儿营养部甘肃区域经理期间,为了抢占市场份额,推销雀巢奶粉,授意该公司兰州分公司婴儿营养部员工被告人杨某某等人通过拉关系、支付好处费等手段,多次从多家医院医务人员手中非法获取公民个人信息。最终,依法判定被告人郑某犯侵犯公民个人信息罪,判处有期徒刑一年六个月,缓刑二年,罚金四千元;被告人杨某犯侵犯公民个人信息罪,判处有期徒刑一年六个月,缓刑二年,罚金四千元。一审判决后,郑某以自己的行为系公司行为,应属单位犯罪为由,提出上诉。二审法院审理后认为:"单位犯罪是为本单位谋取非法利益之目的,在客观上实施了由本单位集体决定或者由负责人决定的行为。雀巢公司政策、员工行为规范等证据证实,雀巢公司禁止员工从事侵犯公民个人信息的违法犯罪行为,各上诉人违反公司管理规定,为提升个人业绩而实施犯罪为个人行

---

① 黎宏:《单位刑事责任论》,清华大学出版社 2001 年版,第 326 页。
② 黎宏:《组织体刑事责任论及其应用》,载《法学研究》2020 年第 2 期,第 83 页。

为。"因此,驳回上诉,维持原判。①

【案例2】在福州市立顺公共交通有限公司单位行贿一案中,辩护人提交了闽侯县交通运输管理局的证明文件,以证明被告单位"年上交税收80万元,解决了几百人就业问题,在公交行业亏损情况下肩负社会责任,投入巨大用于解决出行难问题,为群众出行安全以及偏远地区人民群众出行便利做出贡献"。对此,法院认为:"上述证明材料均与本案犯罪事实无关,仅作为被告单位平时表现的一种说明性材料,在量刑时予以综合考虑。"②

尽管企业合规管理情况并未明确体现在判决之中,但是,其已经以另一种方式在影响判决结果:"公司政策""员工行为规范""平时表现""社会责任"等概念都是企业合规的表现或者另一种表达方式。案例1中,企业合规起到排除企业罪责的作用;案例2中,企业合规成为影响预防刑的因素。

需要特别说明的是,"合规排除企业责任"这一命题的成立以合规计划的有效性为前提。也就是说,在利用合规计划排除企业责任时,应当对合规计划的有效性加以判断。然而,从现有的材料难以看出,法院是否进行了合规计划有效性的判断,如果有,又是从哪些材料推断出企业存在有效的合规计划。无论如何,纸面上的公司政策、员工行为规范都不能成为单一的判断资料。试想,哪个公司的章程或员工行为守则中允许员工实施侵害公民个人信息、商业贿赂等违法犯罪行为?从这个意义上讲,一方面,雀巢公司员工侵犯公民个人信息案的示范意义不容忽视,另一方面,它也经不起过分赞誉,毕竟,现有的材料难以支撑起这份赞誉。

第三节 个人责任视角:以合规官的保证人义务为中心的考察

一、问题的提出

在经济全球化的背景下,越来越多的企业以开展广泛的、在世界范围内运行的海外业务著称。在海外进行的产品制造与销售不仅要考虑企业所在地的法律法规,还要考虑业务运营所在国家的法律框架。此外,业务

---

① 参见甘肃省兰州市中级人民法院(2017)甘01刑终89号刑事裁定书。
② 福建省闽侯县人民法院(2017)闽0121刑初563号刑事判决书。

运营中可能涉及员工的选任和培训、出口、环境或者税收法律,或者反腐败问题,因此,企业必须通过谨慎精细的合规措施对这些问题做出反应。① 合规计划构建得当,则可以减低运营风险,反之,则可能使企业遭受毁灭性灾难。中兴通讯事件就是最好的例证。毫无疑问,中兴通讯事件反映了我们缺"芯"的现实,值得引起高度重视,但同时,它也反映了我们的企业在经济全球化过程中合规管理意识淡薄的问题。② 有学者甚至呼吁,我们应当将中兴通讯事件作为中国企业合规管理的里程碑式的事件,塑造企业全球化过程中的契约精神和规则意识。③

企业合规必须自上而下逐级推行,领导需要以身作则,但未必亲力亲为。合规官已然是公司内部的重要职位(内部合规官),或者成为法律服务市场中(外部合规官)炙手可热的行业。④ 国内法对于某类企业也提出了设立合规官的要求。⑤ 尤其是,出于对中兴通讯事件的反思,由国家发改委等七部门联合发布的《企业海外经营合规管理指引》中,明确要求企业设立合规委员会以及首席合规官,领导合规管理部门全面开展合规管理工作。应当说,合规官对于企业合规管理工作至关重要;如何保证合规官的独立性,成为重中之重。为此,美国通过立法的形式规定了合规官的民事、刑事责任,或者职业禁令。⑥ 早期,责任的承担以合规官对违规行为的积极参与为联结点,例如,如果其知道犯罪行为的实行,并且帮助犯罪人躲避刑事追诉,则其承担共犯责任。⑦ 此后,对于合规官的不作为,例

---

① 参见李本灿等编译:《合规与刑法:全球视野的考察》,中国政法大学出版社 2018 年版,Dennis Bock 序言。
② 参见王志乐、郭凌晨:《中兴通讯事件,比罚单更沉重的反思》,载《财经》2018 年 4 月 18 日。
③ 参见徐建华:《从"中兴"事件反思发展中兴之道》,载《中国质量报》2018 年 4 月 23 日,第 A04 版。
④ 例如,有学者指出:"由于改进美国企业的道德下滑需要更多企业行为准则和内部合规计划的共识,法律合规专家,包括律师、道德合规咨询师和合规人员在未来的十年里会成为领头羊。"参见 Kimberly D. Krawiec, "Cosmetic Compliance and the Failure of Negotiated Governance", *Washington University Law Quarterly*, Vol. 81, 2003, p. 488。与美国的情况类似,合规业务已然是国内法律、会计服务市场中重要的业务增长点。
⑤ 《融资性担保公司管理暂行办法》第 24 条第 2 款规定:"跨省、自治区、直辖市设立分支机构的融资性担保公司应当设立首席合规官和首席风险官。"
⑥ See Luke Trompeter, "Summary Narrative of Chief Compliance Officer Liability", *American University Business Law Review*, Vol. 6, 2017, pp. 341-353.
⑦ See 18 U. S. C., §3.

如,其明知或者应当知道,员工存在不合规行为,而没有加以改正,则要承担相应责任。① 对于合规官的不作为共犯责任,美国法及其司法实践并未明确承认,理论亦未展开。

与美国不同,德国立法中并未体现合规官的地位与职责。然而,德国联邦最高法院第五刑事法庭于 2009 年 7 月 17 日作出的一个刑事判决引起了对该问题的广泛讨论。②

被告人是法律和审计事务部的双重主管,承担公司内部的风险控制职能。其所在公司的一名主管对街道住户设置了过高的街道清理费,且均已经支付完成,最终被判定构成诈骗罪(23 Mio.Euro)。对以上违法事实,该案的被告人是明知的,但其并未加以阻止,因而被柏林地方法院判定构成诈骗罪的不作为的帮助犯。最终,德国联邦最高法院认可了该判决,并从被告人"作为法律和审计事务部领导"的地位推导出了保证人义务。

引起广泛讨论的并不是该判决对象本身,而是德国联邦最高法院简洁的、由该案引发的观点分裂的论断,即合规官也负有《德国刑法典》第 13 条规定的刑法上的保证人义务,阻止与企业相关的、由企业雇员做出的刑事犯罪行为;阻止违法和刑事犯罪行为是他对企业管理承担的必要义务。③

值得注意的是,上述判决中的"合规官"是从"法律与审计事务部主管"的职位中抽象出来的概念,德国法中并未规定这种职位,德国企业中也并未普及合规官的岗位。无论是判决,还是理论上,对于合规官的理解,都是从实际的功能承担的角度展开的,而不论其具体称谓的差异。④ 于我们而言,这一点尤其重要。尽管合规官并未在所有企业中被普遍设置,然而,风险控制岗位(包括内部和外部岗位)已基本普及。尤其是,在最高人民检察院进行"合规不起诉"制度试点的过程中,"合规监督人"这一新的职业得以出现。无论是风险控制人员,还是"合规监督

---

① 参见 31 C. F. R., §10.36(a)(b)。本条仅用了"惩罚"这种笼统的词汇表达("be subject to discipline"),并没有区分责任种类,从司法实践看,也并没有见到因此追究合规官刑事责任的判例。
② Vgl. BGHSt 54, 44, Rn. 3-6.
③ Vgl. BGHSt 54, 44, Rn. 27.
④ Vgl. David Poguntke, Straf-und ordnungswidrigkeitenrechtliche Risiken für Compliance-Beauftragte, Verlag Dr. Kovač, 2013, S. 42.

人",其都有合规体系建构的职责以及相应的职权。这种情况下,需要提出的问题是,既然上述职员具有风险控制的职能以及相应职权,其是否具有业务关联性犯罪的控制义务？义务的内容是什么？这些问题的解决对于刑事合规体系的教义学展开,公共机构合规治理体系的建构均具有重要意义。

二、方法论问题与研究范围的划定

(一)保证人义务理论的选择

本部分内容的研究主题是,合规官是否具有阻止犯罪的义务,那么,不可避免地要讨论义务来源问题。原则上,阻止第三人的伤害行为,属于道德范畴的问题,仅仅在特定条件下才具有刑事可罚性。对于义务来源问题的讨论,首先要确定理论工具。

我国的传统观点仍坚持形式的义务来源理论,即法定义务、职务或业务要求、法律行为、先行行为的形式的四分说。① 德国也曾经通行形式的法律义务论,亦即,可以从法规、合约、自愿的接受、紧密的共同生活和危险创设之中推导出保证人地位。但这只是在法律渊源的范围上有不同的区分,而没有提及成立保证人地位的理由,这样,采用这种形式的标准并不足以判定,究竟哪些法定义务能够成为保证人义务。② 也就是说,形式法律义务理论实际上所解决的不是作为义务的论证问题,而仅是对作为义务的来源进行描述。③ 对作为义务仅作形式的探讨,既存在理论上的缺陷,也导致实践上确定的保证人范围有时过宽、有时过窄。④ 鉴于形式法义务理论的根本性缺陷,理论遂逐步转向从实质的角度探寻义务来源的根据。义务来源实质根据的寻找,必须着眼前法律(vorrechtliche Gesichtspunkte)的视角,因而产生了按照什么标准来认识保证人义务的问题;标准的缺失,使得理论模型的构建失去了边界。具体来说,形成了从社会政

---

① 参见高铭暄、马克昌主编:《刑法学》(第六版),北京大学出版社、高等教育出版社 2014 年版,第 67 页。
② 参见〔德〕乌尔斯·金德霍伊泽尔:《刑法总论教科书》(第六版),蔡桂生译,北京大学出版社 2015 年版,第 374 页。
③ 参见王莹:《先行行为作为义务之理论谱系归整及其界定》,载《中外法学》2013 年第 2 期,第 328 页。
④ 参见张明楷:《刑法学(上)》(第五版),法律出版社 2016 年版,第 152 页。

策视角、社会学视角、伦理视角的不同观点。①

合理信赖理论认为,如果受害人信赖行为人会实施相应行为,并基于这种信赖放弃了保护或者监督措施,则可以产生保证人义务。② 保证人义务的形成,不再依赖事实的承担:父母与护士约定,由护士在特定时间点给孩子采取医疗措施,并基于这种信赖外出办事,则护士具有保证人义务;父母与保姆约定,由保姆照看孩子,尽管保姆并未如约出现,父母依然离开了孩子,对于保姆而言,则不存在保证人义务。对比可以发现,前例肯定保证人义务,因为存在合理信赖以及由此产生的保护或者监督的松弛;后例则不存在合理信赖,亦不产生保证人义务。在某些情况,合理信赖理论是有解释力的,然而,什么情况下存在合理信赖关系缺乏明确标准,有违背明确性原则的嫌疑;合理信赖关系的寻找多依赖于法律秩序,因而又倒退回了形式法义务论,并没为保证人义务实质根据提供新的认识。③ Schünemann 教授从"对产生结果的原因的支配"的角度来理解保证人义务④,但是,支配的概念对于监督者保证人义务也许是合适的,但是并不适用于保护者保证人的场合;即便在监督者保证人的场合,不区分人与物的"危险源"也是不合理的,对人的"支配"的提法一般情况下难以成立;更重要的是,如下文详述,支配仅为保证人义务提供了"可能性",而不是"必须性";更大的能力不一定产生更大的责任,保证人义务的形成需要桥梁来沟通"可能性"与"必须性"。还有学者从社会关系的角度理解保证人义务。⑤ 如果我们承认以下事实,即实质义务论是从前法律的视角展开的,那么,就不能完全否定社会关系理论的部分合理性。没有人认可一对从未接触过的"父子"之间存在保证人关系;也没有人否定不具有血缘关系与形式上完备的收养手续,但具有事实收养关系的"父子"之间具有保证人关系。然而,社会关系的概念过于模糊、主观、不确定,有悖离明

---

① Vgl. Johannes Sebastian Blassl, Zur Garantenpflicht des Compliance-Beauftragten, Peter Lang, 2017, S. 292.

② Vgl. Dannecker/Dannecker, Die „Verteilung" der strafrechtlichen Geschäftsherrenhaftung im Unternehmen, JZ 2010, S. 986.

③ Vgl. Bernd Schünemann, Grund und Grenzen der unechten Unterlassungsdelikte, Verlag Otto Schwartz & Co., 1971, S. 352f.

④ Vgl. Bernd Schünemann, Grund und Grenzen der unechten Unterlassungsdelikte, Verlag Otto Schwartz & Co., 1971, S. 237.

⑤ Vgl. Hans-Joachim Rudolphi, Die Gleichstellungsproblematik der unechten Unterlassungsdelikte und der Gedanke der Ingerenz, Verlag Schartz, 1966, S. 97.

确性原则的嫌疑。① 此外，Arzt 认为，保证人义务以风险创造为前提，是否以及如何创造风险，在个案中对于保证人义务的确定共同起作用②；Seelmann 认为，如果行为人使得他人的防御准备撤除，或者自己创造、升高了风险，则负有防止结果实现的义务③；Pfleiderer 提出了"典型案例类同性比较"的思路，如果所涉情形与保证人义务的典型情景具有可比性，则具有保证人义务（典型案例是指按照通行观点，能够确定无疑产生保证人义务的情形）④。上述几种观点在某些情境下具有解释力，然而，也同样面临各种批评，并不具有普遍适用性。

上述有代表性的观点都是追求义务来源实质化的有益尝试。其试图通过一元的方法，构建具有普遍解释力的方案。其失败之处不在于保证人义务的建构，而在于其自身的欲求，即希望通过单一的方法建立具有普遍适用性的理论方案。一种能够适用于所有情形的理论，势必高度抽象、开放，在具体情形中，并不能为保证人义务提供具体内容，其解释结论也过于随意。⑤ 为了更加富有成效地寻找保证人义务的根据，多数观点认为，将保证人义务区分为保护者保证人与监督者保证人是可行的。然而，功能区分理论仅预定了保证人义务的范围与保护方向，其本身并没有提供保证人义务的实质内容；保护者保证人与监督者保证人只是分类的结果，而不是产生保证人义务的原因。因此，合理的方法是，将功能区分理论与相应的实质义务论相结合，按照保护者保证人与监督者保证人两个方向，具体寻找保证人义务的实质根据与内容。⑥

（二）合规官保证人义务的范围划定

德国联邦最高法院第五刑事法庭对于合规官保证人义务的讨论，并未严格区分保护者保证人与监督者保证人，只是笼统肯定了合规官的保

---

① Vgl. Christoph Sangenstedt, Garantenstellung und Garantenpflicht von Amtsträgern, Peter Lang, 1989, S. 167.

② Vgl. Gunther Arzt, Zur Garantenstellung beim unechten Unterlassungsdelikt, JA 1980, S. 560.

③ Vgl. Kurt Seelmann, Opferinteressen und Handlungsverantwortung in der Garantenpflichtdogmatik, GA 1989, S. 251ff.

④ Vgl. Klaus Pfleiderer, Die Garantenstellung aus vorangegangenem Tun, Duncker & Humblot, 1968, S. 96.

⑤ Vgl. Nikolaus Bosch, Organisationsvershulden in Unternehmen, Nomos, 2002, S. 150.

⑥ Vgl. Kristian Kühl, Strafrecht Allgemeiner Teil, 6. Aufl., Verlag Franz Vehlen, 2008, §18, Rn. 41ff.

证人义务。严格来说,这是不严谨的。尽管在某些特定情形,例如在"Babysitter-Fall"之中,监督义务与保护义务处于交互影响的关系之中,但是,这只是例外,多数情形下,需要根据保护方向的不同,严格区分保护者保证人与监督者保证人。学界按照保证人义务的不同功能,结合义务对象以及形成原因,对于合规官的保证人义务进行了细致区分,大致形成了如下观点。①合规官对于外部第三人的保护者保证人问题上,初始的保证人义务被一致否定了[1],合规官通过公司领导授权继受取得的保证人义务在如下条件下可能存在,即企业与客户之间存在特殊信任关系[2]。②合规官对于公司财产与名誉的保护者保证人问题上,初始保证人为领导机关/负责的领导人[3],通过授权,合规官可能取得保护者保证人义务[4]。③合规官对于企业内部员工的职务行为的监督者保证人问题上,初始的保证人义务被少数学者肯定了[5],对于经授权获得的监督者保证人义务,Rönnau/Schneider 认为,合规官具有信息优势,进而形成支配地位,具备了监督者保证人义务[6],Dannecker/Dannecker 认为,因为具有命令以及组织权能,企业领导人具有危险源(不区分人的危险与物的危险)监督义务,经过授权,合规官取得了派生性的监督义务,这种义务的形成不需要独立的命令支配权能,只需要能随时通知领导即可[7];主要的对立观点是,企业员工要为自己的行为自我答责,合规官不具有监督者保证人义务[8]。

---

[1] Vgl. Nikolai Warneke, Die Garantenstellung von Compliance-Beauftragten, NStZ 2010, S. 312; Markus Berndt, Strafrechtliche garantenpflicht eines „compliance officers", StV 2009, S. 690; Rönnau/Schneider, Der Compliance Beauftragte als strafrechtlicher Garant, ZIP 2010, S. 57; Dannecker/Dannecker, Die „Verteilung" der strafrechtlichen Geschäftsherrenhaftung im Unternehmen, JZ 2010, S. 988.

[2] Vgl. Dannecker/Dannecker, Die „Verteilung" der strafrechtlichen Geschäftsherrenhaftung im Unternehmen, JZ 2010, S. 985ff.

[3] Vgl. Markus Berndt, Strafrechtliche garantenpflicht eines „compliance officers", StV 2009, S. 690.

[4] Vgl. Nikolai Warneke, Die Garantenstellung von Compliance-Beauftragten, NStZ 2010, S. 315.

[5] Vgl. Kraft/Winkler, Zur Garantenstellung des Compliance-Officers—Unterlassungsstrafbarkeit durch Organisationsmangel?, CCZ 2009, S. 32.

[6] Vgl. Rönnau/Schneider, Der Compliance Beauftragte als strafrechtlicher Garant, ZIP 2010, S. 56.

[7] Vgl. Dannecker/Dannecker, Die „Verteilung" der strafrechtlichen Geschäftsherrenhaftung im Unternehmen, JZ 2010, S. 990.

[8] Vgl. Markus Berndt, Strafrechtliche garantenpflicht eines „compliance officers", StV 2009, S. 691.

合规官的保护者保证人义务,不论是对于外部第三人,还是对于公司利益,及其对于物的危险源的监督者保证人义务,都没有引起广泛争议,篇幅所限,笔者不做深入讨论。对于人的"危险源"的监督者保证人义务问题,学理上存在较大争议;而且,对人的内部监督管理,是企业犯罪控制的重要手段,具有较大实践意义。因此,本文仅针对"合规官是否具有阻止企业内部犯罪的义务"这个问题展开讨论。在论证思路上,通说认为,合规官所具有的义务是第二位的义务,源自领导授权。因此,下文首先讨论领导人①的初始保证人义务,接下来讨论合规官经授权产生的保证人义务。

三、领导人的初始保证人义务

在德意志帝国法院时代的判例中,就开始了对于领导人的保证人义务的讨论。然而,整体来看,并不存在确定的结论,其理论基础也并不稳固。即使在个案中肯定了领导人犯罪阻止义务的存在,也主要以形式的义务来源理论为根据。"二战"后的德国联邦法院以及地方法院,对于领导人责任问题进行了较为详实的论证,论点主要集中在事实的承担、信赖关系、先行行为(客观的义务违反或者有风险的组织结构的创造)等方面。尽管不同于帝国法院时代,但仍难以从众多的判例中提炼出明确的认定标准。② 对此,学界也展开了深入讨论,形成了如下主要观点:

(一)对员工的支配?

Schünemann 教授认为,相对于职员,公司领导不仅具有以劳动法为基础的命令指示权,还具有事实上的权威地位;其可以给员工分配工作,或者必要时收回工作,甚至将其辞退;除此之外,公司领导还具有广泛的组织权能以及信息优势,对于职员的行为具有影响可能性,因此,其具有监督责任。③ 由权威地位产生支配,进而产生责任的观点遭受了批判。

---

① 在股份有限公司中,董事会享有集体领导权;在有限责任公司中,董事会或执行董事/经理(我国《公司法》第 50 条的情形)行使领导权,相应地,本处的领导人是指董事会(股份有限公司或较大的有限责任公司的情形)或执行董事或经理(规模较小的有限责任公司的情形)。

② Vgl. Patrick Spring, Die strafrechtliche Geschäftsherrenhaftung: Unterlassungshaftung betrieblich Vorgesetzter für Straftaten Untergebener, Verlag Dr. Kovač, 2009, S. 78, 116ff.

③ Vgl. Bernd Schünemann, Unternehmenskriminalität und Strafrecht, Carl Heymanns Verlag KG, 1979, S. 102ff.

首先,对别人的行为负责,需要一种类似于间接正犯中的意志支配,劳动指示权不足以形成意志支配,即使是约束力较强的命令权,也仅提高了员工屈服于他人意志的可能性;对于违法的命令,员工不仅具有拒绝的权利,甚至必须拒绝。这就意味着,尽管身处较低职位,对于领导具有依赖性,其也应当被看作自我决定的主体,而不是被他人支配。① 其次,一般情况下,仅从"阻止可能性"还难以推导出保证人意义上的阻止义务;保证人义务的形成需要在可能性与必须性(Können zum Müssen)之间建立桥梁,缺少了桥梁,则难以形成《德国刑法典》第13条意义上的保证人义务。②

对于反对观点,简要评论如下:

首先,用对比说明的方法,从间接正犯中的支配的角度来说明公司领导不具有支配权力,因而不需要为他人行为负责,是存在问题的。单纯组织权力的利用不能产生间接正犯,除非是以犯罪为目的的组织,例如黑社会组织;间接正犯与监督者保证人是两个完全不同的犯罪形式,类比的方案忽略了一个事实,即领导人责任并不必然是正犯责任,也可能是不作为的帮助。不作为的帮助与间接正犯相比,在可罚性程度上可能会有"双重折扣"(《德国刑法典》第13条第2款以及第27条第2款)。③ 在笔者看来,在平等自由的社会,对他人的支配的提法不可取;这里讲的"支配"实际上是控制可能性的另一种表达,即不作为者由于其权威地位(Autoritätstellung),具有行为干预的可能性。部分场合,实定法提供权威地位,例如父母对子女、狱警对于在押人员;部分场合,其产生于一般社会生活,例如汽车教练对于学员;部分场合,仅存在事实上的干预可能,但是并没有权威地位,则不存在作为义务的基础,例如,夫妻之间不存在互相监督的基础。权威地位是监督他人的前提,这就决定,其监督范围是有限的,即仅可能存在于业务关系之中,例如,汽车教练仅在交通参与过程中可以影响学员的行为,其也仅需要对此负责。此处还有一个问题,权威地位的形成,是否以强制手段的存在为前提?Brammsen 认为是需要的,或

---

① Vgl.Gabriele Neudecker, Die strafrechtliche Verantwortlichkeit der Mitglieder von Kollegialorganen, Peter Lang, 1995, S. 84f.

② Vgl. Günter Heine, Die strafrechtliche Verantwortlichkeit von Unternehmen, Nomos, 1995, S. 114.

③ Vgl. Patrick Spring, Die strafrechtliche Geschäftsherrenhaftung: Unterlassungshaftung betrieblich Vorgesetzter für Straftaten Untergebener, Verlag Dr. Kovač, 2009, S. 146f.

者说,在权威地位之外,还需要拥有强制手段,才有可能形成义务。① 如果按这种观点,那么,权威地位仅存在于实定法所规定的少数情形,例如监狱管理人员与在押人员的关系之中,父母与子女的关系中。这显然是不合适的。权威地位仅提供了影响可能性,而不是直接的制裁工具;如果义务人具有权力在特定领域决定直接行为人的行为,使其处于制约之下,一旦采取措施,则可以避免行为重复实施,那么,就可以认定其具有权威地位。例如,汽车教练对于学员的交通违规行为,可采取结束课程的方式予以影响,而不需要拥有亲自将其绳之以法的强制工具。②

其次,权威地位仅提供了可能性,而没有表明必须性;保证人义务的实质根据是,某种事由的发生使得行为人必须阻止他人的犯罪行为。在这一点上,Heine 的观点值得维护。为了沟通行为可能性与必须性,学术上有几种尝试。①不完全成年理论(partiellen Unmündigkeit):该理论由 Schünemann 教授提出,其将未成年区分为自然意义上的未成年与法律意义上的不完全成年;在后者的场合,直接行为人在公司内处于弱势地位,应当被视为不完全成年,需要被监督。③ 法律意义上的未成年产生于领导相对于员工的命令指示权,因而,又回到了"领导权产生义务"的传统误区。②平衡理论:领导人具有更高的控制可能;业务范围内人员的投入自动产生阻止义务,避免从自己的领域内产生损害性影响。④ 这种观点可以同义转化为:阻止的权利或者可能性产生犯罪阻止义务;业务的开展产生抽象风险,领导有义务避免损害结果的实现。前者又回到了"可能性产生义务"的误区;后者存在方向性的错误,企业只要合规展开业务,会对社会产生有益促进,不能被理解为危险源。③社会期待理论:Schall 认为,如果存在明显的权威与监督关系,则社会大众有理由期待领导人控制由员

---

① Vgl. Bayreuth Brammsen, in: Amelung (Hrsg.), Individuelle Verantwortung und Beteiligungsverhältnisse bei Straftaten in bürokratischen Organisationen des Staates, der Wirtschaft und der Gesellschaft, Pro Universitate, 2000, S. 124.

② Vgl. Patrick Spring, Die strafrechtliche Geschäftsherrenhaftung: Unterlassungshaftung betrieblich Vorgesetzter für Straftaten Untergebener, Verlag Dr. Kovač, 2009, S. 213.

③ Vgl. Bernd Schünemann, Grund und Grenzen der unechten Unterlassungsdelikte, Verlag Otto Schwartz & Co., 1971, S. 323ff.

④ Vgl. Klaus Rogall, Dogmatische und Kriminalpolitische Probleme der Aufsichtspflichtverletzung in Betrieben und Unternehmen, ZStW 1986, S. 617f.

工产生的风险,也就是说,外部第三人的合理期待产生保证人义务。① 这种观点面临两个问题:第一,合理的社会期待的概念过于模糊,违背刑法的确定性原则;第二,有循环论证的嫌疑,纯粹社会的,或者说,前法律的期待是不可能被证实的,因为每一个公民的法感情以及以此为基础构建的期待不可避免地受到法律系统的影响,也就是在这个法律系统中,其才可能成长以及生存;对于第三人的行为的期待,是通过相应的法律,最起码是判例来构建的,而这种法律或者判例也恰恰是信赖理论所要构建的,也就是说,两者互为前提。② ④刑事政策必要性理论:许玉秀教授认为,不作为者法律义务的寻找,是教义学的任务。然而,赋予其法律义务的原因却是刑事政策的需要;员工的犯罪可能产生的利益是一个因素;对于企业领导而言,企业的运营会产生利益;如果犯罪行为会为其带来利益,那么他倾向于故作不知;如果他是禁止性行为的唯一规范对象,那么,其可能使其员工实施相关行为;反过来说,如果他对于员工的犯罪行为加以制止,也不会对其产生不利。基于以上考虑,赋予领导者保证人义务具有重要意义。③ 对于这种观点,作者已经做了自我反驳:保证人义务的寻找,是教义学的任务。从刑事政策上看,赋予公司领导人保证人义务对于犯罪控制当然有益;我国的立法实践中,赋予网络服务商犯罪阻止义务正是政策考量的结果。然而,政策考量不能成为解释论的直接依据,刑法解释的刑事政策路径不具有合理性。

小结:"对人的支配"的提法不足取,应当从"影响可能性"的角度来规范理解支配。出于明确性以及限缩范围的考虑,应当在"影响可能性"之外附加权威地位的要素,以此作为监督者保证人地位的前提。由权威地位形成的影响可能,不需要强制性工具,只要可以借助自身职权避免行为重复实施即可,由权威地位形成的影响可能性仅是保证人义务形成的前提,更重要的是如何沟通"可能性"与"必须性"。学术上的几种尝试都存在问题,需要继续寻找该沟通机制。

---

① Vgl. Hero Schall, in: Klaus Rogall, Ingeborg Puppe, Ulrich Stein, Jürgen Wolter (Hrsg.), festschrift für Hans-Joachim Rudolphi zum 70. Geburtstag, Hermann Luchterhand Verlag, 2004, S. 279.

② Vgl. Patrick Spring, Die strafrechtliche Geschäftsherrnhaftung: Unterlassungshaftung betrieblich Vorgesetzter für Straftaten Untergebener, Verlag Dr. Kovač, 2009, S. 155f.

③ Vgl. Yü-hsü Hsü, Garantenstellung des Betriebsinhabers zur Verhinderung stafbarer Handlungen seiner Angestellten?, Centaurus Verlagsgesellschaft, 1986, S. 168. 需要指出的是,许玉秀教授总体上并不支持企业领导人对于业务关联性犯罪行为的监督者保证人义务的观点。

(二)对危险源的支配?

为了绕开作为理论障碍的自我答责原则以及"对人的支配"的理论缺陷,部分学者提出了"整体危险"的观点:企业应当被作为整体的危险源,物的危险与人的"危险"均归属于作为上位概念的"整体危险源"(Gesamtgefahrenherd Betrieb)。"整体危险源"观点又可以细分为两种不同主张:

1. 人的危险与物的危险具有不可区分性

这种观点的代表是 Roxin 教授:领导人员应当保证作为危险源的企业处于良好管控之下,至于是人的危险还是物的危险则无关紧要;两者也几乎难以区分,例如,由于管理错误造成的技术缺陷进而产生的危险,就难以区分究竟属于哪一类危险。① 企业本身就是人与物的集合,风险也主要产生于人与物的"交往",表现为人与物的混合风险。② 混合风险因人为因素的介入而区别于纯粹的物的风险,但是,人的责任领域内的物本身就难言纯粹,例如,人为设置的广告牌,我们将其归属于物的风险③,但危险的发生多有人的管理过失的介入。基于此,Konu 与 Spring 均将其归入物的危险:无论是人的过失形成物的风险,还是物的自身属性产生的风险,通常没有区别,也没有必要区分,其都归属于物的危险。④ Beulke 也将物的危险区分为纯粹的物的危险(allein)与人物集合(auch)的物的危险。⑤ 退一步讲,即使认为混合风险难以归属,也不能否定纯粹人的危险的存在,例如,业务员实施的商业贿赂行为不可能归属于物的危险与混合危险。实际上,对于人的危险与物的危险的不可区分性,Roxin 教授也并不确信,其所使用的词汇"几乎难以区分"(oft kaum)并不代表不能区分。

---

① 参见〔德〕克劳斯·罗克辛:《德国刑法学 总论》(第 2 卷),王世洲等译,法律出版社 2013 年版,第 32 节,边码 137。

② Vgl. Metin Konu, Die Garantenstellung des Compliance-Officers, Duncker & Humblot, 2014, S. 167.

③ 参见张明楷:《刑法学(上)》(第五版),法律出版社 2016 年版,第 154 页。

④ Vgl. Metin Konu, Die Garantenstellung des Compliance-Officers, Duncker & Humblot, 2014, S. 167; Patrick Spring, Die strafrechtliche Geschäftsherrenhaftung: Unterlassungshaftung betrieblich Vorgesetzter für Straftaten Untergebener, Verlag Dr. Kovač, 2009, S. 169.

⑤ Vgl. Werner Beulke, in: Claudius Geisler, Erik Kraatz, Joachim Kretschmer, Hartmut Schneider, Christoph Sowada (Hrsg.), Festschrift für Klaus Geppert zum 70. Geburtstag am 10. März 2011, De Gruyter, 2011, S. 35.

2. 没有必要区分人的危险与物的危险

这种观点认为,人的危险与物的危险可以区分,但是,必须同等看待。

(1)物的风险的延伸理论(Theorie der verlängerten Sachgefahrenhaftung)。该理论的典型代表是 Brammsen,其认为,一方面,企业领导不具有监督者保证人义务,因为其不能与存在监督者保证人义务情形下的父母、老师、刑罚执行人员、军队的首长相比较;另一方面,从有形空间的支配(räumlich-gegenständlichen Herrschaftsbereichs)的角度来讲,除了大小与可能存在的人员数量不同外,公司领导与房屋主人没有差异,不能既肯定房屋主人对房屋内犯罪的阻止义务,却又否定公司领导对公司内的犯罪行为的监督者保证人义务;然而,义务范围仅限于对侵害基本权益(例如身体、生命或者自由)的阻止,对于微小侵害,受害人需要自我防卫。① 这种观点存在三点疑问:一是内部的逻辑分裂。一方面,公司领导不具有监督者保证人义务,员工要自我答责;另一方面,公司领导具有犯罪阻止义务,不觉间自然跨越了自我答责的理论障碍。此外,对于轻微犯罪与严重犯罪的不同处理也存在逻辑混乱。对于所有违法犯罪行为,受害者都可以自我防卫,防卫是公民的权利,不排除特定情形下他人(例如警察)对于犯罪的阻止义务。二是所类比情形并不完全相同。房屋是有形空间,公司只是意念上的空间,不在公司住所,仍属公司员工。如果强调有形空间支配形成义务,那么就会出现荒谬结论:对于在公司办公场所内的犯罪行为,领导人有监督者保证人义务;在此空间之外的,则无此义务;身体跨越了该有形空间,则会产生疑虑。三是作为比较基础的房屋主人不一定具有监督者保证人义务。

对于行为人支配领域内的危险物,国内主流观点都承认了监督者保证人义务。② 对于人的监督者保证人义务,"某些没有控制能力的人,也属于广义造成他人侵害的危险源,相关管理者(如监狱、精神病院、幼儿园等场所的管理者)有义务对这些人进行管束"③。对于具有完全自我答责能力的人,空间管理者是否具有监督者保证人义务,国内鲜有论及。对此,张明楷教授提出了观点:"法益的危险发生在行为人支配的领域时,行

---

① Vgl. Joerg Brammsen, Die Entstehungsvoraussetzungen der Garantenpflichten, Duncker & Humblot, 1986, S. 232f., 277.

② 参见马克昌:《比较刑法原理——外国刑法学总论》,武汉大学出版社 2002 年版,第 177 页;周光权:《刑法总论》(第三版),中国人民大学出版社 2016 年版,第 113 页。

③ 周光权:《刑法总论》(第三版),中国人民大学出版社 2016 年版,第 113 页。

为人具有实质的法义务。第一种情形是,对自己支配的建筑物、汽车等场所内的危险的阻止义务;例如,演出场所的管理者在他人表演淫秽节目时,负有制止义务;出租车司机对于男乘客强奸女乘客而不管不问,成立强奸罪的帮助犯。"① 遗憾的是,论者并未充分论证,但这并非不言自明的道理。对于这个问题,早期的德国判例积极予以肯定:在"Schamhaar-Fall"中,共同被告是酒吧的老板,在其经营的酒吧内,四个男性常客因某女性客人拒绝与其中一人第二次跳舞,而强制剃掉了该女性顾客的头发以及部分阴毛。对以上犯罪行为,酒吧老板是明知的,但并未阻止,因而被判定构成不作为的帮助犯(伤害与侮辱的竞合)。义务来源于店主对于空间的支配力,其具有法秩序的照料义务,特别是保护其顾客免受其他顾客实施如此案中的伤害。② 在此后的系列判决中,上述判决中的观点并未被沿用。"一个'仅仅从作为房屋所有者的身份推导出来的保证人地位',就像下级法院从那种'由被告人为其构成行为的处分权所利用的房屋'中引导出来的保证人地位那样,现在被联邦最高法院明确拒绝了。更准确地说,只有'在这所住宅由于其特殊性质或者状况而表现为一种危险源,而房主应当对此加以保障或者监护,从而使其不能成为实施犯罪的便利手段时',作为住宅所有者的身份才提供了保证人地位的根据。"③

德国联邦最高法院对于房主的监督者保证人义务做出例外,即根据"特殊情节"可能具有监督者保证人义务。然而,既然"特殊情节"具有决定意义,那么,其本身就必须具有独立说明保证人根据的效力,并且,在归类时也不能放在"对监护自己控制范围内危险物品的义务"之下,而应另作安排;酒店的店主以及户主与客人的关系中,显然是从一种面对受邀客人所具有的保护性保证人地位出发的,但是,这种保护人地位却由于缺乏客人对主人的依赖性而不能成立;也就是说,仅仅是一套住宅、一座酒店或者是一片地产的所有人身份,并不能引起应当归入《德国刑法典》第13条的防止在这些领域内出现犯罪行为的义务,对此,主流观点也予以承认。④ 总之,对第三人犯罪行为的监督义务无论如何都不能从"开门迎

---

① 张明楷:《刑法学(上)》(第五版),法律出版社2016年版,第158、159页。
② BGH NJW 1966, 1763; BGH, 05.07.1966-5. StR 280/66.
③ 〔德〕克劳斯·罗克辛:《德国刑法学 总论》(第2卷),王世洲等译,法律出版社2013年版,第32节,边码118。
④ 参见〔德〕克劳斯·罗克辛:《德国刑法学 总论》(第2卷),王世洲等译,法律出版社2013年版,第32节,边码119—122。

客"中得出,在特殊情况下可能具有的保证人义务①也与住房毫无关系。

(2)物的风险与人的风险同一视理论。

该理论的典型代表是 Konu、Ransiek 以及 Langkeit。Konu 认为,业务的开设会产生风险,对于社会大众而言,不论风险源自物,还是人,没有区别;公司法的文献将组织结构看作风险防御的体系,这就意味着,组织体本身就存在或者可能产生风险,这在逻辑上是前后一致的。② Ransiek 认为,区分危险来自物还是人没有意义,因为通常情况下不是物自身的风险,而是表现为与人的交往产生风险;"企业领导是否有义务阻止员工的犯罪行为"这个问题本身就不妥当;《德国刑法典》第 13 条并非关于是否要阻止他人的犯罪行为,而是要保证符合构成要件的结果不发生,例如,"施工负责人有义务防止建筑物倒塌,这不仅仅指建筑物因自身原因倒塌,还包括受到工人的破坏而倒塌"③。Langkeit 认为,如果企业因为自身的性质应当被视为危险源(例如,生产枪支的企业),或者员工先前实施过违法行为,则领导人负有监督者保证人义务;在后者的情况下,员工应当被视为"人的危险源",与物的危险源一起受到监督管理。④

同一视理论存在几点疑问:首先,人的危险源属性的提法不可取。即便是有过犯罪记录的人,回归社会后也应当被看作合格的社会人。人的危险源属性理论发展到极端,会倒回天生犯罪人理论。其次,用"防止结果发生"的概念替换"防止他人的犯罪行为"的方法看似合理,实际并未提供新的知识,其并未论证领导人防止结果发生的义务的来源,《德国刑法典》第 13 条并未为此提供线索,或者说,这种观点无非是对第 13 条的简单描述。再次,公司业务的开设不应当被视为创造危险,即便是产生危险,也并不必然意味着公司领导要对所有危险负责。最后,从社会大众的

---

① 例如,将智力有障碍的人接到家里的人,或者应当照顾孩子的人,他就必须保护这些人免受犯罪行为的侵害(照料性保证人地位),并且,必须防止由他们产生出各种违法的构成行为(监护性保证人地位)。参见〔德〕克劳斯·罗克辛:《德国刑法学 总论》(第 2 卷),王世洲等译,法律出版社 2013 年版,第 32 节,边码 122。

② Vgl. Metin Konu, Die Garantenstellung des Compliance-Officers, Duncker & Humblot, 2014, S. 170f., 174ff.

③ Andreas Ransiek, Zur strafrechtlichen Verantwortung des Compliance Officers, AG 2010, S. 150.

④ Vgl. Jochen Langkeit, in: Gerhard Dannecker, Winrich Langer, Otfried Ranft, Roland Schmitz, Joerg Brammen (Hrsg.), Festschrift für Harro Otto zum 70. Geburtstag am 1.April 2007, Carl Heymanns Verlag, 2007, S. 653.

角度来理解监督者保证人义务的方法存在方法论上的错误,监督者保证人义务是从保证人与加害者关系的角度建立起来的义务种类,与作为被害人的社会大众并无关联。①

小结:对危险源的支配产生犯罪阻止义务的观点难以被接受。这种方案,无论是不能区分论,还是无须区分论都暗含着"人是危险源"的观点,不足取;将人或者企业整体理解为危险源,并没有回答领导为什么负有犯罪阻止义务。在教义学上,对人的监督与对物的监督具有不同的理论基础,在物的场合,其不具有意识,因此,需要每个人对自己领域内的物的危险负责,保证其不对外输出风险,否则有序的社会秩序将无法得到保障;对于人而言,其区别于物,具有意识,犯罪与否取决于其自由意志,因此,主要是自己对自己负责,为别人的行为负责只是例外,而这种例外,无论如何都不能在合规的业务开设中找到。

(三)其他观点

1. Jakobs 教授的观点

在 Jakobs 教授的义务犯理论中,作为与不作为的归属原理是统一的,但是不同于 Schünemann 教授,其将义务要素从不作为中,扩张到了作为犯之中。为此,Jakobs 教授使用了一个抽象性概念,即"管辖"来统摄全部犯罪行为的归属判断。具体来说,管辖又分为"组织管辖"和"制度管辖",前者相当于消极义务产生的责任(支配犯),后者相当于积极义务产生的责任(义务犯)。② 作为组织管辖的内容,安全保障义务也可能源自他人有风险的行为,尤其是犯罪行为。但是,这种义务的产生需要特别理由,通过该理由使得自己的组织范围与他人连接起来。这种特别理由包括四种:①保证人作为教唆犯、帮助犯或者共同正犯参与直接行为人的犯罪行为;②直接行为人利用了保证人的危险物,或者由其创设的危险情境;③保证人对于直接行为人具有权力(如对物的支配一样,例如父母对于幼儿);④直接行为人的行为可回溯至保证人的管辖范围(这种情况对于公司所有人尤其重要)。③ 上述前两种情况与本文的主题无关,后两种

---

① 参见黄荣坚:《基础刑法学(下)》(第三版),中国人民大学出版社 2009 年版,第 475 页。

② 参见何庆仁:《义务犯研究》,中国人民大学出版社 2010 年版,第 25 页以下、第 142 页。

③ Vgl. Günther Jakobs, Strafrecht Allgemeiner Teil: Die Grundlagen und die Zurechnungslehre Lehrbuch, 2. Aufl., Walter De Gruyter & Co., 1991, 29. Abschnitt, Rn. 32-36.

情况可能发生关联。在第三种情况下,支配权产生义务,但是,如 Jakobs 教授所列举,这种情况主要存在于父母对于未成年子女,刑罚执行机构的人员对于在押人员,如此之类的情况,显然,公司领导对于员工不具有这种权能。在第四种情况下,尽管应当肯定保证人义务的存在,但是,通过 Jakobs 教授所举例子可以看出,这是一种对危险物的监督者保证人义务:户主应当对工人过失造成的危险负责,保证砖瓦不对外输出风险;企业负责人应当阻止有无政府主义倾向的员工利用公司内的空间储存爆炸物;对于违规使用企业交通工具的行为,企业负责人应当阻止。事实上,Jakobs 教授也承认,公司领导不是为他人的行为负责,而是为通过他人行为造成的危险状态负责。① 问题是,如果没有危险物的介入,第三人的危险行为并不一定造成危险状态,对此,公司领导也不具有监督者保证人义务。② 总之,Jakobs 教授的观点在"领导人对第三人行为负责"的问题上并没有解释力。

2. 源自实定法的观点:抽象还是封锁?

在德国法中存在两个与监督他人相关联的法条:《德国刑法典》第 357 条规定了上级公务人员对下级职务行为的监督管理义务;《德国秩序违反法》第 130 条规定了公司领导故意或者过失不建立必要的预防企业内违法行为监管措施的秩序违反责任。这两个法条分别被作为论据,支持或者反对公司领导对于他人违法行为的监督者保证人义务:Roxin 认为,"《德国刑法典》第 357 条表达了一种一般的法思想,这种思想也适用于那种业主责任"③;Tiedemann 教授也认为,"尽管在教义学上存在争议,但对于德国刑法来说,以边码 352 所提及的特别法条(如《德国刑法典》第 357 条)为联结点,公司所有人或者领导的监督者保证人义务是存在的"④。不同的观点是,归纳推理的基础不存在,不能从《德国刑法典》第 357 条或者《德国军事法典》第 41 条推导出公司领导的监督者保证人

---

① Vgl. Günther Jakobs, Strafrecht Allgemeiner Teil: Die Grundlagen und die Zurechnungslehre Lehrbuch, 2.Aufl., Walter De Gruyter & Co., 1991, 29. Abschnitt, Rn. 36.

② Vgl. Patrick Spring, Die strafrechtliche Geschäftsherrenhaftung: Unterlassungshaftung betrieblich Vorgesetzter für Straftaten Untergebener, Verlag Dr. Kovač, 2009, S. 174ff.

③ 〔德〕克劳斯·罗克辛:《德国刑法学 总论》(第 2 卷),王世洲等译,法律出版社 2013 年版,第 32 节,边码 140。

④ Klaus Tiedemann, Wirtschaftsstrafrecht, 5. Auflage, Verlag Franz Vahlen, 2017, §5, Rn. 352, 357.

义务。① 对于《德国秩序违反法》第 130 条的争论也大致如此,即能否从该条抽象出一般性规则,适用于公司刑法领域,或者该条具有封闭作用(Sperrwirkung),仅适用于秩序违反责任。对此,不再具体陈列观点。放在我国刑法语境下同样如此:我国《刑法》第 397 条包含了上级国家机关工作人员对下级的犯罪行为的监督(下文详细论证),是否可以由此抽象出一般性规则,适用于公司刑法领域?单凭对立法者目的的猜想并不能为该问题的解决提供新的智识,对此,有必要重新思考,这种一般化的思路是否违背刑法中禁止不利于被告人的类推的思想。答案显而易见,不能从特别法中推导出一般性归责;保证人义务问题是个开放性问题,必须回归《德国刑法典》第 13 条本身。

(四)笔者观点的展开:监督必要性的寻找与先行行为理论

前文已经详细说明,监督者保证人义务以权威地位为基础,此外还需要在"可能性"与"必要性"之间建立桥梁。学理上公认的观点是,在父母对幼儿、医生或看护人对精神病人、汽车教练对学员、监狱管理人员对在押人员的关系中,存在监督必要性。对此,需要探究个中缘由,归纳一般化的监督必要性的理由。

1. 存在监督必要性的典型情形

在对物的监督的场合,支配即产生义务;对人的监督的场合,支配的概念不合适,即使存在控制可能,也不一定有义务。因此,两者监督者保证人义务产生的缘由不同。尽管如此,与物的监督的比较,可能产生有益的思路:无论是对物的监督,还是对人的监督,都是为了防止风险实现;物的风险源自其自然属性,人也可能基于某种原因产生风险。在婴幼儿的情形中,年龄因素使然,其不具备完全的责任能力,可能对外输出风险(如小孩子随便刮划路边车辆);在精神病人的情形中,后天因素使其责任能力不复存在,也可能对外输出风险;在汽车学员参与交通的情形中,驾驶能力的欠缺(如果因为饮酒丧失责任能力,汽车所有人或管理人具有监督义务,道理相同)使其可能对外输出风险;在在押人员的情形中,尽管其不同于前述几种类型,但是,特定环境使其更容易输出风险:受到强制,数人长年累月生活在狭小空间,远离家庭、朋友,严格的性别隔离,这些因素创

---

① Vgl. Bernd Schünemann, Unternehmenskriminalität und Strafrecht, Carl Heymanns Verlag KG, 1979, S. 63; Wilfried Bottke, Haftung aus Nichtverhütung von Straftaten Untergebener in Wirtschaftsunternehmen de lege lata, Duncker & Humblot, 1994, S. 15.

造了压抑的环境,使得人的情绪恶化,更容易产生风险。① 风险升高(可能是自然原因造成的,可能是自身行为造成的,或者是自身能力的欠缺造成的,或者是环境造成的),法益保护必要性增强,因而需要扩展责任范围,使第三人为他人的行为负责,这就是监督必要性存在的实质根据。②

回到公司的情形,如果员工因某种情况的出现,表现出更强的犯罪倾向,而这种情况的出现应当归咎于公司领导,那么,其就需要为员工的行为负责。

2. 先行行为提供监督必要性

(1)先行行为的范围划定。

关于先行行为保证人地位的可能性问题,尽管有少数学者持否定态度,但司法判决与主流观点都已经认可。③ 甚至有学者指出:"不作为是基本人权,因果(制造风险)前行为是保证人地位的唯一理由。"④周光权教授也认为,"如果要彻底贯彻实质说,就应该认为,对所有不作为犯的作为义务的判断,都应该看其是否有足以造成法益危险的先行行为"⑤。在承认先行行为提供保证人义务的可能性后,需要提出的问题是:先行行为必须具备什么特质,才能发挥作为保证人义务根据的作用。对此,理论上争议最大的是,先行行为是否需要具备义务违反性。据学者介绍,德国早期的判例从危险前行为的角度理解先行行为,义务违反性是不需要的。这种原则在后来的判决中被限制并最终被放弃了,义务违反性成为必要。然而,在著名的皮革喷雾剂案中,以不具有义务违反性的产品发售为根据,推导出了保证人义务,尽管口头说需要义务违反性,实际已经放弃了对义务违反性的要求。富有戏剧性的是,此后的大量判决再次要求义务违反性。⑥ 总体来说,德国联邦法院已经对于早期漫无边际地肯定先行

---

① Vgl. Patrick Spring, Die strafrechtliche Geschäftsherrenhaftung: Unterlassungshaftung betrieblich Vorgesetzter für Straftaten Untergebener, Verlag Dr. Kovač, 2009, S. 224.

② Vgl. Johannes Sebastian Blassl, Zur Garantenpflicht des Compliance-Beauftragten, Peter Lang GmbH, 2017, S. 340f.

③ 参见〔德〕克劳斯·罗克辛:《德国刑法学 总论》(第2卷),王世洲等译,法律出版社2013年版,第32节,边码143。

④ 黄荣坚:《基础刑法学(下)》(第三版),中国人民大学出版社2009年版,第477页。

⑤ 周光权:《刑法总论》(第三版),中国人民大学出版社2016年版,第113页以下。

⑥ Vgl. Metin Konu, Die Garantenstellung des Compliance-Officers, Duncker & Humblot, 2014, S. 142ff.

为责任的态度进行了限缩;尽管并非所有,但是,多数案件还是承认义务违反的必要性。

然而,对于义务违反的具体含义没有形成一致观点。有学者将义务违反性(Pflichtwidrigkeit)与违法性(Rechtswidrigkeit)等同看待。① 但是,"这个主张走得有点太远了,因为基于正当化紧急避险状态的危险,或者基于一种原本存在而现在已经消失的正当化根据的危险,是与一种合法的先在行为相联系的,并且,尽管如此,还能够说明一个保证人地位"②。实际上,持违法性说的学者同时承认例外情况,例如紧急避险者的作为义务。也就是说,部分合法行为也可以成为先行行为,产生保证人义务。但是,原则上并不能承认"合法行为可以产生保证人义务"的观点,例如,正当防卫行为不能成为先行行为(多数观点)。这也就意味着,并非所有的先行行为都是违法行为,也并非所有的合法行为都能成为先行行为。既然如此,行为的合法与违法性并不能成为先行行为的判断标准。因此,学界主流观点不再倔强地坚持"义务违反的必须性",而是仅仅将义务违反性的前行为在个案中作为明确标准,承认产生保证人责任,同时,如果行为创造了更高的风险③,或者超越了社会相当性标准④,或者,不被允许的结果可以客观归属于不作为者,则可以作为先行行为。⑤

社会相当性标准过于模糊,为笔者所不采,以客观归属为标准衡量先行行为的理论,以规范保护目的对先行行为的范围进行限缩,更加符合制度内涵,但是,其前提仍是风险创造或提高。因此,风险创造或提高是界定先行行为范围的核心标准。

(2)缺陷组织结构的创设可以是先行行为。

在德国联邦法院的判决中,有两个典型案例,以危险组织结构的创造

---

① Vgl. Wessels/Beulke, Strafrecht Allgemeiner Teil, 40. Aufl., C. F. Müller, 2010, §16, Rn. 725.

② 〔德〕克劳斯·罗克辛:《德国刑法学 总论》(第2卷),王世洲等译,法律出版社2013年版,第32节,边码158。

③ Vgl. Günther Jakobs, Strafrecht Allgemeiner Teil: Die Grundlagen und die Zurechnungslehre Lehrbuch, 2. Aufl., Walter De Gruyter & Co., 1991, 29. Abschn., Rn. 42.

④ Vgl. Rolf D. Herzberg, Die Unterlassung im Strafrecht und das Garantenprinzip, De Gruyter, 1972, S. 306f.

⑤ 参见〔德〕克劳斯·罗克辛:《德国刑法学 总论》(第2卷),王世洲等译,法律出版社2013年版,第32节,边码156以下;王莹:《先行行为作为义务之理论谱系归整及其界定》,载《中外法学》2013年第2期,第333页以下。

为根据推导出了公司领导的监督者保证人义务。在 Glykolwein-Fall 案①中,员工实施了酒品勾兑,并在酒中添加了二乙二醇醚,构成了诈骗与违背《德国葡萄酒法》的犯罪;公司领导也构成不作为的犯罪,原因是,其创造了有缺陷的组织结构,这种结构使得员工违规成为必然,其不能信任员工会忠诚于法律。在 Speditions-Fall 案②中,员工为了执行任务,连续驾驶运输车辆 33 小时(仅有 2 小时休息时间),最终因过于疲劳而撞死两名路人;领导也因有风险的组织结构的创设被判定构成过失致人死亡。在学理上,对于是否能将有风险的组织结构的创设,作为先行行为,进而推导出保证人义务,Konu 给出了肯定的回答。③ Bosch 从"不履行对组织体的减小风险的塑造义务"出发,推导出了公司领导基于先行行为的监督者保证人义务。④ 也就是说,无论是实务,还是学理,都认为不认真实施合规管理可以构成先行行为,产生监督者保证人义务。

在笔者看来,这种观点值得赞同:良好的合规措施,可以有效预防企业犯罪,Sieber 教授的实证数据证实了这一点。⑤ 合规计划的有效性问题是一个不言自明的事实。现代公司法之中,对于公司结构、股东、董事、监事的权利义务都有明确要求,除此之外还可能包括会计审计的制度安排。尽管这些制度设计不完全等同于管理学中的合规治理,但是,它们是合规治理的基本组成要素,是董事、高管履行勤勉与忠实义务的重要方式。所有这些制度安排的初衷都是,最大限度降低企业风险,维护股东利益。风险降低包括对企业内部犯罪行为的控制,主要方式是行为塑造与制度控制。首先,通过良好的企业文化,塑造员工的法规范意识。在这一点上,领导的合规行为至关重要:"组织领导的行为是对组织文化最有力的影响;领导的独特而必要的作用就是文化操纵;个体的道德信仰和伦理决策行为,将会越来越与高层管理者通过语言及行为

---

① NJW 1995, S. 2933 ff. = BGH 2. StR 758/94.

② NJW 2006, S. 1824 ff. = LG Nürnberg-Fürth 2 Ns 915 Js 144710/2003.

③ Vgl. Metin Konu, Die Garantenstellung des Compliance-Officers, Duncker & Humblot, 2014, S. 143.

④ Vgl. Nikolaus Bosch, Organisationsverschulden in Unternehmen, Nomos, 2002, S. 219.

⑤ 参见 Ulrich Sieber, Marc Engelhart, *Compliance Programs for the Prevention of Economic Crimes——An Empirical Survey of German Companies,* Duncker & Humblot, 2014, p. 132。本页中,Sieber 教授也介绍了 PricewaterhouseCoopers 与 Ernst & Young 的研究数据,两项研究都证实了合规计划在控制犯罪上的有效性。

所表达的信仰相一致,因为高层管理者倾向于奖赏那些与自己一致的人。"①其次,通过内控制度堵截犯罪。相反,如果企业不鼓励合规文化,则会对员工的法规范意识产生负面影响,一旦出现竞争、业绩考核压力,其更容易实施违规犯罪行为②,同时,机制缺失又给他们提供了犯罪便利。③ 现实中,监督机制缺失导致腐败大面积滋生,就说明了这个道理。

小结:监督必要性存在于由被监督者升高了的风险;风险可能源自身体、精神,或者能力缺陷,或者由于环境造成的某种更高的犯罪倾向;公司领导不履行合规职责,创造有缺陷的合规组织使得员工法规范意识减弱,更容易犯罪,控制机制的缺失也为犯罪提供了"激励",亦即,创造或提高了风险;风险升高,体制监督缺失,需要领导的个人监督加以平衡。

(五)自我答责与监督他人

对于领导人的监督者保证人义务问题,最大的障碍是自我答责原则(Eigenverantwortlichkeitprinzip/Autonomieprinzip),即如何理解自我答责与监督他人的关系。部分学者认为,自我答责是刑法一般化的原则。例如,Beulke 指出:"具有完全责任能力的成年人不需要他人监督,作为行为自由的另一面,其必须对自己行为的结果负责;同样的理由,其没有权利决定别人的行为,也没有义务为别人的行为负责(除了特殊情形,例如《德国刑法典》第 323c 条的见危不救)。"④有学者甚至将其拔高到了"不可放弃的、法秩序固有的原则"的高度。⑤ 对此,笔者提出两点质疑:首先,在

---

① 〔美〕特里·L. 库珀:《行政伦理学:实现行政责任的途径》(第五版),张秀琴译,中国人民大学出版社 2010 年版,第 181 页以下。

② See Sally S. Simpson, et al., "An Empirical Assessment of Corporate Environmental Crime-Control Strategies", *Journal of Criminal Law and Criminology,* Vol. 103, 2013, pp. 240-242.

③ 在部分场合,合规机制缺失直接塑造了犯罪风险,例如,将不合适的人员安置到风险控制部门的情况。最近广受关注的四川 7·12 重大爆炸事故中的涉事化工企业,将只有小学三年级文化程度,认不全化学元素符号的员工安排到车间副主任的职位;尽管暂时难以断言事故的发生与该职员有重大关联,但是,这毫无疑问增加了风险发生的可能性。

④ Werner Beulke, in: Claudius Geisler, Erik Kraatz, Joachim Kretschmer, Hartmut Schneider, Christoph Sowada(Hrsg.), Festschrift für Klaus Geppert zum 70. Geburtstag am 10. März 2011, De Gruyter, 2011, S. 38.

⑤ Vgl. Hohmann/König, Zur Begründung der strafrechtlichen Verantwortlichkeit in den Fällen der aktiven Suizidteilnahme, NStZ 1989, S. 308.

刑法中，自我答责并不是排除刑事可罚的事由，而是刑罚的限制事由，自我答责并不排除这样的情形，即第三人需要为同一个法益损害负担刑事责任。如果将自我答责作为绝对的原则，那么，教唆犯、帮助犯、共同正犯以及部分间接正犯就不能归责；既然上述情形都毫无疑问构成共犯，那就意味着，自我答责不是绝对的原则，最起码存在例外；除了上述情形，还有诸如汽车教练对学员等情形下的监督者保证人义务，以及诸如父亲对未成年子女的保护者保证人义务等例外情形，也就是说，例外大量存在；原则与例外是一对关系，此消彼长，当例外众多时，也可以说自我答责只是在例外情况下阻却对第三人的刑事归责。其次，此处所讨论的不作为犯区别于以作为方式实施犯罪的情况，不作为者是否要为由第三人造成的法益危险负责，已经在是否存在保证人义务的问题上讨论了；这种相对较宽的归责层次在作为犯中是缺少的。具体来说，如下文所述，领导仅对员工企业关联性的行为负责，"企业关联性"的限缩效果已经考虑了自我答责原则；相对于积极作为，不作为难以把握，需要价值评价，其归责链条长于作为犯，保证人义务已经作为附加的归责标准被考虑进去了。①

简而言之，刑法之中难以抽象出一个这样的规则，即正犯的责任可以排除第三人建立在另一个联结点上的责任，正如在共同正犯以及正犯与帮助犯的情形所显示的那样；一旦认定不作为者具有保证人义务，那么，其是在为自己的义务负责（以保证人义务为新的联结点），而不是为他人的行为负责，自我答责原则已经得到遵守。

四、合规官经授权产生的保证人义务

（一）授权必要性与领导人义务履行方式的改变

无论在德国还是中国，合规都不是一个法定的概念，但这不等于公司不存在合规义务。德国学者通过《德国股份法》第 93 条以及《德国有限责任公司法》第 43 条中董事或者业务执行人的注意义务，推导出了领导人的合法性义务（Legalitätpflicht）。② 为了保证作用于其雇员和外

---

① Vgl. Johannes Sebastian Blassl, Zur Garantenpflicht des Compliance-Beauftragten, Peter Lang, 2017, S. 371ff.

② Vgl. Metin Konu, Die Garantenstellung des Compliance-Officers, Duncker & Humblot, 2014, S. 44.

部第三人的行为是合法的,规范地组织企业运作的流程以及建立合规机构成为一种必需。① 我国《公司法》第 147 条也规定了董事及高级管理人员的忠实义务与勤勉义务;这两种义务可以具体化为领导人对公司业务的注意义务与监督义务。② 从注意与监督义务中可以推导出合规义务。合规义务是公司领导的集体义务(Gesamtverantwortung),具有不可转委托性。③ 尽管如此,这并不意味着所有领导成员都必须亲力亲为,完成所有的合规职责,基于以下原因,业务分工是必需的。首先,专业化的需要:公司业务可能涉及众多知识领域,这是单个的职员所不具备的,因此需要合作;专业分工与合作可以提升效率,更好控制风险。其次,劳动分工不仅是基于公司利益的考虑,同时有利于公共利益的实现,因为社会就是建立在运转良好的经济体系之上。④ 具体的合规业务的分工方式,主要包括水平授权(Horizontale Delegation)、垂直授权(Vertikale Delegation)以及外部授权(Externe Delegation)。

水平授权是指,公司领导内部的授权,即在公司董事会(部分有限责任公司内的高级管理人员之间)之间进行业务分配,由某个或者某些领导层人员承担合规职责。然而,如上文所述,合规义务是领导的集体性义务,水平授权并不改变这一点,即并不改变义务的归属,其他领导层人员尽管不专职负责合规业务,其仍然负有两方面的职责:被委托人选择时的谨慎义务以及监督义务。也就是说,领导层集体必须根据知识和能力选任被委托人,并且,不能基于被委托人过去遵守谨慎义务的经历而放弃对其监督管理,其他领导人员必须进行定期、系统性地监督,也可以通过抽查内部规则是否得到遵守的方式确保这种监督。

垂直授权是指,由领导层向下级员工的授权。在规模稍大的公司,垂直授权都会同时伴随着水平授权,也就是说,在水平授权的基础上,负责合规业务的领导人员也不可能事无巨细,亲自承担日常的合规职责,而是通过垂直授权,委托具有专业知识的合规人员,负责合规的日常业务。与水平授权相同,经过垂直授权,合规义务仍然归属于领导集体,但这种义务是一种剩

---

① Vgl. Gerhart Dannecker, in: Thomas Rotsch (Hrsg.), Criminal Compliance Handbuch, Baden-Baden 2015, §5, Rn. 49.

② 参见朱锦清:《公司法学》(下),清华大学出版社 2017 年版,第 59 页以下。

③ Vgl. Frank G. Schmidt-Husson, in: Christoph E. Hauschka (Hrsg.), Corporate Compliance: Handbuch der Haftungsvermeidung im Unternehmen, Verlag C. H. Beck, 2007, §7, Rn. 2ff.

④ Vgl. Dennis Bock, Criminal Compliance, Nomos, 2011, S. 89.

余义务(Restverantwortung),即以一种可期待的方式对雇员进行监督。① 这项义务仅限于抽查,而且一般不会及于被监督员工的全部工作(除非有特殊事由),因为如果没有范围的限制,则会使人事任用成为一件无意义的事情,尽管在其中投入了大量经费,但事实上并没有减轻企业主的负担。② 与监督义务相对,当领导层发现异常,则可以进行干预,最终决定权保留在领导层手中。必要时,领导层也可将合规职责与相应权利收归自身。

外部授权可能产生于特别专业的领域,借助外部专业人员完成合规职责,其授权方式、义务归属以及履行方式与垂直授权相似,不再赘述。

简而言之,合规义务是领导职责的固有内容,因为合规业务的专业性,授权是可能,也是必需的。在水平授权的情况下,合规任务由部分领导享有,其在权利范围内自我答责,水平授权并不改变义务归属,但改变了义务履行方式,亦即,领导层集体仍保有合规义务,但这种义务主要是剩余义务,即通过监督的方式保证合规义务的适当履行。与水平授权相对,垂直授权或者外部授权也可能发生,通过垂直或外部授权,领导层仍集体保留合规义务,但主要通过监督的方式履行"剩余义务",领导层同时保留合规的最终决定权,可基于特殊原因对合规业务进行干预,并收回合规职责与权限。

(二)由合规任务承担产生保证人义务

1. 合规官的任务与职权:监督可能性

国外的相关法规规定了业务专员的职位,例如,德国法中的环境专员(Umweltbeauftragte)、反洗钱专员(Geldwäschebeauftragte)。法律要求设定的专员通过在企业内部推动法规遵循,弥补了行政机构监督的不力,服务于公共利益的保护。③ 与此不同,合规官(或者叫合规专员,Compliance-Beauftragte/Officer)缺少法律根据,由企业任意设定,合规体系的有效实施可能有利于维护公共、合同相对方、外部第三人的利益,但这仅是公司利益保护的反射(Reflex),合规官的任务是通过内部控制降低风险,维

---

① Vgl. Oliver Hegnon, Aufsicht als Leitungspflicht Umfang persönlich wahrzunehmender Aufsichtspflichten von Geschäftsleitern bei vertikaler Arbeitsteilung aus gesellschafts-und strafrechtlicher Sicht, CCZ 2009, S. 58.

② Vgl. Gerhart Dannecker, in: Thomas Rotsch (Hrsg.), Criminal Compliance Handbuch, Baden-Baden 2015, §5, Rn. 65.

③ Vgl. Campos Nave/Vogel, Die erforderliche Veränderung von Corporate Compliance-Organisationen im Hinblick auf gestiegene Verantwortlichkeiten des Compliance Officers, BB 2009, S. 2548.

护企业利益。① 为了达到企业利益维护的目的,合规官具体承担了六个方面的任务:预防、建议、信息控制、控制、记录、制裁。② Konu 将上述几大功能具体化为:③

- 为公司领导塑造合规理念,促进其建立广泛的合规体系;
- 为公司领导层以及负责领导实施合规管理提供支持;
- 设置、记录,并为合规体系的更新完善提供建议;
- 信息搜集与评估,协调自下而上以及自上而下的信息流;
- 预防性建议以及符合需求的员工教育;
- 监督合规措施的执行;
- 对公司内重大法律事件以及法律环境的改变进行报告;
- 执行或者至少在内部调查时予以配合以发现可能的违法行为;
- 与领导层或负责领导协作对发现的违规行为予以惩戒,并改善合规系统缺陷。

为了完成相应职责,合规官通常被赋予了相应的权利,即询问、审阅以及信息进入的权利。一旦发现违规行为,合规官具有独立权能,对相关材料、信息进行查阅,其他职员有义务配合合规官,为其提供必要材料。但这种"独立"具有相对性,因为合规官不具有命令和指示权,也就是说,发现违规行为后,其仅具有信息权,以及将违规信息传递给领导层的权利与义务,最终的命令、指示、处置等权能,由领导层集体所有。④ 正因为如此,Beulke 否定了合规官的保证人义务:如果不作为者能够决定他人的行为,那么,他就要对别人的行为负责;在劳动关系的场合,如果上级对下级存在命令权,那么,其可能存在保证人义务;在合规官的场合,对于其他职员,其不具有命令指示权,因而自始至终不可能具有保证人义务。⑤ 对此

---

① Vgl. Rönnau/Schneider, Der Compliance Beauftragte als strafrechtlicher Garant, ZIP 2010, S. 56.

② Vgl. Johannes Sebastian Blassl, Zur Garantenpflicht des Compliance-Beauftragten, Peter Lang, 2017, S. 171ff.

③ See Metin Konu, Die Garantenstellung des Compliance-Officers, Duncker & Humblot, 2014, S. 87f. 国家发改委等七部门于 2018 年发布的《企业海外经营合规管理指引》第 12、13 条对于合规官的职责的分配也大体上符合这些要点。

④ Vgl. Gerald Spindler, Compliance in der multinationalen Bankengruppe, WM 2008, S. 911.

⑤ Vgl. Werner Beulke, in: Claudius Geisler, Erik Kraatz, Joachim Kretschmer, Hartmut Schneider, Christoph Sowada (Hrsg.), Festschrift für Klaus Geppert zum 70. Geburtstag am 10. März 2011, De Gruyter, 2011, S. 37.

观点,有两点质疑:首先,仅有命令权,不能产生保证人义务,命令权也仅是提供了干预犯罪的可能性,而不是必须性;其次,直接处置能力的缺乏不排除保证人义务,例如,不能因为交通肇事人医护技术的匮乏,而否定其对于交通受害者的保证人义务,同理,不能因为合规官直接处置权能的缺失,而否定其保证人义务存在的可能性。

总而言之,尽管合规官不具有独立的处置、命令指示权能,但是,无论如何,都应当由信息进入的权利推导出规范意义上的权威地位,肯定犯罪阻止的可能性。

2. 基于先行行为产生的监督必要性

如上文分析,组织体内部对他人行为监督的必要性存在于,不作为创造了有缺陷的组织结构,由先行行为产生监督义务。这意味着,对于合规官是否具有监督者保证人义务的问题,并不能绝对肯定,或者否定①,而要看其是否对有缺陷的组织结构的创造与运行有所贡献,即对于风险提高是否有原因力。

(1) 合规官不履行合规义务的情形。

无论是内部合规官,还是外部合规官,其并没有法律上明确的地位,也缺乏相应的权利义务,其职权的获得源自领导授权,因而容易形成对领导权的依赖性。实践中,组织结构的缺陷,多是领导与合规人员的共同作用造成的,即合规官不努力识别风险,改善组织结构;领导人疏于合规监督或者出于成本节约等因素的考虑,不真心实意实施合规管理,授意合规人员构建仅具有装潢意义的合规结构。无论哪种情况,合规人员都参与了公司领导有缺陷组织的构建,产生了更高的风险,因而,其必须为第三人的行为负责。

(2) 合规官履行合规义务的情形。

如果合规人员忠于职守,有效识别风险及合规缺陷,并履行了通知领导人的义务,那么,合规组织构建的义务又回到了领导层集体,合规官的行为没有提升风险,不能作为先行行为,肯定监督者保证人义务。这里当然存在标准的问题,即如何评价其履行了职责,构建了得当的合规体系。对此,并没有明确化的标准,合规体系没有程式化的要求,需要结合企业自身的性质、规模、能力等因素加以构建。一个可行的思路是,参照合规

---

① 从这个意义上讲,德国联邦法院对于一个职业群体的义务绝对肯定的做法存在问题。参见 Johannes Sebastian Blassl, Zur Garantenpflicht des Compliance-Beauftragten, Peter Lang, 2017, S. 152。

管理体系的国家标准,即《合规管理体系指南》(GB/T 35770-2017),并结合行业的最佳实践,综合判断合规官是否尽职合规。

3. 义务范围与履行方式的限定

(1)业务关联性的限定。

合规官的保证人义务产生于领导合规任务的传递,与领导人的监督者保证人义务具有同质性。在领导人义务的问题上,一方面肯定其具有监督者保证人义务,另一方面,这种义务限于对业务关联性(Betriebsbezogenheit)犯罪的阻止,而不是所有发生在工作场所,或者由员工实施的犯罪行为,这一点取得了学理上的一致认可。① 因而,合规官的义务范围限于对业务关联性犯罪行为的阻止,而不是所有犯罪行为。

(2)义务履行方式的限定。

首先需要再次强调两点:第一,合规官的义务产生于领导的业务授权,其业务内容是监督员工的违规行为,必要时及时上报(Eskalationsrecht);第二,合规官具有相对于其他员工的独立权,但是,其并无命令权,最终决定权由领导层所有。关于第一点:从字面理解,其对于"员工"行为具有监督义务,对于领导层并无监督义务,然而,合规授权源自领导集体,而不是某一个人领导,因此,当单个或部分领导犯罪(如引文中德国联邦法院判例的情形),或者对合规官所报告的违法犯罪信息置之不理,其仍具有向领导集体报告的义务;当最高领导,或者领导集体对合规不作为,其并无外部揭弊的义务(其服务于公司利益,而不是公共利益;我国并不存在如《德国刑法典》第138条知情不举的犯罪);上述情况下,其是否应当向监事会报告,需要结合公司章程约定来判断②;无论合规官是否有义务向监事会报告,监事会都有责任监督公司董事会和高级管理人员,在文献中,监事会的保证人义务是另外一个独立的问题。③ 关于第二点,合规官缺乏直接的处置权,因而,即便其因任务的接受产生监督者

---

① Vgl. Wilfried Bottke, Haftung aus Nichtverhütung von Straftaten Untergebener in Wirtschaftsunternehmen de lege lata, Duncker & Humblot, 1994, S. 68f.

② 关于这一点,问题的提出部分所涉及的德国联邦最高法院的判决认为,在必要时,合规官应当通知监事会。参见 Andreas Ransiek, Zur strafrechtlichen Verantwortung des Compliance Officers, AG 2010, S. 153。对于这种观点,笔者有不同看法:公司法具有私法性质,重要职位的设定及其权利义务是公司章程或劳动合同设定的,合规官是否有义务向监事会报告,须结合公司章程或劳动合同具体判断。

③ 关于监事会的监督者保证人义务的问题,参见 Daniel M. Krause, Strafrechtliche Haftung des Aufsichtsrats, NStZ 2011, S. 60f.。

保证人义务,也只能通过公司领导完成,也就是说,通过信息传递,其已经完成自己的义务,将责任回转给了公司领导。① 当然,合规内部还可能出现层级分化,表现出多层次的合规系统,但无论结构多么复杂,合规官只要完成自己的职责就够了。

五、合规官责任研究的语境差异及其消弭

(一)德国与中国合规研究的语境差异

从形式上看,本章的研究由德国联邦最高法院第五刑事审判庭2009年7月17日的判决缘起,并且理论分析多援用德国法理论。对比中国的合规研究不难发现,德国的研究具有显著个性。具体来说,德国的研究主要围绕公司领导人与合规官的保证人义务展开②;中国多在单位刑事责任理论的范畴内研究刑事合规责任问题③。出现方法论差异的原因在于法规范的基本差异。企业合规问题首先与企业责任相关联。这也恰恰是《美国联邦量刑指南》第八章的规范目的,即通过量刑激励推动组织体内控。同样,我国《刑法》第30条、第31条明确规定了单位犯罪及其刑罚。这就为刑事合规制度奠定了规范基础。然而,现代德国刑法并不承认单位犯罪制度,即便在《德国秩序违反法》第30条、第130条规定了单位及其领导人的责任,但因其规范性质的非刑罚属性,两国的规范差异并不能被消除。

对于我们国家而言,《刑法》总则第30条、第31条确立了单位犯罪制度,《刑法》分则160多个条文规定了单位犯罪。④ 对于这些犯罪而言,学界的主流观点认为,单位的组织义务不言自明;单位责任不仅包括直接行

---

① Metin Konu 也表达了与此类似的看法:"直接的犯罪阻止义务是不存在的,因为合规官缺乏命令权;然而,其具有采取阻止措施阻止犯罪的义务,及时上报(Eskalation)就是一项合适的组织措施。"参见 Metin Konu, Die Garantenstellung des Compliance-Officers, Duncker & Humblot, 2014, S. 90。

② 最近的判例有 BGHSt 57, 42; BGHZ 194, 26; BGH B. v. 06.02.2018-5 StR 629/17-NStZ 2018, 648。

③ 相关研究可参见孙国祥:《刑事合规的理念、机能和中国的构建》,载《中国刑事法杂志》2019年第2期;万方:《企业合规刑事化的发展及启示》,载《中国刑事法杂志》2019年第2期;黎宏:《合规计划与企业刑事责任》,载《法学杂志》2019年第9期;时延安:《合规计划实施与单位的刑事归责》,载《法学杂志》2019年第9期;陈瑞华:《合规视野下的企业刑事责任问题》,载《环球法律评论》2020年第1期。

④ 参见聂立泽:《单位犯罪新论》,法律出版社2018年版,第2页。

为责任,还包括监督管理责任,亦即,单位机关成员在其所负的管理监督职责范围内,没有制定严格的单位管理制度,或者没有认真执行已有的单位管理制度,包括明知单位其他成员在职务范围内犯罪而不制止,以及疏于没有预见单位成员犯罪的管理失职等。① 也就是说,在单位犯罪范围内,领导人具有当然的监督者保证人义务。从理论上说,这一点也是可以接受的:单位主要通过职员开展业务,对于职员的职务关联行为,领导的不予管理就是一种默示同意,而默认、命令、指挥都是领导以及单位故意的表现形式;为了避免因不作为而承担单位责任,领导当然需要制止职员的职务关联性犯罪行为。对于德国而言,因为缺乏单位犯罪的立法规范,领导人并非理所当然需要为员工的不法行为负责,因此才有了关于领导人保证人义务来源的广泛讨论。

(二)语境差异的消弭:合规官责任问题的中国法价值

上文已经提到,语境差异导致了研究方法以及研究结论的差异:在缺乏单位犯罪基础性规范的语境下,受自我答责原则的限制,为他人行为负责只是例外,公司领导并不当然需要为职员的业务关联行为负责。公司领导人的保证人义务是一个需要小心求证的问题。在单位犯罪的语境中,单位责任包括直接责任和补充责任两种形态,不作为的默认就是一种补充责任。② 通过单位责任(双罚制下当然涉及领导责任)保证领导人积极作为就意味着,领导人对于职员的职务关联行为具有当然的监督者保证人义务。

然而,语境与结论的差异并不足以掩盖本章的研究意义。由于基础规范的差异,中国的刑事合规制度及其研究方法不适用于德国,但这并不意味着德国的研究方法不适用于中国。实际上,德国的研究对于我国的合规制度建构具有重要补充意义。

1. 完整责任链条的建构

因单位犯罪基础规范的差异,领导人保证人义务的来源存在差异(危险前行为与法定义务的差异),然而,由领导人授权而形成的合规官的第二位义务则并无不同。也就是说,在两种不同的语境中,都存在一个自上而下的责任链条以及由该责任链条而产生的自下而上的信息流。只有这

---

① 参见王良顺:《单位犯罪论》,中国人民公安大学出版社2008年版,第101、222、223页;黎宏:《单位刑事责任论》,清华大学出版社2001年版,第303、304页。
② 参见王良顺:《单位犯罪论》,中国人民公安大学出版社2008年版,第101、223页。

样,才能保证单位内不发生责任断裂和流失。遗憾的是,尽管《商业银行合规风险管理指引》(2006 年)及其之后的若干规范性文件均规定了"合规官"或"合规负责人"的职权与职责,但以这两个词眼为关键词的数据库(北大法宝、中国裁判文书网)检索结果显示,并不存在有效结果。① 这就意味着,责任链条发生了自上而下的断裂。相反的方向,以"无直接参与"(大量证据证明领导人知情)为由否定领导人责任的案例也大量存在。② 这就意味着,责任链条发生了自下而上的断裂。无论是哪个方向的责任链断裂,对于刑事合规机制的有效运行都有显著负面影响。本章的价值之一恰在于,明确公司领导以及合规官的义务来源、内容及其履行方式,客观上构建了完整的责任链条。这对于公司犯罪或者公司内发生的犯罪的责任的合理区分具有重要意义。

2. 单位犯罪领域之外刑事合规机制的建构

在笔者与学术同行交流过程中,有一个观点被反复提及,即领导人的保证人义务是理所当然、不言自明的。上文已经提及,在单位犯罪领域内,这个观点可能成立,但不能忘记的一个事实是,我国的单位犯罪(占比 36%左右)具有显著片段性。在非单位犯罪的情形,领导人的保证人义务则存在疑问。例如,公司领导是否有义务阻止职员贷款诈骗? 公司领导是否有义务阻止单位司机醉酒或者极度疲劳时驾驶机动车? 尤其是,在公司职员利用了单位的有形空间等便利条件,从事不法的第二职业(Nebenerwerbstätigkeit)的情况下,公司领导是否有制止的义务?③ 尽管我国《刑法》规定了诸如"国有公司、企业、事业单位人员失职罪、滥用职权罪"这样的一般条款,但是,第一,其适用范围有限;第二,一般条款难以完全评价特殊情况下的不法内涵,例如,公司领导与职员彼此心照不宣的情形,可能超出了一般条款需要承担共犯责任。共犯责任的前提是,领导人负有阻止员工不法行为的义务。由此可见,超越单位犯罪条

---

① 我国学者对 2005—2015 十年间中国裁判文书网、北大法宝数据库的检索结果也印证了这一点:从类型分布看,上下级监督仅涉及公职关系的监督;先行行为事由则局限于致人落水、撞人后不救这类情形。参见姚诗:《不真正不作为犯的边界》,载《法学研究》2018 年第 4 期,第 104、105 页。

② 青岛市中级人民法院(2017)鲁 02 刑初 8 号判决书;山东省高级人民法院(2019)鲁刑终 173 号判决书;《刑事审判参考》指导案例第 251 号"北京匡达制药厂偷税案"。

③ 德国联邦最高法院 2018 年 2 月 6 日的判决就涉及这个问题,参见 BGH B. v. 06.02. 2018-5 StR 629/17-NStZ 2018, 648。

款以及赋予公司领导特殊义务的个别条款,从不真正不作为犯的角度探求相关责任人员义务来源的一般法理根据,具有重要的意义。这种意义跨越语境、法域差异,具有普适性意义。上文出于语境统一与资料使用便利的考虑,将领导人责任的讨论限制在了不真正不作为犯的情形。可以说,这种限缩不会影响研究价值,它本身就是"披着洋字眼的中国问题",可以与单位犯罪范围内的讨论形成互补,搭建起领导人与合规官责任的完整图谱。

六、小结

刑事合规问题是近十五年经济刑法领域得到最多关注的课题。短短十五年时间,已经形成了浩瀚的文献资料。身处其中,犹如盲人摸象,是片面的,甚至可能是错误的。但是,从法人责任、刑事法的私权化、规制理论等角度考虑,其具有正当性。回到现实,很多问题的出现都源自公司自我控制机制的缺失(中兴通讯事件、假疫苗事件、各类爆炸事故都体现了这一点),因而,如何推动国内企业自觉合规,具有现实意义。刑事政策学、刑事诉讼法学都为刑事合规制度的构建提供了路径,刑法教义学也以监督管理过失理论、保证人义务理论为联结点,为刑事合规问题的研究提供了独特视角。合规官保证人义务问题给了我们思考契机,即公司领导是否具有监督者保证人义务。对此,国内论著中或者鲜有提及,或者把公司领导的监督者保证人义务作为理论前提。然而,因为自我答责原则的存在,公司领导的监督者保证人义务并非理所当然,而需要小心求证。经过严格论证可以得出:在有缺陷组织结构创设的前提下,公司领导对于员工的职务关联行为具有监督者保证人义务,这种义务可以向下传递,但传递并不改变义务归属,公司领导集体仍具有剩余义务;公司治理实践中,合规官经授权取得了监督者保证人义务。合规官保证人义务的确立,客观上构建了自下而上的责任链体系,不至于出现责任流失,或有组织地不负责任。

由此可见,在这种模式中,不履行良好内部结构创设的义务(不合规)成为构建相关责任人员监督者保证人义务的联结点;相应地,相关责任人员的监督者保证人义务成为推动其履行合规的重要方式。由此,刑事合规制度建构的教义学路径得以建立。以此为路径,我们还可以针对党政机构内的腐败犯罪,建构专门的合规治理路径。

第四节　公共机构腐败治理合规路径的构建：
以对《刑法》第 397 条的解释为中心

一、问题的提出

党的十八大以来，习近平总书记从党和国家事业发展全局和战略的高度，就推进国家治理体系和治理能力现代化提出了一系列新理念。治理体系现代化要求建设规范严密的法治监督体系，特别是对滥用职权、徇私舞弊、贪赃枉法等问题加强监督，建立健全立体化的法治监督网络。① 对于腐败治理问题，刑事立法往往通过增加新罪名的方式加以回应。例如，《刑法修正案（九）》对腐败犯罪相关条款进行了多处修订。除贪污、受贿罪量刑中，情节与数额二元标准的确立之外，行贿罪立法政策的收紧，也是一个亮点。尽管有学者从刑事政策学的角度，认为这样的修改存在缺陷，应当废除行贿罪②，但是，更多的是赞誉之声。③ 然而，在这种传统的治理模式中，主要强调的是"国家—行为人"的二元关系，国家强制法成为单一的治理手段。行贿废止论者认为，通过弱化刑罚，可以攻破行贿人与受贿人的对合、同盟关系；行贿刑罚加重论者认为，刑罚的加重可以减少行贿行为的发生，抑制同盟关系的形成。值得怀疑的是，单一的国家规制思路是否有效？

可以预想，行贿人不会因为罪名的废除就主动配合司法机关查处受贿犯罪，因为行贿者和受贿者是利益共同体，这种关系的维持对双方都意味着更长久的利益；行贿人也不会因为刑罚的加重而放弃行贿，因为其具有侥幸心理，这一点在其他犯罪中已经得到证明。当然，不排除在个别情况下，两种思路都会起到抑制犯罪的作用，但是其效用是微弱、非常态的。因此，腐败犯罪的治理应当摆脱传统单一依靠国家规制的思路，探索其他可行方案。对此，企业犯罪预防中适用的合规路径是有益的"补充模式"。

---

① 参见陈一新：《推进新时代市域社会治理现代化》，载《人民日报》2018 年 7 月 17 日 7 版。
② 参见姜涛：《废除行贿罪之思考》，载《法商研究》2015 年第 3 期，第 63 页以下。
③ 参见胡云腾：《谈〈刑法修正案（九）〉的理论与实践创新》，载《中国审判》2015 年第 20 期，第 16 页以下；赖早兴：《贪污贿赂犯罪规定修正评述——基于〈中华人民共和国刑法修正案（九）（草案）〉的思考》，载《学习论坛》2015 年第 4 期，第 74 页以下；刘春花：《行贿罪立法新动向之思考——兼议行贿罪废除论》，载《中州学刊》2015 年第 10 期，第 53 页以下。

也就是说,我们可以将私营企业内的合规管理技术借鉴到公共机构的腐败犯罪治理,构建腐败治理的合规路径。OECD 界定的"新公共管理"内含之一就是:企业管理技术的采用。① 事实上,我国反腐实践也已经借鉴了风险管理理念。例如,中纪委印发的《关于加强廉政风险防控的指导意见》,就借鉴了公司治理中的风险管理技术:"实践表明,将风险管理理论和现代质量管理方法引入反腐倡廉建设,加强廉政风险防控,是构建惩治和预防腐败体系的重要举措,是规范权力运行、建设法治政府的客观要求,是促进干部队伍作风建设的现实需要,是推进预防腐败工作的有力抓手。"

借鉴企业的公司治理技术构建公共机构腐败治理的合规路径,是腐败治理体系现代化的有益尝试。问题在于,如何构建?对此,反腐实践中的主体责任制为我们提供了崭新视角。针对严峻的腐败犯罪态势,党的十八届三中全会提出,要"加强反腐败体制机制创新和制度保障"。其中,对此后反腐实践影响最大的莫属"主体责任制"。在党的十八届中央纪委第五次全体会议上,习近平总书记提出四点要求,强化腐败治理。首要的就是强化党风廉政建设主体责任,突出问责。② 随即,中央纪委首次通报了 8 起履行党风廉政建设主体责任和监督责任不力的典型案件。③ 2015 年 9 月,河南省委发布了《中共河南省委关于新乡市委原书记李庆贵落实党风廉政建设主体责任和新乡市纪委落实监督责任不到位问题的通报》。该通报指出:"这次查处的问题,是一起落实党风廉政建设主体责任和监督责任不到位而受到责任追究的典型案例。李庆贵同志作为新乡市党风廉政建设第一责任人,对主体责任认识模糊、工作领导不力、责任落实不到位,对班子成员疏于教育、管理和监督,用人严重失察失误,面对不正之风和腐败行为不坚持原则、不敢斗争,对连续发生的 3 名厅级领导干部严重违纪违法案件负有主要领导责任。新乡市纪委对同级领导班子成员的问题,该发现没有及时发现,发现了也没有及时采取措

---

① 参见孙学玉:《企业型政府论》(修订版),社会科学文献出版社 2013 年版,第 103 页。
② 参见李小林:《落实"主体责任"要问责"责任主体"》,载《中国党政干部论坛》2015 年第 7 期,第 50 页。
③ 参见《中央纪委通报 8 起履行党风廉政建设主体责任和监督责任不力的责任追究典型案件》,载中央纪委国家监察网站(https://www.ccdi.gov.cn/toutiao/201502/t20150215_123869.html),访问日期:2015 年 2 月 15 日。

施,监督严重失责失职。""河南省委研究决定,给予李庆贵同志党内严重警告处分,免去其领导职务;对新乡市纪委通报批评,并责令其作出检查,市纪委原书记王炳奇同志已被免去职务,决定对其诫勉谈话并责令其作出深刻检查,另行安排工作。"①同年 9 月 6 日,中央纪委转发了该通报,并强调要强化责任追究,把从严治党落到实处。在随后召开的纪检监察干部监督工作座谈会上,王岐山再次强调:"干部犯错误,组织有责任;纪检机关和领导干部要切实担负起从严治党、强化干部教育管理的主体责任和监督责任。"②此后,主体责任的追究成为常态。仅 2015 年国庆节前后,就有 78 人受到点名通报,并被追究主体责任。③

主体责任制的践行,对于腐败治理具有重要意义,因为它摆脱了"国家—行为人"关系模式中单一的国家控制思路,构建了"国家—主体责任人—行为人"的三元关系。在这种控制模式中,腐败犯罪的控制不再单一地依靠国家,主体责任人亦成为重要的腐败控制力量。相对于传统模式,这种"合作治理"模式着力于组织体内部的自我管理、监督,层层传导压力,责任落实到人。"在我国现有的国情之下,某种程度上可以说,只要抓好了作为执政党内的权力监督,我们国家权力监督的问题就会基本上很好地得到解决,因此,塑造执政党内部权力的监督机制,意义十分重大;但是,用党内处分代替行政,甚至刑事处分是不合适的。"④也就是说,主体责任制为腐败的合规治理路径构建提供了参考,但是,纪律责任不能代替刑事责任,我们应当以主体责任制为着眼点,构建公共机构腐败治理的合规路径。笔者将以我国《刑法》第 397 条的解释为中心,就主体责任制在刑法中是否可以适用,以及如何适用等问题展开论述,构建公共机构腐败治理的合规路径。

---

① 《中央纪委转发河南省委通报并强调强化责任追究》,载中央纪委国家监察网站(https://www.ccdi.gov.cn/yaowen/201509/t20150907_137899.html),访问日期:2015 年 9 月 6 日。
② 《王岐山在纪检监察干部监督工作座谈会上强调:严管就是厚爱 信任不能代替监督》,中央纪委国家监察网站(https://www.ccdi.gov.cn/ldhd/gcsy/201509/t20150923-115231.html),访问日期:2015 年 9 月 24 日。
③ 参见王鹏志:《点名道姓通报:挺纪在前 形成威慑》,载《中国纪检监察报》2015 年 10 月 20 日,第 4 版。
④ 魏宏:《权力论:权力制约与监督法律制度研究》,上海三联书店 2011 年版,第 349、363 页。

二、主体责任人的刑事责任之证成

自党的二大通过的《关于共产党的组织章程决议案》开始,我们就开始强调党内的纪律责任;于 1990 年 10 月,由中共中央批转的中央纪委《关于加强党风和廉政建设的意见》中,也提出要建立健全党风廉政建设责任制;1998 年 11 月,中共中央、国务院也颁行了《关于实行党风廉政建设责任制的规定》。[1] 党的十八届三中全会提出的"主体责任制",也旨在通过责任追究,推动党风廉政建设。可以说,主体责任是过往强调的党风廉政建设责任制的深化。从性质上说,主体责任仍归属于纪律责任范畴;从责任履行的方式看,其归属于监督管理责任。"如果党委不研究制度建设,没有形成良好的权力监督和约束机制,以至于工作程序混乱、不规范,不能有效地防止腐败现象的发生,出现各种违纪腐败问题,那同样也要追究党委、尤其是主要领导的主体责任。"[2]也就是说,主体责任旨在推动相关人员自觉履行腐败治理中的监督管理义务;主体责任承载着监督管理责任的义务内容。因此,对于主体责任人刑事责任的讨论,需要在具有一般意义的玩忽职守罪和滥用职权罪之下进行。

(一)行为和心理要件的满足

主体责任是指相关责任人员故意或者过失地不履行腐败行为的管理监督职责,导致系统内腐败大量滋生,为此需要承担的责任。要证明主体责任人满足玩忽职守或者滥用职权罪的行为和心理要件,必须证明如下问题:玩忽职守和滥用职权罪均包含了不作为的情形。①玩忽职守。玩忽职守行为,是指严重不负责任,不履行或不正确履行职责。不履行职责,是指行为人有能力,且有条件履行自己应尽的职责,而违背职责,完全没有履行,具体包括擅离职守和在岗不履行职责两种情况。不正确履行职责,是指行为人虽然形式上具有履行职责的行为,但并未完全按职责要求履行。例如,在职务活动中出现差错、决策失误、采取措施不及时或不得力。[3] 该罪的主观构成要件为过失。"在许多场合,行为人主观上是

---

[1] 参见宫铭、王希鹏:《党委的党风廉政建设主体责任:制度、历史与现实的三重维度》,载《学习论坛》2015 年第 8 期,第 17 页以下。

[2] 程同顺:《党风廉政建设主体责任论》,载《人民论坛》2015 年第 7 期,第 9 页。

[3] 参见高铭暄、马克昌主编:《刑法学》(第六版),北京大学出版社、高等教育出版社 2014 年版,第 642 页。

一种监督过失,主要表现为应当监督直接责任者却没有实施监督行为,导致了结果发生;或者应当确立完备的安全体制、管理体制,却没有确立这种体制,导致了结果发生。"① ②滥用职权罪。通说认为,该罪表现为两种方式:超过职权,违法决定、处理其无权决定、处理的事项;违反规定处理公务。该罪多表现为作为形式,亦即,行为人是主动行使职权,但却逾越了其合法拥有的职权范围,或者不适当、不正确地行使职权。② 全国人大法工委前副主任朗胜也认为,滥用职权行为只能是作为,不作为不属于滥用职权。③ 但是,笔者认为,故意放弃职守也是一种滥用职权:职守既包含国家机关工作人员拥有的职权,同时也包含着国家机关工作人员对国家应当履行的义务和承担的责任,所以,职守不能随意放弃。如果国家机关工作人员凭借自己拥有的职权,故意不履行应尽职责,本质上说,就是一种滥用职权的行为。④ 该罪的主观方面表现为故意,即故意超越或者放弃职权。

由以上论述不难看出,现行《刑法》中的渎职犯罪包含了不作为形式。失职造成严重后果的是玩忽职守;故意放弃职权,并造成严重后果的是滥用职权。显然,反腐实践中,大量以主体责任或者监督责任遭到追究的行为,也可以被相应渎职犯罪所评价。例如,由于严重失职,没有建立有效的内部预防、管理体制,导致腐败大面积滋生的,显然也是一种玩忽职守行为;明知单位内部存在腐败行为,而任意放弃职守的,也是一种职权滥用。

(二)结果要件的满足

我国《刑法》第 397 条规定了滥用职权罪、玩忽职守罪的结果要件:"致使公共财产、国家和人民利益遭受重大损失"。"两高"《关于办理渎职刑事案件适用法律若干问题的解释(一)》第 1 条规定:"国家机关工作人员滥用职权或者玩忽职守,具有下列情形之一的,应当认定为刑法第三百九十七条规定的'致使公共财产、国家和人民利益遭受重大损

---

① 张明楷:《刑法学》,法律出版社 2007 年版,第 900 页。
② 参见高铭暄、马克昌主编:《刑法学》(第六版),北京大学出版社、高等教育出版社 2014 年版,第 640 页以下。
③ 参见朗胜主编:《〈中华人民共和国刑法〉解释》,群众出版社 1997 年版,第 523 页。
④ 参见贾济东:《渎职罪构成研究》,知识产权出版社 2005 年版,第 126 页。张明楷教授、陈兴良教授、李希慧教授、赵长青教授、周光权教授等都在其著述中表述了同样的观点,不再赘述。

失'：……(三)造成恶劣社会影响的；……"最高人民检察院《关于印发第二批指导性案例的通知》中，第6号"罗建华、罗镜添、朱炳灿、罗锦游滥用职权案"也确认，"造成恶劣社会影响"应当被依法认定为"致使公共财产、国家和人民利益遭受重大损失"。① 如果以"致使公共财产、国家和人民利益遭受重大损失"和"造成恶劣社会影响"为标准来衡量主体责任人渎职造成的"腐败大量滋生"，后者当然该当前者：一则，腐败会产生直接的公共财产和国家利益损害，例如，贪污或者私分国有资产的行为所产生的直接财产的减损，从而间接致使人民利益受损。二则，腐败也会直接影响民众的切身利益，例如，司法腐败所产生的对利益相关人的直接损害，医药卫生领域的腐败所产生的患者就医成本的增加等；更重要的是，腐败的滋生，是对于社会有机体自身的损害，使得腐败之风气弥散，更多的人受到"传染"，基于从众心理走上腐败之路，直接或间接地影响各利益主体的相关利益。三则，腐败大量滋生会产生恶劣社会影响，造成民众与政府信任关系丧失，进而造成社会秩序混乱，甚至动摇党的执政根基。

(三)作为义务来源要件的满足

上文已经就公司内部的保证人义务来源进行了论证，并从"缺陷组织结构的创设或运行"这一先行行为中找到了领导人员的保证人义务。因为公共机构与公司同样归属于组织体，因此，从组织关联性(Organisationsbezug)的角度而言，这种结论同样可以适用于公共机构，原因如下：首先，相比于公司领导，主体责任人具有更大的控制能力(Können)，相关规范性文件及党的纪律性文件所赋予的特殊职权是一个原因，更重要的是，在我国特殊的体制下，主体责任人具有人事任免决定权，亦即，其决定下属的职业前景，相应地，下属更倾向于向上负责，而不是相反。其次，从"必须性"(Müssen)的角度考虑，当前大面积腐败的滋生表明了一个事实，即主体责任人并未充分履行内部控制义务。从制度设计上看，国家在努力构建健全的权力监督制衡体系，上述中央纪委的文件就表明了这一点；腐败犯罪治理中的党风廉政建设，以及最近一直强调的"自我巡视"都是一种合规管理。例如，2014年3月以来，为了防止"灯下黑"现象，中央纪委调整了内部机构，增设纪检监察干部监督室，加强和完善内部监督机制，形成了监督管理的闭合系统。制度的有效性在于有力执行，当前的

---

① 参见最高人民检察院：《关于印发第二批指导性案例的通知》，载《检察日报》2012年11月30日第03版。

问题是,大量主体责任人欺上瞒下,不切实执行顶层的制度设计,导致公共机构内的内控机制形同虚设。结合上文关于公司领导人保证人义务的论述,可以得出,主体责任人不切实履行内控义务,等于构建了有缺陷的组织结构,增加了腐败发生的风险,因而,其有义务防止腐败犯罪行为的发生。

回到实定法,通过对我国《刑法》第397条的滥用职权与玩忽职守罪的解读,也可以得出,在职务上,主体责任人具有腐败犯罪的阻止义务。

对于"职务上的义务"的范围问题,通说教材认为:"严格地讲,职务或业务上要求的义务亦属于法律明文规定的义务,因为这类义务一般都表现于各种法规、条例、规章以及某些司法解释之中,而且效力的根据仍在于法律的规定。"①这种理解在国外法中也存在。例如,《德国刑法典》中的"职务或业务上的要求"也往往被当作法律明文规定的作为义务的一种。② 但是,这源于一个事实,即德国形式义务论坚持法律、契约和先期实施的有危险性的行为的三分说,"职务或者业务上的要求"没有独立地位。我国情况则有所不同:"职务或者业务的要求"独立于"法律明文规定的义务"。这意味着,"职务或者业务的要求"有其独立的内涵。因而,应当突破法律规定框架,对"职务""业务"做更宽泛的解读。具体来说,需要提出的问题是,党内职务是否归属于我国《刑法》中的"职务"。

通过对我国《刑法》的梳理不难发现,"职务"广泛分布于腐败犯罪相关法律条文之中,例如,以受贿罪为代表的职务犯罪中的"利用职务上的便利"。理论上说,党内职务不同于国家公职人员的职务,前者的内容由团体内部规定来设定,后者由相关法律具体规定。然而,我国与西方国家有所不同。在西方的"行政法治国"模式之中,政党仅仅在选举之时起作用,其自身不具有组织和治理职能;与此不同,在中国的党国互动体制中,执政党同时借助党和国家两个系统来"治国理政",推动公共治理,落实执政党的路线、方针和政策。③ 基于此,我国《刑法》中并未区分党内职务与行政职务。众多的判决均表明,党内的职务便利也可以成为《刑法》中的"职务便利"。例如,在南京市委书记杨卫泽受贿案中,法院认定,"杨卫泽先后利用担任中共无锡市委书记、江苏省委常委、南京市委书记

---

① 高铭暄、马克昌主编:《刑法学》(第六版),北京大学出版社、高等教育出版社2014年版,第67页。

② 参见黎宏:《不作为犯研究》,武汉大学出版社1999年版,第141页。

③ 参见强世功:《从行政法治国到政党法治国——党法和国法关系的法理学思考》,载《中国法律评论》2016年第3期,第38页。

等职务上的便利,非法收受财物"①;在白恩培案中,其被指控"利用担任青海、云南省委书记等职务上的便利收受巨额财物"。②

对于玩忽职守、滥用职权罪,"职守""职权"源自特定"职务";职务包括党内职务以及行政职务,这两者具有同等的刑法意义。也就是说,"职守""职权"可以形成于党内职务,间接来源于党的纪律性文件。③ 中共中央和国务院联合发布的《关于实行党风廉政建设责任制的规定》第7、19、21条都明确规定了领导班子成员对腐败犯罪的治理义务。④ 此处的推论,也得到了实践的印证,因在腐败犯罪治理中的不作为,而被追究刑事责任的典型案例是"童名谦玩忽职守案"⑤:

【案例3】童名谦在任职(湖南衡阳市委书记)期间,对于省人大代表选举中存在贿选的情况反映,未及时处理;童名谦严重不负责任,不正确履行职责,致使省人大代表选举贿赂情况大面积蔓延,给国家和人民造成了特别重大的损失,在社会上造成了极其恶劣的影响,其行为构成玩忽职守罪,且情节特别严重,依法应予惩处。

---

① 周勇:《被巡视组刷落的"金陵大员"》,载《检察风云》2017年第13期,第18—20页。

② 周向东、杨得意:《把"牢底坐穿"第一人》,载《检察风云》2016年第22期,第18—21页。

③ 对此,张明楷教授认为:"一般职务权限,不仅包括法定的职务权限,而且包括根据惯例、基于国情或者其他具体情形形成的职务权限。"参见张明楷:《刑法学(下)》(第五版),法律出版社2016年版,第1245页。尽管张明楷教授并未明确说明党内职务亦可以成为《刑法》第397条中的职务,但从中也可以作出合理推论,因为我们的最大国情就是,中国共产党在国家治理中的特殊地位。

④ 《关于实行党风廉政建议责任制的规定》第19条:"领导班子、领导干部违反或者未能正确履行本规定第七条规定的职责,有下列情形之一的,应当追究责任:(一)对党风廉政建设工作领导不力,以致职责范围内明令禁止的不正之风得不到有效治理,造成不良影响的;(二)对上级领导机关交办的党风廉政建设责任范围内的事项不传达贯彻、不安排部署、不督促落实,或者拒不办理的;(三)对本地区、本部门、本系统发现的严重违纪违法行为隐瞒不报、压案不查的;(四)疏于监督管理,致使领导班子成员或者直接管辖的下属发生严重违纪违法问题的;(五)违反规定选拔任用干部,或者用人失察、失误造成恶劣影响的;(六)放任、包庇、纵容下属人员违反财政、金融、税务、审计、统计等法律法规,弄虚作假的;(七)有其他违反党风廉政建设责任制行为的。"第21条第1款规定:"领导干部有本规定第十九条所列情形,情节较轻的,给予批评教育、诫勉谈话、责令做出书面检查;情节较重的,给予通报批评;情节严重的,给予党纪政纪处分,或者给予调整职务、责令辞职、免职和降职等组织处理。涉嫌犯罪的,移送司法机关依法处理。"

⑤ 《最高人民检察院公报》2014年第6号(总第143号);北京市第二中级人民法院(2014)二中刑初字第873号刑事判决书。

三、主体责任制刑事法治化的合理性证成

(一)主体责任制的规范解读:通过"监督管理责任"促进内部治理

从1922年7月,党的二大通过的《关于共产党的组织章程决议案》开始,我们就强调党内的纪律责任;于1990年10月,由中共中央批准的中央纪委《关于加强党风和廉政建设的意见》中,也首次提出要建立健全党风廉政建设责任制;1998年11月,中共中央、国务院也颁行了《关于实行党风廉政建设责任制的规定》。① 但是,一般认为,"主体责任"的提法,首次出现在党的十八届三中全会:"落实党风廉政建设责任制,党委负主体责任"。时任总检察长的曹建明也认为,党的十八届三中全会创造性地提出了"主体责任"。② 此后,王岐山也多次强调,要落实"主体责任"。由此可见,主体责任是过往强调的、党风廉政建设责任制的深化,从性质上说,仍归属于纪律责任范畴;从责任履行的方式看,其归属于监督管理责任;从组织结构以及实际承担的职责看,主体责任人处于预防腐败滋生的保证人地位,相应地,具有防止危害的义务。"如果党委不研究制度建设,没有形成良好的权力监督和约束机制,以至于工作程序混乱、不规范,不能有效地防止腐败现象的发生,出现各种违纪腐败问题,那同样也要追究党委、尤其是主要领导的主体责任。"③

承上所述,主体责任的推行,旨在推动相关人员自觉履行腐败犯罪治理中的监督管理义务。也就是说,主体责任承载着监督管理责任的义务内容。现代治理意义上的监督管理责任并非传统的"贴身盯防",而是要求责任人建立安全管理机制,切实、合理运行该机制,并适时对其做出必要修正。尽管组织性质存在差异,但是,借用公司治理的风险管理理念和技术,构建腐败犯罪治理的风险管理系统,已经被提出。中纪委《关于加强廉政风险防控的指导意见》明确规定了构建公共机构内部控制系统的方法步骤和主要内容:查找廉政风险、评定风险等级、制定防控措施、实施预警处置、突出重点统筹推进、坚持动态管理等措施,构成了党政机关内

---

① 参见宫铭、王希鹏:《党委的党风廉政建设主体责任:制度、历史与现实的三重维度》,载《学习论坛》2015年第8期,第17页以下。
② 参见曹建明:《以务实作风落实党组主体责任,以扎实举措建设过硬检察队伍》,载《人民检察》2014年第11期,第1页。
③ 程同顺:《党风廉政建设主体责任论》,载《人民论坛》2015年第7期,第9页。

部控制系统的主体。辅之以科技手段、匿名举报系统等措施,党政系统内的内部管理系统已初见端倪。对于主体责任人而言,如何按照文件要求,构建并合理运行该系统,是其职责所在。亦即,主体责任制的规范目的,是通过监督管理责任的引入,促进公共机构内部治理。

(二)主体责任制暗合了腐败犯罪的积极治理理念

传统上,腐败犯罪的治理是消极治理。它强调对于行为人自身,以作为方式实施的腐败行为的惩治。与之相应,腐败犯罪立法体系的构建,也遵循"应对式的""以新型犯罪为驱动的"路径:随着新情况的出现,并成为一种常态,立法方有所回应。例如,《刑法修正案(七)》增加的"利用影响力受贿罪";《刑法修正案(九)》增加的"对有影响力的人行贿罪"等,都是对现实的回应。虽不能否定消极治理的积极意义,但是,这种方式显然具有不周延性。"中国贪污贿赂犯罪刑法立法的完善与发展,以罪名体系的不断扩大,构成要件内容的不断完善为基本特征,并形成了多层次的立法规制体系;然而,从现实的规制情况来看,多层次的刑法体系并未产生预期的立法效益。"[①]经过对消极治理主义所具有的被动性的反思和批判,产生了"积极治理主义"理念。"积极治理主义作为一种全新的腐败治理理念,萌芽于20世纪20年代的英国,流行于20世纪90年代的欧美,现在已经成为主导腐败治理国家立法发展的基本理念。"[②]它"着力使贿赂犯罪立法摆脱困境,以有效组织系统化的贿赂犯罪抗制措施体系为目标,通过引入监督责任理论、对称治理理论、权力结构组织理论,重构'囚徒困境',力求解决贿赂犯罪'环境性腐败共同体'、犯罪发现能力与效率的问题。"[③]其核心内容包括几个方面:破解贿赂犯罪的"共犯结构";调整"偏向型"的犯罪治理结构;重构贿赂犯罪"囚徒困境"模式;调整贿赂犯罪责任根据;完善"权责制"刑罚

---

① 孙国祥、魏昌东:《反腐败国际公约与贪污贿赂犯罪立法研究》,法律出版社2011年版,第127页。

② 魏昌东:《〈刑法修正案(九)〉贿赂犯罪立法修正评析》,载《华东政法大学学报》2016年第2期,第33页。

③ 钱小平:《"积极治理主义"与匈牙利贿赂犯罪刑事立法转型——兼论中国贿赂犯罪刑法立法改革之方向抉择》,载《首都师范大学学报(社会科学版)》2014年第6期,第56页。

结构。①

实际上，积极治理主义理念已经被部分践行，或者被我国学术界提出。例如，《刑法修正案（九）》收紧了对行贿罪治理的刑事政策，逐步调整了"偏向型"的立法结构；对于"权责制"，笔者也曾提出："同一职业内部的职位高低，决定了其职责的大小，较高职位的人员违反职责的后果，一般要大于一般人员，因而，高职位者在享受更高的权力的同时，也应承担同等大的义务。对于高官施加较重的刑罚，抑制其犯罪，对于培育系统内的廉政文化也大有裨益，因为领导的德行对于系统内文化的建设起到主导作用，这已经是伦理学上的一个常识。"②然而，该理念中，最引人瞩目的思想是将监督、管理责任理论引入腐败犯罪治理之中，对居于"保证人地位"的人，施加特定监督义务，从而将刑事责任拓展到不作为责任。"贿赂犯罪的发生是特定公共权力组织体内部权力运行与监督不均衡的突出表现，单独的权力者如果受到来自权力组织体的有效监督，是能够有效避免贿赂犯罪发生的。鉴于此，有必要将权力结构个体责任原理调整为权力组织体结构原理，实现贿赂犯罪立法防卫基点由行为环节向监管环节的转型。"③对此，部分国家立法已经有所体现。例如，2012 年的《匈牙利刑法典》第 297 条规定："任何公职人员，如果对于未被发觉的积极的或者消极的贿赂存在明知，并且没有迅速向当局进行报告，则构成重罪，受到不超过三年的监禁刑；家庭成员不在该条规制范围之内。"④"以《联合国反腐败公约》为代表的系列国际公约，都积极提倡预防优先的贿赂犯罪治理理念，而强化内部控制是预防贿赂犯罪的首要环节，有效

---

① 参见钱小平：《"积极治理主义"与匈牙利贿赂犯罪刑事立法转型——兼论中国贿赂犯罪刑法立法改革之方向抉择》，载《首都师范大学学报（社会科学版）》2014 年第 6 期，第 56 页以下。

② 李本灿：《以情节为中心重构贿赂罪罪刑体系——兼评〈刑法修正案（九）〉（草案）贿赂罪定罪量刑标准的修订》，载《南京大学学报（哲学·人文科学·社会科学）》2015 年第 4 期，第 68 页。对于领导人文化引领作用，伦理学者有研究佐证："组织领导的行为是对组织文化最有力的影响；领导的独特而必要的作用就是文化操纵；个体的道德信仰和伦理决策行为，将会越来越与高层管理者通过语言及行为所表达的信仰相一致，因为高层管理者倾向于奖赏那些与自己一致的人。"〔美〕特里·L.库珀：《行政伦理学：实现行政责任的途径》（第五版），张秀琴译，中国人民大学出版社 2010 年版，第 181 页以下。这也为相关文件赋予主体责任人以保证人义务，从实质合理性及必要性的角度提供了注解。

③ 钱小平：《"积极治理主义"与匈牙利贿赂犯罪刑事立法转型——兼论中国贿赂犯罪刑法立法改革之方向抉择》，载《首都师范大学学报（社会科学版）》2014 年第 6 期，第 58 页。

④ Act C of 2012 on the Criminal Code, Section 297: Misprision of Bribery.

的内部控制体系不仅有助于及时发现行贿行为,更有助于提高商业组织自身廉洁性,实现贿赂犯罪源头治理;因而,及时实现从'打击型'政策向'预防型'治理政策的转化,成为中国贿赂犯罪治理策略的应然选择。"①

结合上文对主体责任制的规范解读,可以说,主体责任制暗合了积极治理理念,亦即,主体责任制与国际公约提倡的预防型治理体系具有理念的一致性。

(三)主体责任制与刑事合规理念具有内在一致性

1. 法人责任形式转型与刑事合规

传统上,无论是大陆法系还是英美法系,都不承认法人犯罪,或者,至少"法人不能犯罪"一类格言,被广泛认可。然而,随着工业社会的到来,法人犯罪日益增多,用刑事手段处罚法人犯罪的普通法规则逐步确立。② 法人刑事规制始终受到责任主义的拷问,因而,初期的实践避开了这个问题,将法人刑事责任限定在严格责任犯罪范围之内。③ 此后,犯罪故意首先在美国1908年的纽约中央和哈德逊河铁路公司诉美国案④中,被归属于法人。此时,其认定法人刑事责任的方式是代位责任,即员工在职权范围内,(至少部分)为了企业利益而实施的行为,法人需要承担责任。大约同时期,英国采取的是等同责任原则,但是,除了替代范围不同之外,并无实质不同,其本质都是个人责任,对企业刑事苛责,是通过由个人到组织体的方式进行的。

通过个人责任对组织苛责,可以部分缓解责任主义的责难。但是,在组织体结构日益复杂化的今天,刑事苛责有时难以实现,因为个体或者法人分支的行为意思不一定能归属于法人自身。于是,基于惩治法人犯罪的需要,逐步发展出了集合责任原则(Collective Knowledge Doctrine)。它是在个体罪责不存在时,对法人施加刑事责任的一种有效方式。在该原则之下,企业应当为代理人的行为负责,即使没有证据证明单个代理人具

---

① 魏昌东:《贿赂犯罪"预防型"刑法规制策略构建研究》,载《政治与法律》2012年第12期,第62页。

② 参见周振杰:《比较法视野中的单位犯罪》,中国人民公安大学出版社2012年版,第8页以下。

③ See Kathleen F. Brickey, "Corporate Criminal Accountability: A Brief History and an Observation", *Washington University Law Review,* Vol. 60, 1982, p. 405.

④ New York Central & Hudson River Railroad Co.v.United States, 212 U. S. 481.

有犯罪的故意;多个代理人或者雇员的认知的汇集,构成了法人犯罪所需要的主观要件。① 从20世纪50年代的内陆货运公司诉美国案②开始,多起案件均适用了集合责任原则,尤其是在无法确定法人内具体犯罪行为人的场合。实际上,集合责任是对法人组织体责任的追究,从而督促企业勤于内部组织管理,推行法规遵从。

与集合责任类似,注重组织自身的监督管理责任的,还有组织责任以及文化责任。组织责任明确将责任归结为法人的结构性疏忽,亦即"没有考虑到业已发生的行为的可能性,也没有防止犯罪行为发生的机制。组织责任可以通过证明已尽到合理的审慎而进行抗辩"③。为了避免组织责任,企业应当建立起犯罪行为的预防机制,这种机制不能仅是笼统的,而应适应当事企业面临的实际风险。文化责任同样强调组织体文化对刑事责任的影响。以企业文化为基础,构建企业刑事责任的合理性在于,企业政策、议事规程、规章制度以及制度化的管理,均是企业目的以及企业内部个人明知和故意的最好证明。"企业文化责任的出现,是基于这样的考虑,即公司的管理结构越来越分散,底层职员代表公司行为的情况增加,特斯科案中的'神经中枢'的原则不再适当,委员会因此而采用更为宽泛的法人刑事责任的理论,承认独立的法人责任,建立一个实质上更可行的法人责任。委员会的首要目标是发展一个法人刑事责任的框架,使个人刑事责任尽可能地适用于现代法人。"④文化责任原则使得对企业犯罪的认定相对自由化,从而,也为企业改善内部控制提供了刺激和动力。⑤

2. 刑事合规体现积极治理理念

通过以上论述不难看出,公司结构的变化,风险理念向公司刑法中的渗透,使得法人责任形式由个人责任向组织责任转型,从而使防卫基点前移。对于法人责任的追究,从"个人—组织"的间接模式,转向直接追究法人的组织责任。如同美国诉新英格兰银行案的辩护人所言:运用集合责

---

① See Anthony Ragozino, "Replacing the Collective Knowledge Doctrine with a Better Theory for Establishing Corporate Mens Rea: The Duty Stratification Approach", *Southwestern University Law Review,* Vol. 24, 1995, pp. 423-426.

② Inland Freight Lines v. United States, 191 F. 2d 313.

③ 范红旗:《意大利法人犯罪制度及评析》,载《刑法论丛》2008年第3期,第297页。

④ 李文伟:《法人刑事责任比较研究》,中国检察出版社2006年版,第39页。

⑤ See Allens Arthur Robinson, Corporate Culture as a Basic for the Criminal Liability of Corporation, Prepared for the United Nations Special Representative of the Secretary-General on Human Rights and Business on February 2008, p. 12, p. 61.

任追究法人责任,无异于是对法人疏忽地维持了内部沟通系统行为的宣判。对于组织自身责任的追究,学理上也有认同:"我们对于单位犯罪核心要件的传统理解,不符合现实社会中单位犯罪的实际情况,无法适用于规模较大的现代企业。在追究单位犯罪的刑事责任时,应从追究单位自身固有的责任角度出发,除关注单位集体决定和单位负责人的决定之外,还应考虑单位的目标、业务范围、规章制度、防范措施等单位自身制度方面的情况。"①这意味着,对于个人犯罪行为的发生,如果单位没有建立起有效的预防措施,那么,单位自身要承担监督管理责任。这一点与腐败犯罪的积极治理主义中强化组织监督的理念是一致的。因而,可以说,刑事合规与腐败犯罪的积极治理主义具有理念的一致性,亦即,刑事合规体现积极治理理念。

3. 主体责任制与刑事合规理念具有内在一致性

主体责任制强调,责任人员尽职监督管理组织体内部的腐败行为,亦即将控制基点前置。因而,主体责任制暗合了积极治理理念。刑事合规同样强调,通过刑事责任促进组织体内部的自我管理,亦即,通过量刑激励或者独立构罪,将腐败犯罪的控制基点由行为前置到监管环节。可以说,主体责任制事实上践行了刑事合规理念;或者说,国外的合规实践亦在"合规"的名义下践行了"主体责任制"。本书前文也论证了刑事合规制度在犯罪治理上的卓越性,以及由此带来的刑事合规的世界潮流。这也在某种程度上为主体责任制刑事法治化提供了合理性注解。

四、主体责任制刑事法治化基础上的责任区分

(一)责任人员的合理确定

坦率讲,用刑事手段规制腐败犯罪治理中渎职者的主张,本身就是一个大胆的尝试,但是,这种观点在理论上是可以证成的。尽管如此,也应当进行合理的责任划定,这对于制度的合理性至关重要。首要的是,责任承担的人员范围的合理划定,或者说,出现了问题,应当由哪些人承担责任。党的十八届三中全会列举了党委应落实的五大方面的责任,但并未进行清晰的责任划定。从当前主体责任追究的实践看,主要是党委"一把手"的主体责任,以及纪委"一把手"的监督责任。但是,这种追责

---

① 黎宏:《论单位犯罪的刑事责任》,载《法律科学:西北政法大学学报》2001年第4期,第65页。

方式过于简单，不利于责任的合理归属。一个较为可行的方式是，划定责任清单："首先，按照'横向到边，纵向到底'的基本要求，明确党委所应承担的基本主体责任；其次，应明确不同层级、不同领域的党委所应承担的差异化的主体责任，既体现一般要求，又具有个性化特征，从而增强主体责任清单制度的针对性和可操作性。"[①]实际上，责任清单制已经在逐渐推行。例如，《中共安徽省委关于落实党风廉政建设党委主体责任和纪委监督责任的意见》中，就进行了较为详细的责任划分。无锡市也划定了详细的责任清单，从而"对那些因领导不力而导致不正之风滋生蔓延，或者出现重大腐败问题而不制止、不查处、不报告的，对照责任清单，严肃追究责任，切实维护党风廉政建设责任制的制度刚性。"[②]

"责任清单"已经成为反腐实践中的责任划分依据，但仔细考察各地的责任清单不难发现，其并未突破我国传统的权力运行边界，而只是这种权力运行实践的明确化表达。结合党政机关的实际权力架构及责任清单内容，可以大致勾勒出责任人员范围。首先是党委"一把手"的责任问题。"主要责任人首先应履行领导责任，积极推动本地区、本部门、本单位党风廉政建设工作，做到党风廉政建设和反腐重要工作亲自部署、重大问题亲自过问、重要环节亲自协调、重要案件亲自督办；加强对领导班子成员及下一级党委（党组）主要负责人的监督和管理，督促领导班子成员、下级领导班子廉洁从政、履行好'一岗双责'。"[③]这意味着，党委主要责任人担负两方面的职责：风险管理机制的建立，以及同级党委成员、下级党委主要负责人的监督、管理工作。相应地，责任的分担也应依此而定。例如，如果腐败的大量滋生是因为党政机关内部安全管理机制的缺失或者人为虚置所致，或者，同级党委成员及下级党委主要负责人出现大量腐败，那么，主要责任人应承担相应责任。对于班子成员而言，其主要职责是"对分管部门、分管领域内的党员干部进行管理，对分管部门及其负责人廉政情况进行督促检查"。相应地，如果在其职责范围内出现塌方式腐败，其难辞其咎。按照职责分工，如果在本人职责范围内出现大量腐败现象，那么，该人就是直接责任人。

---

① 丁忠毅：《让党委担负党风廉政建设主体责任走向常态化》，载《人民论坛》2015年第11期，第31页。

② 高美梅：《"责任清单制"力促党风廉政建设落地生根》，载《无锡日报》2015年1月13日第A01版。

③ 《中共安徽省委关于落实党风廉政建设党委主体责任和纪委监督责任的意见》第2条。

(二) 纪律责任与刑事责任的合理界分

主体责任概念在我国法律体系中早已出现，主要强调的是安全生产领域内的监督管理责任。与此不同，本节意义上的主体责任具有范围限定，即特指"党风廉政建设主体责任制"。如果对党风廉政建设主体责任进行细致区分，可以进一步分为"党务型主体责任"与"政务型主体责任"。由于特殊的国家组织形式，主体责任人具备了双重身份，亦即其不仅具有党内职务，同时也是国家公务人员。主体责任人的监管对象也大多具有党政的双重身份。因此，在责任区分时，需要视情况分别对待：考察其管理对象是纯粹的党内事务，抑或是具有行政性质的活动。因为性质上的根本差异，对职责的不履行会产生截然不同的评价。

1."党务型主体责任"中的责任区分

党风建设也是主体责任人的重要职责，然而，这是一种纯粹的政党内部事务，类似于私人团体或者家庭的内部治理，不具有公共性。对这种管理职责的不当履行，仅涉及组织体的内部纪律，不产生法律责任。具体来说，党风包括政治风气、组织风气、个人道德风气等。对于上述问题的监督失职，仅产生纪律责任。例如，党员领导干部对违反政治纪律和政治规矩等错误思想和行为放任不管，搞无原则"一团和气"，造成不良影响的，仅能给予相应纪律处分；党员领导干部对于个人生活奢靡、贪图享乐、追求低级趣味放任不管的，也仅能追究其纪律责任。当然，纯粹的党内事务不仅限于上述内容，例如，还可以包括党费收缴等工作。对这些事务的监管失职，均不涉及法律责任。从这个意义上说，下列做法是正确的①：

【案例4】2013年3月至2015年8月期间，莲湖区城管执法局直属三中队执法队员许文革连续不按时交纳党费、不参加党组织生活超过六个月。程华同志作为直接分管领导对所分管的干部管理不严，责任心不强，因而被追究主体责任。

【案例5】2014年8月和2015年2月，朱忠成违反有关规定为其子女举办升学宴、完灯宴。房刚对朱忠成有关违规操办喜庆事宜行为不制止、不查处，因而被追究主体责任。

综上所述，应当确立如下规则：对纯粹党内事务的监督管理失职，应

---

① 《西安通报8起落实"两个责任"不力被问责典型案例》，载中央纪委国家监察网站（https://www.ccdi.gov.cn/yaowen/201601/t20160107_139729.html），访问日期：2017年3月13日。

当追究主体责任人的纪律责任。

2."政务型主体责任"中的责任区分

这种类型的主体责任涉及主体责任人作为国家工作人员参与行政管理工作的相关责任,因而,可能超出纪律责任范畴,承担相应的法律责任。刑事责任与纪律责任的区分,应当以义务违反及其程度为中心展开。前文已经反复提及,主体责任承载着监督管理责任的义务内容;现代化的监督管理方式并非贴身盯防,而是如何借鉴组织体责任理论,通过责任的方式促使主体责任人积极推动公共机构内部治理机制的构建。因此,对于主体责任人是否违背自身的刑事法义务,应当以此为中心,结合其主观、客观结果要件等要素加以综合判断。

(1)明知而予以纵容。

为了响应中央文件要求,各地方党政部门都在形式上建构了廉政建设治理体系,但是,这并不能表明其履行了监督管理义务。如何鉴别内部管理机制是否有效,不仅是为了减轻罪责的表面装潢(window dressing),而且是困扰刑事合规制度的疑难问题。主体责任人义务履行与否的判断也面临同样问题。在诸多考量因素中,主观要件具有决定性的意义:如果主体责任人对于系统内的腐败存在明知而予以纵容,则表明内控机制是虚置、无实际意义的;主体责任人也因此背离了其义务,需要承担相应的刑事责任。从这个意义上说,下列两例中案例6的做法是合适的,案例7的做法值得商榷:

【案例6】1996年至2014年,刘某某担任烈山区烈山镇烈山社区党委副书记、书记以及村办集体企业负责人等职务期间,伙同亲属及有关公职人员大肆侵吞集体资产,涉案金额超过1.5亿元。这起典型的"小官巨贪"案件涉案金额巨大,涉案人员众多,且持续时间长,充分暴露出烈山区和烈山镇党委在落实"两个责任"方面存在严重问题,特别是烈山区原副书记陈振东、烈山镇党委书记任启飞对刘某某包庇袒护,因而被移送司法机关。①

【案例7】2014年4月,吴曙红发现桐城市行政服务中心非税务窗口工作人员光某某利用职务之便,违规收取并私自截留挪用非税款65万元

---

① 《安徽通报8起落实"两个责任"不力被问责典型案例》,载中央纪委国家监察网站(https://www.ccdi.gov.cn/special/jdbg3/ah_bgt/sffbwt_jdbg3/201512/t20151228_71647.html),访问日期:2016年6月2日。

的严重违纪违法行为后,没有向局领导班子和局纪检组报告,也没有对其依法做出处理,只是责令其予以补缴。同年6月至11月,光某某继续以同样的手段,违规收取和截留挪用非税款174.45万元,涉嫌犯罪,被追究刑事责任。吴曙红作为党组成员、分管领导,发现光某某的严重违纪违法问题不报告,不严肃处理,履行主体责任失职,受到行政警告处分。①

原则上,对于腐败犯罪存在明知,而予以容忍的,均属于义务的违反,应追究其刑事责任,但也存在例外,情节也是参考因素:被监管人仅实施了轻微的违规行为,主体责任人对此存在明知,但并未向相关职能部门反映。这种情况,宜追究其纪律责任。例如:

【案例8】2013年财政部驻北京监察专员办事处原党组成员、专员助理李长林带队检查某上市公司期间,违规要求该公司安排入住五星级酒店,多次接受宴请,并利用职务之便向该公司董事长提出借款1000万元。借款要求被拒绝后,未经请示向该公司发文做出处罚。作为主体责任人,张更华接到实名举报后,未进行了解,也未向组织报告。因此,被追究了纪律责任。②

综上所述,应当确立如下规则:明知在本单位内部存在腐败犯罪,但不予报告,情节严重的,宜追究主体责任人的刑事责任;情节较轻的,宜追究其纪律责任。

(2)疏忽且情节严重。

组织体合规系统是犯罪的内部预防机制,而非消灭犯罪的法宝。在内控机制存在的情况下,不能因为犯罪行为的发生,就判定其无效,还要看其事后是否努力查找问题,及时修复合规系统。同样,对于主体责任人而言,也不能因为腐败现象的偶然发生,就判定其未履行义务。然而,如果腐败现象频发,则需要怀疑其义务履行的真诚性;在重大疏忽造成严重后果的情况下,表明主体责任人未尽到相关义务,宜追究其玩忽职守的刑事责任。这个意义上说,案例9的做法是合适的:

【案例9】2008年1月至2014年9月,辽宁省本溪市人力资源社会保

---

① 《安徽通报8起落实"两个责任"不力被问责典型案例》,载中央纪委国家监察网站(https://www.ccdi.gov.cn/special/jdbg3/ah_bgt/sffbwt_jdbg3/201512/t20151228_71647.html),访问日期:2016年6月2日。

② 《中央纪委通报七起落实"两个责任"不力受到责任追究的典型案例》,载中央纪委国家监察网站(https://www.ccdi.gov.cn/toutiao/201603/t20160301_124623.html),访问日期:2016年6月2日。

障局下属劳动和社会保障监察支队 2 名工作人员合伙作案 112 次,涉嫌贪污公款 3000 万元,潜逃国外后被抓获归案……劳动和社会保障监察支队前后两任党总支书记、支队长房启源、刘茂生被开除党籍、开除公职,因玩忽职守罪被司法机关判处刑罚。①

除损失数额、作案次数等因素之外,涉案人员数量、范围,也应当成为认定后果严重与否的重要参考标准(故意情形下情节的判断同样如此)。如果涉案人员众多,影响面过宽,即便数额相对较小,也应当认定为后果严重。从这个意义上讲,案例 10 的做法值得商榷:

【案例 10】2015 年 5 月至 9 月,广西壮族自治区桂平市下湾镇 15 名镇、村干部因在农村危房改造工作中收受好处费受到查处,涉案 48 万余元,涉及全镇 14 个行政村中的 12 个村。邓森文和原镇党委副书记、镇长黄汉锦,原镇党委委员、武装部部长李汉斌(分管危房改造工作)因落实主体责任不到位,而被追究纪律责任。②

综上所述,应当确立如下规则:对单位内部存在的腐败犯罪,存在严重疏忽,造成重大经济损失,或者产生恶劣社会影响的,宜追究主体责任人的刑事责任;存在疏忽,但情节轻微,危害不大的,宜追究其纪律责任。

最后,需要特别说明的是,以上讨论中提到的情节、后果等要件具有概括性,相关案例中的标准仅具有示例意义。确切标准的制定,需要通过立法或者司法解释加以明确规定。"两高"2012 年发布的《关于办理渎职刑事案件若干问题的解释(一)》对于《刑法》第 397 条"致使公共财产、国家和人民利益遭受重大损失""情节特别严重"所做解释,可以成为此处纪律责任与刑事责任界分标准的参考,但后者应当更加宽泛地加以把握。也就是说,对于腐败犯罪治理上的渎职,宜参照上述司法解释,规定更高的入罪标准。以数额为例,30 万元损失额的入罪标准不宜采用,原因有

---

① 《中央纪委通报七起落实"两个责任"不力受到责任追究的典型案例》,载中央纪委国家监察网站(https://www.ccdi.gov.cn/toutiao/201603/t20160301_124623.html),访问日期:2016 年 6 月 2 日。

② 《中央纪委通报七起落实"两个责任"不力受到责任追究的典型案例》,载中央纪委国家监察网站(https://www.ccdi.gov.cn/toutiao/201603/t20160301_124623.html),访问日期:2016 年 6 月 2 日。

二:一是现阶段,我国腐败相对严重,贪腐数额相对较大①,如果仅以造成经济损失 30 万元作为起刑点,那么,规制面过宽,有矫枉过正之嫌疑;二是《刑法》第 397 条的玩忽职守包含了部分监督过失的情形,是过失与过失的竞合,然而,腐败犯罪治理中的监管对象,是故意的腐败行为。对于过失行为的监管,可以通过管理体制的构建等方式避免;对腐败行为的监管相对困难,因为腐败是一种理性选择,具有较强的隐蔽性。相应,对于监管责任的追究,也应当更为慎重。

(三)此罪与彼罪的合理区分

我国 1979 年《刑法》第 187 条规定了玩忽职守罪,其法条表述不同于现行刑法,仅规定了"玩忽职守"的行为及其处罚,而未就"滥用职权"行为做出规定。那么,当时的"玩忽职守"是否包含了故意形式的不履行职责?对此,1982 年《关于严惩严重破坏经济的罪犯的决定》从侧面给出了回应。该决定将对受贿犯罪的不依法处理,或者不履行法律所规定的追究责任的情形,视为 1979《刑法》第 187 条的玩忽职守。也就是说,当时的玩忽职守罪包含了滥用职权的情形。直到 1996 年,立法机关才开始将滥用职权罪和玩忽职守罪在法条上予以分离。然而,形式上的分离并未消除玩忽职守与滥用职权"一体化"的思维遗迹。具体来说,司法实践中,大量案件混淆了由故意不作为构成的滥用职权与由过失不作为构成的玩忽职守的区分,大量"明知"而不履行职务的情形被认定为玩忽职守。笔者在裁判文书网按照如下条件进行检索:"案由:玩忽职守;案件类型:刑事案件;文书:判决书;审判程序:二审",共有 424 个检索结果,随机选取其中 50 个案件进行研读可以发现,共有 13 个判决存在混淆玩忽职守罪与滥用职权罪的嫌疑②:

---

① 《刑法修正案(九)》中,贪污、受贿数额标准的提高也说明了这一点;此外,从不断攀升的死刑、无期徒刑量刑标准也可以看出这一点。2010 年省部级高官贪腐数额在 1000 万元左右的,基本都被判处了死缓,参见孙国祥:《受贿罪量刑中的宽严失据问题——基于 2010 年省部级高官受贿案件的研析》,载《法学》2011 年第 8 期,第 39 页及以下。而短短几年之后,死缓量刑基点大幅提升,例如,刘铁男受贿 3 500 余万元,仅被判处无期徒刑,而且,这已经成为一种普遍现象。这种司法标准的大幅转变,根本的原因在于不断攀升的贪腐数额。

② 当然,其中也存在正确的认定,例如,在(2017)黔 26 刑终 89 号案件中,二审法院认为:张某某具有专业资质,故意未按照操作规程进行相关设计,造成严重后果,因此,应依法认定为滥用职权罪,而非一审判决认定的玩忽职守罪。

表 3-1 玩忽职守罪与滥用职权罪混同情况简表

案件编号	主观心态	认定罪名
（2015）洛刑一终字第 39 号	明知违法行为存在	玩忽职守罪
（2014）同刑终字第 127 号	明知违法行为存在	玩忽职守罪
（2015）昭中刑二终字第 52 号	明知违法行为存在	玩忽职守罪
（2015）昆刑一终字第 32 号	明知违法行为存在	玩忽职守罪
（2015）娄中刑二终字第 117 号	明知违法行为存在	玩忽职守罪
（2016）鄂 13 刑终 55 号	明知违法行为存在	玩忽职守罪
（2016）吉 03 刑终 179 号	明知违法行为存在	玩忽职守罪
（2016）吉 03 刑终 177 号	明知违法行为存在	玩忽职守罪
（2015）新中刑二终字第 233 号	明知违法行为存在	玩忽职守罪
（2016）闽 06 刑终 133 号	明知违法行为存在	玩忽职守罪
（2015）娄中刑二终字第 30 号	明知违法行为存在	玩忽职守罪
（2015）秦刑终字第 74 号	明知违法行为存在	玩忽职守罪
（2015）昭中刑二终字第 53 号	明知违法行为存在	玩忽职守罪

通过刑事手段治理腐败犯罪预防中的渎职行为的做法值得称赞，但是，在笔者看来，在责任追究的过程中也存在上述问题，亦即玩忽职守罪与滥用职权罪的区分问题。例如，在童名谦玩忽职守案中，在贿选线索明确、具体的情况下，其非但未按照有关规定进行调查、处理，反而采取安抚、销毁材料等措施，意图掩盖贿选事实。① 实际上，这已经不是判决所认定的玩忽职守，而是不作为形式的滥用职权。在追究主体责任的案例中，存在同样的对于行为性质不加细致区分的问题。例如，上海城建集团和城建置业党委、纪委不认真履行"两个责任"的案件中，最终相关责任人员承担了主体责任，即监督不力的责任。但是，该责任人员的行为实际上是一种滥用职权的行为，因为其对于下属违规使用经费的行为是明知和认可的。② 笔者认为，这种不区分玩忽职守与滥用职权的做法是传统思维的遗迹，应当予以清除。

---

① 参见北京市第二中级人民法院（2014）刑初字第 873 号刑事判决书。
② 参见《上海城建集团及城建置业党委、纪委不认真履行"两个责任"被查处》，载上海市纪委网站（https://www.shjcw.gov.cn/2015jjw/n2230/n2237/u1ai54405.html），访问日期：2020 年 12 月 30 日。

五、进一步深化:以刑事合规理念补强主体责任制

(一)《刑法》第 397 条的问题与解决

1.《刑法》第 397 条存在的问题

从犯罪构成上说,腐败犯罪治理中的渎职,完全可以被《刑法》第 397 条所评价。但是,在笔者看来,《刑法》第 397 条存在两个问题,因而不宜以此条规制腐败犯罪治理中的渎职,而应当对第 397 条进行细化:一则,一般条款缺乏明确性,因而,对于主体责任人来说,缺乏警示和威慑效果对于司法人员来说,亦缺乏必要的提示意义,客观上抑制了腐败犯罪治理渎职的司法实践展开,这也是相关刑事司法案例鲜见的原因之一。二则,腐败犯罪治理中的渎职具有特殊性,不宜以一般条款进行评价,例如,上文提到的罪与非罪的界分标准上,就应当区别对待。

2. 域外法的相关经验

基于反腐的实践需要,以及 OECD《关于打击国际商业交易中行贿外国公职人员行为的公约》的要求,2010 年 4 月,英国通过了著名的《英国反贿赂法案》。该法案中,最引人瞩目的是第 7 条"商业组织预防贿赂失职罪"的设立。与该条适用范围有所不同,匈牙利的相关立法主要针对公共机构内的腐败犯罪。据我国学者考证,匈牙利腐败犯罪治理中的积极治理主义,主要体现在 CXXI 法案以及 2012 年《匈牙利刑法典》之中:2001 年 CXXI 法案新增了"怠于报告贿赂犯罪活动罪",根据该法案第 255 条 B 款之规定,任何公务员,通过可靠的来源知悉某一尚未被发现的贿赂行为,但未及时向有权机关报告的,构成轻罪,处 2 年以下监禁、公益劳动或者罚金;2012 年《匈牙利刑法典》第 297 条"对贿赂的玩忽职守"规定:公务人员应当知晓未被发觉的贿赂行为,却没有立刻向权力机关报告的,构成重罪,判处 3 年以下有期徒刑。① 需要注意的是,无论是英国的立法,还是匈牙利的经验,都代表了国际或者地区公约的精神,具有一定代表性。就英国而言,它是 OECD《关于打击国际商业交易中行贿外国公职人员行为的公约》的缔约国,因此,有义务修订国内的相关立法。最终,在内外因素的影响下,英国制定了《英国反贿赂法案》。② 匈牙利的立法则

---

① 参见钱小平:《"积极治理主义"与匈牙利贿赂犯罪刑事立法转型——兼论中国贿赂犯罪刑法立法改革之方向抉择》,载《首都师范大学学报(社会科学版)》2014 年第 6 期,第 56 页。

② 参见钱小平:《英国〈贿赂法〉立法创新及其评价》,载《刑法论丛》2012 年第 2 期,第 388 页以下。

体现了欧洲委员会《反腐败刑法公约》以及《关于打击国际商业交易中行贿外国公职人员行为的公约》的要求。

3. 问题的解决：通过细化《刑法》第397条构建腐败犯罪治理的合规路径

经过对英国反腐败立法经验的考察，有学者提出，应当增设以过失罪为基础的"商业组织预防行贿失职罪"。① 上文也已经分析，实际上，在我国《刑法》中的玩忽职守和滥用职权罪的构成要件范围内，可以对监管失职或者放弃监管职责的行为进行有效评价。但是，笔者仍然认为，应当增加贿赂犯罪监管的失职犯罪，以及故意放弃职守的犯罪。原因如下：

第一，腐败犯罪治理渎职的特殊性，因而不宜以一般条款规制，这一点上文已经提及，不再赘述。

第二，玩忽职守罪和滥用职权罪的规定过于笼统，相比于特殊罪名，缺乏明确性和警示意义，因而，应予以细化。实际上，在1997年《刑法》立法的过程中，这种意见已经被提出：对于渎职犯罪的立法模式，在保留概括性规定的同时，主张在细化上下功夫，其中关键是玩忽职守罪的分解问题，即适应司法实践出现的新情况，适当分解玩忽职守罪，以使罪名和罪状能够更加恰当、直接地反映犯罪的行为性质和特点；在罪状的表述上，按照行为人主观态度的不同，分别设立玩忽职守罪、滥用职权罪和放弃职守罪；针对一些常见、频发的部门、行业内的玩忽职守行为，也单独立罪，以示突出。② 这种细化渎职犯罪一般条款的思路，实际也在被贯彻，最典型的是"食品监管渎职罪"的设立。在《刑法修正案（八）》（草案）中，仅涉及对《刑法》第143条和第144条危害食品安全犯罪的修改，而没有食品监管渎职犯罪的条文。在征求意见和审议的过程中，有人提出，近几年食品安全事件频发，政府有关部门食品安全监督失职问题应当受到重视。某些职能部门的不作为，使得食品安全监管几乎形同虚设，一些负有食品监管职责的国家机关工作人员，尽管涉嫌玩忽职守或者滥用职权，却很少被追究刑事责任。确保百姓的餐桌安全，单靠处罚相关企业显然不够，必须把失职的监管部门工作人员一并纳入处罚范围，对监管失职人员追究法律责任。立法机关经过研究和

---

① 参见魏昌东：《英国贿赂犯罪刑法治理：立法发展与制度创新》，载《学习与探索》2013年第2期，第79页。

② 参见最高人民检察院刑法修改小组：《关于对〈中华人民共和国刑法（修订草案）〉（征求意见稿）的修改意见（1996年11月15日）》，载高铭暄、赵秉志编：《新中国刑法立法文献资料总览》（下），中国人民公安大学出版社1998年版，第2642页。

论证,最终在《刑法修正案(八)》中增加《刑法》第 408 条之一,规定了食品监管渎职罪。① 同理,增加贿赂犯罪预防失职的相关犯罪并无不妥,因为这只是细化渎职犯罪思路的自然延伸。

第三,玩忽职守和滥用职权的细化,为刑事合规理念在腐败犯罪治理中的引入提供了契机。英国通过新罪名的设立,构建了自己独特的合规模式。前文对主体责任制的规范解读已经阐明,主体责任制的实施,是通过监督管理责任的引入,促进公共机构内部治理。但是,腐败犯罪治理本应是刑事法律的职责所在,不能完全由纪律责任替代。纪律的归纪律,法律的应当归还法律。以主体责任制为契机,构建腐败犯罪治理的合规路径具有重要意义。它不仅是对主体责任制理念的继承,更是一种超越:通过刑事法手段促进组织体内控,具有更大的威慑意义,效果值得期待。② 刑事合规强调入罪,同时包含了出罪机制。具体来说,相关责任人员可以通过正当程序抗辩,实现出罪。如果其已经在日常工作中建立了充分的腐败犯罪预防机制,并且尽到了合理的注意义务,比如定期检查、评估系统的运行情况,并针对发现的问题及时修复,那么,就应当允许其进行合理抗辩。如此一来,可以避免领导人无过错连带责任的过度承担,使得责任追究更加符合法治精神。

对于腐败犯罪预防中渎职的治理,有学者提出过类似建议。例如,钱小平博士提出,应当增加"怠于报告贿赂罪"。③ 对此意见,笔者不能接受,因为这样会不当扩大监督责任人范围。在德国,也会强调公民的监督义务,但是,人员或者监督责任范围都有所限缩,避免对公民义务的不当施加。相关的条款首先是《德国刑法典》第 138 条的"知情不举"(Nichtanzeige geplanter Straftaten)。一方面,该条强调,公民面对犯罪有揭发的

---

① 参见高铭暄:《中华人民共和国刑法的孕育诞生和发展完善》,北京大学出版社 2012 年版,第 631 页。

② 文章中已经论及,主体责任制的规范目的,是通过纪律责任促进内部治理,那么,问题就来了:为什么还要引入刑事合规理念,用刑事责任推动内部治理? 这是否违背刑法作为保障法的功能定位,或者说,违反谦抑性原则? 对此,笔者有两点考虑:第一,用刑事手段而非单一的纪律手段推动公共机构内部治理更加有效,即手段的严厉性,可以更好促进组织体的自我管理;第二,刑事合规的出罪路径,客观上缓解了手段的严厉性。因而,用刑事合规理念补强主体责任制,并不会产生违背谦抑性的效果,而且可以更好促进内部治理。更多相关论述,参见李本灿:《企业犯罪预防中合规计划制度的借鉴》,载《中国法学》2015 年第 5 期,第 203 页以下。

③ 参见钱小平:《"积极治理主义"与匈牙利贿赂犯罪刑事立法转型——兼论中国贿赂犯罪刑法立法改革之方向抉择》,载《首都师范大学学报(社会科学版)》2014 年第 6 期,第 61 页。

义务;另一方面,对这种义务进行了限缩,即主要针对该条第 1、2 款所列的重大犯罪,而不包括普通的职务犯罪等。① 另一个条款是第 357 条"引诱下属犯罪"(Verleitung eines Untergebenen zu einer Straftat)。该条第 1 款规定,上司引诱或者试图引诱下属实施职务犯罪,或容忍下属实施职务犯罪的,依其所引诱或容忍之罪处罚;第 2 款规定,被监督或控制②的公务员实施的违法行为与被监督或控制的行为有关时,对于负责监督或控制工作的公务员,适用第 1 款的规定。③ 由此可见,即便强调针对腐败犯罪的渎职,其责任主体,也仅限于具有上下级关系或者监督、控制关系的特定人。因此,本节所建议增设的放弃职权类犯罪,包括腐败犯罪预防失职类犯罪,也应限于对腐败行为具有监督管理义务之人。

(二)自我解答:作为企业犯罪治理手段的刑事合规能否适用于公共机构腐败治理?

1. 合规不是企业的专属物

合规主要是与企业相关联的经济领域的概念。"刑事合规应当避免'与企业有关的'的经济犯罪;犯罪行为一方面可以是企业本身所为,而有利于企业的行为,另一方面也可以是企业员工所为,而危害企业利益的行为;刑事合规的客体无论如何应当是作为企业刑法的经济刑法。"④需要怀疑的是:合规是否是企业的专属物? 对此,Thomas Rotsch 教授认为并非如此:刑事合规中应当存在一定的"组织关联性"(Organisationsbezug)。⑤ Hilgendorf 教授也认为:将刑事合规措施限于企业内部,或者更大命题——经济刑法领域内是不合适的,在机关、高校、国家研究机构的研究和发展部门领域内,探讨预防犯罪的措施也是可以的;将合规措理解为一个"组织机构"内部,也就是一个具有内部结构的长期存在的人的集合内部所采取的措

---

① 参见《德国刑法典》(2002 年修订),许久生、庄敬华译,中国方正出版社 2004 年版,第 78 页以下。

② "监督"的德语表述是"Aufsicht",这个词语表达的意思更加注重一个系统内上下级的监督;监督者是指,在某些时候,可以针对某些事项发布指示的人;"控制"的德语表述是"Kontrolle",该词指系统外来自另一个系统的监督,这种监督可以是平级监督;控制者是指,应当对其他公务人员的公务活动进行审查的人员。

③ 参见《德国刑法典》(2002 年修订),许久生、庄敬华译,中国方正出版社 2004 年版,第 174 页。

④ Dennis Bock, Criminal Compliance, Nomos, 2011, S. 23.

⑤ Vgl. Thomas Rotsch, Compliance und Strafrecht—Fragen, Bedeutung, Perspektiven, ZStW 2013, S. 489f.

施,或者是更有意义。① Blassl 以政党为例,提出了如下主张:越发复杂的工作程序,以及通过资源集中形成的集权,使得在自成体系的组织结构中构建组织措施成为必要,以促进合规行为,减小违规行为的风险;合规在德国的发展历程表明,其并不局限于企业合规;否定政党内合规结构存在的必要性,就等于否定了合规自身的必要性与正当性。②

对于"合规是否可以适用于企业外的其他组织体"这一问题的解答,依赖对合规内含的解读。从目的上说,合规的目的在于法规遵从,即合法经营;从手段上说,合规意味着内部自我管理,是内部与外部的合作治理,以克服单一外部规制的效率低下问题。由此可见,合规不应当是企业管理的专属物,公共部门同样也要合规。实际上,腐败犯罪治理中的党风廉政建设,以及"自我巡视"都是一种合规管理。例如,2014 年 3 月以来,为了防止"灯下黑"现象,中央纪委调整了内部机构,增设纪检监察干部监督室,加强和完善内部监督机制,形成了监督管理的闭合系统。然而,合规管理与刑事合规并非同一概念。从渊源上看,自治理念远早于制度化的合规计划。"自我管理并不是一个新鲜事物,在中世纪的公会,就存在自我管理的实践,它们检查市场以及度量设施,对商品质量进行把关,并设置贸易规则;就市场交易行为而言,自我管理可以追溯到 19 世纪 80 年代。"③但刑事合规制度则要晚很多。两者的差别在于,后者具有刑事法上的独立意义,而这一点也是公共机构合规管理应当借鉴的。总而言之,合规不应当是私营部门的专属物。

2. 企业型政府理念与合规

20 世纪 80 年代以来,基于以下原因,西方诸多国家都在进行大规模的政府再造运动:第一,政府职能扩张带来的机构的臃肿;第二,财政状况的恶化和财政赤字的增加;第三,公共选择理论的兴起;第四,国际化与国际竞争的压力;第五,官僚主义的加剧和民众对政府的不满。④ 其目标就

---

① 参见[德]埃里克·希尔根多夫:《刑法合规中的基本问题:以反腐为例——刑法合规作为刑罚的一种选择?》,江溯译,载[德]埃里克·希尔根多夫:《德国刑法学:从传统到现代》,江溯、黄笑岩等译,北京大学出版社 2015 年版,第 506 页。

② Vgl. Johannes Sebastian Blassl, Zur Garantenpflicht des Compliance-Beauftragten, Peter Lang, 2017, S. 44f.

③ 李本灿:《企业犯罪预防中国家规制向国家与企业共治转型之提倡》,载《政治与法律》2016 年第 2 期,第 57 页。

④ 参见刘树信:《西方国家的政府再造及其启示》,载《理论探索》2003 年第 6 期,第 67 页以下。

是建设"企业型政府",或者叫"企业家政府"。自奥斯本和盖布勒在《改革政府:企业家精神如何改革着公共部门》一书中提出这个理念之后,其批判之声就如同其赞美之声一样充斥学界。例如,有学者认为,从公共领域与私人领域的运行机制及其结果来看,两者存在根本性的差异。私人领域中,个人利己目的的实现,必须以利他为途径,即利己和利他是统一的。然而,公共领域则完全不同,由于政府机构和官员的工作性质大多具有垄断性,他们在追求个人目标时所受到的制度约束,远少于经济市场中的企业和个人,因而,可以更自由地追求最大化的个人利益,而不管这种行为是否符合公共利益。也就是说,在公共领域中,官僚追求自身利益的经济人行为,不会产生如同经济市场那样,反映所有参与者利益的自发秩序,而只能导致官僚主义、政府效率下降和腐败的泛滥。因而,该学者提出了"政府中可以引入市场机制吗"这样的疑问。[1] 张康之教授认为,企业型政府的错误根源在于公共选择学派的"经济人"假设。但是,"'企业型政府'理论虽然以经济学作为改革的理论依据之一,但是没有明显的迹象表明其援引了新古典经济学的人性假设,更没有足够的理由来说明其忽视了道德的重要性"[2]。此外,公共领域的运行机制确实有别于私人领域,但是,这种差异不应成为政府借鉴企业经验的障碍。这涉及对于企业型政府概念的理解。企业型政府并非让政府像企业那样运作,也不是让政府成为企业家满足自我的工具,而是在承认公私界限的基础上,研究如何利用企业家的革新精神改革公营部门,如何将行之有效的企业管理技术和方法运用到政府中来。正因为如此,企业型政府又被称为"企业家政府"。从词源解释的角度也可以看出这一点:"从英文直译的角度看,应为'Businesslike Government',但人们通常的表述是'Entrepreneurial Government',即'企业家精神政府',中心旨意是用萨伊倡导的企业家精神对政府的传统运作体制进行改革,以德鲁克所倡导的创新精神来改造政府理念和运行机制。"[3]总而言之,尽管政府和企业在运行机制等方面存在差异,但是,这种差异只是政府不能引入企业管理技术的必要条件,而非充分条件,因为两者的差异性并不能否定两者存在共同点。

---

[1] 参见张康之:《寻找公共行政的伦理视角》,中国人民大学出版社2002年版,第152页以下。

[2] 孙学玉:《企业型政府模式诘难的诠释与评论》,载《江海学刊》2007年第3期,第90页。

[3] 孙学玉:《企业型政府的语义阐释及其界说》,载《江苏行政学院学报》2003年第2期,第102页。

只要存在共同点,就有相互借鉴的可能。①

六、结语

为适应新形势,各级党委、政府和纪检监督部门出台了大量有关领导干部廉洁自律的制度和措施,对于预防职务犯罪、加强廉政建设而言,其具有一定的现实针对性。然而,从实际情况看,这些制度和规定的落实情况并不理想。② 与以往不同,党的十八届三中全会创造性地提出了主体责任制,并且从 2015 年起开始突出问责。然而,责任的追究不应当仅停留在纪律层面,纪律的归纪律,法律的应当归还法律。规范地分析,现行刑法规范对于主体责任人员具有作用空间:腐败犯罪治理的失职或者故意放弃职权的相关行为,完全可以被玩忽职守或者滥用职权罪评价。由纪律责任向刑事责任的转化,即主体责任制的刑事法制化,具有合理性,因为它促进了腐败犯罪治理基点的前置,有利于腐败犯罪的积极预防。事实上,这种理念在国外的刑事合规实践中已经体现出来,亦即,主体责任制与刑事合规具有理念的一致性。这种理念已经形成了世界潮流。在合理性证成的基础上,至关重要的是,如何合理区分纪律责任和刑事责任。对此,应首先对主体责任人的义务内容进行类型化区分:对于纯粹党内事务,即党风建设主体责任的不履行,不应追究其刑事责任;对于行政性事务,即廉政建设主体责任的不履行,可能为刑事不法提供基础。对于后一种情形,应结合主体责任人的义务违反情况进行考量。

刑事合规,作为一个犯罪预防的最新理念,对于腐败犯罪治理具有重要启示意义。与本节所讨论的公职腐败治理不同的是,合规多被认为是经济领域的概念,但是,从"组织关联性"的角度讲,它不应当是企业的专属物,国家机关同样应当讲求合规管理。合规模式的引入,是对主体责任制精神的承继与超越,不仅可以更好地促进公职机构内部治理,还可以通过出罪机制,使得责任追究更加符合法治精神。

---

① 本节提倡借鉴企业型政府的理念,在实践中,很多地方也在探索"政企统合"的治理模式。"地方政府通过将开发区政府形式的部门与企业形式的部门有机统一起来,通过这样一种特殊的体制来充分发挥政府与企业两大主体在制度创新、区域发展等诸方面的作用,从而提高行政绩效与区域绩效。"陈科霖:《开发区治理中的"政企统合"模式研究》,载《甘肃行政学院学报》2015 年第 4 期,第 42 页。

② 参见李晓明等:《控制腐败法律机制研究》(第二版),法律出版社 2010 年版,第 125 页以下。

第四章　刑事合规制度建构的刑事政策路径

第一节　刑事合规与刑事政策

一、合规计划蕴含的刑罚哲学理念——轻轻重重刑事政策的阐释

制定初期,《美国联邦量刑指南》中个人量刑与组织量刑是相互交错的,均依据报应刑理论进行刑罚设置,但是这种将个人和组织量刑混同进行制度设计的想法最终以失败告终,因为美国量刑委员会内部存在着刑罚理念的差异。① 企业犯罪刑罚哲学理念的差异在1986年的草案初稿中表现得愈加明显,因为从草案内容看,对于个人量刑已经进行了较为全面的阐释,而对于组织量刑,委员会却要求公众对于关键问题发表意见,其中最重要的问题就是"以什么样的刑罚哲学理念来进行制度设计":"供选择的对于组织进行制裁的方法有报应刑理论(Just Punishment Approach)以及威慑理论(Deterrence Philosophy)。"② 个人量刑方面,草案初稿是完全按照报应刑理论进行刑罚体系构建的,但是这遭受到了广泛的批评,因为其过于复杂。从1987年修订稿来看,已经没有了关于刑罚哲学的讨论,因为美国量刑委员会吸收草案初稿的教训,为赶在规定时间内完成量刑指南,放弃了试图解决该问题的努力,而是采取了更为务实的办法,对两者进行了理论的折中,而这种折中是以实践为基础的。在折中的基础上,尽管该版本量刑指南中规定的唯一一个涉及对组织体量刑的反垄断犯罪更多地体现出了威慑理论的痕迹,但是考察现行《美国联邦量刑指南》第八章关于组织的量刑内容不难发现,它体现的是报应刑理论与威慑理论的折中,这一点在第八章C部分关于在罚金幅度内确定罚金数额的

---

① See Jeffrey M. Kaplan & Joseph E. Murphy, *Compliance Programs and the Corporate Sentencing Guidelines: Preventing Criminal and Civil Liability*, Thomson Reuters, 2013, p. 36.
② United States Sentencing Commission, Preliminary Draft of the Sentencing Guideline, 1986, p. 163.

政策说明中已经有所体现,"(a)在可使用的罚金幅度内确定罚金数额时,法院应当考虑以下因素:(1)反映犯罪严重程度的量刑需要,增进法律权威的需要,提供公正惩罚的需要,发挥适当威慑力的需要,以及保护公众免受该组织再次犯罪之侵害的需要"①。在第八章的导言部分也提及:"本章旨在维护预防、发现和举报犯罪的内在机制,使对组织及其代理人的制裁总体上能够提供公正的惩罚(Just Punishment)、足够的威慑(Adequate Deterrence)和对组织的激励。"②除了上述两处政策说明直接反映组织量刑的刑罚哲学基础,其具体的量刑规则更是体现无遗:主要是通过"责任点数"(Culpability Score)以及罚金的"最小倍数"(Minimum Multiplier)、"最大倍数"(Maximum Multiplier)来影响企业实际承受的罚金量。例如,当责任点数为0点以下时,最小倍数仅为0.05,而当责任点数在10及以上时,则最大倍数可达到4.00。③ 80倍的量刑差异其实反映的是一种"轻轻重重"的刑罚思想或者说是对组织体量刑的刑事政策。行为轻、罪责轻则刑罚畸轻,这体现的是刑罚的公正性。行为重、罪责重则刑罚畸重一方面体现了公正思想,但更重要的还有刑罚的威慑色彩,即通过显著增加严重犯罪的刑罚量威慑类似行为的再次发生。在轻重之间,实际上对于企业犯罪的惩治以"重"为主,《萨班斯法案》对此有明显的体现。

　　明确这一点对于我们依此思路反思并重构我国的企业犯罪刑事政策具有重要意义。具体来讲,我们应当将偏重的政策面向作为企业犯罪惩治的刑事政策的侧重点,原因如下:第一,是企业犯罪的严重态势,这一点在上文已经有所论及,不再重复。第二,是企业犯罪的严重危害,这一点通过安然事件就可以看出,梯德曼教授对此也早有预言,即经济犯罪可能导致大公司的垮台,还会给全社会造成重大损失。④ 第三,虽然重刑的威慑效果一直受到质疑,但是有一点是可以肯定的,重罪轻刑一定难收犯罪预防之效果,对此,芝原邦尔教授早有论及:"对实施违法行为的公司加以刑事处罚,从降低其社会形象的意义上,可以说能够给公司造成一定的打击,但是,从给公司造成财产损失的观点看,按照现有科处的罚金金额的程度,是不会造成多大打击的,特别是对大企业而言,可以说无关痛痒。当然,通过引进法人重课,现在对主要经济犯罪

---

① U. S. Sentencing Guideline Manual (2011), §8, C2.8(a)-(1).
② U. S. Sentencing Guideline Manual (2011), §8, Introductory Commentary.
③ See U. S. Sentencing Guideline Manual (2011), §8, C2.6.
④ 参见〔德〕乌尔里希·齐白:《打击经济犯罪的刑法及其替代模式》,周遵友译,载〔德〕乌尔里希·齐白:《全球风险社会与信息社会中的刑法:二十一世纪刑法模式的转换》,周遵友、江溯等译,中国法制出版社2012年版,第236、237页。

中的法人处罚都可以科处上亿日元的罚金,但这种犯罪的种类毕竟有限,而且即使科处数亿日元的罚金,对大规模的企业来讲也构不成太大的打击,除非像美国那样,对企业处以巨额罚金,否则很难期待得到抑制效果。"①第四,合规计划制度所具有的刑罚意义客观上可以消解刑罚的严厉性。如前所述,合规计划可以起到责任减轻甚至正当化的功能,如此一来,即便设置了严厉的刑罚,但如果企业积极进行合规管理,那么,由于法律激励措施的存在,企业也不会遭受严厉的惩罚。如果企业怠于履行合规义务,则其违法品格也彰显无遗,对其施加严厉的刑罚与企业犯罪后果的严重性也是相称的,即即便是严厉的刑罚也符合罪责刑相一致的基本原则。第五,企业犯罪治理中,严厉刑罚并非目的,而是在于通过外部压力促进企业进行自我管理。本书主张将合规模式作为企业犯罪治理的补充模式,从而构建起企业犯罪防控的多元、金字塔式的立体防控体系。在这个金字塔式的立体体系中,合规管理以及强制的自我规制(enforced self-regulation)位于相对底层,之后才是刑罚规制,甚至消灭企业的主体资格。在这个体系中,刑罚保持了足够的抑制,即只有在自我管理失败后才能被施用。合规模式又被通俗地称为"胡萝卜—大棒模式"(carrot-stick model)。这也就意味着,企业自我管理以严厉的刑罚威慑为前提,越是严厉的刑罚,越能促进企业自我管理。②

归结起来说,合规计划制度体现出了轻轻重重的两极化刑事政策;用较为严厉刑事政策治理企业犯罪并不违背刑法的谦抑精神,以谦虚抑性来责问严厉政策选择的观点本身就是对谦抑性价值的误读。

二、轻轻重重刑事政策与我国宽严相济刑事政策的关系

所谓宽严相济刑事政策,简单讲就是"当宽则宽,当严则严,宽严相济,罚当其罪"。在与西方轻轻重重的两极化刑事政策的关系上,学界一般认为两者是不同的,我国不存在两极化的刑事政策,进而有必要加以借鉴。例如李希慧教授提出:"轻轻重重应成为一项长期的刑事政策。"③借鉴的前提是两者之间具有某些共同的地方。从内容上进行比较,"宽严"与"轻重"具有对应关系,即两者都强调一种区别对待的思想,以一种辩证主义的思维指导刑事司法

---

① 〔日〕芝原邦尔:《经济刑法》,金光旭译,法律出版社2002年版,第128页。
② See Ian Ayres & John Braithwaite, *Responsive Regulation: Transcending the Deregulation Debate*, Oxford University Press, 1992, p. 41.
③ 李希慧、杜国强、贾继东:《"轻轻重重"应成为一项长期的刑事政策》,载《检察日报》2005年5月26日第03版。

和刑事立法。"其实,在惩办与宽大相结合的政策的原始含义中,并无轻轻重重的内容,而是强调轻重的区别对待;在宽严相济的刑事政策中,该宽则宽,该严则严,对于宽与严加以区分,这是基本前提,因此,宽严相济是以区别对待或者差别待遇为根本内容的。"① 虽然我国有学者在肯定其相似性的同时,指出两者的侧重点有所不同②,但是通过对最高人民法院《关于贯彻宽严相济刑事政策的若干意见》的分析可以看出,其实我国的宽严相济刑事政策并不仅是区别对待的一种表达,还包含有自身的侧重点,而这种侧重点"要根据经济社会的发展和治安形势的变化,尤其要根据犯罪情况的变化,在法律规定的范围内,适时调整从宽和从严的对象、范围和力度"。因此,学者关于侧重点不同的论断是否合适值得探讨,因为这种侧重点不是一成不变的。

同样,以美国为例,其轻轻重重的两极化刑事政策的侧重点也不是一成不变,而是随着犯罪形势的发展而偏向"轻"的一面或"重"的一面,而且从现在的政策偏向看,我国的宽严相济与美国的两极化政策都偏向"重"的一面。从这个意义上讲,我国的宽严相济刑事政策与两极化的刑事政策是否有本质上的差异值得探讨。对此,我国有学者认为:"惩办与宽大相结合政策的精神就是对严重的罪犯施以更严重的处罚,对轻微的罪犯给予轻微的处罚,即轻其轻者,重其重者,换言之,也即轻轻重重;惩办与宽大相结合的政策的基本精神就是要在严重罪犯与轻微罪犯之间,人为地扩大差距,人为地扩展刑罚适用的不同,人为地使对不同罪犯的处罚向两极化发展,从而达到更好地与犯罪作斗争的效果。"③ 由此推论,该论者认为宽严相济的刑事政策与两极化的刑事政策也并无本质的差异。严励教授同样指出:"中国两极化的刑事政策早在 1981 年就已经提出,而且在 1983 年严打之前已经取得了一定的成效;宽严相济的刑事政策也是我国两极化的刑事政策的延续和发展,其目的是对片面严打的纠偏,恢复两极化的刑事政策。"④

通过对两极化刑事政策与我国宽严相济刑事政策关系的论述不难看出,合规计划所反映出来的轻轻重重的刑事政策与宽严相济刑事政策并不冲突,某种程度上两者是一种暗合,因为在宽严相济的刑事政策之中的"宽"意味

---

① 陈兴良:《宽严相济刑事政策研究》,载《法学杂志》2006 年第 1 期,第 21 页。
② 参见李晓明:《欧美"轻轻重重"刑事政策及其借鉴》,载《法学评论》2009 年第 5 期,第 115—117 页。
③ 侯宏林:《刑事政策的价值分析》,中国政法大学出版社 2005 年版,第 270、301—308 页。
④ 严励:《问题意识与立场方法——中国刑事政策研究之反思》,载《中国法学》2010 年第 1 期,第 162、163 页。

着刑罚的轻缓,这可以分为两种情形:一是该轻而轻,二是该重而轻;该重而轻,是指所犯罪行较重,但行为人具有坦白、自首或者立功等法定或者酌定情节的,法律上予以宽宥,在本应判处较重之刑的情况下判处较轻之刑。① "该重而轻"恰恰可以通过合规计划中的量刑激励措施得以体现,即本来应该判处较重的刑罚,但是因为企业合规的存在,积极举报犯罪行为(自首)以及事后的积极配合等,从而降低其刑罚量。合规计划中"重"的一面则可以通过宽严相济刑事政策中总体偏严的政策取向得以体现。

第二节 引入合规理念调整刑事实体法领域的企业犯罪治理政策

一、刑事合规的实质解读

前文在对刑事合规下定义的时候已经指出,这个概念包含了两个核心要素,即自我管理与刑事法手段。它讲的是,如何通过刑事法手段推动企业实施自我管理的问题。如果从这个角度理解刑事合规,那么,从刑事实体立法论上来说,有两条制度构建路径:一种是通过量刑激励的方式推动企业实施合规管理(美国模式);一种是通过独立构罪的方式推动企业实施自我管理(英国模式)。下面我们可以通过两个立法例来体会两者的差异。

(一)美国模式:美国立法例的考察

现代意义上的企业合规可以追溯到 20 世纪初公共安全机构出现之时,但是,美国制度化的刑事合规制度却被认为首次出现在《美国联邦量刑指南》第八章中的"组织量刑指南"。该章导言部分开篇就指出:"本章旨在维持预防、发现和举报犯罪的内在机制,使对组织及其代理人的制裁总体上能够提供公正的惩罚、足够的威慑和对组织的激励。"② 至于如何激励企业维持内部控制系统,该章进一步指出:如果企业建立了有效的合规系统,那么,可以减轻其刑罚。依照规定的量刑标准,该减轻幅度最高可达 95%;如果企业怠于合规,最高可处 4 倍罚金。③

《美国联邦量刑指南》中的合规计划制度,在《萨班斯法案》中得到进一步加强。具体来说,主要是被称为"最昂贵条款"的第 404 条款:"为了达到第 404

---

① 参见陈兴良:《宽严相济刑事政策研究》,载《法学杂志》2006 年第 1 期,第 21 页。
② U. S. Sentencing Guideline Manual(2018), §8, Introductory Commentary.
③ See U. S. Sentencing Guideline Manual (2018), §8, C2.6.

条款的要求,上市公司要保证对交易进行财务记录的每一个环节都有相应的内部控制制度,例如对交易的条件、合同成交的记录、付款和交货的时间、业务的具体负责人员等做出详细的记录和制定相应的控制措施,此外,还需要及时总结出内部控制中存在的缺陷并提出具体的补救措施。"① 为了有效推动内控,该法案不惜显著提高相关领导人员的刑事责任以及企业的罚金。②

值得注意的是,通过强化个人责任、推动内部控制的方式,在 2015 年经耶茨签署的《公司违法行为个人责任指令》(又称"耶茨备忘录")中得到进一步加强。"耶茨备忘录强调执法过程中个人配合,也要求涉案个人承担相应责任,这一指令表现出美国司法部欲将企业高层绳之以法的倾向;如果企业内部人员实施了违法行为,法律顾问首先要迅速采取调查措施并予以制裁,再根据不同国家的法律规定,将调查信息披露给相应的执法部门,为企业争取获得宽大处理的可能性。"③

由以上论述可见,实体法上,美国主要依靠刑罚激励推动企业内部控制,而且这种激励机制得到了不断强化。

(二)英国模式:英国立法例的考察

传统上,英国对企业犯罪的处罚采取的是等同责任原则,亦即,将企业高层的行为等同于企业的行为进行刑事苛责,但是这样的责任形式本身比较狭窄。于是,2007 年的《英国企业过失杀人与企业杀人法》规定了新的责任形式,将企业刑事责任与内部管理体制联系在一起。该法规定:如果因其组织和管理活动严重背离其应当承担的义务而导致人员死亡,那么该部分所规定的组织应当承担刑事责任;在判断是否存在重大义务违反时,应考虑组织是否遵守相关健康和安全法规,同时应当考虑是否存在容易导致犯罪行为的态度、政策以及惯例。④ 这种组织责任形式被广泛认为极大地促进了企业自我管理的提升,其实这也就是实质意义上的企业刑事合规制度。这种情况同样出现在

---

① 施君:《解读美国萨班斯法案 404 条款及其立法启示》,载《扬州大学学报》(人文社会科学版)2009 年第 3 期,第 87—91 页。

② 具体可参见李本灿:《企业犯罪惩治中两元化刑事政策的构建——基于企业犯罪惩治负外部效应克服的思考》,载《安徽大学学报》(哲学社会科学版)2014 年第 5 期,第 133 页;蒋熙辉:《美国 SARBANES-OXLEY 2002 法案刑事责任条款研究》,载《中国法学》2003 年第 5 期,第 179—181 页。

③ 陈可倩、龚自力:《白领犯罪前沿问题——白领犯罪国际研讨会会议综述》,载《交大法学》2016 年第 2 期,第 5—17 页。

④ See Corporate Manslaughter and Corporate Homicide Act 2007, Section 1, 8.

2010年的《英国反贿赂法案》。该法第7条"商业组织预防贿赂失职罪"第2款规定,如果该商业组织拥有旨在预防组织成员实施犯罪行为的足够的措施,则构成合法辩护;第9条规定,国务大臣应当制定关于预防组织成员犯罪的适当程序和措施的指南并进行适时修订。① 2011年英国司法部发布了细化第9条的具体指导意见。关于商业组织预防其职员贿赂的正当程序的指导,不同于《美国联邦量刑指南》规定的具体的合规措施,该指导意见并没有将意见"公式化",只是设定了组织建立合规计划的六条原则,亦即,适当程序、高层践行、风险评估、尽职审查、沟通、监控和检查。② 由此可见,在这种模式中,独立构罪,而非刑罚激励成为推动企业合规的方式,其中,合规起到了排除企业罪责的作用。

这里需要特别说明的是,下文仅是借鉴英国通过独立罪名推动企业合规的立法方式,但至于如何建构独立的罪名,并不会完全按照英国的模式,而是会做出进一步的延伸。例如,在笔者看来,围绕个人责任而建构的独立罪名(如重大责任事故罪,这一点不同于上文提到的英国围绕公司责任而建构的诸如"商业组织预防贿赂失职罪"之类的独立罪名)具有同样的制度功能。这也就意味着,本节借鉴英国的立法进行的立法建构,可以涵盖前文提及的两种制度类型,即排除企业责任的刑事合规制度以及以合规作为个人责任联结点类型的刑事合规制度。如此一来,本章的建构也就自然涵盖了刑事合规在刑事实体法上的三种制度类型。

二、英国模式在我国立法中的表现与立法的进一步回应

(一)英国模式在我国刑法中的体现

1.《刑法修正案(九)》第28条的解读

(1)前置性法规的内控要求。

某种意义上说,计算机网络改变了人类的生活方式,但同时也带来了诸多问题。在犯罪问题上,网络使得犯罪形态异化,更甚者,网络世界逐步成为犯罪的"主战场"。网络恐怖主义已经成为恐怖主义犯罪的重要形式,并为恐怖犯罪的发生起到重要的助推作用。因而,网络信息安全已经成为必须要关注的国家问题。然而,网络信息的碎片化、媒介分散化决定着,政府层面的监管

---

① See Bribery Act 2010, Chapter 23, §7-(2), §9-(1)(2).
② See The Bribery Act 2010-Guidance.

难以有效实现,而服务商本身已然成为网络空间的重要治理力量。① 事实上,鉴于网络服务商在网络犯罪控制上的独特优势,诸多法律、行政法规等已经确立了其安全保障义务,也就是说,网络安全领域的合规管理在诸多前置性法规之中已经得到确认,例如:

《全国人民代表大会常务委员会关于加强网络信息保护的决定》第 4 条规定:网络服务提供者和其他企业事业单位应当采取技术措施和其他必要措施,确保信息安全,防止在业务活动中收集的公民个人电子信息泄露、毁损、丢失。在发生或者可能发生信息泄露、毁损、丢失的情况时,应当立即采取补救措施;

《即时通信工具公众信息服务发展管理暂行规定》第 5 条规定:即时通信工具服务提供者应当落实安全管理责任,建立健全各项制度,配备与服务规模相适应的专业人员,保护用户信息及公民个人隐私,自觉接受社会监督,及时处理公众举报的违法和不良信息;

《计算机信息网络国际联网安全保护管理办法》(2011 年修订)第 10 条规定:互联单位、接入单位及使用计算机信息网络国际联网的法人和其他组织应当履行下列安全职责:(一)负责本网络的安全保护管理工作,建立健全安全保护管理制度;(二)落实安全保护技术措施,保障本网络的运行安全和信息安全;(三)负责对本网络用户的安全教育和培训……

尤其值得注意的是,最新实施的《网络安全法》第 21 条也明确规定了服务商的合规管理义务:网络运营者应当按照网络安全等级保护制度的要求,制定内部安全管理制度和操作规程,确定网络安全负责人,落实网络安全保护责任。

(2)《刑法修正案(九)》第 28 条对网络服务商内控义务的进一步确认。

在 Thomas Rotsch、Ulrich Sieber 教授关于刑事合规的权威著述中,多处提及刑事合规是风险社会以及风险刑法的产物的观点。尽管在学理上存在对于风险社会概念的质疑,但是,风险的增多以及不确定性的增强是不争的事实;在风险社会的背景下,为了实现风险的控制,刑法自身也在发生着体系性调整。具体来说,刑法体系从惩罚倾向的体系向预防导向的体系发生转变。通过对国内外最新的立法进行总结,不难发现,预防导向的刑法体系主要通过如下两种方式控制风险:第一,控制基点的前置化,例如,对于预备犯的正犯化、

---

① 参见李源粒:《网络安全与平台服务商的刑事责任》,载《法学论坛》2014 年第 6 期,第 26 页。

持有型犯罪的增设等。第二,控制基点的多元化。传统上认为,犯罪控制是国家的任务;犯罪控制主要依赖国家刑事手段,即单一的"大棒"政策。然而,单一控制手段具有难以克服的缺点,例如,国家距离犯罪较远,难以贴身盯防,及时控制犯罪;犯罪的专业化需要专业化的手段,这一点在企业犯罪中尤其明显,这是有限的国家司法资源难以完全实现的。基于此,风险控制基点逐步呈现多元化的趋势。具体来说,国家通过"义务下沉"的方式,分派责任于"组织体",例如对于企业犯罪控制义务的强调;对于党政机构犯罪控制义务的施加等。

对于党政机构犯罪控制义务的施加,主要表现在主体责任制的践行:主体责任人不仅被赋予了腐败犯罪控制的纪律性义务,刑事法义务也逐步得到认可,例如,童名谦玩忽职守案等典型案例均表明,"一把手"负有腐败犯罪的监督管理义务,而这一点完全可以通过对《刑法》第397条玩忽职守罪、滥用职权罪的教义解释得到确证。当然,通过对主体责任人施加刑事法义务仅是手段,目的在于推动党政机构的内控。关于党政机构的内控义务,中央纪委2011年发布的《关于加强廉政风险防控的指导意见》已经有所体现:该指导意见要求各级党政机构借鉴公司治理经验,将风险管理理论与现代质量管理方法引入反腐倡廉机制建设。这一点也逐渐得到刑事法的认可,即通过刑事责任的方式敦促党政机构内部管理机制的建立。与党政机构类似,企业的犯罪控制义务也逐步得到确认,旨在通过义务的施加,促进内部合规管理系统的建立和完善。不同之处在于,组织体的刑事义务还不具有普遍意义,更多的是,国家在价值判断的基础上,赋予不同的组织不同的刑事法义务。具体来说,国家应当在充分的形势评估的基础上,有选择性地赋予部分企业某种特定的义务①,甚至,在条件成熟时,可以通过定罪或量刑激励的方式,赋予企业普遍的内控义务。

具体到网络服务商,基于以下原因,应当赋予其网络犯罪控制的刑事法义务:首先,网络的发展"成就"了网络犯罪,传统犯罪网络化态势明显;其次,网络服务商具有网络犯罪控制的技术能力和优势;最后,刑事法手段能更好推动企业内控。前文已经提及,前置性的行政法规,尤其是《网络安全法》中已经全面规定了网络服务商的义务,因而,此处有必要回答如下问题:在行政法规已

---

① 这一部分所述的网络服务商的义务、交通领域的合规管理义务、工业生产领域的合规义务等都是基于以上法理的考量而得以在立法中确立,关于理论基础,下文具体领域的内控义务问题不再重复叙述。

经规定了网络服务商的义务的情况下,为什么还要动用刑事法手段推动网络服务商的合规管理?答案蕴含于刑事法手段与行政法手段的功能性差异,亦即,立法者认为,刑事法手段能更好地促使网络服务商履行内控义务,因而,公司法中董事的勤勉义务以及由此展开而产生的内控义务不能成为否定刑事合规制度的事由;前置性行政法规定的网络违规行为治理义务也不能成为否定刑事合规制度的根据。在笔者看来,这种认识是成立的:义务意味着责任,不同的义务意味着不同的责任。相比于行政责任而言,刑事责任显然具有更大的威慑力,尤其是对于善于计算的企业而言。这一点在合规计划广为推行的美国司法实践中可以明显看出。① 此外,刑事合规制度的意义在于,其契合了法人责任的本质,构建了法人责任的出罪路径:传统上,无论是美国的"代位责任",还是英国的"等同责任",都是建立在个人责任基础之上,以个人责任作为联结点的责任形式,然而,这种责任形式存在处罚范围过于宽泛和处罚条件过于严苛的缺陷。② 更重要的是,这种责任形式并未反映法人责任的本质,亦即,作为与自然人并列的适格法律主体,其责任为什么依赖对自然人责任的认定,而不是从组织体自身寻找责任根据。事实上,无论是美国此后的"集合责任",还是意大利的"结构性疏忽"以及德国学者结合卢曼的系统论展开的法人责任理论,都是在解决这个问题,即从组织体自身寻找责任根据。刑事合规制度正是这种科学认知的产物,也因此为企业提供了出罪路径,使得责任追究更加符合法治精神。

对于网络服务商的刑事责任,《刑法修正案(九)》之前已经确立,即主要是通过司法解释的形式完成。其中,对于"管理责任"的规定主要是最高人民法院、最高人民检察院《关于办理利用互联网、移动通讯终端、声讯台制作、复制、出版、贩卖、传播淫秽电子信息刑事案件具体应用法律若干问题的解释

---

① 美国的合规推行实际上包含了实体和程序法两个方面,后者主要是指缓/不起诉制度的运用,亦即,通过缓/不起诉协议的方式,促进企业内部治理的改善;缓/不起诉以缓/不起诉协议的签署为前提,而协议内容具有显著的负担性,例如,对于内部治理机制的重组要求,对于财产处罚的强调等。在著名的汇丰银行暂缓起诉案中,除改善内部控制所需巨额投入之外,其还需要支付大约19亿美元的财产处罚或者赔偿。需要思考的问题是,为了避免刑事责任,企业为什么甘愿支付如此巨大的财产?原因很简单:刑事追诉可能导致企业经营资质的丧失或者因信誉严重受损而遭受更加严重的经济损失。这一点是行政处罚所不具有的威慑力。关于合规计划推行的程序法问题,可具体参见李本灿:《认罪认罚从宽处理机制的完善:企业犯罪视角的展开》,载《法学评论》2018年第3期。

② 参见周振杰:《企业刑事责任二元模式研究》,载《环球法律评论》2015年第6期,第148—158页。

(二)》第 3 条。该条被认为是"共犯正犯化"的正式运用。经过对"共犯正犯化"思路的反思,有学者认为,应当直接通过立法的形式确立网络服务商的管理责任,明确服务商的行为规范。① 实际上,《刑法修正案(九)》第 28 条正是这种思路的体现,亦即,该条通过立法的形式确立了网络服务商的内控义务。

2.《刑法修正案(九)》第 8 条第 2 款的解读

(1)前置性法规的内控要求。

近年来,道路交通安全事故以及危险品运输过程中事故频发,尤其是系列校车安全事故的发生,造成了严重后果及社会影响。为此,国家制定了相应的法规规章,对于相关行为进行规范。其规范内容明显受到了管理学中内部控制的影响,明确规定了相关单位的合规管理义务,例如:

《道路运输条例》第 8 条规定:申请从事客运经营者应当具备健全的安全生产管理制度及适格的车辆、驾驶人员。

《校车安全管理条例》第 10 条规定:配备校车的学校和校车服务提供者应当建立健全校车安全管理制度,配备安全管理人员,加强校车的安全维护,定期对校车驾驶人进行安全教育,组织校车驾驶人学习道路交通安全法律法规以及安全防范、应急处置和应急救援知识,保障学生乘坐校车安全;第 39 条规定:随车照管人员在发现驾驶人无校车驾驶资格,饮酒、醉酒后驾驶,或者身体严重不适以及校车超员等明显妨碍行车安全情形时,应制止校车开行。

《道路危险货物运输管理规定》第二章明确规定:从事道路危险货物运输经营者应具备健全的安全生产管理制度;第三章对于专用车辆及设备管理进行了详细的规定。

(2)《刑法修正案(九)》第 8 条第 2 款对相关责任人内控义务的进一步确认。

鉴于校车业务、旅客运输及危险品运输的法益关联重大,在系列突发事故的直接刺激下,交通领域的刑事法规范得以扩张。这种扩张主要表现为危险驾驶罪的设立及规制范围的拓展。对于前述前置法规、规章确立的安全管理义务,《刑法修正案(九)》第 8 条第 2 款进行了进一步强化,亦即,通过刑事责任的方式,促进机动车所有人、管理人对于校车业务、旅客运输以及危险品运输进行严格的合规管理。尽管对于危险驾驶罪的设立及其规制扩张存在诸多理论争议,但是,从刑事合规理念在交通刑法领域的引入这个角度讲,这也是

---

① 参见李源粒:《网络安全与平台服务商的刑事责任》,载《法学论坛》2014 年第 6 期,第 32 页。

合理的。对于上述特定业务过程中引入刑事合规制度,也恰恰印证了笔者曾经的建言,即刑事合规理念首先应当在关涉民众生命、健康安全的关键领域展开。①

3. 进一步地延伸解读

(1)对《关于审理交通肇事刑事案件具体应用法律若干问题的解释》(法释〔2000〕33 号)的解读。

2000 年 11 月 10 日最高人民法院发布了《关于审理交通肇事刑事案件具体应用法律若干问题的解释》(法释〔2000〕33 号),该解释第 7 条规定:"单位主管人员、机动车辆所有人或者机动车辆承包人指使、强令他人违章驾驶造成重大交通事故,具有本解释第二条规定情形之一的,以交通肇事罪定罪处罚。"尽管有学者认为,该条款的设立等于在我国刑法中确立了过失犯罪的共同犯罪理论②,但是,笔者认为,这里的"以交通肇事罪定罪处罚",区别于该解释第 5 条第 2 款中的"以交通肇事罪的共犯论处",其并非对共同过失犯罪理论的确立,而是管理监督过失在我国刑法中的体现。③ 也就是说,该解释该第 7 条意在通过刑事责任的施加,促使相关责任人员认真履行安全行车的管理义务。结合前述前置法规、规章的内控规定,以及《道路交通安全法》总则第 6 条第 3 款"机关、部队、企业事业单位、社会团体以及其他组织,应当对本单位的人员进行道路安全教育"的规定,可以说,刑事合规的理念在交通刑法中也有所体现。在此理论确证的基础之上,须要特别注意的是,该解释第 7 条中的责任主体以及行为方式只能理解为提示性规定,责任的认定不应当拘泥于此。例如,当对于驾驶人员具有管理监督义务的其他人员未能履行义务,造成重大交通事故的,也应当以交通肇事罪认定。从这个意义上说,江桂柱、甘健奇等交通肇事、重大责任事故案的定性就值得商榷。④ 因为被告人江桂柱、甘健奇作为具有资质的汽车驾驶人员,应当履行管理义务,及时制止不具有驾驶资格的其他人驾驶客车,否则,可能因管理监督过失而构成交通肇事罪。尽管重大责任事故罪也可以对其行为进行评价,但是,在公共交通管理范围内,因违反交通运输管理法规造成重大事故的,定交通肇事罪显然

---

① 参见李本灿:《合规计划的效度之维——逻辑与实证的双重展开》,载《南京大学法律评论》2014 年春季卷,第 238 页。
② 参见侯国云:《交通肇事罪司法解释缺陷分析》,载《法学》2002 年第 7 期,第 47 页。
③ 参见张明楷:《刑法学》(第四版),法律出版社 2011 年版,第 631 页;谭淦:《监督过失的一般形态研究》,载《政法论坛》2012 年第 1 期,第 175 页。
④ 参见广西壮族自治区梧州市中级人民法院(2003)梧刑终字第 90 号。

比重大责任事故罪要合适。① 同样的道理,当监督管理人员并未采取强令、指使行为,而只是采取劝说、鼓动、建议等方法,也同样意味着对管理监督义务的懈怠,可能构成交通肇事罪。

(2)其他相关条款。

除上述条款之外,我国刑法中多处体现出刑事合规的理念,主要包括:重大责任事故罪、强令违章冒险作业罪、重大劳动安全事故罪、大型群众性活动重大安全事故罪、危险物品肇事罪、工程重大安全事故罪、教育设施重大安全事故罪、消防责任事故罪等。一方面,相关前置性法规均规定了相关单位的内控义务;另一方面,刑法确立了相关责任人员的内控义务,对该义务的违反,将导致刑事责任的承担。相反,内控(合规)义务的履行,将排除企业或者个人罪责。

(二)立法的进一步回应

现代社会之下,政府规制难以应对各种复杂的经济社会问题。强化个人、企业、市场的自我意识极为重要;然而,在引进构建于自愿基础上的社会自我规制时,需要更多的社会自我规制诱因,设计更为精巧的框架立法。② 从刑事法的角度讲,因为合规管理与责任、注意义务违反等问题的内在关联,以刑罚激励推动企业自我规制是一个合理的选择。然而,我们的合规立法还只是局部回应,或者仅体现出刑事合规理念,如何将刑事合规理念明确、全面地融入我们的刑事立法体系,还有很长的路要走。但路终究要走,一个可行的方向是通过管理过失、刑罚激励以及赋予特定人员保证人义务等方式,对合规管理进行"多面夹击"。

对于管理监督过失,有学者提出在职务关系领域增设"监督过失罪"③,有学者提出不必专门设立"监督过失罪",而应当增设"业务过失致人死伤罪"④。后一种观点,作者对于管理监督过失的论述主要是以日本的系列失火案为线索展开的,因而,出于组织体内的过失与组织体外的过

---

① 参见曹菲:《管理监督过失研究——多角度的审视与重构》,法律出版社 2013 年版,第 199 页。

② 参见高秦伟:《社会自我规制与行政法的任务》,载《中国法学》2015 年第 5 期,第 97、98 页。

③ 冯殿美、曹廷生:《论监督过失罪在我国的设立》,载《山东大学学报》(哲学社会科学版)2009 年第 6 期,第 93 页。

④ 曹菲:《监督管理过失研究——多角度的审视与重构》,法律出版社 2013 年版,第 245—249 页。

失均等处罚的考虑,宜统一在"业务过失致人死伤罪"之下。然而,管理监督过失的适用不能仅限于可能致人死伤的生产经营领域,金融等领域内的合规管理同样可以通过管理过失理论来推动,在这方面,"业务过失致人死伤罪"就没有评价空间。而且,尽管组织体内的管理人员与组织体外的公务人员同样对于法益保护处于支配状态,但是,这并不等于要使其承担同样的责任,因为身份的不同决定了责任的差异。组织体内的相关责任人员处于法益保护的第一位,而组织体外的监督者则处于补充性地位,前者承担业务过失致人死伤的相关犯罪,后者承担玩忽职守类相关犯罪,完全可以做到罚当其罪。因而,这种观点为笔者所不取。至于前一种观点,亦即,有必要专门在职务关系领域内增设"监督过失罪",这种观点有悖于本书"通过管理过失理论推动企业自我管理"的初衷,而且将会导致新增罪名与现有玩忽职守罪功能的重合。具体来说,本节意义上的管理过失的规制对象主要是企业相关责任人员,意在通过刑事责任,倒逼其自觉进行内部控制,因而与公务人员的渎职并无关联;因为玩忽职守罪具有责任主体的限制,通常表现为管理监督过失,因而,在职务关系领域新增"监督过失罪"显得立法过剩。总之,在玩忽职守罪之外新增公务领域内的"监督过失罪"的观点亦为本文所不取。一个可行的思路是,增设"业务监督过失罪",以此推动业务领域内管理机制的建立和执行。与此相似的方式是,赋予特定人员以保证人义务,例如企业的合规官。对此,上文已经提到,2009年的德国判例已经确立了合规官的保证人义务,从刑事政策上讲,这种做法是可取的,因为这样可以最大限度保证合规部门的独立性,使其真正履行安全保障义务。

需要注意的是,上述两种方式主要是通过对特定人员施加责任,以敦促其自觉组织内部管理。可以说,这是一种"间接模式"。与此相对,将合规计划的推行直接与企业责任挂钩也是一种可行的方式。具体来说,将合规计划的推行与否作为企业违规行为出罪或者减轻处罚的事由。例如,企业可以举证,其已经建立并执行了有效的合规计划,尽到了合理的注意和结果回避义务,因而不应承担监督不力的责任。这一点得到了德国学者 Frisch 的支持,其认为:适当的合规计划可以作为排除法人刑事可罚性的事由,因为法人已经通过特定组织在活动范围内以适当的方式采取了所要求的避免犯罪行为发生的措施,因而就不存在法人自身的不法了。① 但是,从拟制化的"人"的角度讲,法人的合规管理仅仅是其"良善"的内在品质的征表,很多情况下并不当然阻却在个别化的行为中的不法,而仅是对其进行"道德考量"的因素之一,亦即,合规并不当然阻却不法,可能仅影响刑罚裁量。这一点在 United States v. Hilton Hotels Corp. 案中得到确定,即合规计划的存在并不必然免除公司因其职员的犯罪行为而应承担的责任。② 因此,合规的刑罚意义也应当在未来的立法中加以体现。

在本部分的最后,有必要对这样的问题予以特别说明:刑事合规这样一个陌生概念与传统大陆法系刑法的过失犯理论相比,到底有什么不同?这个概念是否具有本质上的新颖之处?对这些疑问,文章做两点回应:首先,两者存在理论旨意上的根本不同。合规计划制度的本质是,如何运用刑事手段推动组织体进行合规管理,而传统的过失犯罪理论更多地关注过失的认定标准问题,即什么是过失。对于如何推动组织体的合规管理,传统的过失犯罪理论是一个有效的理论工具。例如,日本通过管理监督责任的引入推动组织体建立、健全防火管理机制的实践。但是,合规计划的推动并不是仅依赖管理过失理论的引入,通过赋予特定人保证人义务的方式也可以促进其自觉组织内部管理。例如,通过危险驾驶罪的适用范围拓展,当然可以促进单位的机动车管理人员认真执行内部管理机制。其次,依照合规理念,对于组织体自身责任的认定,已经摆脱了传统法人责任中通过个人的故意或过失来认定法人的罪责的方式。换言之,"行为人的犯罪故意或过失等主观因素也不再对企业刑事责任产生影响,企业的守法状况以及内部管理活动等客观要素成为了判断刑事责任的主要依据。"③

三、美国模式的引入:通过量刑激励推动企业合规

Ulrich Sieber 教授认为,"合规计划"与"风险管理""价值管理""公司治理"等概念都是描述公司治理的新理念,这些概念之间还没有作出精确

---

① Vgl. Wolfgang Frisch, in: Mark A. Zöller, Hans Hilger, Wilfried Küper, Claus Roxin (Hrsg.), Gesamte Strafrechtswissenschaft in internationaler Dimension-Festschrift für Jürgen Wolter zum 70. Geburtstag am 7. Sep. 2013, Duncker & Humblot, 2013, S. 365ff.

② See United States v. Hilton Hotels Corp., 467 F. 2d 1000.

③ 周振杰:《企业适法计划与企业犯罪预防》,载《法治研究》2012 年第 4 期,第 30 页。

的区分,有些地方还未作出清晰的定义。① 从这一点可以看出,合规本来是作为一个企业管理的概念被研究的,之所以将其与刑法学联系起来,是因为美国从《美国联邦量刑指南》开始,明确赋予了合规以量刑意义,也正是因为量刑激励使得企业具有了推动合规的动力。上文同样提及,我国已经开始了合规实践,尤其是在上市公司等面临较大风险的企业,诸如金融、保险行业,但是这种实践以多大规模存在暂时缺乏有力的数据支撑。从理念上讲,合规理念并未深入企业内部,即使在制度层面设置了合规部门的企业,其在我国社会、经济环境下是否完全依法经营也是个很大的疑问。对这个疑问的解答,不能妄自推测,但是从讲求合规的美国企业频频因为中国的特殊社会及市场情况而变动其合规计划以适应中国市场的企业动态以及频频曝光的外企在华犯罪的案件可以做出这样的大胆推测,我国的企业合规不容乐观,合规对于多数企业来讲,仍是一个新鲜事物。问题是,在我们看来属于新鲜事物的合规,已经成为重要的理念,以至于是否合规影响企业在美上市资格,或者如日本一样,是否具有合规计划成为事前审批的重要依据。因此,即使从务实的角度来看,为了取得准入的资格,我们也应该强调企业合规,将合规理念深入我国企业的内部,使之成为企业的首要责任。为了达到这一目标,通过量刑激励推动合规计划深入企业不失为一个好的方法。

上文也提到,将合规问题拉入传统刑罚论与法人刑事责任论,通过解释的方法,也可以构建刑事合规制度。具体来说,主要是通过解释的方法,将公司合规情况作为公司责任确定或者刑罚量定的参考要素。这种方式的确经济实用,然而,鉴于我国司法部门对于立法或者司法解释的过分依赖,其缺少主观能动性来通过解释的方法构建刑事合规制度。也正是因为如此,一个在刑罚论上具有显著合理性的概念,却根本没有得到公司犯罪司法实践的注意,甚至,合规的概念对于司法人员而言仍是一片空白。这种情况下,通过立法的方式,确立"合规影响量刑"的基本规则是合理的,其不仅明示司法人员应当将公司合规情况作为公司犯罪定罪量刑的依据,也给予公司明确的政策引导,使其更有动力实施合规管理。

---

① 参见〔德〕乌尔里希·齐白:《打击经济犯罪的刑法及其替代模式》,周遵友译,载〔德〕乌尔里希·齐白:《全球风险社会与信息社会中的刑法:二十一世纪刑法模式的转换》,周遵友、江溯等译,中国法制出版社2012年版,第238页。

四、刑事合规的刑事政策意义与我国企业犯罪的立法及司法政策的调整

上文提出的,无论从立法上明确赋予企业以及相关责任人员以刑事合规义务,以合规义务的履行情况为联结点建构刑事责任,还是将企业合规情况作为量刑的考量因素,都是宽严相济刑事政策的体现。也就是说,合规立法集合了宽严相济刑事政策中"严"和"宽"两个面向,暗合了政策内涵。然而,刑事合规制度的推行,仅依靠这两点是难以实现的。除此之外,还需要对于公司犯罪的立法和司法政策进行系统性调整。量刑激励作用的发挥,以现存的企业犯罪罚则具有足够的威慑为前提。试想,如果企业罚金幅度为 2 万—20 万元人民币,那么,即使像美国"组织量刑指南"那样,将企业合规作为调节因素,在 5%—400% 的空间内调整刑罚幅度,其意义也极为有限,因为基础罚则决定了,合规激励是难以起到实质作用的。因此,合规作用的发挥,需要从立法上对企业犯罪进行有针对性的系统调整。在司法政策方面也是一样。合规计划制度的推行,需要建立在法治经济的基础之上,其中就蕴含着严格司法的内容。也就是说,企业的合规应当得到正面激励;企业的违法应当得到反面激励。只有这样,合规的意义才能得到放大。试想,即使存在合规立法以及较为严格的公司犯罪立法,但是司法不严,或者选择性司法,那么,企业根本不可能真心实施合规管理,因为无论其是否认真合规,都不会得到处理或得到处理的可能性很低,这种情况下,合规意味着资源的浪费,会显著降低其竞争力。因此,严格公司犯罪司法政策是刑事合规制度推行的基础。简言之,配套性的公司犯罪立法以及公司犯罪司法政策的调整,都是我国刑事合规制度建构过程中需要解决的问题。

(一)企业犯罪刑事司法中存在的问题及改进

1. 司法问题:执法不严消解了刑罚的严厉性

法律价值的实现在于得到有效的执行。现在的问题是,立法设置了严厉的刑罚,但是司法却不注重惩罚效率的提高,因此出现了我国学者提出的防卫重心偏离问题。[①] 按照笔者的理解,所谓防卫重心的偏离,主要是指试图通过重刑主义遏制犯罪而忽略了惩罚的概率。这样的论断同样

---

① 参见姜涛:《刑事政策视域下我国腐败犯罪立法的重构》,载《南京师大学报(社会科学版)》,2012 年第 6 期,第 67 页。

适用于我国的企业犯罪治理现状。具体来讲,主要表现为以下三点:打击不力导致的犯罪黑数偏大;刑事案件行政化处理现象严重;刑罚普遍轻缓。

第一,犯罪黑数的问题。我国学者指出:"中国目前处于经济成长期,长期以来人们对公司(单位)犯罪保持高宽容度和高容忍心理,政府尤其是地方政府为保护经济发展对公司犯罪采取放任甚至是放纵态度,公司(单位)的主管人员或者直接责任人员对为追求公司利益而违法犯罪没有羞耻感……公司(单位)犯罪的黑数以较大数量存在也是一个不容争议的事实。"[1]该论者还指出了犯罪黑数的具体表现,即对外国在华公司犯罪的忽视、资本市场犯罪的忽视、环境资源犯罪的忽视。有学者的实证研究也佐证了该论者的论断:经过对外国企业在华犯罪案件的统计,有学者发现,"尽管涉嫌犯罪或者已决刑事案件的外国公司很大一部分属于大型跨国公司或者全球500强企业(约为54%),但这些500强企业在最终被中国司法机关定罪的公司中仅占约8%;中国司法机关对于涉嫌犯罪的大型跨国公司,在刑事责任追究上畏首畏尾;对于其中的原因,主要是异化的招商引资政策对于刑事司法政策的挤压和侵蚀"[2]。最高人民检察院的分析数据显示:"从2006年1月至10月立案查办的8010件商业贿赂犯罪案件中,单位受贿案件79件,对单位行贿案件43件,单位行贿案件53件,介绍贿赂案件28件,这4种罪名的案件仅占立案总数的2.5%。"[3]如此微小的商业贿赂犯罪案件给我们的直觉以强烈的冲击,与我国普遍存在的以贿赂作为商业活动的敲门砖的现状严重不符,这其中就是商业贿赂的犯罪黑数问题。

第二,刑事案件行政化处理的问题。从"两高"历年的工作报告中可以看出,无论从总体,还是具体犯罪种类(如经济犯罪),案件数量一直持续走高,这也说明经济违法犯罪案件逐年增加。然而,通过对由企业实施的经济犯罪案件的认真审视,可以发现的"两多两少"现象:"两多"是指,案件实际发生数量多,作行政处理的案件多;"两少"是指,案件查处

---

[1] 蒋熙辉:《公司犯罪刑事责任问题研究》,中国人民公安大学出版社2011年版,第177页。

[2] 于志刚:《在华外国公司犯罪的规律分析与应对策略》,载《中国法学》2012年第5期,第166—172页。

[3] 杜萌、徐伟:《最高人民检察院详解2006年商业贿赂5大特点》,载《法制日报》2006年12月13日第008版。

少,移送司法机关的更少。据统计,2002年至2003年间,共有360万各类违法案件被全国工商管理部门查处,但最终仅仅有1000余件移送司法机关处理;公安机关查处的经济犯罪案件约12.7万件,但最终提起过批捕的只有3.7万件,抓获的犯罪嫌疑人11.7万人中仅有5.9万人受逮捕;同样,全国质量检测部门立案查处25万件,但是仅仅有655件最终移送司法机关处理。①

第三,刑罚轻缓化问题。从总体上看,"尽管社会因素推动了犯罪率的上升,刑罚投入却没有因犯罪的增多而加大,新刑法实施后重刑率明显下降;常见犯罪加重构成的宣告平均刑量普遍低于法定刑中线已是不争的事实,法官群体不约而同地在司法实践中积极主动地控制刑罚资源的过量投入"②。通过司法抑制重刑主义是在难以从立法上实现刑罚轻缓化的情况下的一种合理选择,但是这种抑制应该有度,谦抑不等于迁就。实际上,司法实践中对企业(单位)犯罪的刑罚处遇确有迁就、放纵犯罪的嫌疑。以近些年来频发的食品安全犯罪来说,有学者经过对160个食品安全犯罪判决书的分析后发现:"尽管'从重处罚食品安全犯罪'被一再强调,但我国食品安全犯罪的刑事处罚强度明显偏低,且近年来呈现下降趋势。相对于犯罪的非法营利,对食品安全犯罪的附带民事处罚的力度过轻,导致多数案例的犯罪预期收益明显高于预期成本。"③上述两组统计可以反映出公司犯罪轻缓化处理的问题,但鉴于上述统计的地域或犯罪类别的限制,笔者曾进行了更大范围的样本统计:以"北大法意—法学大数据分析平台"为工具,以"刑事一审案件,被告人类型为法人"为筛选条件,选取了2016年11月之前,中国裁判文书网内的所有案例,并以此作为分析样本进行数据分析,结果也印证了以上结论,即公司犯罪处罚显著轻缓:

(1)在涉案平均犯罪数额为104万元的情况下,对单位的平均罚金额为29.2万元;

(2)涉案自然人刑罚方面,管制刑10人、无罪34人、无期徒刑13人、

---

① 参见刘远、王大海主编:《行政执法与刑事执法衔接机制论要》,中国检察出版社2006年版,第130页。

② 白建军:《从中国犯罪率数据看罪因、罪行与刑罚的关系》,载《中国社会科学》2010年第2期,第156、157页。

③ 全世文、曾寅初:《我国食品安全犯罪的惩处强度及其相关因素分析——基于160例食品安全犯罪案件的分析》,载《中国刑事法杂志》2013年第4期,第87页。

拘役918人、免予刑事处罚1025人(占比9%)、有期徒刑9598人(占比83%)(其中缓行7129人,占比74%,有期徒刑实刑2469人,占比26%);

(3)有期徒刑判决内部,1年以下有期徒刑占比34%,1年以上3年以下有期徒刑占比56%,3年以上5年以下有期徒刑占比4%,5年以上10年以下占比4%,10年以上有期徒刑占比2%。

2.问题的改进:加强企业犯罪司法打击力度

企业犯罪打击不力消解了严厉刑罚的威慑,难以起到企业犯罪预防的良好效果。因此,在暂且不顾立法问题的情况下,需要做的是加大企业犯罪的司法打击力度。具体来讲,首先就是要摒弃"以经济发展为中心的大局观",不能因为片面强调招商引资政策从而放松对企业守法的要求。从长远看,守法、诚信的地方市场才是最大的地方名片。这一点从其他国家,例如尼日利亚通过严厉的刑罚惩治腐败犯罪,从而营造良好的市场、投资环境,吸引投资的做法就可以看出。① 新加坡通过反腐,营造良好投资环境所取得的巨大成功也是个很好的例证。这里尤其需要强调的是对外国在华企业的犯罪处遇问题。如果说在改革开放初期,为了引入资本而给予外企"超国民待遇"的做法还可以理解,那么在中国经济日渐强大,由单纯的资本输入到资本输入与资本输出并重的经济环境下,应该以什么姿态面对外国企业就是一个值得思考的问题。其次就是要切实依法惩治企业(单位)犯罪。对于上海市"单位犯罪研究"课题组的调研成果反映出来的,双罚制下不将单位列为共同被告的问题、直接责任人员大量适用缓刑或免予刑罚的问题以及自由刑裁量的轻缓问题,只有一个原则,即依法严厉打击企业(经济)犯罪。这一点在上述最高人民法院《关于贯彻宽严相济刑事政策的若干意见》中也有所体现,尤其是对于那些对国家财产和人民群众利益造成重大损失、社会影响极其恶劣的职务犯罪和商业贿赂犯罪案件以及当前时期尤为严重的危害金融秩序的犯罪、严重危害食品药品安全的犯罪、走私等严重侵害国家经济利益的犯罪、造成严重后果的重大安全责任事故犯罪、严重破坏环境资源的犯罪等。

---

① See Ijeoma Opara, "Nigerian Anti-Corruption Initiatives", *Journal of International Business and Law,* Vol. 6, 2007, p. 65.

(二)企业犯罪刑事立法中存在的问题及改进

1. 立法问题

我国对企业(单位)犯罪的刑事法规制经历了从无到有、从分散到集中的过程,即从单行刑法和附属刑法分散规定企业(单位)犯罪到通过刑法典的方式集中规定的过程。上文也已经提到,动态地看,我国企业(单位)犯罪刑事规范体系已经逐步严密化。但是,静态地看,还存在很多问题,主要表现在以下几个方面:企业(单位)犯罪与自然人犯罪分立分的立法模式使得企业犯罪的规制面狭窄;过多的附加要件缩小了规制面;个别犯罪刑罚设置偏低从而难以有效规制企业犯罪;个别危害公司治理的行为缺乏相应的刑法规制。

第一,企业(单位)犯罪与自然人犯罪分治的立法模式问题。虽然我国《刑法》大量规定了单位(企业)犯罪,但是对于为什么企业可以实施此类经济犯罪而不能实施彼类经济犯罪,并没有合理的界分标准。可以说,通过这种方式进行企业(单位)犯罪的犯罪圈划定具有很大的随意性。对于为什么企业可以实施合同诈骗罪而不能实施贷款诈骗罪,立法者也难以给出合理的解释。更大的问题是,当实践中大量出现诸如企业盗窃等犯罪行为时,应当如何规制成为问题。从企业刑事责任一般要件上讲,经企业集体决策,由员工在业务范围内实施的行为完全可以等同于企业行为,但是法律规定堵截了这种理论推理,从而产生了司法的困境:这种情况下,只能退而求其次,对直接责任人员追究刑事责任,实践中也有以刑法中未规定单位可以实施盗窃罪而不以犯罪论处的案例,也有直接以盗窃罪论处的案例,于是产生了对犯罪的放纵问题以及对罪刑法定原则的冲击问题。尽管 2014 年 4 月 24 日由全国人大常委会通过的《关于〈中华人民共和国刑法〉第三十条的解释》已经解决了单位实施非单位犯罪的问题,但是,在理论上,仍有学者对此提出"法无明文规定的单位犯罪有罪论是对刑事法治的消解,导致规范隐退与反教义学化"[①]的质疑。归结起来讲,这些问题的产生主要源于我国企业(单位)犯罪与自然人犯罪分而治之的立法模式。对此,我国有学者指出:"公司作为社会经济主体涉足领域越来越广,犯罪范围将逐渐扩大,已经由经济犯罪扩展到超经济犯罪,刑事法上,最初公司企业等单位的犯罪行为限于一些经济犯罪,后

---

① 刘艳红:《"规范隐退论"与"反教义学化"——以法无明文规定的单位犯罪有罪论为例的批判》,载《法制与社会发展》2018 年第 6 期,第 103 页。

来逐渐扩展到一些妨害社会管理秩序的犯罪,到现在,公司可以实施的犯罪行为刑法分则多数章节基本上每章每节都存在规定,并立模式只能导致犯罪脱漏法网之外。"①也正是基于这样的认识,有学者提出了以责任一体化为目标,将企业犯罪与自然人犯罪同等对待的建议。② 实际上,这样的建议绝非凭空想象,在英国、澳大利亚等国的刑事立法中就采用了这样的立法体例,将刑法中的"人"解释为包括自然人和法律拟制的人(法人)在内,从而法人原则上可以实施自然人可为之所有犯罪,除非法律另有规定。例如,1995年的《澳大利亚刑法典》就明确规定:"该法典以其适用于自然人同样的方式适用于法人团体;法人可以构成本法所有之犯罪,包括可以处以监禁的犯罪。"③而这一点早在英国1889年颁布的《解释法》第2条中就有规定。根据该规定,法人几乎可以构成除某些由于本身性质不能实施之外的所有其他犯罪。同样的立法现象在加拿大等国均存在,不再赘述。从以上论述可以看出,我国自然人与单位(企业)分立的立法模式与一体化的责任形式相比,产生了规制的空隙,导致了企业(单位)犯罪规制网络的不周延性。

第二,过多的附加要件的问题。从储槐植教授关于刑事法网以及刑罚结构的论述中可以看出,其认为西方国家法网严密是其立法模式由结果本位向行为本位转向的结果,与此相对应,我国刑事法网不严的重要原因之一是立法采取了定性加定量的方式,在行为之外附加了诸如目的、罪量等要件。④ 依照储槐植先生的观点,对我国《刑法》与《德国刑法典》以及我国台湾地区"刑法"进行比较考察不难发现,确实如此。虽然某些相似的行为在上述国家或地区都规定为犯罪,但是构成要件存在差异。例如,我国台湾地区"刑法"第201条"有价证券之伪造、变造罪"规定,"意图供行使之用,而伪造、变造公债票、公司股票或其他有价证券者,处……"而与之对应的我国《刑法》第178条"伪造、变造国家有价证券罪"则规定,"伪造、变造国库券或者国家发行的其他有价证券,数额较大的……数额巨大的……数额特别巨大的……"与此相对应的《德国刑法

---

① 蒋熙辉:《论公司犯罪的刑事政策与刑事立法》,载《云南大学学报(法学版)》2007年第2期,第89页。
② 参见孙国祥:《刑事合规的理念、机能和中国的构建》,载《中国刑事法杂志》2019年第2期,第21—22页。
③ Australia Criminal Code 1995, Part 2.5-12.1: General Principles.
④ 参见储槐植:《再说刑事一体化》,载《法学》2004年第3期,第77、78页。

典》第 146 条"伪造货币罪"①规定,"实施下列行为之一的,处一年以下自由刑:1. 意图供流通之用,或有流通可能而伪造或变造货币,或为使票面具有较高价值而伪造或变造货币……"与德国以及台湾地区明显不同的是,我国《刑法》在规定了行为之后,附加了"数额较大"要素作为入罪门槛。在德国,虽然出现了可罚的违法性理论,但是该理论如昙花一现,即使将该理论发扬光大的日本,可罚的违法性理论也只是作为个别的、例外的情形被适用,违法性的判断仍以行为性质为依据。② 退一步讲,对于极端轻微的行为最终也不会追究刑事责任,而会通过程序的分流予以解决,但是这种司法的让步绝非毫无底线,诸如我国单位实施的合同诈骗罪这样高额(5 万—20 万元)的入罪标准也难以想象。需要指出的是,诸如上述的立法现象绝非个案,而是一种普遍性存在,这是我国企业犯罪立法存在的重大缺陷。③

第三,个别罪名刑罚设置偏低的问题。在这一点上,蒋熙辉研究员的著作中重点强调了立法对资本市场与环境犯罪的忽视。"从我国资本市场犯罪的刑事立法来看,法定刑罚过于轻缓,不足以遏制犯罪;在资本市场的筹建初期,采取宽泛的立法政策对鼓励资本市场发展具有重大意义,但是在主板、创业板和中小板已经逐次登场的今天,再容许资本市场的各类犯罪行为,是与建立健全市场经济制度背道而驰的;在倡导建设节能环保型社会的今天,应当让环保法成为长着牙齿和利爪、长着翅膀的具有威慑力的真正的老虎,让公司环境资源犯罪成为一项得不偿失的举措,而不是目前违法成本低、守法成本高的局面。"④在对公司犯罪刑罚结构分析的过程中,笔者也发现了这一现象。在为数不多的轻罪中,仅"妨

---

① 根据《德国刑法典》第 151 条对"有价证券"的解释可以看到,股票以及一些其他可作支付手段的记名或不记名债券视同第 146 条、第 147 条、第 149 条、第 150 条所指之"货币"。

② 参见陈兴良:《教义刑法学》(第三版),中国人民大学出版社 2010 年版,第 343 页。

③ 这里需要做一个说明,有学者研究,立法者本身仅是在单位犯罪与自然人犯罪的法定刑罚设置的轻重上作了不同的规定,而在入罪问题上则严格坚持了统一的标准,而现实中的差异化处理实际上是司法解释造成的。具体可参见于志刚:《法条竞合视野中数额犯入罪标准的统一化》,载《中国刑事法杂志》2010 年第 5 期,第 39、40 页。尽管如此,不论是否有越俎代庖的嫌疑,实际上司法解释客观上承担了立法的职能,对于各级司法机关,它就是一种实然的"法",基于这样的考虑笔者将其作为一个立法问题加以讨论,也是为了讨论的便利做的一种变通。

④ 蒋熙辉:《公司犯罪刑事责任问题研究》,中国人民公安大学出版社 2011 年版,第 178、179 页。

害对公司、企业的管理秩序罪"一节就大量分布,例如隐匿、故意销毁会计凭证、会计账簿、财务会计报告罪的最高刑仅为 5 年有期徒刑,此外还有其他,不一一列举。这种刑罚配置的依据暂不清楚,但是如此轻缓的刑罚配置显然低估了这些犯罪可能造成的危害。以隐匿、销毁财务资料的犯罪为例,虽然对象仅仅是些许文件,但是这些文件却可能事关企业的命运,这些材料的隐匿或者销毁往往是为了达到其他犯罪目的,这对于普通投资者的知情权以及与此相联系的财产处分都是巨大的损害,更是对市场稳定的冲击。这也是为什么《萨班斯法案》将此类行为的法定刑定格在最高刑 20 年监禁的重要原因。同样,违规披露、不披露重要信息罪的 3 年有期徒刑与《萨班斯法案》中"公司官员虚假财务报告的刑事责任"中的 20 年监禁刑也形成了巨大的反差。虽然不能一味地提倡重刑,但是宽严相济的刑事政策偏向本身就随着经济、社会环境的变化而变化,提倡刑罚轻缓化并不意味着对在某个时期加重某些犯罪刑罚的否定。

第四,部分罪名的缺失问题。从总体的趋势看,犯罪圈在不断地扩大,犯罪圈的变化是一个动态的过程,完全严密的法网本身就是一个伪命题,因为社会在变化,法律亦需要随之而变化。从这个意义上讲,并不能对我国的刑事法网做过多的苛责,但这并不妨碍在某个静态的时间段内指出刑事法网的问题并加以改进。关于企业犯罪,与之密切相关的财会类犯罪就是一个漏洞。例如,我国《刑法》第 162 条之一规定了"隐匿、故意销毁会计凭证、会计账簿、财务会计报告罪",虽然法条本身对行为主体没有明确规定,但是从法条的前后关系看,似乎是公司、企业及其职员,那么,财会人员或者组织从事上述行为,妨碍对企业的监督管理以及司法查处的行为应该如何处置?例如,安然事件中安达信公司销毁财务资料的行为如果发生在我国应该如何处置就是一个问题,因为《刑法》第 162 条之一本身并无明确规定,而第 229 条规定了故意或过失提供虚假证明文件的行为构成犯罪,并没有规定隐匿、销毁财务资料的行为应该如何处置。因此,通过明确的形式规定财会人员或组织隐匿、销毁财会资料的犯罪,实有必要。

2. 问题的改进

对于上述立法问题的改进,首先是自然人与单位(企业)分而治之的立法模式。对此,蒋熙辉研究员提出了"以责任一体化为目标,使公司刑事责任等构于自然人刑事责任"的主张,并称这应该是我国今后刑事立法的追求。① 作为一个大的方向,这样的主张是可取的,因为企业已经构成了社会生活的重要组成部分,原则上可以构成所有涉及经济利益的犯罪,例如企业盗窃、企业侵占等,而且这种范围在不断扩展,甚至出现了企业为了排挤竞争对手雇凶伤害、杀害对方的案件,这种情况下重新界定自然人与企业犯罪的范围是必要的。受传统罗马法格言"法人不能犯罪"的影响,一般认为企业不具有可受刑罚苛责的灵魂和肉体,因此早前的法律中并未规定单位(企业)犯罪。但是,出于企业犯罪案件大量出现的现实的驱使,现代法已经突破了这样的传统,不管法律是否承认单位(法人)犯罪,实践中都在以这样或者那样的名义追究企业的刑事责任。因此,是否在法律中确认单位(企业)犯罪只是一个符号的问题,既然我国《刑法》已经明文确定了这样的制度,那么企业可以在多大范围内承担刑事责任也只是程度的差异。为了消除因为分治所带来的司法困境,以责任一体化的模式进行制度的重构是合理的。而且,这种重构还可以解决另外一个问题,即企业犯罪过高的犯罪门槛的问题,例如上文中的单位实施的合同诈骗罪的入罪门槛问题。将自然人犯罪与单位(企业)犯罪区别对待的法律逻辑无非是这样的:企业本身是人的集合,相比于自然人个体具有更大的违法能量,因而很容易就达到一定的量,因而需要将入罪门槛提高到一定高度。另外,从直接责任人员承担刑事责任的角度看,因为责任人员的行为一般是出于为单位牟利而非自我利益的目的,因而需要区别于单纯的自然人犯罪,只有达到更高的程度才具有追诉的必要性。但是所有这些逻辑都偏离了刑事追诉的一般逻辑,即特定行为对于法益的侵害。不管是企业实施的犯罪还是自然人个人实施的犯罪,不管是出于自我利益还是集体利益的目的,其对法益的侵害是等值的,这应该是责任大小的依据,而不是其他。这样的精神在生产、销售伪劣商品犯罪中将"违法所得"修改为"销售金额"的做法中就有所体现,这种修改是对"法益侵害构成责任大小的依据"理论的维护。因此,以责任一体化的方式进行单位(企业)犯罪与自然人犯罪的重构,不仅仅解决了各自犯罪圈的问题,还解决了两者因入罪门槛的差异所带来的问题。

对于部分犯罪刑罚设置较轻以及罪名遗漏的问题,可以借鉴《萨班斯法案》关于加强企业内控的主要措施,即加大白领犯罪以及财务人员、组

---

① 参见蒋熙辉:《论公司犯罪的刑事政策与刑事立法》,载《云南大学学报(法学版)》2007年第2期,第87页。

织犯罪的刑事责任。从蒋熙辉研究员提出的理论类型上看,公司管理人员的犯罪主要是经济犯罪,包括资本犯罪、环境犯罪、财务欺诈犯罪以及金融犯罪。[①] 从刑罚的设置看,笔者认为,金融犯罪倒不是刑罚供给不足的问题,主要是司法执行不力的问题。对于其他几类,从与企业内控密切相关的角度看,主要是财务欺诈犯罪,包括公司(企业)运营、清算阶段的犯罪,例如制作虚假招标投标书、认股书、债券募集办法发行股票或公司债券、虚假出资、欺骗债权人或公众、提供虚假财会报告、清算时虚伪记载等。这些犯罪的后果不仅是投资者的严重损失,还包括对民众投资信心的挫败,这一点对于经济的挫伤是重大的。但是现有的刑罚配给明显偏轻,甚至轻于普通欺诈犯罪。再以财会人员及组织实施的犯罪为例,现代企业犯罪多可以反映在公司的财务情况上,因为企业犯罪大多涉及利益问题,必定有支出和收入,如果严格进行财务审计、报告,那么对于企业犯罪是一种威慑,在威慑失败之后对于及时发现、惩治企业犯罪也是最好的捷径。但是我国的相关犯罪不仅刑罚轻微,而且有所遗漏,当收益显著大于付出,并且成为一种常态时,对财会人员仅存的道德约束将难以抵挡企业提供的糖衣炮弹。对于我国的审计监管模式,我国有论者指出:"由于监管机关人力、财力有限,难以对审计业务进行全面质量检查、监督和指导,虚假审计报告被发现的概率低,因出具虚假审计获取的收益与被查出的风险相比存在巨大差异,而虚假报告一旦被查出,则受到严厉的处罚,因此这可谓厉而不严,基于对这种模式的反思和检讨,进而提倡严而不厉的审计监管模式。"[②]该论者所谓"厉"无非是暂停执业、吊销执业资格等处罚措施,与《萨班斯法案》动辄高达10年、20年的监禁刑相比,相去甚远。因此,结合该论者的论述可以发现,我国的审计监管实际上呈"不严不厉"的现状。基于以上分析,笔者认为,企业经济犯罪惩治的立法改革,财务欺诈犯罪首当其冲。需要说明的是,这里的立法修改建议,只是举例,因而难免挂一漏万。更合适的方式是,在公司犯罪现状系统梳理的基础上,进行有针对性的立法改革。这已经超出了本章讨论的范围,不再详述。

---

① 参见蒋熙辉:《公司犯罪的犯罪学类型分析》,载《浙江工商大学学报》2005 年第 1 期,第 30、31 页。

② 孙雅娟:《论"严而不厉"的审计监管政策模式》,载《中国证券期货》2013 年第 9 期,第 80 页。

第五章 刑事合规制度建构的程序法路径

第一节 比较法视野下企业缓起诉制度：
基于若干立法与协议文本的考察

一、问题的提出

传统的刑事诉讼法强调起诉法定,通过建立行为与刑罚的关联威慑一般人。然而,李斯特的特殊预防理念深深地影响了以德国为代表的大陆法系。受特殊预防思想的影响,起诉便宜主义抬头。[①]《德国刑事诉讼法典》第153条第 a 款就是这一理念的结晶。2016年,日本也出台了司法交易制度,在"保留或取消起诉、适用罚条、量刑变轻"事项上,允许检察官与被告人协商。[②] 在美国,"标签理论"催化下的"除罪化运动"以及两极化的刑事政策为辩诉交易制度的推行提供了理论或政策根据。[③] 美国联邦最高法院也在个案中确认了辩诉交易的合法性。[④] 辩诉交易不仅可以达到"除罪化""去标签化"以及特殊预防目的,还可以显著提升司法效率。这一点尤其依赖被告人的"自我负罪"或"信息提供"。[⑤] 仅从诉讼效率提升而言,辩诉交易在企业犯罪治理上就具有重要意义:第一,企业的不法行为具有天然的易隐蔽性以及高度的复杂性和技术性;第二,企业犯罪中的身份确定以及犯罪的主观状态的确定,往往存在难以克服的证据

---

① 参见王皇玉:《刑事追诉理念的转变与缓起诉——从德国刑事追诉制度之变迁谈起》,载《月旦法学杂志》2005年第4期,第58页。
② 参见崔文玉:《辩诉交易对企业犯罪的抑制——辩诉交易的功能扩张》,载《南京大学学报(哲学·人文科学·社会科学)》2019年第4期,第119、124页。
③ 参见刘磊:《慎行缓起诉制度》,载《法学研究》2006年第4期,第81、82页。
④ See Brady v. United States, 397 U. S. 742 (1970).
⑤ 参见崔文玉:《辩诉交易对企业犯罪的抑制——辩诉交易的功能扩张》,《南京大学学报(哲学·人文科学·社会科学)》2019年第4期,第120页。

障碍,这一点在大型企业中尤其明显。① 作为辩诉交易重要前提或者内容的自我报告(self-report)与合作可以克服这些障碍。以美国为例,传统的辩诉交易主要是罪数与量刑两方面的交易,在是否起诉上的交易仅发生在轻微的青少年犯罪以及短时间的麻醉品犯罪。② 然而,对于企业来讲,重要的是有罪判决本身,而不是罪数多少或者量刑轻重,因为有罪判决就可能使企业污名化,失去市场、经营资质或者参与项目的机会。在企业缓起诉的研究以及立法背景文件中,被反复提及的安达信事件就是最好的证明。

在实体法上,美国联邦层面以及多数州法院系统都采取代位责任原则(vicarious liability)认定企业犯罪。③ 代位责任造成的结果是,公司承担了严格责任。也就是说,在实体法层面上,代位责任堵住了出罪路径。于是,克服由于公司定罪带来的显著负外部效应的强大政策诉求(尤其是安达信事件之后),促进了程序法上出罪路径的发展。公司犯罪缓/不起诉制度④就是在这种背景下产生的。它是对传统辩诉交易理念的继承和发展。鉴于公司缓起诉制度具备诸多政策性功能,英国、法国、加拿大、新加坡、巴西等国已经仿效美国,构建了企业缓起诉制度。

回到我国,2012年修订后的《刑事诉讼法》已经引入了缓起诉制度,但其适用范围非常有限。基于以下原因,国内有学者主张引入企业缓起诉制度:第一,企业缓起诉制度可以显著提升司法效率;第二,我国企业犯罪处理的轻缓化决定,与其不疼不痒地用轻刑处罚企业,不如通过缓起诉制度实现更多政策诉求;第三,企业缓起诉制度具有社会价值,例如,公

---

① See Patricia S. Abril & Ann Morales Olazabal, "The Locus of Corporate Scienter", *Columbia Business Law Review*, Vol. 81, 2006, pp. 106-108.

② See Cout E. Golumbic & Albert D. Lichy, "The 'Too Big to Jail' Effect and the Impact on the Justice Department's Corporate Charging Policy", *Hastings Law Journal*, Vol. 65, 2014, p. 1301.

③ See Andrew Weismann & David Newman, "Rethinking Criminal Corporate Liability", *Indiana Law Journal*, Vol. 82, 2007, p. 423.

④ 说明:企业缓起诉与不起诉制度在形式上存在差异,前者需要将缓起诉协议文本提交法院进行司法审查;后者不需要法院审查,然而基于以下原因,本章在统一的"缓起诉"概念下进行论述:第一,论述上的便利;第二,尽管缓起诉需要司法审查,但实践中司法审查仅仅是形式审查,并无实际意义,最终的效果与不起诉制度相同;第三,美国之外的制度借鉴,主要是企业缓起诉制度,少有不起诉制度。

司治理改善、负外部效应克服、报应正义实现与社会关系平复。① 无论是学术上提出的企业缓起诉制度的理论基础，还是考察企业缓起诉制度的产生背景、运行机制，都不难发现，企业合规是制度的核心价值诉求。例如，美国历史上第一个缓起诉协议中，除了对企业提出的充分合作、经济处罚要求之外，其他条款主要围绕企业合规展开，例如，"协议签署后的30天内，公司应当雇用协议双方都可接受的外部监督者，使其成为（set on）董事会与合规委员会的一员，作为独立监察官监督公司一切业务"；"公司应当采取一切必要措施保证合规"。在企业写给检察官的签署缓起诉协议的请求信中，请求理由的前两条（共五条）都涉及犯罪行为发生后企业采取的合规计划的情况。② 国外学者的实证研究数据也揭示出，美国1993年至2013年签署的缓起诉协议中，97.41%的协议文本都包含企业合规、公司治理机制改革条款。③

从推动企业合规的角度来说，企业缓起诉制度契合了当前的国际、国内形势：第一，经济全球化的大背景下，合规已经形成全球化浪潮，中国企业也不能置身事外；第二，中国企业合规意识淡薄，正在遭受全球性合规风险④；第三，企业合规是营商环境建设的重要组成。在营商环境建设得到前所未有强调的大背景下，最高人民检察院发布了《关于充分履行检察职能加强产权司法保护的意见》，要求检察机关切实保护企业权利，最大限度减少司法措施对企业的影响。张军检察长提出的，对于民营企业家"可捕可不捕的，不捕；可诉可不诉的，不诉"是对民营经济保护政策的最好诠释。然而，对于企业犯罪，不诉之后应当如何处置？按照现有制度体系，无非是行政处罚了事，可是这种措施对于企业而言无异于"罚酒三

---

① 参见陈瑞华：《企业合规视野下的暂缓起诉协议制度》，载《比较法研究》2020年第2期，第10—16页；李本灿：《认罪认罚从宽处理机制的完善：企业犯罪视角的展开》，载《法学评论》2018年第3期，第114—117页。

② "Prudential Securities"的缓起诉请求信及其签署的缓起诉协议文本，可以从弗吉尼亚大学图书馆获取，载 http://lib. law. virginia. edu/Garrett/corporate-prosecution-registry/agreements/prudential.pdf，访问日期：2020年4月5日。

③ See Wulf A. Kaal & Timothy A. Lacine, "The Effect of Deferred and Non-prosecution Agreements on Corporate Governance: Evidence from 1993-2013," The Business Lawyer, Vol. 70, 2014, p. 9.

④ 据不完全统计，2018年中国企业在海外遭受了各类重大安全事件共413件，其中合规风险事件明显上升，总数达到67件。数据来源于《中资企业海外安全风险评估报告（2018）》。2019年数据暂未公布。

杯",难以达到一般预防与特殊预防的效果。① 对于这种情况,企业缓起诉制度是最好的功能补给,既可以契合企业产权保护的国家政策,又可以实现企业犯罪预防的司法目的。从更大的背景看,这也是对现代化的国家治理体系的有益补充。基于以上原因,可以说,引入企业缓起诉制度已经势在必行。

对于企业缓起诉制度,国内研究刚刚起步,尚处于观念倡导期。现有的研究在引入企业缓起诉制度上已经基本达成一致意见,但在如何引入的问题上,尚缺乏深入讨论。此外,现有的部分研究缺乏对于外国的立法文本以及典型案例的深入探究,因而出现了判断上的偏差。这些都是本章的写作目的和价值所在。

在研究思路上,本节主要围绕两条主线展开。第一条主线是,以时间轴为线索,对于制度原初地(美国)的制度史进行考察。主要的考察方式是,结合具有节点意义的系列政策性文件(备忘录)以及重要判例,对于企业缓起诉制度进行深入考究。第二条主线是,以空间轴为线索,对于企业缓起诉制度在美国之外的扩张状况进行探究。主要的考察方式是,结合英国、法国、新加坡、加拿大的立法文件以及典型判例,对于企业缓起诉制度的演进情况进行考究。最后,两条主线交汇到一个问题,即我们应当如何引入企业缓起诉制度。

二、从制度的起源地说起:由激进向相对理性回归的制度现状描述

(一)对系列法律与政策性文本的考察

企业缓起诉制度起源于 20 世纪 90 年代的美国。对美国企业缓起诉制度的研究,绕不开一个基础性条款,即《美国法典》第 18 编第 208 章第 3161 条。该条款规定:在不认罪的案件中,审判必须在控方立案之后,或者在司法官听证日之后的 70 日内进行审判。如果被告人书面同意可以通过治安法官审判,那么该审判必须在该被告同意之日 70 日内进行审

---

① 例如,2019 年轰动全国的江苏响水"3·12 爆炸事故"中,涉事企业仅 2018 年就有 13 项安全隐患被通报,但依然"带病作业";在此之前,涉事企业也曾连续被查处、被通报、被罚款,企业负责人仍旧严重违法违规、我行我素,最终酿成惨烈事故。参见新华社:《响水爆炸事故企业连续被查 相关负责人仍严重违法违规》,载《南方都市报》2019 年 3 月 24 日,第 AA06 版;社评:《形式主义害莫大焉 安全生产不能只上墙不走心》,载《法制日报》2019 年 3 月 25 日,第 001 版。在"长生生物毒疫苗案""昆山 8·2 特大爆炸案"中,也反映出了这个问题。

判①;在检察官与被告人协议缓起诉时,为了让被告人充分展示其善良行动(good conduct),经过法官批准,上述70天的速审期限将被排除适用。②

受"70天时钟规则"(70 days clock)的限制,美国检察官在公司犯罪司法中倍感压力。可以说,"70天时钟规则"为检察官突破现有规则,探索新的公司犯罪起诉制度埋下了伏笔。1991年,联邦量刑委员会公布了"组织量刑指南",旨在以此推行企业合规计划。由于合规计划需要经济投入,因此,企业自身并没有动力开展合规管理。这就需要一个外部激励机制推动企业自觉实施合规管理。由于在出罪上的特有功能优势,企业缓起诉制度就可以充当旨在推动企业合规的外部激励机制。在"突破'70天时钟'规则"与"通过合规计划制度进行特殊预防"的双重刺激下,企业缓起诉制度终于产生了。1992年5月,Salomon Brothers与纽约州南区检察官签署了第一个不起诉协议③;1994年10月,Prudential Securities与纽约州南区检察官签署了第一个缓起诉协议④。然而,在此后的若干年内,公司缓起诉制度处于"裸奔"状态,并没有规范根据。这种状态一直持续到司法部系列备忘录的发布为止。鉴于系列备忘录在公司缓起诉制度上的规范意义,这一部分将详述它们的发展脉络。

1.《霍尔德备忘录》

1999年6月16日,美国联邦检察院时任副总检察长的Eric Holder签署了题为"美国联邦公司起诉规则"的备忘录,即《霍尔德备忘录》。该备忘录首次为公司起诉引入了相对明确的规则,尽管这些规定不具有强制性或决定性,但亦是美国司法部决定是否起诉公司的重要参考文件。

首先,总则条款中强调,公共利益在起诉决定中是最重要的考量因素。⑤

其次,是否起诉公司,可以参考如下八个因素⑥:①犯罪的性质与严重性;②行为在公司内的普遍性,包括公司管理层的共谋或宽恕情况;③类

---

① See 18 U. S. Code §3161(c)(1).
② 18 U. S. Code §3161(h)(2).
③ See Lauren Giudice, "Regulating Corporation: Analyzing Uncertainty in Current Foreign Corrupt Practices Act Enforcement", *Boston University Law Review,* Vol. 91, 2011, p. 362.
④ See Peter Spivack & Sujit Raman, "Regulating the 'New Regulator': Current Trends in Deferred Prosecution Agreements", *American Criminal Law Review,* Vol. 45, 2008, p. 164.
⑤ See Holder Memo, §I. Charging Corporations: General.
⑥ See Holder Memo, §II. Charging Corporations—Factors to Be Considered.

似行为的历史;④公司及时与自愿地对违法行为的揭露以及合作意愿,必要时,放弃律师—客户以及工作成果特免权;⑤公司合规计划是否存在、是否适当;⑥公司的补救措施,包括努力实施有效的合规计划或者完善现存的合规计划,更换有责任的管理层,惩戒或者解雇不法行为人,赔偿损失以及与相关政府部门的合作情况;⑦负外部效应,包括对于无辜股东与员工的不成比例的伤害;⑧非刑事措施的适当性,例如民事或行政执法行为。

2.《汤普森备忘录》

2003 年 1 月 20 日,美国联邦检察院时任副总检察长 Larry D. Thompson 签署了关于"美国联邦检察官商业组织起诉原则"的备忘录,即《汤普森备忘录》。不同于《霍尔德备忘录》,《汤普森备忘录》对于检察官具有强制约束力。从形式上看,《汤普森备忘录》增加了一个是否起诉的考量要点:"起诉对于公司违法行为负有责任的个人的适当性。"①这一点的实际价值可以忽略。从实质内容上看,相比于《霍尔德备忘录》,《汤普森备忘录》有两点改变:①更加重视对于公司合作真诚性的考察;②更强调公司治理机制的适当性,以保证合规措施的有效性,而不是停留在纸面。②

对于公司合作的真诚性的强调进一步扩大了检察官的权力,是否公开公司内部调查结果,是否放弃特免权,是否支付给有责任的公司职员律师费都成为衡量公司合作真诚性的考量因素。③ 公司合作真诚性衡量标准的缺失以及《汤普森备忘录》的强制约束力,使得检察官具有了无以复加的交易协商权力。在合规机制的适当性问题上,突出强调这一点的危险在于,并非所有的检察官都是公司治理专家,他们可能没有能力去评估合规计划的有效性,这种情况下,评估结果无异于给整个行业设定了标准,这可能是灾难性的。④

---

① Thompson Memo, §Ⅱ. A(8): "the adequacy of the prosecution of individuals responsible for the corporation's malfeasance".

② See Thompson Memo, Introduction.

③ See Thompson Memo, §Ⅵ.

④ See Christopher A. Wray & Robert K. Kur, "Corporate Criminal Prosecution in a Post-Enron World: The Thompson Memo in Theory and Practice", *American Criminal Law Review*, Vol. 43, 2006, pp. 1173, 1185-1186.

3.《麦克纳尔蒂备忘录》

如后文结合典型个案所述，汤普森备忘录对于公司以及员工的宪法性权利都造成了严重侵害，因此饱受批评。于是，美国联邦检察院时任副总检察长 Paul J. McNulty 于 2006 年 12 月 12 日发布了《麦克纳尔蒂备忘录》替代《汤普森备忘录》。该备忘录保留了《汤普森备忘录》关于起诉裁量的九个要素。① 然而，在作为问题核心的公司合作的真诚性评估问题上，《麦克纳尔蒂备忘录》往前迈了一大步。具体来说，在要求企业提供受特免权保护的信息时，检察官必须具备合理需求（legitimate need）要件。衡量需求是否合理的要素包括：①信息是否可能以及可以提供多大程度上的利益；②是否存在获取信息的替代性措施；③是否存在自愿的信息披露；④公司放弃特免权的负面后果的大小。

除此之外，《麦克纳尔蒂备忘录》将上述信息区分成两类：第一种信息是纯粹事实性信息，例如，文件的副本、证人证言、事实概述等。如果要求企业放弃这一类信息的特免权，检察官必须获得美国联邦检察官的书面授权，在授权作出前，美国联邦检察官必须将请求书副本提供给负责刑事部的美国联邦总检察长助理，并征求其意见。公司对于检察官要求放弃这一类信息特免权的要求的态度可以成为公司合作意愿的参考因素。第二类信息包含律师与客户的沟通信息，或者非事实性的工作成果信息，例如，律师给予公司的法律建议。对于第二类信息的特免权放弃请求，只能在第一类信息并未产生令人满意的结果的极端情况下（rare circumstances）才可以做出。要获得这一类信息，检察官必须获得美国联邦副总检察长的书面授权。在获得授权的情况下，公司拒绝披露第二类信息不能成为检察官起诉裁量中的参考因素。② 此外，另一个大胆的改革是，公司是否支付给员工诉讼费用不能成为公司合作真诚性的考量要素，除非经过整体考察，律师费用的支付旨在阻碍正在展开的刑事调查。③

总的来说，《麦克纳尔蒂备忘录》部分改善了检察官滥用自由裁量权的问题，在增强交易透明性问题上，迈出了一大步。④

---

① See McNulty Memo, §Ⅲ(A).
② See McNulty Memo, §Ⅶ(B)(2).
③ See McNulty Memo, §Ⅶ(B)(3).
④ See Dane C.Ball and Daniel E. Bolia, "Ending a Decade of Federal Prosecution Abuse in the Corporate Criminal Charging Decision", *Wyoming Law Review*, Vol. 9, 2009, p. 256.

4.《菲利普备忘录》

如后文典型案例所述,《麦克纳尔蒂备忘录》并未充分解决特免权放弃的问题,于是,美国联邦检察院时任副总检察长 Mark R.Filip 于 2008 年 8 月 28 日发布了《菲利普备忘录》(Filip Memo)替代《麦克纳尔蒂备忘录》。此后,《菲利普备忘录》被编入《美国联邦检察官手册》(United States Attorney's Manual),作为美国司法部办案的内部指引。

从起诉裁量的要点看,《菲利普备忘录》保留了《麦克纳尔蒂备忘录》的九个要素。在对要点的考量方式上,发生了两个方面的变化:第一,在考察公司的合作意愿时,检察官不能考虑公司是否为员工支付律师费,是否给员工提供咨询建议;检察官也不能要求公司禁止这样的行为;即便支付给员工律师费用可能构成对刑事司法的障碍,这些原则也不会使得这种禁令不适用。① 第二,检察官不能主动②要求正在接受调查的公司披露受到特免权保护的信息,并且摒弃了《麦克纳尔蒂备忘录》对公司信息的二元区分。③

从表面上看,《菲利普备忘录》最大限度保证了公司以及员工的证据特免权,然而,必须注意的一点是,"披露相关事实"(relevant facts)仍然是考量公司合作真诚性的要素。这就给公司提出了难题,如果"相关事实"受到律师—客户或者工作成果特免权保护,公司该怎么做?根据上述规定,公司不被强制放弃特免权,但将会因此不能得到合作信誉值(cooperation credit)。④ 鉴于此,公司为了获得合作信誉值,即为了更容易被认定为充分合作,还是要放弃特免权保护。这也就意味着,《菲利普备忘录》创造了不成文的豁免权放弃规则,因为是不成文规则,公司将会不知所措,进而产生系列错误决断,影响公司最终的命运。总而言之,《菲利普备忘录》与之前的备忘录存在差别,但并无不同(distinction without a difference)。⑤

---

① See Filip Memo, §9-28. 730.

② 从《麦克纳尔蒂备忘录》中的"请求公司放弃特免权"(waiver requests for information)转变为"不主动要求原则"(don't ask rule)(原文的表述是 While a corporation remains free to convey non-factual or core attorney-client communications or work-product——if and only of the corporation voluntarily chooses to do so——prosecutors should not ask for such waivers and are directed not to do so.)。

③ See Filip Memo, §9-28. 710.

④ See Filip Memo, §9-28. 720.

⑤ See Susan B. Heyman, "Bottoms-Up: An Alternative Approach for Investigating Corporate Malfeasance", *American Journal of Criminal Law*, Vol. 37, 2010, p. 178.

5. 其他备忘录或立法建议的附带性说明

上文选择了四个备忘录进行了较为详细的介绍,但这并不代表全部,除此之外,还有其他备忘录涉及公司起诉政策问题。上述四个备忘录是具有节点意义的重要文件,后一个文件取代前一个文件,而其他备忘录仅是个别的修订,并不会取代之前的备忘录。在这些重要节点之间的备忘录中,有代表性的是《莫福德备忘录》(Morford Memo, 2008)、《格林德勒备忘录》(Grindler Memo, 2010)以及《耶茨备忘录》(Yates Memo, 2015)。

《莫福德备忘录》的主题是"公司缓起诉协议中监督员的选择与使用"。它对监督员的选择程序和条件、职责范围以及期限问题作了详细规定。① 《莫福德备忘录》发布之后,关于监督员的问题就出现了,于是,美国联邦检察院时任副总检察长 Gary Grindler 发布了《格林德勒备忘录》。《格林德勒备忘录》的主题是"对公司缓起诉协议中监督员的使用问题的附加指导"。该备忘录突出强调公司与监督员的冲突解决问题,它要求含有监督员任命条款的缓起诉协议,必须对如下问题加以说明,即在缓起诉协议后发生的公司与监督员的矛盾中,美国司法部应当起什么作用。② 如后文所述,公司犯罪司法过程中,与公司缓起诉同时适用的是,大量针对不法行为人的不起诉。为了改变这种状况,时任副总检察长 Sally Quillian Yates 发布了《耶茨备忘录》。《耶茨备忘录》的主旨就是,强化公司犯罪中的个人责任。③ 此外,为了彻底解决系列备忘录没有解决的特免权保护问题,参议员 Arlen Specter 也曾分别提出"律师—客户特免权保护法案"(2007 Act, 2008 Act, 2009 Act)。现有资料并未证实该法案获得通过,但类似的立法提案在文献中随处可见,这也说明,公司缓起诉过程中的权利保障问题在制度设定时值得重点关注。

(二)实践中的理性与非理性

1. 对个案中非理性因素的归纳

在美国法中,传统的起诉方式只有起诉与不起诉。对于起诉决定本身,检察官具有绝对权力,这是权力分立原则的要求。④ 一旦检察院做出

---

① See Morford Memo, §Ⅱ, Ⅲ, Ⅳ.
② See Grindler Memo, §Ⅱ.
③ See Yates Memo, Introduction.
④ See Interstate Commerce Commission v. Brotherhood of Locomotive Engineers, 482 U. S. 270.

起诉决定,即便与被告人进行认罪协商,协商的结果也应当得到法院的实质性审查。缓起诉制度是继起诉与不起诉之后的"第三条路径"。在是否需要司法审查的问题上,《美国法典》第 3161 条(h)(2)明确规定"需要法官批准"。然而,实践中司法审查的作用微乎其微①,以至于在文献中,法院常常被称作"盆景"(potted plants)或"橡皮图章"(rubber stamps,意指无主见,未经审查即批准)。②

由于检察权过于强势,司法审查流于形式③,缓起诉协议出现了如下问题:

第一,宪法性权利侵害问题。美国宪法以及刑事诉讼法保护公司与员工的宪法性权利。例如,公司享有律师—客户特免权、工作成果特免权;员工在职务行为遭受诉讼时,有权获得公司的诉讼费用支持,使其有足够的能力应对诉讼。然而,无论是公司还是个人,如果主张这些权利,都会对公司犯罪的查处增加障碍。于是,在缓起诉协议的协商过程中,放弃权利是考量合作真诚性的重要因素。在前《麦克纳尔蒂备忘录》时代,尤其是《汤普森备忘录》时期,是否放弃权利对于缓起诉决定具有重要影响。例如,在著名的毕马威暂缓起诉案中,检察官对个人的起诉遇到障碍时,就以"并没有充分显示合作意愿"为由,要求公司停止对于员工的诉讼费用支持,公司也确实停止了对不合作员工的诉讼费用支持,缓起诉协议签订后,又停止了对受到追诉的员工的诉讼支持,以显示其"完全的合作意愿"。④ 更值得关注的是,由于《麦克纳尔蒂备忘录》与《菲利普备忘录》中关于权利放弃条款的模糊性,实践中并没有发挥应有作用,以《麦克纳尔蒂备忘录》为分界点,前后若干年内签署的缓起诉协议中,包含权利放弃条款的协议比例都居高不下(多数年份保持在 100%)。⑤

---

① See Benjamin M. Greenblum, "What Happens to a Prosecution Deferred? Judicial Oversight of Corporate Deferred Prosecution Agreements", *Columbia Law Review*, Vol. 105, 2005, p. 1869.

② See Peter R. Reilly, "Corporate Deferred Prosecution As Discretionary", *Utah Law Review*, Vol. 2017, 2017, p. 871.

③ 实际上,效率偏好基础上的美国协商性司法普遍存在这样的问题,这不仅仅是企业缓起诉制度的问题,参见吴思远:《论协商性司法的价值立场》,载《当代法学》2018 年第 2 期,第 138、139 页。

④ See United States v. Stein, 541 F. 3d 130, 137-143.

⑤ See Wulf A. Kaal, Timothy A. Lacine, "The Effect of Deferred and Non-Prosecution Agreements on Corporate Governance: Evidence from 1993-2013", *The Business Lawyer*, Vol. 70, 2014, pp. 47-51.

第二，个人起诉缺失以及由此暴露出的办案质量下降问题。公司缓起诉制度之所以越来越多地被提倡，很大程度是由于它可以克服刑事追诉的负外部效应。① 可以说，刑事政策上的正当性部分弥补了公司犯罪不起诉对法治原则的破坏。然而，在个人的起诉问题上，则不存在任何不起诉直接行为人的理由。现实的情况是，绝大多数公司缓起诉案件附带不起诉直接行为人。例如，行为性质极其恶劣的汇丰银行暂缓起诉案件（下文详述），不仅涉事公司没有被起诉，甚至任何涉事职员都没有被刑事追诉。② 国外学者的数据统计（如图 5-1 所示）也充分展示了这一点。③ 另一项针对《美国反海外腐败法》（FCPA）领域的公司犯罪执法数据也显示出，缓起诉制度引入前与引入后，针对个人的起诉发生了显著变化：从 1997 年 FCPA 颁布，至 2004 年 FCPA 执法第一次适用公司缓起诉制度，83% 的公司缓起诉案件起诉了个人；从 2004 年 FCPA 执法第一次适用公司缓起诉制度至 2014 年，77% 的公司缓起诉案件没有起诉个人。④

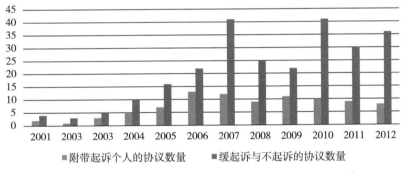

图 5-1 美国公司缓/不起诉案件个人追诉情况（2001—2012 年）

---

① 参见叶良芳：《美国法人审前转处协议制度的发展》，载《中国刑事法杂志》2014 年第 3 期，第 133 页。

② See Office of Public Affairs, HSBC Holdings Plc. And HSBC Bank USA N. A. Admit to Anti-Money Laundering and Sanctions Violations, Forfeit $ 1.256 Billion in Deferred Prosecution Agreement, at: https://www.justice.gov/opa/pr/hsbc-holdings-plc-and-hsbc-bank-usa-na-admit-anti-money-laundering-and-sanctions-violations, last visited: Apr. 9, 2020.

③ See Brandon L. Garrett, *Too Big to Jail: How Prosecutors Compromise with Corporations*, Harvard University Press, 2014, p. 82.

④ See Mike Koehler, "Measuring the Impact of Non-Prosecution and Deferred Prosecution Agreement on Foreign Corrupt Practices Act Enforcement", *U. C. Davis Law Review*, Vol. 49, 2015, pp. 530-541.

上文也提到了，为了解决缓起诉协议签订时附带不起诉个人的问题，美国司法部专门发布了《耶茨备忘录》。然而，从现有资料看，情况并未随之得到解决。例如，《耶茨备忘录》发布仅一周后，美国司法部就与通用汽车公司签署了缓起诉协议，起因是，通用汽车公司职员故意瞒报安全故障，且持续时间十多年，造成至少 124 人死亡。这样一个严重的犯罪行为，公司被给予了缓起诉优待，任何公司职员也都没有被起诉。① 再比如，摩根士坦利在抵押贷款质量问题上误导投资者，对于 2008 年的金融危机"贡献"了重要力量。针对这个案件，美国司法部与摩根士坦利签署了缓起诉协议，获得了 32 亿美元的处罚金，但是并没有任何针对个人的民事或刑事追诉。②

不起诉个人的做法严重损害了法治原则，同时反映出了另一个严重问题，即缓起诉案件办案质量差的问题：在检察权的强大压力下，绝大多数公司选择充分合作，宁愿承受经济处罚也不愿意冒着被刑事追诉的风险与检察官对抗，这种情况下，检察官放松了对案件质量的要求，证据并未达到排除合理怀疑的程度。然而，与公司选择充分合作不同，如果检察官要起诉个人，那么被起诉者将会面临自由的丧失，因此会激起他们的积极对抗，这种情况下，低质量的证据就促使检察官"畏惧"对个人的起诉，放弃个人追诉也就顺理成章。③

第三，协议内容任意设定问题。除了上述两方面的重要问题，还存在诸多细小的问题。比如，协议中义务任意设定问题以及监督员的任意选择问题。在著名的 Bristol—Meyer Squibb 缓起诉案中，公司因为证券欺诈与检察官达成缓起诉协议，协议竟然要求涉事公司向霍尔大学（Seton Hall）捐助一个商业伦理的教席。④ 在 Zimmer Holdings 公司缓起诉案

---

① See Ben Protess, Danielle Ivory, "U. S. Said to Have Settled with G. M. Over Deadly Defect", *The New York Times,* Sept. 16, 2015.

② See Evan Weinberger, Yates Memo Fails to Trigger Charges in Morgan Stanley Deal, at: https://www.law360.com/articles/758250/yates-memo-fails-to-trigger-charges-in-morgan-stanley-deal, last visited Apr. 9, 2020.

③ See Mike Koehler, "Measuring the Impact of Non-Prosecution and Deferred Prosecution Agreement on Foreign Corrupt Practices Act Enforcement", *UC Davis Law Review,* Vol. 49, 2015, pp. 542-543, 544-556.

④ Bristol-Meyer Squibb 公司缓起诉案的协议文本可以从弗吉尼亚大学图书馆获取，网址：http://lib.law.virginia.edu/Garrett/corporate-prosecution-registry/agreements/bristol-meyers.pdf，访问日期：2020 年 4 月 9 日。

中,检察官选择了自己的前同事作为监督员,Zimmer Holdings 公司为此人支付了 5200 万美元相关费用。① 如此等等,还有很多,不再赘述。

2. 理性的回归:个案考察与数据统计

(1)个案考察。

整体上看,由于缺乏实质性的控制,企业犯罪缓起诉案件出现了各种问题。然而,一些个案中也出现了诸多值得称赞的转变。这些个案中的理性因素,犹如夜空中璀璨的明星,尽管暂时很微弱,但黑夜映衬了它的光芒。在美国的文献中,如下三个案件被普遍提及:

首先是 KPMG(毕马威)公司缓起诉案。2005 年 8 月 26 日,KPMG 因参与税收庇护交易(金额达到 25 亿美元)而与检察官达成了暂缓起诉协议。然而,依据当时具有指导意义的《汤普森备忘录》,为了显示充分合作的意愿,公司停止了对于被诉员工的诉讼费用支持。② 在针对员工的诉讼中,员工提出,公司停止支付律师费的行为是受到美国司法部的施压之后做出的,美国司法部的行为侵犯了其宪法权利。对于员工的主张,法官 Kaplan 指出,政府试图剥夺员工获得法律帮助的行为侵犯了其受到《美国宪法第五修正案》保护的辩护权;政府通过附加停止员工诉讼费用作为条件,与 KPMG 达成缓起诉协议的行为,侵犯了员工《美国宪法第六修正案》所赋予的获得法律帮助的权利。③ 在《汤普森备忘录》特别强调权利放弃的时代,KPMG 案强调员工宪法权利的保障,这在公司缓起诉制度史上具有重要意义。

其次是 HSBC(汇丰银行)缓起诉案。该案中,汇丰银行协助洗白了墨西哥与哥伦比亚之间数亿美元的涉毒资金,并且为古巴、伊朗以及其他受美国政府制裁的国家内的企业提供了交易便利。上述行为违反了美国的《银行保密法》《国际紧急经济权力法》以及《对敌贸易法》。2012 年 12 月 11 日,美国政府起诉了汇丰银行,并且当天与该银行签署了缓起诉协议,在银行遵守所有协议条款的情况下,起诉暂缓五年。汇丰银行的上述行为被认为是对美国国家安全的严重威胁,因此公众的

---

① See John A. Gallagher, "Legislation Is Necessary for Deferred Prosecution of Corporate Crime", *Suffolk University Law Review*, Vol. 43, 2010, p. 470.

② KPMG 与纽约南部地区检察官达成的缓起诉协议,可以从如下网址获取:http://fs.monadnockresearch.com/pubfiles/KPMG_2005_Deferred_Prosecution_Agreement.pdf,访问日期:2020 年 4 月 12 日。

③ See United States v. Stein, 435 F. Supp. 2d 330.

起诉呼声很高。然而,考虑到起诉给银行带来的经营资质丧失等严重负外部效应,以及来自英国政府的强大政治压力①,美国政府最终决定暂缓起诉。单从这一点说,汇丰银行缓起诉案受不起赞歌。然而,美国司法审查过程中却蕴含着对企业缓起诉制度的理性思考:法官 Gleeson 第一次指出,法庭的监督权给了他批准或拒绝缓起诉协议的权力;美国联邦最高法院的诸多判决也旨在保护司法程序的完整性;法庭尽管会批准该协议,但只要还在法庭的审查范围内,法庭就有权力保证缓起诉协议在法律的边界内得到执行,为此,当事双方应当定期向法庭报告,使其充分了解缓起诉协议执行中的最新情况。② 尽管有诸多难以令人满意之处,但在对企业缓起诉协议司法审查的问题上,汇丰银行缓起诉案走出了第一步。

最后是 Fokker(福克)公司缓起诉案。2014 年 6 月 5 日,Fokker 公司因违法向伊朗、苏丹、缅甸运输飞行器以及复杂导航系统组件(长达五年,数量惊人,高层广泛参与)而被美国政府起诉,并于起诉当天签署了缓起诉协议。然而,当值法官 Richard J.Leon 却否决了该协议,这还是企业缓起诉制度史上的第一次。Richard J.Leon 指出:考察《美国法典》第 3161 条,平实的语言证实了法庭有权批准或拒绝缓起诉协议;HSBC 案中 Gleeson 法官关于"法院有权对缓起诉协议进行实质性审查"的判断是正确的;Fokker 案中,没有任何个人为严重罪行承担责任,甚至连他们的职位都没有受到影响。此外,既没有独立的监督员监督公司后续行为,也没有要求公司定期向法庭或政府提交报告的任何协议内容,不得不说,这是对检察权中自由裁量的滥用,因而应当被法庭拒绝。③ 尽管上诉审法官推翻了 Richard J.Leon 的观点,仍主张法官只能对缓起诉协议进行"最窄最有限"的形式审查④,但 Fokker 案所具有的示范意义不可低估。

---

① See Colin King, *Nicholas Lord, Negotiated Justice and Corporate Crime: The Legitimacy of Civil Recovery Orders and Deferred Prosecution Agreements*, Palgrave Pivot, 2018, pp. 79-80.
② 参见 United States v. HSBC Bank USA, N. A., No. 12-CR-763, 2013 WL 3306161。关于案件审理情况的现有资料,仅有 Westlaw 的索引文件可用,文件可从如下网址获取:http://blogs.reuters.com/alison-frankel/files/2014/08/US-v-HSBC-Bank-USA-NA.pdf,访问日期:2020 年 4 月 12 日。
③ See United States v. Fokker Services B. V., 79 F. Supp. 3d 160.
④ See United States v. Fokker Services B. V., 818 F. 3d. 733.

(2)数据统计。

从世界范围看,越来越多的国家开始效仿美国,将企业缓起诉制度引入本国法律体系。然而,在经历过近30年的发展之后,美国对于企业缓起诉制度的适用越来越理性。这一点不仅体现在个案之中,总体适用数量上也有所体现:1992—1999年间,只有12个企业缓/不起诉案件(年均1.5个)①,2000—2019年间,这个数字逐步爬升,并趋于稳定,甚至稳中有降,Gibson Dunn的统计数字(见图5-2)显示出了这一点。②

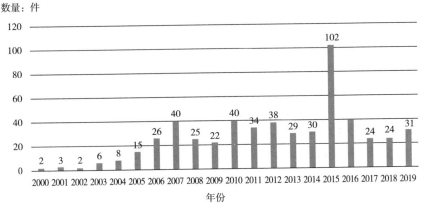

图5-2 美国企业犯罪缓/不起诉案件量(2000—2019年)

(三)小结:回归相对理性的制度现状

从1991年《美国联邦量刑指南》提出要通过激励措施(carrot-stick)推动企业合规开始,企业缓起诉制度得到了越来越多的强调。也就是说,企业缓起诉制度具有强烈的政策诉求。受到系列公司丑闻的刺激,企业合规成为潮流,相应地,企业缓起诉制度也得到迅速发展。正是被推行企业合规的政策裹挟,企业缓起诉制度如脱缰野马,失去了控制。无论是政策性文件的制定,还是个案的适用,都失去了应有的理性。然而,从KPMG案开始,系列政策性文件在逐渐限制检察官权力,多个案件中都强调实质性司法审查的意义。可以说,相对理性的制度形态正在逐步形成。

---

① See Brandon L.Garrett, *Too Big to Jail: How Prosecutors Compromise with Corporations*, Harvard University Press, 2014, p. 63.
② See Gibson Dunn, 2019 Year-End Update on Corporate Non-Prosecution Agreements and Deferred Prosecution Agreements, at: https://www.gibsondunn.com/2019-year-end-npa-dpa-update/, last visited: Apr. 12, 2020.

三、制度的扩张:全球化浪潮中的惊喜与隐忧

(一)立法对司法审查的强化:英国、新加坡、法国以及加拿大的经验

1. 英国

为了有效应对企业犯罪,英国于 2013 年通过《英国犯罪与法院法》(Crime and Courts Act)引入了企业缓起诉制度。① 该法案关于企业缓起诉的规定并未立即生效,而是要求重大欺诈办公室(Serious Fraud Office, SFO)与皇家检察署(Director of Public Prosecution, DPP)发布关于企业缓起诉制度的操作指南。2014 年 2 月 24 日,SFO 与 DPP 联合发布了《英国缓起诉协议实践准则》(Deferred Prosecution Agreements Code of Practice, DPA Code)。从此之后,企业缓起诉制度有了具体的操作指引,并且开始生效。

英国的立法及其指引文件极其详细地规定了企业缓起诉制度的程序和范围,概括如下:

(1)缓起诉协议是否可以适用的双重检验。

检察官在决定是否适用缓起诉协议时,需要经过证据阶段(evidential stage)与公共利益阶段(public interest stage)的检验。在证据检验阶段,必须满足《英国皇家检察官守则》所要求的"完全守则检验"(Full Code Test);如果这一条没有满足的话,必须在现有可用证据的基础上达到合理怀疑的程度,并且有合理的理由相信,如果调查继续深入下去,在可预期的时间段内(结合案件的具体情况,例如规模、类型以及复杂度综合判断),可以获得进一步的证据,所有的证据综合起来可以达到"完全守则检验"的标准。在公共利益检验阶段,首先看证据检验阶段是否通过,如果通过,并且符合公共利益,则可以达成缓起诉协议②;如果不能全部通过检验,则不能适用缓起诉制度。

(2)决定缓起诉时的考量因素。

可能阻碍缓起诉的因素包括:行为的严重性;相似行为的历史;受到指控的行为是涉事公司的商业惯例;合规计划不存在或者行为后仍未得到改善;先前存在对类似行为的警告或者制裁;没有及时报告违法行为;所报告的内容不能得到证实或者故意报告不准确、不完全、误导性的信

---

① Crime and Courts Act 2013, Schedule. 17.
② See Deferred Prosecution Agreements Code of Practice (2013), para. 1.1-1.6.

息;违法行为对于被害人的直接或者间接伤害,或者对于市场信心以及地方政府或国家产生严重负面影响。① 可能促进缓起诉的因素包括:合作;未实施类似行为的历史;存在合规计划;涉事行为仅是个案,例如系流氓员工实施;犯罪行为非最近发生,并且涉事公司现在已经形成不同的组织形态;起诉可能给公司带来不成比例的后果;起诉对于公共利益(公司职员、股东利益等)也有显著的负面影响。②

(3)缓起诉协商的提起与内容。

如果检察官决定给涉事公司提供缓起诉的机会,他/她将会通过正式的邀请信表达这样的意思,并且包含协商中双方的责任,例如协商中信息的保密性等问题;协商过程中,涉事公司必须承认并如实陈述涉案事实,但认罪并不必要;协议内容通常包括经济制裁条款、被害人补偿、检察官办案经费的补偿、慈善捐款、充分合作、禁止特定行为、合规计划的建设等。③

(4)听证程序。

协商程序开始后,缓起诉协议最终达成前,检察官应当向英国皇家法院提出申请,请求其宣布缓起诉协议是出于司法利益(Interests of Justice),并且拟定的缓起诉协议条款公正、合理、合比例。法庭对于宣告或者不宣告上述内容,必须给出理由,如果法庭拒绝宣告,检察官可以再次申请。申请以及宣告程序都必须私下进行。经过初次听证(preliminary hearing)之后,如果检察官与涉事公司就协议内容达成一致,检察官需要向英国皇家法院提出申请,请求其宣告缓起诉协议是出于司法利益,并且拟定的缓起诉协议条款公正、合理、合比例。最终听证可以私下进行,但是一旦法庭决定批准缓起诉协议,其必须公开宣布。获得法庭的批准之后,检察官应当公布缓起诉协议以及法庭的批准理由。④

(5)公司违背协议的鉴定、协议内容的修订以及期满后的废止程序。

如果在履行缓起诉协议的过程中,检察官发现公司有背离协议内容的情况,应当向法院申请,由法院决定是否修正协议内容或者终止协议;协议履行过程中,如果法庭要求或者修改协议条款确有必要,检察官须提

---

① See Deferred Prosecution Agreements Code of Practice (2013), para. 2.5, 2.8.1.
② See Deferred Prosecution Agreements Code of Practice (2013), para. 2.8.2.
③ See Deferred Prosecution Agreements Code of Practice(2013), para. 3.1, 3.6, 6.1, 6.3, 7.8, 7.10.
④ See Crime and Courts Act 2013, Schedule 17: 7-8.

请法院批准;在协议期满后,检察官应当通知法院协议期满废止的情况。①

(6)适用范围的限制。

企业缓起诉制度只适用于经济犯罪,具体包括普通法中的共谋欺诈和公共税收欺诈,以及诸多制定法中的经济犯罪。这些制定法具体包括:《英国盗窃罪法案》(1968)、《英国海关与货物管理法》(1979)、《英国伪造与假冒犯罪法》(1981)、《英国公司法》(1985,2006)、《英国增值税法案》(1994)、《英国金融服务与市场法》(2000)、《英国犯罪收益法》(2002)、《英国诈骗罪法案》(2006)、《英国洗钱规制法》(2017)。②

2. 法国

2016年,法国通过《萨宾第二法案》,引入了刑事合规以及企业缓起诉制度。企业缓起诉的内容主要规定在该法案的第22条(Article 22)。制度的大致框架如下:③

第一,适用罪名的限制,即仅限于《法国刑法典》第433、434、435、445条以及《法国普通税法典》第1741、1743条之中的个别犯罪。

第二,缓起诉协议(公共利益司法协议)的义务内容。向国库支付基于公共利益的罚款,罚款金额与所发现的违法所得收益必须成比例,不超过(违规行为前推三年)年均营业额的30%;根据检察官确定的时间表,可以在不超过一年且协议规定的期限内分期付款;在法国反腐败局的监督下,公司须提交一份最长三年的合规计划,以确保公司守法;法国反腐败局求助于专家或有资格的个人或权力部门,以协助其完成监督任务;所必需的法律、财务、税务分析费用,由涉事公司承担;一旦确定了受害人,除非涉事公司认为对受害者的赔偿不公正,否则必须在一年内完成对受害者的赔偿。

第三,司法审查与协议执行程序。如果检察官认为,所涉案件达成缓起诉协议更有利于公共利益的实现,其将通过正式的信件向企业提出达成缓起诉的建议,企业有权在律师的协助下,决定是否缔结协议;如果企业同意与检察官达成缓起诉协议,检察官将请求高等法院审查协议文

---

① See Crime and Courts Act 2013, Schedule 17: 9-11.

② See Crime and Courts Act 2013, Schedule 17, Part 2: "Offences in Relation to Which A DPA May Be Entered Into".

③ 参见LOI no 2016-1691 du 9 décembre 2016 relative à la transparence, à la lutte contre la corruption et à la modernisation de la vie économique (1), Article 22。对这一部分所涉法文文本的解读,外交学院法语专业硕士生谈华提供了帮助,在此表达谢意。

本,审查请求包含对事实的准确陈述以及法律定性。此外,检察官还应当将此通知涉事企业,必要时同时通知受害人。法官接到缓起诉协议之后,应当通过公开听证的方式审查协议文本。听证会上,法院重点核实诉讼的真实性,程序是否合规,罚款金额是否符合相关限制,拟采取的措施是否和企业所犯的罪行相称,以此来决定是否批准缓起诉协议。主审法官的决定将通知涉案企业,必要时通知受害人,该决定不接受上诉。主审法官发布确认令之后,涉案企业自审定之日起十天内有撤回权,撤回请求将通过挂号信邮寄给检察官。如果企业没有行使撤回权,就要履行协议中的相关义务,否则,协议将会失效,从而导致对企业的重新起诉。批准命令不能宣告企业有罪,也不具有判决定罪的性质或效力。获得批准的缓起诉协议不会在《犯罪记录公报》第1版中列出,但会连同协议文本一起在法国反腐败局的官网发布。受害人可以根据民事诉讼法的规定,依据这一批准令,向相关企业追讨它同意支付的损害赔偿。如果法官不批准双方拟定的协议,或者涉案企业决定行使撤回权,或者在协议规定的期限内,企业不认为自己应当充分履行协议规定的义务,检察官将提起诉讼。在起诉和定罪的情况下,应酌情考虑部分履行协议义务的情况。如果企业没有充分履行所提供的义务,则检察官应通知企业协议终止。如有必要,检察官将会退还已经缴纳的罚款,对于法人应当承担的费用,例如法国反腐败局委托专家或者有资格的人员或当局,在履行监察任务时所产生的法律、财务、税务和会计分析等费用,不予退还。

此外,值得一提的是,法国国家金融检察官办公室与法国反腐败局联合发布了缓起诉协议的《公共利益司法协议实施指南》。该指南从五个方面细化了《萨宾第二法案》第22条:缓起诉协议的先决条件、罚款的确定、合规计划义务、国际合作以及对《关于向外国自然人或法人传递经济、商业、工业、金融或技术性质的文件和信息的法律》(1968)的遵守。[①]

3. 新加坡

2018年,新加坡通过《刑事司法改革法案》将企业缓起诉制度引入本国立法,主要内容规定在《新加坡刑事程序法典》。[②] 据学者介绍,新加坡

[①] See French National Financial Prosecutor's Office & French Anti-Corruption Agency, Guidelines on the Implementation of the Convention Judiciare D' Interet Public (Judicial Public Interest Agreement), at: https://www.agence-francaise-anticorruption.gouv.fr/files/files/EN_Lignes_directrices_CJIP_revAFA%20Final%20(002).pdf, last visited: Apr. 16, 2020.

[②] See Criminal Procedure Code, Part VIIA: Deferred Prosecution Agreements.

的企业缓起诉立法很大程度上借鉴了英国立法。① 这个判断从立法内容以及法条表述也可以看出来。除了以下几点,新加坡的立法与英国基本没有差异:第一,英国法强调司法审查的双重程序,即需要通过两次听证程序,而新加坡法规定,只有在检察官与公司达成缓起诉协议之后,才会提交给法院审查②;第二,在缓起诉协议执行过程中,如果企业违背了协议规定的义务,新加坡法要求法院必须终止缓起诉协议,提起诉讼;英国法规定,法院可以邀请检察官与公司修订协议内容,也可以终止协议。③ 第三,新加坡法院对于缓起诉协议的批准程序必须私下进行,法院没有义务公布批准或不批准协议的理由;英国法允许听证程序公开(首次听证必须私下)或私下进行,而且法院必须对批准或不批准的决定给出理由。④ 内容相同部分不再赘述,可参见英国立法。

4. 加拿大

2018年9月19日,加拿大修订了刑法典,首次引入了企业缓起诉制度。从总体架构看,加拿大的企业缓起诉制度与英、法、新加坡相似,因而不再赘述,但有如下几点值得注意:

第一,更加严苛的适用范围和程序限制。如果犯罪造成了严重的身体伤害或者死亡,或者对国防或国家安全造成损害,或者行为系为了犯罪组织或恐怖组织的利益而实施,或者与上述组织发生关联,则不能实施缓起诉;证据上,可以合理预期确证行为的犯罪性;在满足公共利益以及适当性的前提下,需要获得总检察长的同意。⑤

第二,合规计划并没有得到特别重视。犯罪行为前后企业合规计划情况并不是影响起诉决定的考量要点,建立或完善合规计划以及独立监督员都不是缓起诉协议的必要内容(可选)。⑥

---

① See Eunice Chua, Benedict Chan Wei Qi, "Deferred Prosecution Agreements In Singapore: What Is the Appropriate Standard for Judicial Approval?", *International Commentary on Evidence*, Vol. 16, 2019, p. 1.

② See Crime and Courts Act 2013, Schedule 17: 7-8; Criminal Procedure Code, Part VIIA: 149F.

③ See Crime and Courts Act 2013, Schedule 17: 9 (3); Criminal Procedure Code, Part VIIA: 149G (2) (3).

④ See Crime and Courts Act 2013, Schedule 17: 8 (6); Criminal Procedure Code, Part VIIA: 149F(4).

⑤ See Criminal Code, Part XXII.1, 715.32 (1).

⑥ See Criminal Code, Part XXII.1, 715.32 (2), 34 (3).

第三，缓起诉协议的公布程序更灵活。与英国、法国、新加坡相同，缓起诉协议需要公开发布，然而，如果存在特殊事由，也可以不公开。不公开决定需要考虑如下情况：在鼓励报告犯罪以及被害人参与的社会利益；是否有必要保护受害者的身份；是否有碍于正在进行的调查或者起诉等。①

（二）司法审查制度的形式化风险：基于个案的观察

从现有资料来看，由于立法相对较晚，新加坡和加拿大截止到 2021 年 9 月没有达成企业缓起诉协议。② 鉴于此，笔者主要选取了法国与英国的缓起诉协议文本进行考察。

就法国而言，缓起诉协议文本给人的感觉是：第一，相比于美国，更为合理、理性；第二，更强调权力制衡，即重视法院对缓起诉协议文本的实质审查。2020 年 1 月 20 日，中国银行因涉嫌协助隐瞒、转移在法国犯下的税收欺诈罪的直接或间接收益而与法国检察官达成缓起诉协议，经过巴黎高等法院批准，当天签署并在法国反腐败局官网发布。缓起诉协议的主要内容，除要求中国银行完善反洗钱合规措施，加强对客户和第三方评估程序的检查，优化对高额交易和可疑交易的监管预警机制，强化员工培训之外，对于罚款、受害者赔偿（这里主要是作为受害者的国家遭受的税收损失）以及没收非法利益（三项合计 390 万欧元）都有非常明确、精细的计算方式。③ 与美国"漫天要价"、几乎不受司法审查的方式相比，法国的程序显然更为理性、合理。

就英国而言，缓起诉协议文本给人的感觉是：第一，总体较为合理，说理充分。美国的缓起诉文本一般非常简短，事实部分轻描淡写。与之不同，英国的缓起诉文本以及法官的批准理由都非常详尽，对于案件事实、调查和审理经过以及达成缓起诉协议的理由都有充分阐述。上述材料在反重大欺诈办公室官网发布，接受监督。第二，司法审查制度存在形式化

---

① See Criminal Code, Part XXII.1, 715.42 (3).
② See Eunice Chua, Benedict Chan Wei Qi, "Deferred Prosecution Agreements In Singapore: What Is the Appropriate Standard for Judicial Approval?", *International Commentary on Evidence*, Vol. 16, 2019, p. 12; Gibson Dunn, "2019 Year-End Update on Corporate Non-Prosecution Agreements and Deferred Prosecution Agreement", at: https://www.gibsondunn.com/2019-year-end-npa-dpa-update/, last visited: Apr. 16, 2020.
③ 中国银行与法国巴黎地区检察官达成的缓起诉协议（CJIP Bank of China），可以从法国反腐败局官网获取，网址：https://www.agence-francaise-anticorruption.gouv.fr/fr/document/convention-judiciaire-dinteret-public-cjip-conclue-entre-procureur-republique-pres-tribunal，访问日期：2020 年 4 月 16 日。

风险。英国是美国之外第一个推行企业缓起诉制度的国家。相比于美国,英国强化了司法审查,使得缓起诉协议的运行本应更为理性。然而,从现有文本看,两国的制度正在趋同化,或者说,英国有重走美国老路子的风险。截至 2021 年 9 月份,英国总共签署了 10 份企业缓起诉协议①,经过对 10 份协议文本及其附件材料的研究可以发现几个问题:第一,个人起诉问题上,也存在普遍不起诉个人的实践。Rolls-Royce 缓起诉案、Amec Foster Wheeler PLC 缓起诉案等都没有起诉任何涉案责任人员。在英国的司法审查中,除证据检验之外(事实上也降低了证明标准),公共利益的检验对于缓起诉协议具有决定性作用。如果说不起诉企业具有公共利益,那么,实在看不出不起诉个人保护了哪些公共利益。第二,美国实践所形成的"大到不能关"(too big to jail)的现象正在英国逐步形成。在英国的文献中,讨论最多的个案是 Rolls-Royce 缓起诉案。原因在于,涉案罪行的严重性与最终处理结果形成鲜明反差。官方公布的批准文件中,法官对于 Rolls-Royce 公司的罪行进行了概括:行为涉及行贿外国官员、商业贿赂以及财务造假;犯罪行为跨越多个国家,遍及公司的各个业务链条;犯罪已经或者即将对市场信心及诚信造成重大损害;犯罪从 1989 年持续到 2013 年;犯罪涉及大量资金用于资助贿赂;行为显示出精心设计的要素;从贿赂中获益巨大;公司高层职员广泛参与。② 面对如此严重的罪行,法官自己都承认:如果 Rolls-Royce 在该案中不被起诉,那么可能很难再看到任何公司被起诉的现象了。③ 此外,该案也打破了此前两个缓起诉案件所形成的惯例,即自我报告是达成缓起诉协议的前提(此后的案件也基本遵循了这个原则,例如最新的 Airbus 缓起诉案)。该案中,Rolls-Royce 不仅没有自我报告,甚至试图掩盖罪行。即便如此,法官

---

① 参见 SFO v. Standard Bank(2015)、SFO v. Sarclad Ltd(2016)、SFO v. Rolls-Royce(2017)、SFO v. Tesco(2017)、SFO v. Serco Geografix Ltd(2019)、SFO v. Güralp Systems Ltd(2019)、SFO v. Airbus SE(2020)、SFO v. G4S、SFO v. Ariline Services Limited、SFO v. Amec Foster Wheeler PLC。这些缓起诉协议文本,可以从 SFO 官网获取,此后的文本考察,不再逐一说明来源,网址:https://www.sfo.gov.uk/publications/guidance-policy-and-protocols/deferred-prosecution-agreements/,访问日期:2021 年 9 月 28 日。

② See SFO v. Rolls Royce PLC; Rolls Royce Energy Systems Inc, Southwark Crown Court, Case No: U20170036, January 17, 2017, para. 35.

③ See SFO v. Rolls Royce PLC; Rolls Royce Energy Systems Inc, Southwark Crown Court, Case No: U20170036, January 17, 2017, para. 61.

仍然认为,"非同寻常"(extraordinary)的合作态度足以平衡缺失的自我报告。① 最终,即便遭受巨大的质疑,法院仍然批准了缓起诉协议。Rolls-Royce 案缓起诉协议的达成具有显著的负面示范效应,它告诉企业,不管实施了多么恶劣的行为,即便不自我报告,只要事后积极配合调查,都不会遭到起诉。对此,法院是明知的,但仍然在公共利益的掩饰下批准了该协议。这反映出,在大型企业犯罪的案件中,法官的司法审查流于形式,"公共利益检验"也为形式化的审查提供了空间。

(三)小结:惊喜与隐忧并存的全球化浪潮

企业缓起诉制度已经得到越来越多国家的接受,鉴于其与企业合规制度问题的密切关联,也正与企业合规制度一道形成全球浪潮。通过对主流国家的制度考察不难发现,一方面,美国之外的所有国家都实现了制度的立法化,并强调司法审查的重要意义。相比于美国的形式审查,缓起诉制度浪潮中的其他国家最起码在立法上强调司法审查的意义,实践中也出现了否决缓起诉协议的案件。例如,加拿大 SNC-Lavalin 贿赂案中,加拿大联邦法院就拒绝了公司的缓起诉协议申请。② 可以说,缓起诉制度在明确、透明、理性上已经迈出了重要一步。这是值得惊喜的一面。另一方面,鉴于公司对所在国家甚至世界经济的重大影响力,法院往往过于强调公司刑事追诉的负外部效应,以及公司的合作意愿和合规承诺,从而在公共利益的名义下一再让步,逐步失去了原则,以至于形成了"大到不能关"的法外空间。此外,权利放弃问题仍没有得到很好解决。③ 这是值得忧虑的一面。总的来说,企业缓起诉制度在全球化的浪潮中,惊喜与隐忧并存。

---

① See SFO v. Rolls Royce PLC; Rolls Royce Energy Systems Inc, Southwark Crown Court, Case No: U20170036, January 17, 2017, para. 22.

② David Ljunggren, Julie Gordon, "Canada Court Dismisses Bid by SNC-Lavalin to Escape Corruption Trial, Reuters (March 8, 2019)", at: https://www.reuters.com/article/us-canada-politics-snc-lavalin-idUSKCN1QP1W8, last visited: Apr. 17, 2020.

③ See Eunice Chua, Benedict Chan Wei Qi, "Deferred Prosecution Agreements In Singapore: What Is the Appropriate Standard for Judicial Approval?", *International Commentary on Evidence,* Vol. 16, 2019, p. 7.

四、制度的借鉴:引介路径的初步构想

(一)基调设定:有限度地引入企业缓起诉制度

1. 制度引入必要性的补充说明

本节的主旨在于,通过对企业缓起诉的制度史梳理,为我国展开下一步的制度引介工作提供有益参考。鉴于此,制度引介必要性的分析并无必要(问题提出部分也只是简要做了交代)。事实上,笔者也曾在其他论文中对于这个问题进行了较为深入的讨论。① 然而,在阅读诸多缓起诉协议的过程中,可以隐约发现企业缓起诉制度扩张的另一个动因,因此,有必要在这里补充说明。

企业合规是经济全球化的结果,与之相应,作为推进企业合规的外部激励机制,企业缓起诉制度也明显受到经济全球化的影响。全球化的经济意味着企业违规的全球化,企业犯罪治理上的国际合作成为必然。诸多缓起诉协议都可以体现这一点。例如,2020年年初英国反重大欺诈办公室发布的 Airbus 缓起诉案,实际上就是英国、法国和美国联合执法的结果,也就是说,Airbus 不仅与英国签署了缓起诉协议,与法国、美国都签署了相关的缓起诉协议。同样的情况,Standard Bank 缓起诉案也是英国和美国联合执法的结果;Tesco 缓起诉案、Rolls-Royce 缓起诉案都是如此。暂且不说联合行动带来的净化世界经济环境的好处,各个参与国也都从中受益颇丰。例如,Airbus 缓起诉案,英国获取了大约 10.9 亿美元的各类处罚和补偿金;法国获取了 22.9 亿美元的各类处罚和补偿金;美国获取了近 6 亿美元的各类处罚和补偿金。② 实际上,英国之所以引入缓起诉制度,很大程度上是为了与美国争夺通过缓起诉协议处理公司犯罪的机会或者利益。③ 直白地说,上述国家引入缓起诉制度,有很大的可能是,想与美国一同分享甚至是争夺缓起诉协议金这块"富矿"。

---

① 参见李本灿:《认罪认罚从宽处理机制的完善:企业犯罪视角的展开》,载《法学评论》2018 年第 3 期,第 113—118 页。

② See Department of Justice (Office of Public Affairs), Airbus Agrees to Pay Over $ 3.9 Billon in Global Penalties to Resolve Foreign Bribery and ITAR Case, at: https://www.justice.gov/opa/pr/airbus-agrees-pay-over-39-billion-global-penalties-resolve-foreign-bribery-and-itar-case, last visited: Apr. 17, 2020.

③ See Frederick T.Davis, "International Double Jeopardy: U. S. Prosecutions and the Developing Law in Europe", *American University International Law Review*, Vol. 31, 2016, p. 57.

回到我国的制度语境,由于企业缓起诉制度尚未确立,我们根本没有机会参与联合执法行动,暂且不说缓起诉协议可能带来的经济利益,制度的缺失直接导致司法管辖机会的丧失。原因在于,传统诉讼对于证据的要求比较高,违法行为的全球性加大了处理难度,而企业缓起诉制度通过降低证据标准以及强调企业的合作,使得企业犯罪处理更为容易。事实上,国外诸多的企业缓起诉案件所涉违法行为都发生在中国或者违法主体就是中国企业(例如,Airbus 案中,大量的贿赂对象都是中国官员;中国银行在法国的缓起诉案中,涉案主体系中国公司,行为发生在中国),但最终却被其他国家从中受益,中国政府自始至终都成了看客。从这一点可以看出,企业缓起诉制度是中国参与企业犯罪全球治理的需要,制度引入已是势在必行。

2. 制度引入应有限度

对于企业缓起诉制度的引入必要性,我国学界已经基本达成一致意见,但如何引入以及引入的限度并没有深入讨论。企业缓起诉制度在美国之外的扩张史表现出一个明显特征,即始终保持一定限度:从制度适用范围上讲,只适用于经济犯罪(英、法、新)或者排除某些严重犯罪的适用(加拿大);从实际适用情况看,只有极少数案件适用企业缓起诉(加拿大和新加坡都没有真正适用;2014—2020 年,英国只有 7 个案件,法国稍多)。对此,需要提出疑问:为什么会这样?在笔者看来,除了每个国家企业犯罪治理的刑事政策松紧有别,诉讼文化有所不同之外,实体法上单位归责模式的差异也是重要原因。

企业缓起诉的价值或功能是,作为外部激励措施,推动企业合规。① 如果这个判断正确,那么由此引出的问题是,既然《美国联邦量刑指南》明确将合规与企业责任建立了联系,还有什么必要单独建构程序法上的缓起诉机制?这个问题的答案只有一个,那就是,原有的实体法上的激励机制存在缺陷,因此需要缓起诉制度的功能补给。美国主流的单位犯罪归责模式是代位责任②,这一点在《美国联邦量刑指南》③以及美国联

---

① 参见陈瑞华:《企业合规视野下的暂缓起诉协议制度》,载《比较法研究》2020 年第 1 期,第 1 页。

② 参见李本灿:《自然人刑事责任、公司刑事责任与机器人刑事责任》,载《当代法学》2020 年第 3 期,第 107、108 页。

③ See U. S. Sentencing Commission Guideline Manual (2018), Chapter 8, Introductory Commentary.

邦巡回区上诉法院的系列判决①都有所体现。代位责任带来的结果是，公司承担了严格责任。② 也就是说，企业合规无论如何都不能排除责任，只能减轻责任。然而，对于公司来讲，定罪本身即足以毁灭企业，其追求的是除罪化效果，而不是责任减轻。代位责任模式下，公司缺乏足够动力建构有效的合规计划，否则就等于自陷风险（这一点尤其依赖合规机制所要求的对违法行为的自我报告）。也就是说，代位责任存在合规激励不足的天然缺陷。这种情况下就有了通过程序机制弥补实体法上的缺陷的功能需求，企业缓起诉制度即充当了这样的制度工具。在美国法的文献中存在一种普遍性认知："如果刑事司法不想继续妥协的话，消除代位责任模式就是必要的。"③也就是说，由于代位责任过于严苛，不足以激励企业合规，企业缓起诉才被大量适用；如果想限制企业缓起诉的适用，改变企业犯罪归责模式是必要的。这也可以解释，英国在缓起诉"证据检验"阶段将证据标准从"排除合理怀疑"降低到"存在合理怀疑"的真正原因，即英国的"同一视原则"使得单位责任的认定非常困难。④

既然企业缓起诉制度的适用限度与实体法上的单位归责模式有内在关联，那么，我们对制度引介限度的考量，就必须合理观照我国的单位犯罪归责模式。从《刑法》第 30 条可以推导出，我国强调单位责任的整体性，单位责任是组织体自身的责任。⑤ 从组织体责任的角度讲，企业合规完全可以成为排除企业刑事责任的事由。⑥ 这就意味着，我国的刑事实体法可以在合规激励上独当一面，对于程序法的功能补给需求并不强

---

① See United States v. Ionia Mgmt., 555 F. 3d 303; United States v. Singh, 518 F. 3d 236.
② 参见李本灿：《公共机构腐败治理合规路径的构建——以〈刑法〉第 397 条的解释为中心》，载《中国刑事法杂志》2019 年第 2 期，第 34 页。
③ Matt Senko, "Prosecutorial Overreaching in Deferred Prosecution Agreements", *Southern California Interdisciplinary Law Journal,* Vol. 19, 2009, p. 164.
④ See Colin King and Nicholas Lord, *Negotiated Justice and Corporate Crime: The Legitimacy of Civil Recovery Orders and Deferred Prosecution Agreements,* Palgrave Pivot, 2018, pp. 81-82.
⑤ 参见黎宏：《组织体刑事责任论及其应用》，载《法学研究》2020 年第 2 期，第 87 页；李桂红：《单位犯罪中单位行为与单位意志的认定》，载《当代法学》2006 年第 4 期，第 53 页。
⑥ 参见孙国祥：《刑事合规的理念、机能和中国的构建》，载《中国刑事法杂志》2019 年第 2 期，第 13 页。

烈。① 此外,企业缓起诉制度在英美的广泛适用离不开深厚的协商性司法文化的影响,这种文化氛围在我们国家也较为稀薄。以上两点决定了,企业缓起诉制度的引入应有限度。

(二)制度关键:权力制衡与政策强化

1. 检察权的主导及其制约

以时间和空间为线索,对美国各个时间节点上以及美国之外各个国家的政策性文件/立法、典型个案的考察可以发现:一方面,检察院主导着企业缓起诉程序;另一方面,如何实现权力制衡成为制度演进的主线。基于以上经验,未来我国的制度设计,尤其需要注意以下三点:

首先,应当明确提出,企业缓起诉制度应当由检察院主导。检察权的主导作用主要体现在,缓起诉协议的提起(检察院主动提出)或者对缓起诉请求的审查(企业主动提出),缓起诉协议内容的拟定,缓起诉被法院否决之后条款的修订以及缓起诉协议签署后的监督、补正都应当由检察院承担。当然,在监督缓起诉协议执行的过程中,如何实现有效监督是需要检察院重点关注的问题。国外存在的反面经验是,缓起诉协议的监督员由检察院任意指派,从而出现外行人指导内行人的现象。为此,应当通过相应的制度规范监督职能的行使,例如,通过特定程序引入法律、财务以及公司治理专家(费用由公司承担),协助缓起诉协议的监督执行(法国经验)。如有必要,缓起诉案件进程中的其他环节亦可引入相关领域专家协助解决疑难问题,道理类同,不再赘述。

其次,应当特别注意,处于主导地位的检察权应当受到制约。上文描述了美国近几年的企业缓起诉案件以及其他国家立法中强化对协议内容司法审查的动态,但并未在理论上展开阐释,缓起诉协议究竟是否应当由法院进行实质性审查?法院的实质性审查是否违背权力分立的基本原则?对于这个问题,学理上存在对立的两种观点:一种观点认为,作为诉讼之一方,检察官有权从公共利益出发,附加考虑特殊预防目的而放弃起诉;缓起诉协议内容本身是为了发挥特别预防功能,鼓励被告人自我革新以及复归社会等目的的非刑罚措施,因此,基于检察权

---

① 这也可以反驳赵恒博士提出的如下观点:"以刑事程序法而非实体法为切入点,不失为一个值得考虑的方案。"赵恒:《认罪答辩视域下的刑事合规计划》,载《法学论坛》2020年第4期,第155页。

和审判权分立原则的考虑,不需要经过法院审查。① 另一种观点认为,缓起诉协议内容具有刑罚的性质,应当由法院进行实质性审查,否则将侵蚀法官保留原则。② 笔者原则上支持后一种观点,原因有二:第一,在刑事诉讼法已经规定了检察官缓起诉决定权的前提下,选择提起诉讼还是暂缓起诉是检察官自由裁量的范畴,但缓起诉协议的内容与暂缓起诉决定本身并不能等同。③ 第二,缓起诉协议的内容具有实质性的刑罚性质。缓起诉制度具有很强的政策工具价值,例如,推动企业合规、避免刑事追诉的负外部效应等,但其并没有忽略应有的惩罚功能,否则报应正义与威慑功能将无法实现。事实上,学者普遍认为,缓起诉协议为公司设定的义务是一种"类似(刑罚)制裁"(similar sanction)。④ 以美国为例,以 Latam Airlines Group 公司缓起诉案⑤为代表的多个缓起诉协议内容都是参照《美国联邦量刑指南》加以设定。这也就意味着,检察官兼具准裁判者的身份。⑥ 可以预见的是,未来我国的缓起诉立法,也不可能对协议内容的设定规则有别于量刑程序,既然如此,缓起诉协议就应当受到法院的实质审查,这是功能主义的检察权与审判权分立原则的必然结果。⑦

最后,在检察权的制约问题上,需要合理关注我们的制度现实。我国《刑事诉讼法》第 282 条赋予了公安机关与被害人参与附条件不起诉程序以及获得相应救济的权利。在被害人的参与问题上,以法国为代表的立法已经合理关注,既然我国现有的缓起诉制度赋予了被害人参与的权利,那么未来的立法也应当适当观照这个问题。在公安机关的参与问题

---

① 参见黄鼎轩:《缓起诉协议于法人犯罪诉追之应用》,载《法令月刊》2018 年第 2 期,第 69、70 页。

② 参见许丝捷:《缓起诉负担条件之刑罚性探讨》,载《东吴法律学报》2016 年第 4 期,第 22、23 页。

③ See Peter R. Reilly, "Corporate Deferred Prosecution as Discretionary", *Utah Law Review,* Vol. 2017, p. 867.

④ See John C. Coffee Jr., "Deferred Prosecution: Has It Gone Too Far?", *National Law Journal,* July 25, 2005, p. 13.

⑤ Latam Airlines Group 公司缓起诉案的协议文本,可以从美国司法部网站获取,网址:https://www.justice.gov/criminal-fraud/file/879141/download,访问日期:2020 年 4 月 19 日。

⑥ See Adam N. Stern, "Plea Bargaining, Innocence, and the Prosecutor's Duty to Do Justice", *Georgetown Journal of Legal Ethics,* Vol. 25, 2012, p. 1035.

⑦ See Alexander A. Zendeh, "Can Congress Authorize Judicial Review of Deferred Prosecution and Nonprosecution Agreements? And Does It Need To?", *Texas Law Review,* Vol. 95, 2017, pp. 1479-1481.

上,在英美检警一体的体系中不是问题,但在我们国家的刑事诉讼体系中,侦查权主要由公安机关行使,在公安负责案件侦办的情况下,检察院如有意通过缓起诉方式结案,理应听取公安机关的意见,必要时赋予公安参与缓起诉协议协商以及相应的救济权利。

2. 公司犯罪治理政策的严厉化

在搜集国外企业缓起诉案件样本的过程中,笔者始终感到惊奇或者有强烈反差感:外国的企业缓起诉案件涉及众多享誉世界的企业,例如空客集团、汇丰银行、渣打银行、通用汽车等;反观我国,明星企业很少涉及违法乱纪事件。这种情况的出现可能是因为我国的企业合规意识较强,不存在违规行为。然而,中兴通讯、中国银行、中国建设银行、中国工商银行、中国农业银行等众多大型企业都曾因违规行为在国外受到处罚,这足以说明,这种猜测是不成立的。这就意味着,我国大型企业违法案件查处少,只可能是因为我国企业犯罪治理政策较为宽松,无数违规行为没有被处理。我国学者总结出的,企业犯罪治理中的"两多两少"现象①,实证数据揭示出的外国企业在华犯罪多由其母国处理的事实②,都可以说明这一点。

在笔者看来,企业缓起诉制度的切实推行及其核心功能诉求(推动企业合规)的实现很大程度上依赖较为严厉的企业犯罪治理政策,原因如下:

第一,作为缓起诉前提的案件事实很大程度上依赖企业的自我调查与自我报告,这恰恰是企业合规机制的重要内容,而合规推行的前提则是严厉的企业犯罪治理政策。企业合规意味着资源的投入与"自我束缚",如果违法行为得不到反面激励,那么就没有企业真诚践行合规机制,试想,无论是否合规都不会被处理,还有哪个企业愿意合规经营?

第二,没有严厉的企业犯罪治理政策,缓起诉制度根本不会有发挥作用的机会和空间。美国的企业缓起诉案件之所以数量较多,与 FCPA 全行业执法具有密不可分的关系。③

---

① 所谓"两多两少"系指企业犯罪案件实际发生多,行政化处理得多;案件查处少,移送司法机关的更少。参见李本灿:《企业犯罪预防中合规计划制度的借鉴》,载《中国法学》2015 年第 5 期,第 195 页。

② 参见于志刚:《在华外国公司犯罪的规律分析与应对策略》,载《中国法学》2012 年第 5 期,第 170 页。

③ 参见〔美〕约瑟夫·约克奇:《美国〈反海外腐败法〉的和解方案、内部结构及合规文化》,万方、黄石译,载《河南警察学院学报》2019 年第 2 期,第 31 页。

总而言之,只有严厉企业犯罪治理政策(从立法和司法两方面,这一点上文已经详述),才可能真正推行企业缓起诉制度。

(三)缓起诉裁量权的行使基准与内容

1. 对缓起诉边界的初步构想

企业缓起诉制度的边界涉及以下两个问题:影响是否暂缓起诉的要素;缓起诉制度的适用范围。

首先,经过对国外的系列立法或指引文件以及缓起诉协议文本的考察,可以归结出以下影响暂缓起诉决定的要素:①企业犯罪行为的严重性、历史以及高层职员的参与度;②事后是否自我报告,积极配合调查;③企业是否存在合规计划或者事后建立或完善合规计划的承诺;④是否有足够的财产处罚、被害人以及办案费用补偿、个人责任的追究;⑤刑事追诉可能产生的负外部效应(公共利益检验);⑥证据上是否达到一定标准(证据检验)。在众多的要素中,究竟哪个是核心要素,是值得讨论的。国外的立法和实践普遍强调合作与公共利益。一方面,即使没有事前的自我报告,只要违规行为被发现后积极合作,也可能获得缓起诉激励(例如,英国的 Rolls-Royce 案),可是,这就造成了刑法适用的平等性问题,在个人犯罪的案件中,事后积极配合调查(自首、坦白等)是法定的减轻、从轻事由,在公司犯罪的场合,配合调查在暂缓起诉决定中起到决定性作用,其合理性值得讨论。① 另一方面,公共利益要素是绝大多数大型企业缓起诉案的核心考量要素。由于大型企业在国内乃至国际经济秩序中的重要作用,对其追诉将会对经济、社会秩序产生严重负面影响,于是,这种影响就在"公共利益"的名义下左右了检察官的起诉决定。但是,如果一味强调这个层面的公共利益,就会形成一部分企业"大到不能关"的司法局面,这是对法治原则的严重背离。在笔者看来,国外企业缓起诉实践对于公共利益的理解过窄,忽略了缓起诉决定对法治、平等价值的损害,这些价值不正是刑事合规制度所追求的吗?鉴于此,笔者坚持以往的主张,缓起诉裁量应当围绕犯罪行为本身展开,行为的严重性、历史、行为在公司内的普遍性以及高层的参与度都应当成为起诉决定的主要参考因素。

其次,缓起诉的适用范围可以从刑罚量与犯罪类别两个维度考量。

---

① See Colin King & Nicholas Lord, *Negotiated Justice and Corporate Crime: The Legitimacy of Civil Recovery Orders and Deferred Prosecution Agreements,* Palgrave Pivot, 2018, p. 104.

上文已经提出,缓起诉的引入应有限度,所有企业犯罪案件都可以适用缓起诉的主张①为笔者所不取。问题在于,从刑罚量上说,行为的严重性在什么程度范围内可以适用缓起诉?对于现有的针对自然人的缓起诉制度,学界主流观点建议扩大到可能判处三年以下有期徒刑、管制、拘役的案件。② 基于此,笔者也曾提出,可能判处三年以下个人刑罚的企业犯罪案件可以适用缓起诉的主张。③ 这种主张无所谓对错,完全可以根据不同的政策考量,设置不同的标准,例如以轻罪为限。在学理上,轻罪和重罪的区分标准存在三年说、五年说和七年说的主张④,相应地,根据不同的政策需求,完全可以选择不同的标准。在犯罪类别的限定上,美国之外的普遍做法是,将缓起诉案件限制在经济犯罪范围内,或者排除某些严重犯罪,例如造成人员伤亡,或者涉及恐怖主义犯罪的,不得缓起诉。相比于英美法,我国的单位犯罪范围片段性更为突出,现有的单位犯罪条款也多是经济犯罪条款,因此不必再次限缩。有疑问的是,是否要排除出某些造成严重后果,或者性质较为严重的犯罪?笔者对此持肯定态度,具体标准需要在未来立法时加以设定。

2. 缓起诉协议的内容

缓起诉协议的内容服务于两个目的,即过去行为的惩罚和未来行为的预防。围绕这两方面的目的,缓起诉协议的内容可以类型化为两部分:财产处罚或补偿以及与公司未来行为有关的系列措施。前者包括罚款、受害者补偿、违法利益的没收、办案经费的补偿;后者包括相关调查的充分合作、合规计划的创设或完善、监督员对合规计划的监督和咨询建议。⑤ 此外,缓起诉协议的内容不应当包括任何对个人不起诉的承诺。这一点关涉企业缓起诉制度的正当性,尤其值得注意。

---

① 参见黄鼎轩:《缓起诉协议于法人犯罪诉追之应用》,载《法令月刊》2018 年第 2 期,第 72 页。
② 参见陈光中、张建伟:《附条件不起诉:检察裁量权的新发展》,载《人民检察》2006 年第 7 期,第 8 页。
③ 参见李本灿:《认罪认罚从宽处理机制的完善:企业犯罪视角的展开》,载《法学评论》2018 年第 3 期,第 118 页。
④ 参见郑丽萍:《轻罪重罪之法定界分》,载《中国法学》2013 年第 2 期,第 137 页。
⑤ See Eunice Chua & Benedict Chan Wei Qi, "Deferred Prosecution Agreements In Singapore: What Is the Appropriate Standard for Judicial Approval?", *International Commentary on Evidence,* Vol. 16, 2019, p. 9.

(四)其他建议:合理运用现有的制度工具

在美国的实践中,一个值得关注的现象是,缓起诉协议的适用并未降低公司认罪协商的案件数量。① 同时,认罪协议也可以复制缓起诉协议的内容,实现惩罚与公司治理机制改革目的。② 也就是说,美国的实践也在尝试缓起诉协议与传统辩诉交易的制度"嫁接",集各自之长,更好实现公司犯罪治理。这给我们的启示是,在企业缓起诉制度还没有进入我国立法,或者即便以后进入我国的立法,也可以在缓起诉之外,利用现有制度部分实现公司治理机制改革的功能。对此,笔者的初步思考如下:

首先,合理运用法定不起诉与酌定不起诉制度。由于公司犯罪案件多涉及行政不法与刑事不法的交叉,案情复杂,性质认定困难,因而产生了大量以刑代罚的现象。③ 这种情况与侦查机关对案件性质的误判或者被案外因素诱导有不可分割的关系,但案件移送到检察院之后,检察院不敢或不愿大胆适用不起诉制度也起到了推波助澜的作用。对于这一部分案件,检察机关要敢于适用法定或酌定不起诉制度。为了起到特殊预防的作用,检察机关可以采用检察建议的方式,提出公司治理机制改革的要求,或者间接地,通过检察建议敦促行政机关通过行政和解的方式,实现处罚与预防的双重目的。实际上,部分行政领域已经开始探索这种机制。例如,证监会早在 2015 年 2 月 17 日就发布了《行政和解试点实施办法》,并且已经在两个案件中与涉事企业达成行政和解协议,通过和解协议实现了处罚与公司合规机制改革的双重目的。④ 这里尤其需要强调的是,在案件性质认定时,应当注意合规计划的正当化或责任阻却的功能⑤,这样既可以正向激励企业合规,也可以准确认定犯罪。

---

① See Cindy R. Alexander & Mark A. Cohen, "The Evolution of Corporate Criminal Settlements: An Empirical Perspective on Non-Prosecution, Deferred Prosecution, and Plea Agreements", *American Criminal Law Review*, Vol. 52, 2015, p. 568.

② See Gordon Bourjaily, "DPA DOA: How and Why Congress Should Bar the Use of Deferred and Non-Prosecution Agreements in Corporate Criminal Prosecutions", *Harvard Journal on Legislation*, Vol. 52, 2015, p. 559.

③ 参见孙国祥:《行政犯违法性判断的从属性和独立性研究》,载《法学家》2017 年第 1 期,第 49 页。

④ 参见中国证券监督管理委员会公告〔2019〕11 号;中国证券监督管理委员会公告〔2020〕1 号。

⑤ 参见[日]今井猛嘉:《对单位的处罚——立足于合规计划的研究》,张小宁译,载李本灿等编译:《合规与刑法:全球视野的考察》,中国政法大学出版社 2018 年版,第 246 页。

其次,合理运用认罪认罚从宽处理机制。认罪认罚从宽处理机制已经写入我国刑诉法。从形式看,认罪认罚从宽处理机制并不排斥企业犯罪案件的适用。最高人民检察院也在探索企业认罪认罚案件的处理机制①,上海市浦东新区检察院发布的《服务保障浦东新区营商环境建设的十二条意见》则直接将企业认罪认罚与合规机制建立了联系。应当说,这些都是有益的探索。未来的企业认罪认罚从宽处理案件,可以尝试通过检察建议,或者修订认罪认罚具结书的形式和内容(使其具有协议属性,包含公司治理机制改革等内容)的方式,将企业缓起诉制度的精髓融入认罪认罚从宽处理机制。

最后,合理运用特别不起诉制度。2018 年修订后的《刑事诉讼法》第 182 条第 1 款规定:"犯罪嫌疑人自愿如实供述涉嫌犯罪的事实,有重大立功或者案件涉及国家重大利益的,经最高人民检察院核准,公安机关可以撤销案件,人民检察院可以做出不起诉决定,也可以对涉嫌数罪中的一项或者多项不起诉。"由此,第 182 条增设了特殊不起诉制度。特殊不起诉的条件是重大立功或者案件涉及国家重大利益。某种意义上说,特殊不起诉的前提条件与决定是否暂缓起诉的要素具有相似性(后者包含的要素更多,可以包含前者)。例如,"重大立功"要件可以通过企业的充分合作达成;"国家重大利益"要件可以在"公共利益检验"中得到满足。鉴于此,在企业缓起诉制度法定化之前,合理运用特殊不起诉制度并附加适用检察建议,可以部分实现企业缓起诉的功能。上文也提到,本节主张围绕犯罪行为要素进行评价,以此决定是否对企业暂缓起诉,客观上会降低合作以及公共利益考量的价值,在部分案件中对社会生活、经济秩序造成严重损害。特殊不起诉制度可以弥补这一缺憾,客观上形成原则与例外的制度体系。

五、结语

世界经济刑法研究的集大成者 Klaus Tiedemann 教授早在 20 世纪 70 年代即有预言:"经济犯罪可能导致大公司的垮台,还会给全社会造成重

---

① 参见陈鸶成、贝金欣:《运用认罪认罚从宽制度依法办理涉企刑事案件》,载《检察日报》2018 年 12 月 2 日第 03 版。

大损失。"①与此同时,公司犯罪的刑事追诉给社会带来的新的伤害在安达信会计师事务所妨碍司法案中被"完美"阐释。因此,如何规制企业犯罪(事前),如何处理企业犯罪(事后)成为刑事法学研究的重要问题。前者是正在风靡全球的企业合规的问题,后者是企业犯罪的起诉机制的问题,两者交汇,在企业缓起诉制度中得到解决。基于推动企业合规与克服刑事追诉带来的负外部效应的双重目的,企业缓起诉制度在美国快速发展,甚至一度失去理性。然而,以时间为线索,通过对系列政策性文件以及典型个案的考察不难发现,制度理性正逐步回归,从而形成了理性与非理性并存的制度现状。在美国之外,企业缓起诉制度也在快速扩张。以空间为线索,通过对美国之外若干国家的立法和典型个案的考察不难发现,企业缓起诉制度更为理性、合理,然而,基于企业的全球影响力,对企业缓起诉案件的司法审查亦存在形式化风险。时间和空间两条主线最后交汇到本章的主旨:我们应当如何引介企业缓起诉制度?对此,本章的简要观点如下:

第一,基于实体法上企业犯罪责任归属模式以及法律文化的差异,企业缓起诉制度的引入应有限度。

第二,企业缓起诉制度应由检察院主导,但同时应强调司法审查的作用;公安机关以及被害人也应当被赋予参与缓起诉协议协商的权利以及对协议内容或缓起诉决定不服时的救济权。

第三,决定是否暂缓起诉时,不能过分重视合作以及公共利益要素,而应当以犯罪行为为基准,综合考量是否必须起诉;同时,缓起诉的适用范围可以从刑罚量与犯罪类别两个维度加以限缩;缓起诉的协议条款应当围绕财产处罚或补偿以及与公司未来行为有关的系列防控措施展开。

第四,现有制度体系中的酌定不起诉、法定不起诉、特殊不起诉以及认罪认罚从宽处理机制附加检察建议的方式可以被合理运用,以实现企业缓起诉制度的部分功能。

---

① 〔德〕乌尔里希·齐白:《打击经济犯罪的刑法及其替代模式》,周遵友译,载《全球风险社会与信息社会中的刑法:二十一世纪刑法模式的转换》,周遵友、江溯译,中国法制出版社 2012 年版,第 236、237 页。

第二节　企业合规程序激励中国模式的具体展开

一、问题的提出

2020年3月,最高人民检察院在上海、广东、江苏、山东等省份的6个基层检察院进行了企业合规相对不起诉的法治实验。2021年3月,试点范围进一步扩大到了全国10个省份的27个市级检察院、165家基层检察院。检察机关开展企业合规试点,是贯彻落实党中央和习近平总书记关于鼓励、支持、引导、保护民营经济健康发展的方针政策的重要举措,也是新时代检察机关参与推进全面依法治国、促进国家治理体系和治理能力现代化的必然要求。在一年多的试点过程中,各试点单位充分发挥检察职能,积极探索具有地方特色的企业合规不起诉制度,为未来的立法积累了有益经验。然而,作为一种制度舶来品,如何将企业合规制度融入我国的公司治理、犯罪治理体系,也存在诸多疑难问题尚待解决。

为了深入了解试点过程中的问题,笔者走访了山东、上海、江苏等地的试点单位,与办案检察官进行了深入沟通。总结起来说,反映比较突出的疑难问题有:

第一,案件的筛选问题。具体来说,什么样的案件适合作为合规相对不起诉案件办理? 更为具体的问题是,①个人犯罪案件是否可以适用企业合规相对不起诉机制? ②是否可以突破轻罪案件,在直接责任人可能被判处3—10年有期徒刑的案件中适用企业合规相对不起诉机制? ③小微企业犯罪案件有没有必要适用企业合规相对不起诉机制? 就问题①而言,最高人民检察院以及司法部、财政部、生态环境部等中央部委联合发布的《关于建立涉案企业合规第三方监督评估机制的指导意见(试行)》(以下简称《指导意见》)第3条①似乎给出了答案。然而,问题并不会随着官方答案的发布而终结,该答案本身就面临合理性质疑:关键技术人员等不能代表公司意志的个人犯罪案件为何可以适用企业合规监督考察程

---

① 该条规定:第三方机制适用于公司、企业等市场主体在生产经营活动中涉及的经济犯罪、职务犯罪等案件,既包括公司、企业等实施的单位犯罪案件,也包括公司、企业实际控制人、经营管理人员、关键技术人员等实施的与生产经营活动密切相关的犯罪案件。

序? 就问题②而言,部分试点单位的内部指引性文件给出了肯定性答复。① 然而,这样的答复不仅面临合法性质疑,是否符合刑事合规制度的精神内核也存在疑问。相比之下,问题③更为现实和紧迫,原因在于,作为借鉴样本的域外企业暂缓/不起诉制度主要适用于大型企业,而我们的公司犯罪执法活动主要针对中小微企业。这种背景下,是否有必要以及如何选择小微企业犯罪试点样本就成为当务之急。

第二,合规监督考察问题。案件一旦选定,就需要进入合规监督考察阶段,监督考察结果将成为检察院起诉裁量的核心根据。合规监督考察阶段的问题是,由谁来承担监督考察职责? 从试点情况看,主要有四种模式:①检察官主导模式②;②外部合规官主导模式③;③行政机构主导模式④;④第三方独立监管模式⑤。尽管最高人民检察院发布的《指导意见》引导试点单位采用第三方独立监管模式,但该模式也不无疑问。例如,行政机构是否有足够的行政资源支持合规监督考察? 如果企业合规相对不起诉在不远的未来进入立法,面对大规模的合规案件,行政资源将更加捉

---

① 例如,《郯城县人民检察院企业犯罪相对不起诉实施办法(试行)》第2条规定,对于企业实施的直接责任人可能被判处三年以上十年以下有期徒刑的单位犯罪,且具有自愿认罪认罚,对犯罪后果及时修复、弥补,企业能够维持正常经营,具备建立健全刑事合规管理的意愿和条件的,对犯罪嫌疑企业不起诉具有更好政治效果、法律效果和社会效果,经刑事合规监督考察合格,对犯罪嫌疑人提起公诉的同时,可以对犯罪嫌疑企业决定适用不起诉。辽宁省检察院、深圳南山区检察院以及宁波市检察院制定的内部指引性文件都有类似规定。

② 该模式的典型代表是江苏省江阴市。《江阴市人民检察院暂缓起诉协议制度试点工作规范(试行)》第21条规定:暂缓起诉协议达成后,检察机关承办人应当采用定期、不定期方式监督涉案单位及其责任人或者涉嫌犯罪的自然人履行暂缓起诉协议的情况,在暂缓起诉考察期届满前进行全面考察评估,并撰写考察报告及案件处理意见,层报检察长或者检委会决定。

③ 该模式的典型代表是深圳市宝安区。《深圳市宝安区人民检察院企业犯罪相对不起诉适用机制改革试行办法》第11条规定:人民检察院启动企业刑事合规程序后,犯罪嫌疑企业应在合理期限内聘请独立监控人协助开展企业刑事合规。

④ 该模式的典型代表是宁波市。《宁波市检察机关关于建立涉罪企业合规考察制度的意见(试行)》第10条规定:企业合规的考察机关由政府行政主管部门或企业所在辖区的街道、乡镇政府部门担任。

⑤ 该模式由最高人民检察院所倡导,并将成为第二轮试点的主导模式。《指导意见》提出了要建立第三方组织,由其独立承担监督、考察企业合规的职能。尽管该文件并未明确第三方组织的人员构成,但由全国工商联负责起草的《涉案企业合规第三方监督评估机制专业人员选任管理办法(试行)》第1条明确指出,第三方组织由律师、注册会计师、税务师、审计师以及相关行政机构具有专业知识的人员构成。由此可见,该模式实际上是第二种、第三种模式的结合。

襟见肘。又如,作为第三方组织成员的中介组织人员的费用如何解决？现有的探索是,由检察机关筹集或者企业承担,然而,检察机关筹集经费为涉案企业所用从形式上于理不容,同时也会面临审计风险。更何况,其也没有办法筹集足以调动律师等中介组织人员工作积极性的经费,从而使合规监管流于形式。受限于涉案企业的小微属性,其是否能够承担起可以有效调动中介组织人员工作积极性的相关经费,也不无疑问。这也就决定了,官方答案也并未终结合规监督考察模式选择的诸多疑问。

第三,验收标准问题。有资格作为证据进入刑事诉讼,影响定罪或起诉决定的企业合规计划应当以有效性为前提。这就决定了,检察机关在起诉裁量时,需要鉴别企业建立或完善后的合规计划是否真实有效。这就涉及有效合规计划的认定标准。在调研过程中,这个问题被无数次提及。据悉,最高人民检察院也在围绕十类常见罪名制定合规计划有效性的标准,例如反腐败合规标准、数据保护合规标准等。然而,出于对"保护企业经营自由,拒绝合规计划标准化"这一学术观点①的支持,以及对文章体系性的考虑,本节不再讨论这一问题。

由于企业暂缓/不起诉制度主要在英美等国适用,我们的试点单位也都在积极效仿,尝试以英美经验解决我们的现实问题。例如,在决定是否起诉企业时,试点单位均会在证据检验之外,以社会调查的方式考察起诉决定可能产生的公共利益损害效果,如果起诉决定将会严重损害公共利益,则倾向于进入合规监督考察程序。这不同于我国传统的起诉程序,而与英美的诉讼制度更为接近。再比如,最高检倡导的广泛吸纳律师、会计师等专门人才的第三方独立监管模式也借鉴了英美实践。在学术上,也有学者基于美国广泛适用暂缓/不起诉制度激励企业合规的实践提出,我们不能通过实体法引入刑事合规制度,而应当以认罪认罚从宽处理机制为切入口引入程序性激励机制。②

也就是说,当前的学术研究和司法实践都在广泛吸纳英美经验,试图以英美经验解决我们自己的问题。在改革试点之初,制度借鉴是必要的,但应以充分了解所借鉴之制度的制度基础为前提,否则就可能南辕北

---

① 参见李本灿:《刑事合规的制度边界》,载《法学论坛》2020年第4期,第139—140页。同时需要说明的是,反对合规计划的标准化,并不意味着不能就完整合规计划的建构"标准"和方法加以讨论。出于体系安排考虑,本章第三节将对该问题进行专门讨论。

② 参见赵恒:《涉罪企业认罪认罚从宽制度研究》,载《法学》2020年第4期,第121—124页。

辙。据笔者观察,我们的学术研究和司法实践都存在简单拿来主义的倾向。鉴于此,强化对域外企业合规程序激励机制制度基础的研究,对于解决我们当前遇到的问题,具有重要意义。本节的问题意识也恰在于此。本节将以描述域外制度现状、阐释制度基础为研究起点,以我们自己的制度基础为研究中点,最终回答我们试点过程中遇到的问题,建构企业合规程序激励的中国模式。

二、研究起点:英美法的现状描述与制度基础

(一)现状描述

数据是信息的符号表示或者载体,了解制度运行信息,应当从基本的数据描述入手。鉴于此,笔者以欲解决的实践问题为线索,抽取了企业暂缓起诉制度适用最多的英国和美国的部分关联性数据,为下文的研究做好铺垫。

1. 英国

2014 年 2 月 24 日,随着《缓起诉协议实践准则》的发布,英国企业暂缓起诉制度生效。从制度生效开始,英国总计在 10 个涉企犯罪案件中适用了暂缓起诉制度,信息如下:①

涉案企业	案件类型	是否起诉个人	涉案行为	是否自我报告	合规条款	企业规模	经济制裁
Standard Bank	企业犯罪	未知	预防贿赂失职	是	是	大型跨国企业	约 3258 万美元
Sarclad	企业犯罪	是	贿赂、预防贿赂失职	是	是	大型跨国企业	约 655 万英镑

---

① 说明:以上信息均来自英国反重大欺诈办公室官方网站(https://www.sfo.gov.uk/about-us/,2021 年 12 月 23 日最后访问)。在该网站"Our Cases"栏目之下的"Under deferred prosecution agreement""Case archive"两个标签内可以找到所有企业暂缓起诉案件的信息。表格内的信息系通过人工阅读暂缓起诉协议书、事实陈述文件、法官批准文件等附件获取。需要特别说明的是,①统计表内的"经济制裁"由罚金、罚没金额、办案经费补偿等内容构成(每个案件不同),表达的意思是,企业需要缴纳的所有费用总和;②企业规模的划定参照了我国的大中型企业划分标准;③部分案件信息无法通过官方文件或报道获取,因此标注为"未知"。

(续表)

涉案企业	案件类型	是否起诉个人	涉案行为	是否自我报告	合规条款	企业规模	经济制裁
Rolls-Royce	企业犯罪	否	贿赂、预防贿赂失职、伪造账目	否	是	大型跨国企业	约5亿英镑
Tesco PLC	企业犯罪	是	伪造账目	是	是	大型企业	约1.32亿英镑
Serco Geografix	企业犯罪	是	欺诈、伪造账目	是	是	中型企业	约2290万英镑
Güralp Systems	企业犯罪	是	贿赂、预防贿赂失职	是	未知	中型企业	约207万英镑
Airbus Group	企业犯罪	未知	预防贿赂失职	是	是	大型跨国企业	约10亿欧元
G4S	企业犯罪	是	欺诈	是	是	中型企业	约3400万英镑
Airline Services Limited	企业犯罪	未知	预防贿赂失职	是	是	大型企业	约3亿英镑
Amec Foster Wheeler PLC	企业犯罪	否	贿赂	未知	未知	大型跨国企业	约1亿英镑

对上表的总结及解释说明如下:

第一,所有的案件类型都是企业犯罪。也就是说,只有企业犯罪才能引导出企业暂缓起诉以及随之而来的合规考察;如果仅仅是个人犯罪,从中也不能推导出公司意志,那么就不能通过缓起诉协议的方式要求企业合规。

第二,一般情况下,暂缓起诉以自我揭弊为前提。没有自我揭弊,就没有暂缓起诉的优待。正因如此,没有主动自我揭弊的 Rolls-Royce 公司暂缓起诉案就遭受了空前的批评。①

第三,从目前可见的暂缓起诉协议来看,合规承诺、经济制裁可以引导出对企业自身的暂缓起诉,个人并不能当然获得暂缓起诉的优待。

---

① See Colin King & Nicholas Lord, *Negotiated Justice and Corporate Crime: The Legitimacy of Civil Recovery Orders and Deferred Prosecution Agreements,* Palgrave Pivot, 2018, pp. 101-111.

第四,暂缓起诉制度主要适用于大型企业犯罪案件。即便样本中的部分涉案主体为中型企业,其也都是大型企业的全资子公司。母公司强大的经济实力也为通过独立监管人实施的合规考察、合规计划改善等工作提供了可能性。

2. 美国

与英国相比,美国具有更长的企业缓/不起诉的执法历史,代位责任的严格责任化使得针对企业的执法更加容易,因此,其企业暂缓/不起诉案件样本更多。出于章节篇幅考虑,本节无法逐一提取案件信息,而只能加以整体性描述。经过相关统计报告、学术文献的分析、整理,可以对美国的制度适用现状描绘如下:

第一,总体规模适中。结合 Gibson Dunn 的年度报告①以及学者的统计②可知,从 1992 年企业缓/不起诉制度产生,到 2020 年 12 月 31 日止,可以公开获取的案件数量是 592 件,年均 20.4 件。除去极端年份(2015 年 102 件,1992—2004 年每年都维持在 10 件以内)外,近 15 年年均案件量基本维持在 30 件左右。

第二,适用对象主要是大型企业。由于美国的公司犯罪执法数量较大,现在还没有全样本的案例研究,但部分数据已经显示出,美国的公司犯罪暂缓/不起诉主要适用于大型企业,而小公司则面临刑事追诉的不公正待遇:有研究表明,"针对小型、非上市企业的刑事追诉持续强势。在过去的 5 年时间里(1999 年以前),联邦法院审理的企业犯罪案件中,96%的涉案主体为职员人数小于 50 的非上市企业"③,财富 1000 的企业涉嫌犯罪时,多通过程序转处的方式结案。④ 另一位学者的阶段性数据统计也表明,2008—2014 年通过暂缓/不起诉方式办理的案件中,70% 的涉案主体为上市公司。⑤

---

① See Gibson Dunn, 2020 Year-End Update on Corporate Non-Prosecution Agreements and Deferred Prosecution Agreements, p. 2.

② See Brandon L. Garret, *Too Big to Jail: How Prosecutors Compromise with Corporations*, Harvard University Press, 2014, p. 63.

③ William S. Laufer, Corporate Liability, Risk Shifting, and the Paradox of Compliance, *Vanderbilt Law Review*, Vol. 52, 1999, p. 1388.

④ See William S. Laufer, Alan Strudler, Corporate Crime and Making Amends, *American Criminal Law Review*, Vol. 44, 2007, p. 1315.

⑤ See Jennifer Arlen, Marcel Kahan, Corporate Governance Regulation through Nonprosecution, *The University of Chicago Law Review*, Vol. 84, 2017, p. 343.

第三,更加强调权利放弃。有学者对1993—2013年间可公开获取的271份暂缓/不起诉协议进行了内容分析,结果表明:96%的协议包含了权利放弃条款,其比例甚至高于包含合规计划条款的协议(75%)数量。权利放弃的具体内容包括证据可采性异议权、获得迅速裁判权、管辖权异议权、免予信息披露权等。①

第四,强调自我报告、监督以及事后经济制裁。经过对Gibson Dunn发布的近4年案件样本的统计不难发现,暂缓/不起诉协议内容多强调企业对违法行为的自我报告和监督,以更有效地查处企业内部违法行为。具体来说,2017—2020年暂缓/不起诉协议内容含有"自我报告和监督"条款的比例分别为:2017年50%②、2018年68%③、2019年61%④、2020年72%⑤。总的来算,4年之内,约63%的协议含有"自我报告和监督"条款。对自我报告和监督的强调着眼于未来,与此相对,当下企业违法行为也应当受到制裁。为了实现报应正义,几乎所有暂缓/不起诉协议中都包含经济制裁内容。据统计,2010—2020年年间,年均经济制裁额为58亿美元。⑥ 如果按年均30个案件计算,则案均经济制裁额约为1.93亿美元。

(二)制度基础

通过对英国和美国企业犯罪缓/不起诉制度适用现状的描述不难发现,其都是在企业犯罪的制度语境中适用缓/不起诉制度。与此相对,无论是最高人民检察院的规范性文件,还是典型案例,都在指示地方试点单位,在个人犯罪案件中,也可以与企业签署合规监管协议。与制度推进路

---

① See Wulf A. Kaal, Timothy A. Lacine, The Effective of Deferred and Non-prosecution Agreements on Compliance Governance: Evidence from 1993-2013, *The Business Lawyer*, Vol. 70, 2014, p. 93, pp. 107-110.

② See Gibson Dunn, 2017 Year-End Update on Corporate Non-Prosecution Agreements (NPAs) and Deferred Prosecution Agreements (DPAs), pp. 16-19.

③ See Gibson Dunn, 2018 Year-End Update on Corporate Non-Prosecution Agreements and Deferred Prosecution Agreements, pp. 21-23.

④ See Gibson Dunn, 2019 Year-End Update on Corporate Non-Prosecution Agreements and Deferred Prosecution Agreements, pp. 38-41.

⑤ See Gibson Dunn, 2020 Year-End Update on Corporate Non-Prosecution Agreements and Deferred Prosecution Agreements, pp. 24-28.

⑥ See Gibson Dunn, 2020 Year-End Update on Corporate Non-Prosecution Agreements and Deferred Prosecution Agreements, p. 3.

径相关联的是企业犯罪立法模式这一问题。作为比较研究的起点,这里将首先在英美法的制度背景下描述该问题。接下来的问题是,既然美国已经通过《美国联邦量刑指南》引入了量刑激励类型的刑事合规制度,其为什么还要在此之外引入企业合规的程序激励机制?这一讨论关涉企业合规的实体法激励机制与程序法激励机制的关系问题,也直接关涉我国引入企业合规程序激励机制的限度问题,因此,将作为制度基础的第二个要点加以阐释。逻辑再推进一步,英美法为什么可以广泛适用企业暂缓/不起诉制度?这一讨论直接关涉制度借鉴的限度问题,因此,将作为制度基础的第三个要点加以阐释。

1. 企业犯罪的相对完整性与一元化制度推进路径

不同于我国,英美国家的企业犯罪制度具有相对完整性。在美国,企业承担刑事责任的范围非常宽泛,其可以为强奸、谋杀、重婚等只能由自然人实施的犯罪之外的所有犯罪承担刑事责任。① 在英国,企业同样可以承担除强奸、谋杀等道德维度内犯罪之外的所有刑事责任。② 在英美法国家,至今只有诸如谋杀、强奸等最严重的自然人暴力犯罪没有被归责于企业,然而,现在来看,这样的刑事追诉将来也很可能发生。③ 我国学者根据"是否在刑事法律中专门规定法人犯罪,是否区分自然人犯罪与法人犯罪",将法人犯罪制度区分为"英美模式""法国模式""德日模式"以及"前南斯拉夫模式"。英美模式的特点是,"不在刑事法律中专门就法人犯罪进行具体的规定,不区分自然人犯罪与法人犯罪,而是对于原则上刑法所规定的犯罪,除了强奸、重婚等不可能由法人实施的犯罪之外,其他自然人能够实施的犯罪,法人都可以成为主体。这一模式下,法人并不是独立于自然人之外的犯罪主体,而是和自然人一起,共同成为了刑法意义上的人"④。

在企业犯罪与自然人犯罪等置,企业犯罪具有相对完整性的制度语境中,缓/不起诉协议以单位责任的发生为根据,制度推进方式呈一元化

---

① See V. S. Khanna, Corporate Criminal Liability: What Purpose Does It Serve, *Harvard Law Review*, Vol. 109, 1996, pp. 1483-1484, p. 1488.

② See Andrew Weissman, David Newman, Rethinking Criminal Corporate Liability, *Indiana Law Journal*, Vol. 82, p. 419.

③ See Thomas J. Bernard, The Historical Development of Corporate Criminal Liability, *Criminology*, Vol. 22, 1984, p. 14.

④ 陈丽天:《单位犯罪刑事责任研究》,中国法制出版社 2010 年版,第 23 页。

特征。上述样本统计也充分展示了这一点。反过来说,一元化推进路径以企业犯罪制度的相对完整性为基础,在企业犯罪具有显著片段性的制度语境下,一元化路径则不合适。

2. 企业责任严格化与程序激励机制的功能补给

在实体法上,英美两国都存在企业合规激励机制。然而,由于企业归责的严格化,实体法上的激励机制存在激励不足的天然缺陷。在美国,主流的企业归责模式是代位责任。① 根据代位责任,只要是员工(哪怕是最底层的职员)在职权范围内为了(或部分为了)企业利益实施的犯罪行为,都应被归责于企业。在代位责任模式下,即便企业实施了有效的合规计划,也不能排除责任。② 这也是《美国联邦量刑指南》仅规定量刑激励类型的刑事合规制度的原因所在。对于企业来讲,定罪本身即具有显著的负外部效应,刑罚的减免也可能被合规报告引起的第三人诉讼等风险所折抵,因此,其仅仅具有实施次优合规计划,或者不实施合规计划的动力。③ 也就是说,代位责任的严格化使得量刑激励类型的刑事合规制度难以真正激励企业合规。相比之下,暂缓/不起诉制度则具有更强的合规激励功能。④ 这也就可以解释,为什么暂缓/不起诉制度可以替代量刑激励机制,成为美国公司犯罪司法实践中激励企业合规最受青睐的方式。

英国的企业犯罪归责模式与美国相似,但又有不同:英国主流的企业犯罪归责模式是等同责任原则。一方面,等同责任与代位责任都以自然人责任为根据,据此认定单位责任;另一方面,等同责任将可以引导出单位责任的自然人责任限定为主导公司的思想和意志者的责任⑤,这一点不同于替代责任。据我国学者介绍,能够代表公司思想和意志者,并不限于

---

① See Matt Senko, Prosecutorial Overreaching in Deferred Prosecution Agreements, *Southern California Interdisciplinary Law Journal*, Vol. 19, 2009, p. 184.

② See Jennifer Arlen, Prosecuting beyond the Rule of Law: Corporate Mandates Imposed through Deferred Prosecution Agreements, *Journal of Legal Analysis*, Vol. 8, 2016, pp. 197-198.

③ 参见〔美〕菲利普·韦勒:《有效的合规计划与企业刑事诉讼》,万方译,载《财经法学》2018年第3期,第150页。

④ See Jennifer Arlen, The Failure of the Organizational Sentencing Guidelines, *University of Miami Law Review*, Vol. 66, 2012, p. 327.

⑤ See Loo Wee Yoh, The United Kingdom's Deferred Prosecution Agreement Regime Five Years on: Is It an Effective Tool in Addressing Economic Crime Perpetrated by Companies?, *Singapore Comparative Law Review* (2019), 2019, p. 139.

作为法人"另一个我"的法人机关整体,董事、经理甚至某项具体业务的经理(如投资经理)都足以代表公司意志。① 这也就意味着,英国法中,等同责任仍具有代位责任的色彩②,相应地,对企业的归责也具有严格化色彩。只不过,相比于责任替代范围广泛的美国法,等同责任的替代范围较小,其严格化程度较弱,相应地,对程序激励机制的功能需求并不强烈。这也是英国法适用企业暂缓起诉制度较少的原因之一。

3. 起诉裁量与程序激励机制的无限制适用

如上文所述,实体法中单位归责的严格化客观上刺激了作为程序激励机制的企业暂缓/不起诉制度的产生。也就是说,企业暂缓/不起诉制度起初仅具有补充性的作用。这一点从制度产生后前十年仅零星适用的事实也可以看出来。然而,在安达信会计师事务所妨碍司法案之后,其适用范围却显著扩大,甚至呈现出无节制的趋势。究其原因,主要在于英美浓厚的诉讼协商文化。在美国,"检察官享有几乎不受控制的自由裁量权,可以通过撤销案件、降低指控、减少指控、降低量刑等激励被告人作有罪答辩,被告人所获从宽处罚是控辩双方讨价还价的结果"③。据统计,"答辩交易被 85% 至 90% 的刑事案件采用;轻微和严重的罪行都可以通过答辩协议解决,从违反交通规章罪到死刑谋杀案件,被告人和检察官都进行答辩谈判"④。广泛的答辩交易表征的是其浓厚的协商文化,深层的发生逻辑是"效率至上的价值观与实用主义哲学态度"⑤。在浓厚的协商文化、效率至上、实用主义的哲学态度之下,企业暂缓/不起诉制度的广泛适用也就顺理成章,其只不过是传统答辩交易的自然延伸。

---

① 参见李文伟:《法人刑事责任比较研究》,中国检察出版社 2006 年版,第 23—28 页。
② 我国学者卢建平、周振杰、张克文都在著述中将两者等同看待。参见卢建平、杨昕宇:《法人犯罪的刑事责任理论——英美法系与大陆法系的比较》,载《浙江学刊》2004 年第 3 期,第 95 页;张克文:《法人刑事责任的初步反思——一个否定论的立场》,中国政法大学出版社 2010 年版,第 67 页;周振杰:《企业刑事责任二元模式研究》,载《环球法律评论》2015 年第 6 期,第 149—150 页。
③ 熊秋红:《比较法视野下的认罪认罚从宽制度——兼论刑事诉讼"第四范式"》,载《比较法研究》2019 年第 5 期,第 86 页。
④ 〔美〕爱伦·豪切斯泰勒·斯黛丽·南希·弗兰克:《美国刑事法院诉讼程序》,陈卫东、徐美君译,中国人民大学出版社 2002 年版,第 377 页、第 380 页。
⑤ 王迎龙:《协商性刑事司法错误:问题、经验与应对》,载《政法论坛》2020 年第 5 期,第 55 页。

回到具体制度层面,较为复杂的起诉裁量程序为企业暂缓/不起诉制度的广泛适用提供了可能。在美国,"根据指控时呈现的事实,检察官决定证据是否足以支持任何的刑事指控,并就司法利益和有限的资源,决定刑事指控是否适当"①。也就是说,检察官在决定是否起诉时,首先要进行证据检验,只有证据检验通过,才可能提起诉讼;其次,要进行公共利益检验,即便证据检验通过,也可以以公共利益为由,决定不起诉企业。在企业犯罪案件中,两个层次的检验都可能遇到障碍,这种情况下,检察官更偏向于通过协商、交易方式结案:

(1)证据检验障碍。

一方面,企业不法行为具有天然的易隐蔽性以及高度复杂性、技术性。除此之外,身份确定以及犯罪主观状态的确定也都存在不易克服的证据障碍。② 另一方面,美国程序法对于企业、职员权利的保障加剧了证据的获得难度。例如,企业享有律师工作成果特免权;职员因职务行为受到起诉时,享有从企业获得诉讼资助的权利。这两方面的因素累积使得对公司的刑事追诉困难重重,而通过协商、交易的方式结案则可以绕过证据障碍。这也就可以解释如下几个现象:第一,暂缓/不起诉协议达成前,检察官要求企业充分配合,主动披露证据;第二,达成暂缓/不起诉协议时,对未来违法行为的自我报告得到强调;第三,暂缓/不起诉的企业案件往往存在证据质量降低的问题。③

(2)公共利益检验障碍。

企业是社会经济活动的最基本组织方式,它不仅是社会财富的创造者,也是社会责任的履行者。相比于对个人的刑事追诉,对企业的刑事追诉可能产生更严重的负外部效应(又称"安达信效应",例如股价下跌、员工失业、税源流失等)。自从安达信因刑事追诉而倒闭后,安达信效应就受到检察官的格外重视。甚至可以说,安达信效应已经超越犯罪行为的

---

① 〔美〕爱伦·豪切斯泰勒·斯黛丽、南希·弗兰克:《美国刑事法院诉讼程序》,陈卫东、徐美君译,中国人民大学出版社 2002 年版,第 274 页。

② See Preet Bharara, Corporations Cry Uncle and Their Employees Cry Foul: Rethinking Prosecutorial Pressure on Corporate Defendants, *American Criminal Law Review*, Vol. 44, 2007, p. 72.

③ See Mike Koehler, Measuring the Impact of Non-Prosecution and Deferred Prosecution Agreement on Foreign Corrupt Practices Act Enforcement, *U. C. Davis Law Review*, Vol. 49, 2015, pp. 542-543, pp. 544-556.

严重性而成为起诉裁量时最重要的因素。对安达信效应的考虑,就是对公共利益的检验,过分重视安达信效应,势必遇到公共利益检验障碍。这也就可以解释,为什么大公司反复实施的犯罪行为(例如,Pfizer Inc.公司曾因贿赂三次签署暂缓起诉协议①),或者罪行极其严重的犯罪行为(例如,Fokker公司违法向敌对国家运输飞行器以及复杂导航系统组件,时间长达五年,数量惊人,高层广泛参与),最终都以暂缓/不起诉的方式结案。

以上分析主要以美国法为样本展开,但其结论也适用于英国法:首先,英国同样存在浓厚的诉讼协商文化,诉讼交易也被广泛适用(宏观层面);其次,企业犯罪案件也面临证据和公共利益的双重检验(微观层面)。② 正因如此,降低证明标准,基于公共利益而暂缓起诉大公司的严重犯罪行为也是英国公司犯罪司法的普遍做法。③

三、研究中点:我国改革试点的现状描述与制度基础

(一)我国改革试点现状的初步考察

由于企业合规相对不起诉改革尚在探索阶段,很多工作和数据尚处于保密状态,因此,此处只能通过间接资料以及概括性数据对试点情况简要描述。陈瑞华教授的调研结果显示:"适用合规不起诉的企业大都是一些存在经营困难的'中小微企业'。"④笔者调研过程中获得的数据也印证了这一判断:

(1)试点单位A在第一期试点中,没有选出合适案例;

(2)试点单位B在第一期试点中,选出4个试点案例,涉案企业全部为小微民营企业,涉嫌罪名为虚开增值税专用发票罪;

(3)截至2021年8月,试点单位C选出7个试点案例,涉案企业全部为中小微民营企业,涉嫌罪名集中在虚开增值税专用发票罪和重大责任事故罪;

---

① See Loo Wee Yoh, The United Kingdom's Deferred Prosecution Agreement Regime Five Years on: Is It an Effective Tool in Addressing Economic Crime Perpetrated by Companies?, *Singapore Comparative Law Review* (2019), 2019, p. 147.

② 参见〔英〕约翰·斯普莱克:《英国刑事诉讼程序》,徐美君、杨立涛译,中国人民大学出版社2006年版,第92—96页、第352—353页。

③ 参见李本灿:《域外企业缓起诉制度比较研究》,载《中国刑事法杂志》2020年第3期,第98—102页。

④ 陈瑞华:《企业合规不起诉制度研究》,载《中国刑事法杂志》2021年第1期,第86页。

(4) 试点单位 D 在第一期试点中,选出 9 个试点案例,涉案企业全部为中小微民营企业,涉嫌罪名集中在非国家工作人员行贿罪、虚开增值税专用发票罪、重大责任事故罪等;

(5) 试点单位 E 在第一期试点中,选出 4 个试点案例,涉案企业全部为中小微民营企业,涉嫌罪名集中在虚开增值税专用发票罪等;

(6) 试点单位 F 在第一期试点中,选出 16 个试点案例,涉案企业全部为中小微民营企业,涉嫌罪名集中在虚开增值税专用发票罪、重大责任事故罪、污染环境罪等;

(7) 截至 2021 年 8 月,自主试点单位 G 选出 11 个试点案例,涉案企业全部为中小微民营企业,涉嫌罪名集中在虚开增值税专用发票罪、串通投标罪等。

结合以上数据、典型案例以及相关规范性文件,可以对我国的试点现状简单描述如下:

第一,不同于英美全部在企业犯罪案件中推进企业合规的制度运行方式,我国尝试在单位和个人犯罪案件中同时推进企业合规。只不过,对于何时可以在个人犯罪案件中开展合规考察这一问题,试点单位似乎并不清楚。

第二,不同于英美主要针对大公司执法的现实,我国的执法活动主要针对中小微企业。

第三,试点单位始终保有突破轻罪案件范围的冲动,在重罪案件中开展企业合规相对不起诉试点。这种冲动已经零星地转变为现实,部分试点单位已经在重罪案件中开展试点工作。

(二) 改革试点的背景:制度基础的现实描述

制度基础决定了制度运行方式,与英美制度基础的差异也决定了制度借鉴的限度。基于此,本部分将以英美法的制度基础描述为参照基准,对我国的制度基础加以对应性描述。

1. 我国单位犯罪立法的片段性描述

不同于英美模式,我国《刑法》中的单位犯罪以特别规定为限。在立法体例上,《刑法》总则确立了单位犯罪的概念、处罚原则,分则具体规定哪些犯罪行为可以由单位实施,并规定了具体的罚则。[①] 从具体的数字

[①] 区别于"英美模式",我国学者将这种立法模式概括为"法国模式"。参见陈丽天:《单位犯罪刑事责任研究》,中国法制出版社 2010 年版,第 23 页。

看,在《刑法修正案(十一)》之前,即便将颇具争议的单罚制罪名计算在内,单位犯罪罪名的最大限度也仅仅是 163 个。① 如果将最新修正后的第 161 条计算在内,单位犯罪罪名为 164 个,约占罪名总数的 34%。在很多重要领域,尽管所涉及利益重大,或者常见多发,但均无单位犯罪条款。例如,重大安全事故罪是实践中常见多发罪名,但我国刑法并未规定单位犯罪;危险物品肇事行为具有重大的社会危害性(天津港爆炸事故最为典型),但单位也无法构成本罪;贷款诈骗常见于经济交往过程,但单位也不能构成本罪。如此等等,还有很多。概言之,相比于英美不区分自然人与法人的单位犯罪立法体例,我国的单位犯罪立法具有显著片段性。

2. 我国刑法中的单位归责模式:组织体责任论之证成

关于我国《刑法》中的单位归责模式,立法并未明确。有学者认为,尽管我国没有明确使用"替代责任"这一概念,但其本质上采用的是该模式。② 这一论断很大程度上是基于我国以领导人为媒介认定单位责任的司法实践。据学者介绍,在刑法修订过程中,立法机关主要使用"为单位谋取利益"和"经单位的决策机构或者负责人员决定"两个要素来界定单位犯罪。然而,在第八届全国人大第五次会议代表团分组审议刑法修订草案时,有代表提出,草案关于单位犯罪定义的规定不够全面,尚不能完全包括分则规定的所有单位犯罪,建议修改。考虑到上述建议的合理性,同时鉴于刑法理论和实践对单位犯罪的概念和特征研究得不够成熟且争议较多的现实情况,最终删除了对单位犯罪特征的界定。③ 即便如此,"经单位的决策机构或者负责人员决定""为单位谋取利益"两个要件依然成为司法机关区分个人犯罪与单位犯罪的根据。最高人民法院刑事审判庭发布的参考性案例证实了这一点。例如,《刑事审判参考》第 195 号案例"裁判理由"指出,"确定是否属于单位行为、构成单位犯罪,应从两方面来把握,一是以单位名义实施犯罪,即由单位集体研究决定,或者由单位的负责人或者被授权的其他人员决定、同意;二是为单位谋取利益

---

① 参见聂立泽:《单位犯罪新论》,法律出版社 2018 年版,第 2 页。
② 参见张克文:《法人刑事责任的初步反思——一个否定论的立场》,中国政法大学出版社 2010 年版,第 67 页。
③ 参见高铭暄:《中华人民共和国刑法的孕育诞生和发展完善》,北京大学出版社 2012 年版,第 213 页。

或者违法所得大部分归单位所有"①。然而,存在的不一定是合理的,这一观点至少面临如下疑问:利益归属要件不是认定单位意思的必要要件,它可能引发单位犯罪认定过窄或过宽问题;②无法适用于现代企业,因为公司很多业务活动都依照业务惯例实施,不一定要通过决策程序;解决不了单位高层人员将单位作为工具实现个人犯罪的问题;最重要的是,违背罪责自负原则。"既然单位意思来自单位的决策机构成员或单位领导人,那么单位犯罪的场合,只处罚犯罪的决策者即单位领导人即可,又为何在处罚单位领导之外,还要处罚单位?这岂不是有双重处罚之嫌?"③

正是看到了传统认定方式的缺陷,学界逐渐在如下观点上达成了共识,即应当从组织体自我责任的角度认识单位责任。④ 只不过,关于如何认识组织体责任,学理上尚存争议。例如,黎宏教授强调组织体超越个人的精神、文化价值以及独立实体特征;在与自然人的关系上,"单位组成人员就是单位的'手足';单位行为只能通过作为其组成人员的自然人的行为来体现;单位作为一个实体参与了其组成人员的犯罪,故单位要对其组成人员的违法行为承担行为责任或者监督责任。"⑤然而,既然只能通过作为组成人员的自然人实施行为,单位自身的独立性特征何以体现就不无疑问;单位既然作为实体参与了其组成人员的犯罪,就不存在"单位要对其组成人员的违法行为承担行为责任"的问题,而是在为自己的行为负责;监督责任的实质是,因法定事由的出现(例如,被监督者因未成年、精神疾病等导致能力不全)而对责任范围的扩展,使监督者为他人的行为负责。⑥ 既然单位组成人员是单位的"手足",监督责任就无从谈起。基于以上疑问,有学者提出,应当从"领导集体责任"的角度认识组织体责

---

① 中华人民共和国最高人民法院刑事审判第一庭、第二庭主编:《刑事审判参考》(2002年第4辑,总第27辑),法律出版社2002年版。除此之外,第151号、第211号、第231号、第251号、第305号等案例均体现了这一点。

② 参见李本灿:《单位刑事责任论的反思与重构》,载《环球法律评论》2020年第4期,第56页。

③ 黎宏:《组织体刑事责任论及其应用》,载《法学研究》2020年第2期,第75页。

④ 参见何秉松:《人格化社会系统责任论——论法人刑事责任的理论基础》,载《中国法学》1992年第6期;陈忠林、席若:《单位犯罪的"嵌套责任论"》,载《现代法学》2017年第2期;黎宏:《组织体刑事责任论及其应用》,载《法学研究》2020年第2期。

⑤ 黎宏:《组织体刑事责任论及其应用》,载《法学研究》2020年第2期,第81—82页。

⑥ Vgl. Johannes Sebastian Blass, Zur Garantenstellung des Compliance-Beauftragten, Peter Lang, 2017, S. 340f.

任,职员的行为不是单位犯罪的组成部分,而仅仅是单位犯罪的"观察对象"或"参考资料"。① 尽管组织体责任论存在内部争论,但无论如何,在如下问题上,学界已经逐步达成一致意见,即应当从组织构造、制度、政策角度认识组织体责任。② 值得注意的是,司法实践也在发生观点的转变:一方面,"负责人决定""经单位决策机构决定"的认定标准被部分判决所否定;③另一方面,部分判决则充分运用组织体责任理论,以单位内部规章制度、政策为依据否定了单位责任。④

回到我国单位犯罪立法的基础性条款(我国《刑法》第 30 条),也可以得出,组织体责任论是该条的当然之意。传统观点认为,我国《刑法》第 30 条除了宣示性价值外,并无实际意义,其并未明确单位犯罪概念,只是划定了单位犯罪的主体要件。⑤ 这种观点显然过于片面:该条至少告诉我们,单位犯罪是单位自身的犯罪,而不是自然人犯罪的集合,或者是自然人的共同犯罪。⑥ 相应地,单位责任只能是单位自我责任。这也符合从我国《刑法》第 14 条、第 15 条、第 16 条推论出的责任主义原则。既然是单位自我责任,那么,就应当以职员的违法行为为出发点,将其作为"观察对象""参考资料",从单位自身的特征之中推断单位责任。

概言之,从应然层面的理论建构来说,组织体责任论是单位归责模式的合理选择;从实然层面的法律解释来说,组织体责任论是我国《刑法》第 30 条的当然之意。

3. 有限度的起诉便宜的描述

企业合规程序激励机制的适用限度直接受制于一个国家的起诉制度,因此,要划定企业合规程序激励机制的适用限度,也需要深入了解我

---

① 参见李本灿:《单位刑事责任论的反思与重构》,载《环球法律评论》2020 年第 4 期,第 39 页。
② 参见黎宏:《组织体刑事责任论及其应用》,载《法学研究》2020 年第 2 期,第 71 页;陈瑞华:《合规视野下的企业刑事责任》,载《环球法律评论》2020 年第 1 期,第 38—40 页;耿佳宁:《单位固有刑事责任的提倡及其教义学形塑》,载《中外法学》2020 年第 6 期,第 1489 页;蔡仙:《组织进化视野下对企业刑事归责模式的反思》,载《政治与法律》2021 年第 3 期,第 72 页。
③ 参见四川省成都市中级人民法院(2019)川 01 刑终 383 号刑事裁定书;山东省临沂市兰山区人民法院(2019)鲁 1202 刑初 1651 号刑事判决书。
④ 参见甘肃省兰州市中级人民法院(2017)甘 01 刑终 89 号刑事裁定书。
⑤ 参见聂立泽:《单位犯罪新论》,法律出版社 2018 年版,第 24 页。
⑥ 参见张明楷:《刑法学(上)》(第五版),法律出版社 2016 年版,第 135 页。

国的起诉制度。在传统的诉讼理念中,基于对报应刑的追求,起诉法定主义是刑事诉讼的基本原则。诉讼效率、特殊预防理念并不是起诉制度设计时要考虑的因素。然而,随着刑罚观念的转变,以预防刑罚观为理论基础的起诉便宜原则逐步确立。① 起诉便宜所蕴含的诉讼效率价值对于缓解诉讼压力,节约并有效配置司法资源都具有重要意义,因此,现代世界各国的刑事诉讼法大都确立了起诉便宜原则。② 我国刑诉法也在坚守传统起诉法定原则的基础上,引入了有限度的起诉便宜原则。一方面,"应当起诉""应当不起诉"相关条款体现了起诉法定原则的基础性地位;另一方面,"可以不起诉"条款(《刑事诉讼法》第 177 条第 2 款、第 182 条第 1 款)则充分体现了起诉便宜原则。只不过,基于以下两个原因,相较于英美国家,我国检察官的起诉裁量权极为有限:

第一,证据中心主义的起诉裁量制度。不同于英美法的"证据检验"和"公共利益检验"的双阶层起诉裁量制度,我国刑诉法更加强调证据中心主义的起诉裁量制度。根据我国《刑事诉讼法》第 171 条规定,检察院审查案件时,除了要履行对外的侦查监督职能外,更主要的是审查现有证据是否确实充分,能够支持哪个、几个罪名。只有在极其例外的情形,才需要考虑起诉是否符合国家重大利益(《刑事诉讼法》第 182 条)。此处的"国家重大利益"的含义尚不清楚。学界的有力观点是,可以参照《刑法》第 63 条第 2 款来理解,将"国家重大利益"解释为关涉外交、国防、宗教、民族、统战和经济建设方面的重大利益。③ 照此理解,则"国家重大利益"是个内涵非常狭窄的概念,从特殊不起诉严格的程序控制(须最高人民检察院核准)也可以推知这一点。也就是说,在我国的起诉裁量程序中,证据居于绝对核心地位,公共利益检验只发生在极其例外的情形中。这就极大限缩了检察官的自由裁量空间。

第二,构罪即诉的司法观念。长期以来,在朴素的报应正义理念的支配之下,无论是我国的普通民众,还是司法人员,都存在强烈的有罪必罚观念。在有罪必罚观念的引导之下,我国审查起诉制度的内在功能演变

---

① 参见王皇玉:《刑事追诉理念的转变与缓起诉——从德国刑事追诉制度之变迁谈起》,载《月旦法学杂志》2005 年第 4 期,第 56—58 页。

② 参见姚莉、詹建红:《论价值选择维度中的检察官追诉裁量权》,载《法商研究》2004 年第 6 期,第 89—90 页。

③ 参见董坤:《认罪认罚从宽中的特殊不起诉》,载《法学研究》2019 年第 6 期,第 180 页。

为事实发现功能。"相对于侦查阶段,其具体表现为对侦查结果的核实、补正;而相对于审判阶段,则具体表现为'够(构)罪即诉'的案件输入功能。检察机关的审查起诉活动更多表现为案件的'输入管道'而非'调节阀'。"[1]此外,检察官还要面对"不起诉率"等绩效考评压力、地方党委政府施加的打击犯罪压力以及被害人及其家属的追诉需求等压力。这些因素累积起来,使得检察官不仅构罪即诉,甚至还有过度起诉(证据不足的过度起诉、轻罪重罪的过度起诉、情节轻微的过度起诉)的倾向。[2] 尽管检察工作也在创新,例如,"不起诉率"不再成为对检察工作负面评价的标准,但总体来看,重打击、重追诉、构罪即捕、构罪即诉的情况依然普遍。[3] 据介绍,"2014年到2018年,检察机关决定不起诉的比例逐年上升;五年时间的不起诉率分别是5.3%、5.3%、5.9%、6.3%、7.7%;尽管如此,不起诉尤其是酌定不起诉的适用率总体不高。"[4]2018年认罪认罚从宽制度进入立法之后,相对不起诉的比例稍有提高,但缘于适用条件争议、整体运行环境不佳、配套保障程序缺位等问题,整体适用率依然偏低。[5] 此外,不能忽视的一个基础性问题是,"构罪即诉"中"构罪"的标准已经由立法或司法解释明确设定,相比于美国立法定性、司法定量的立法模式[6],我国的刑事实体法预留给检察官的裁量空间已经非常有限。

概言之,我国整体的刑事法制度似乎并不鼓励检察官自由裁量,现有的起诉裁量制度充分体现了有限度的起诉便宜主义。

四、研究终点:契合制度现实的中国模式的构建

(一)企业合规程序激励的二元路径构建及其限缩

1. 程序激励的二元路径

由于我国单位犯罪立法显著的片段性特征,很多案件无法以单位责

---

[1] 吴宏耀:《我国公诉制度的功能检讨与优化》,载《人民检察》2016年第1期,第8、9页。
[2] 参见王彪:《刑事诉讼中的"过度起诉"现象评析》,载陈兴良主编:《刑事法评论:犯罪的阶层论》,北京大学出版社2016年版,第486—497页。
[3] 参见苗生明:《传承重构创新:普通犯罪检察工作的三个维度》,载《人民检察》2020年第9期,第23页。
[4] 童建明:《论不起诉权的合理适用》,载《中国刑事法杂志》2019年第4期,第28页。
[5] 参见王新建:《认罪认罚从宽制度下相对不起诉的司法适用》,载《国家检察官学院学报》2021年第1期,第147—149页。
[6] 参见田宏杰:《刑事合规的反思》,载《北京大学学报(哲学社会科学版)》2020年第2期,第121页。

任为媒介促进企业合规,而只能以个人责任为联结点,激励其履行合规义务,保证组织体整体行为的合法性。也就是说,我们不能完全照搬英美以企业责任为基础的一元化进路,而应当沿着单位责任和个人责任两条路径推进企业合规。

(1)单位责任路径。

顾名思义,单位责任路径以单位责任的发生为前提,在存在单位刑事责任的前提下,可以通过签署"责任书""协议书"①等方式促进企业建立或完善合规计划,以此为暂缓起诉或者从宽处理的根据。最高人民检察院发布的第一批企业合规典型案例中案例一"张家港市 L 公司、张某甲等人污染环境案"、案例二"上海市 A 公司、B 公司、关某某虚开增值税专用发票案"、案例四"新泰市 J 公司等建筑企业串通投标系列案件"都是这一进路的典型代表。从第一期试点的总体情况看,该路径也是激励企业合规的主要方式。

(2)个人责任路径。

顾名思义,个人责任路径以个人责任为基础,据此促进企业合规。在调研过程中,笔者曾多次被试点单位问及如下问题,即能否在个人犯罪案件中实施合规考察,促进企业合规。这个问题部分取决于一个问题,即什么是刑事合规制度?有学者指出,刑事合规"系企业自我监管行为在刑事领域的运用和评价"。② 结合该论者对刑事合规的类型划分可以知道,从国家的角度说,刑事合规是激励企业合规的法制度工具。③ 从这一概念出发,即可得出如下结论:无论是围绕单位责任展开,还是围绕个人责任展开,都可以激励企业合规。将合规作为减轻、排除单位责任的事由,或者

---

① "协议书"这种形式在很多地方都被广泛采用。例如,《江阴市人民检察院暂缓起诉协议制度试点工作规范(试行)》《无锡市新吴区人民检察院暂缓起诉协议制度试点工作操作口径(试行)》直接试行了"暂缓起诉协议制度"。尽管很多地方并没有直接适用"协议"这样的表述,但都试行了实质意义上的暂缓起诉协议制度。尽管如此,"协议"这样的表述是否合适仍需考虑。原因在于,"协议书"(agreement)是英美国家在当事人主义的制度背景下签署的,都是在检方证据不足的情况下,双方协商的结果,而我国情况则显著不同:一方面,我们的起诉制度具有更多职权主义色彩;另一方面,企业合规相对不起诉案件都以证据确实充分为前提。这种情况下,检察院能否与涉案企业签署"协议书"就存在疑问。在笔者看来,合规考察应当是检察机关基于企业责任而单方施加的义务,可能称为"责任书"更为妥当。

② 林静:《刑事合规的模式及合规计划之证明》,载《法学家》2021 年第 3 期,第 48 页。

③ 孙国祥教授也持类似观点,参见孙国祥:《刑事合规的理念、机能和中国的构建》,载《中国刑事法杂志》2019 年第 2 期,第 5 页。

作为暂缓起诉单位的根据，都可以激励企业合规。① 同样，以合规为个人责任的影响因素，或者暂缓起诉的根据，也可以激励个人履行合规义务，达到企业合规的法律效果。事实上，"以合规为个人责任影响因素"类型的刑事合规制度在我国刑事实体法以及司法实践中早已存在。例如，《刑法》第 134 条的重大责任事故罪不仅规制直接从事生产、作业人员违规作业的行为，还可以规制负有组织、指挥、管理职责的负责人、管理人员、实际控制人、投资人等人员不合理的组织、管理行为。② 根据《安全生产法》第 5 条、第 41 条规定：生产经营单位的主要负责人对本单位的安全生产工作全面负责；生产经营单位应当建立健全生产安全事故隐患排查治理制度，采取技术、管理措施，及时发现并消除事故隐患。事故隐患排查治理情况应当如实记录，并向从业人员通报。也就是说，生产经营单位主要负责人负有安全生产合规机制的建构义务。如果其违背了合理的安全生产机制的建构义务，出现严重后果，则需要承担刑事责任。最高人民法院发布的三起典型案例也充分说明了这一点。③ 由此不难看出，重大责任事故罪的规范目的在于，通过刑事责任激励直接作业人员安全作业，管理人员建构合理的安全生产机制，避免安全事故发生。这就是实质意义上的刑事合规制度。值得注意的是，传统结果导向的刑事合规制度正在向风险导向转型。具体来说，传统上，合规失败的刑事责任以法定危害结果（人员伤亡或财产损失）出现为前提，随着危险作业罪进入立法，只要相关责任人员不履行安全生产合规机制的建构义务（例如，拒不采取排除危险的整改措施），导致现实危险发生，其就需要承担刑事责任。这就意味着，围绕个人责任展开的刑事合规制度在升级，个人的合规责任在强化。既然在刑事实体法中可以围绕个人责任建构刑事合规制度，那么，合乎逻辑的推论是，当然可以沿着个人责任路径，建构企业合规程序激励机制。

2. 个人责任路径的限缩

以个人责任为根据建构企业合规程序激励机制的实践已经展开。然

---

① 参见李本灿：《法治化营商环境建设的合规机制——以刑事合规为中心》，载《法学研究》2021 年第 1 期，第 179、180 页；林静：《刑事合规的模式及合规计划之证明》，载《法学家》2021 年第 3 期，第 50—52 页。

② 参见王爱立主编：《中华人民共和国刑法：条文说明、立法理由及相关规定》，北京大学出版社 2021 年版，第 423、424 页。

③ 参见《最高人民法院公布三起危害生产安全犯罪典型案例》，载《人民法院报》2015 年 12 月 16 日，第 03 版、第 06 版。

而,从最高人民检察院发布的典型案例以及地方试点单位的内部指引性文件来看,司法实践存在混淆个人责任路径与单位责任路径、扩张个人责任路径两个错误倾向：

在个人犯罪案件中,法律关系的双方是个人—国家,而不是企业—国家。因此,原则上不能以个人责任为根据,要求企业签署合规考察、监管协议。原因在于,暂缓起诉协议内容具有准刑罚的性质和色彩(如下详述),其必须建立在自身责任基础之上,否则就在一定程度上背离了罪责自负原则。

关于暂缓起诉处分中所附条件的属性,学界存在不同的观点:一种观点认为,缓起诉所附带处分不具有刑罚性质,其目的在于防止再犯、更生保护,在被告自愿同意的前提下采取开放性、非强制性的处遇措施,而不是罪责之报应。由于缓起诉不需要法官审查,将其理解为刑罚,则与法官保留原则相冲突。① 另一种观点认为,所附条件如果具有财产或自由上的拘束效果,则即便不是以刑罚之名为之,但性质上可以说是实质的制裁。② 这一论者并未明确缓起诉处分是否具有刑罚性质,只是含糊地肯定了其制裁性。与之不同,也有学者明确表示,所附条件不是实质上的刑事处罚,但具有裁罚性效果。③ 在本文看来,基于对法官保留原则的维护,不宜径直地将附条件不起诉所附条件定性为刑罚,但其具有制裁性这一点应当得到肯定。在此基础上,应当将其理解为具有准刑罚性质的制裁,原因如下:第一,从形式上看,尽管我国的检察机关被明确定位为法律监督机关,但我国宪法和法律的相关规定表明,其同时具有浓厚的司法色彩,也可以被称为司法机关。④ 作为追诉犯罪的主要机构,其在公诉案件中享有求刑权。只不过,为了某种政策目的(例如,对未成年人的特殊保护和特殊预防),其可能在附加条件的情况下变通起诉方式。这种情况

---

① 参见陈运财等:《刑事法学研讨会——缓起诉制度之理论及其实践》,载《东海大学法学研究》2003年第18期,第223页。
② 参见陈文贵:《缓起诉处分与行政罚法第二六条第二项不起诉处分之法律关系——从宪法禁止双重危险原则加以检视》,载《月旦法学杂志》2008年第2期,第142—146页。
③ 参见蔡震荣:《缓起诉性质与行政罚之关系》,载《月旦法学杂志》2008年第4期,第40页。
④ 参见苗生明:《新时代检察权的定位、特征与发展趋向》,载《中国法学》2019年第6期,第227页。最高检的万春专委也表达了同样观点,这也代表了最高人民检察院对自身的定位。参见万春:《〈人民检察院组织法〉修改重点问题》,载《国家检察官学院学报》2017年第1期,第57页。

下,作为变通起诉之前提的附加条件就具有了刑罚的替代功能,将其理解为准刑罚性质的制裁也就具有了形式根据。第二,从实质上看,作为变通起诉之前提的附加条件都具有人身自由限制或财产剥夺的功能,将其理解为准刑罚也就具有了实质根据。例如,未成年人案件附条件不起诉时,应当"服从监督;报告自己的活动;离开居住地时,报经考察机关批准;按照考察机关的要求接受矫治和教育"。这种附加义务与缓刑犯的义务并无差别。回到合规考察案件,在我国《公司法》所规定的公司治理机制之外另行建构合规机制并非所有企业的义务,作为暂缓起诉或相对不起诉的条件,检察机关要求企业建立合规机制无异于变相剥夺了企业相应的财产权。毕竟,合规机制建设不是免费的午餐,其需要耗费巨大的财力。在此之前的试点过程中,以深圳宝安区为代表,除合规机制建构之外,代表检察机关行使监督考察职能的合规监管费用也需要由企业承担。除此之外,检察院还可以酌情附加"向社会提供公益服务;禁止从事特定活动;进行相关业务及法律培训;其他有益于企业合规的条件"[1]。以山东郯城为代表,企业合规考察案件中,检察机关对拟决定相对不起诉的涉案企业,可以根据犯罪侵害的法益,要求其履行相关社会责任。"履行社会责任包括但不限于自愿、无偿向社会或者他人提供的环境保护、安全生产以及社会公益服务等。其中,社会公益服务包括但不限于社会福利、慈善捐助、关爱帮扶、无偿献血、义务活动等。"[2]在未来的制度设计中,有学者甚至建议"企业应集中交纳合规考察费用,打入统一设立的银行账户,再由司法行政机关或合规监管委员会按照合规监管协议的内容将监管费用的部分支付给合规监管人。"[3]

在证成合规考察具有制裁性(甚至是准刑罚性)之后,理所当然的结论就是,不能任意地以个人责任为联结点,在个人犯罪案件中针对企业开展合规考察。即便是出于保护企业的关键技术人员、管理人员的良好初衷,也不能随意为之。要想与企业签署合规监管协议,就需要将个人犯罪作为观察对象或参考资料,进一步考察是否可以从中推导出单位意志。如果存在单位意志,就存在对企业合规监管的根据;如果不存在单位意

---

[1] 参见《深圳市宝安区人民检察院企业犯罪相对不起诉适用机制改革试行办法》第11条、第19条。
[2] 《郯城县人民检察院企业犯罪相对不起诉实施办法(试行)》第24条。
[3] 陈瑞华:《企业合规不起诉改革的八大争议问题》,载《中国法律评论》2021年第4期,第24页。

志,也就不存在与企业签署合规监管协议的法律基础。在确定存在单位意志时,还需要进一步确认,是采取个人责任路径,还是单位责任路径促进企业合规。如果存在相关犯罪的单位责任条款,那么,可以径直采取单位责任路径,以单位责任为基础激励企业合规。相反,则可以个人责任为基础,促进企业合规。就此而言,如下实践值得进一步讨论:

(1)最高人民检察院发布的第一批企业合规典型案例中案例三"王某某、林某某、刘某乙对非国家工作人员行贿案"存在疑问:一方面,检察机关将该案认定为个人犯罪,而非单位犯罪;另一方面,其又与公司签署合规监管协议。试问,检察机关开展合规监管的根据是什么?合理的逻辑是:如果从公司副总裁、财务总监审核、批准贿赂款的行为中能够推导出单位意志,那么,本案就是单位犯罪案件。相应地,检察机关应当追加对Y公司的起诉,同时与公司签署合规监管协议,进而推迟起诉。如果不能从公司领导审核、批准贿赂款的行为中推导出单位意志,那么,公司就没有责任承担监管协议施加的义务。也就是说,在对非国家工作人员行贿罪可以由单位实施的情况下,即便本案要启动合规监管程序,也应当通过单位责任路径展开,而不是以个人责任为根据,要求企业实施合规管理,否则就有与罪责自负原则冲突的嫌疑。

(2)以"关键技术人员"①、"正在承担重大科技攻关、招商引资、经贸洽谈、工程建设等任务,或者处在关键性岗位一时难以替换者"②的犯罪行为为根据,适用企业合规监督考察机制的做法,也存在疑问:如果从关键技术人员或者关键岗位人员的犯罪行为中可以推导出单位意志,并且该犯罪可以由单位实施,那么,当然可以通过单位责任路径,推动企业合规;这种情况下,如果不存在单位犯罪条款,则可以通过个人责任路径,推动企业合规;如果从关键技术人员或关键岗位人员的行为中难以推导出单位意志,则难以适用针对企业的合规监督考察程序。

概言之,个人责任路径以单位意志存在为基础,当从个人行为中推导出单位意志,又不存在相应单位犯罪条款时,可以个人责任为基础,与企业签署合规监管考察协议。③ 否则,不能任意适用针对企业的合规监管程序。

---

① 参见《关于建立涉案企业合规第三方监督评估机制的指导意见(试行)》第3条。
② 参见《无锡市新吴区人民检察院暂缓起诉协议制度试点工作操作口径(试行)》第7条。
③ 这种类型的合规监管协议还具有刑事政策上的功能,即通过具有准刑罚性质的合规监督考察等措施,客观上弥补了单位犯罪缺失所造成的威慑力不足、责任不均衡等制度缺陷。

(二)企业合规程序激励机制的适用应有限度

1.制度有限适用的原因

上文已述,实体法中的单位归责模式与程序法中的起诉制度共同影响、制约着合规程序激励机制的适用限度。正是基于这两方面的原因,我国只能有限适用合规程序激励机制:

(1)实体法中的单位归责模式具有较强的合规激励功能,因而对程序激励机制的功能补给需求并不强烈。众所周知,传统刑法是自然人刑法,犯罪、责任、刑罚等一系列的制度体系都以自然人为中心展开。然而,现代刑法逐步接受了法人的主体性地位,公司刑法体系得以形成。尽管这已经是既成事实,但无论如何,围绕自然人建构的传统刑法体系很难适用于法人。为了保持传统理论的逻辑自洽,部分大陆法国家(例如德国)至今不承认法人犯罪。即便我国立法已经接受了单位犯罪制度,但出于对体系的维护,至今仍有学者主张将其废除。① 由此提出的问题是,现代刑法为什么要突破传统,强行接受单位犯罪制度?对此,学理上的解释是,单位犯罪制度是实用主义哲学的体现。② 也就是说,为了更好地应对日益增多的企业违法现象,现代刑法不得已接受了单位犯罪制度。可是,将棒子打在个人头上也可以预防单位犯罪,为什么还要让单位自身承担责任?对此,唯一的解释是,惩罚个人是很好的威慑公司犯罪的方式,但并非最佳。③ 通过公司刑事责任,可以倒逼其采取事前(使犯罪更加困难)或事后(使犯罪者面临更高制裁可能性)措施,更好地预防犯罪。④ 只不过,美国的严格责任模式只是促进企业采取预防措施的弱激励手段,原因是,查处犯罪概率的增加也同时增加了企业面临的风险。相比之下,责任中心主义的单位归责模式可以更好地激励企业采取

---

① 参见张克文:《拟制犯罪和拟制刑事责任——法人犯罪否定论之回归》,载《法学研究》2009年第3期;杨兴培:《(法人)单位犯罪立法理论与实践运作的逆向评价》,载《华东政法学院学报》2001年第3期。

② 参见周振杰:《比较法视野中的单位犯罪》,中国人民公安大学出版社2012年版,第7、8页。

③ See Jennifer Arlen, Marcel Kahan, Corporate Governance Regulation through Nonprosecution, *The University of Chicago Law Review*, Vol. 84, 2017, pp. 344-346.

④ See Jennifer Arlen, The Failure of the Organizational Sentencing Guidelines, *University of Miami Law Review*, Vol. 66, 2012, p. 330.

预防措施。① 这就意味着,美国的严格责任模式造成的合规激励不足,需要通过暂缓起诉制度加以弥补;责任中心主义的单位归责模式对程序激励机制的功能补给需求较弱。我国的组织体责任模式恰恰是在责任主义原则之下得出的解释结论,相应地,我们对企业合规程序激励机制的功能补给需求并不强烈。如果大规模适用企业合规程序激励机制,势必会改变现有的合规激励制度逻辑,降低激励功能:第一,单位犯罪条款的适用对象是所有或者一个行业内或者有共同组织特征的企业,而企业暂缓/不起诉制度仅仅是事后针对部分违法企业,过度适用会限缩单位犯罪条款的规制范围;第二,单位犯罪的制度初衷是,通过刑事责任倒逼企业履行前置法规中的内控义务,其制度逻辑可以描述为"不合规就惩罚"。与此相对,企业暂缓/不起诉的制度逻辑是"(事后)合规就不惩罚"。如果过分适用暂缓起诉制度,就意味着激励企业合规的逻辑由必罚主义转变为非必罚主义,进而削弱了单位犯罪的制度功能。②

(2)有限度的起诉便宜原则限制了程序激励机制的适用。企业合规程序激励机制的适用限度受制于一个国家的诉讼协商制度。英美法浓厚的诉讼协商文化为企业暂缓/不起诉制度的广泛适用提供了空间,而我国有限度的起诉便宜制度决定了,企业合规程序激励机制的适用应有限度。此处需要反思的一种实践做法是,以公共利益保护为由,扩张企业合规程序激励机制的适用限度。在调研的过程中,笔者观察到,几乎所有的试点单位在启动合规考察程序之前,都会通过走访居委会、派出所,查询档案、电话联系等方式对涉案企业开展社会调查。社会调查的重要内容是企业规模、纳税额、营业收入等信息,而这些都将作为社会公共利益考察的重要内容。部分地方甚至将解决就业是否超过 100 人,纳税总额是否在本辖区内排名前 100 作为公共利益考察的重要指标。由此导致的问题

---

① See Jennifer Arlen, Reinier Kraakman, Controlling Corporate Misconduct: An Analysis of Corporate Liability Regimes, *New York University Law Review*, Vol. 72, 1997, pp. 694, 707. 关于责任中心主义的单位归责模式对合规的激励功能较强的观点,在我国也存在同样的认知。这里需要简单说明的是,在责任中心主义的单位归责模式中,合规具有排除单位责任的功能,正是在这个意义上,其可以更好地激励单位开展合规计划。关于这一点,国内学者已经有了深入的讨论,这里就不再具体展开。具体请参见李本灿:《我国企业合规研究的阶段性梳理与反思》,载《华东政法大学学报》2021 年第 4 期,第 130、131 页;李本灿:《刑事合规制度的法理根基》,载《东方法学》2020 年第 5 期,第 36—38 页。

② See David M. Uhlmann, Deferred Prosecution and Non-Prosecution Agreements and the Erosion of Corporate Criminal Liability, *Maryland Law Review*, Vol. 72, p. 1332.

是,当企业对地方经济贡献较大时,哪怕是实施了较为严重的犯罪,检察机关也会通过各种解释技巧(例如,充分利用自首、坦白、立功、认罪认罚从宽处理等法定从轻事由降低企业人员可能面临的宣告刑),想方设法通过企业合规相对不起诉结案。这一做法面临以下疑问:第一,"对地方经济的贡献"难言符合《刑事诉讼法》第 182 条"国家重大利益"要件,因此,在起诉裁量时不应加以考量。第二,"对地方经济的贡献"也难言公共利益,即便认可其公共利益属性,也应当在一定限度的法定刑空间内加以考量,否则就会形成"大到不能关"(too big to jail)的司法局面,使得大企业成为法外空间。无疑,这将是对法治原则及其背后更大的公共利益的巨大破坏。第三,在多情节交叉的复杂案件中,由检察官加以裁断,并最终决定宣告刑的做法,是否符合法官保留原则以及审判中心主义的司法改革方向,也不无疑问。

2. 制度适用的限度

在制度适用限度这一问题上,无论是司法实践,还是理论界,都存在争议:从司法实践来看,试点之初,最高人民检察院出于谨慎考虑,要求试点单位在轻罪(自然人可能被判处 3 年以下有期徒刑)案件中探索企业合规相对不起诉制度。然而,如上文介绍,部分试点单位总有突破轻罪限制的冲动。在学界,有学者提出:"站在传统刑法理论的视角下,这一做法本质上是对法治原则的一种侵害,只不过刑事政策上的正当性在很大程度上弥补了这种侵害。因此,无论是对于企业还是其经营者,适用的案件范围都应当限于轻罪。"[1]与此相对,有学者认为,对于非系统性企业犯罪案件,没有必要将适用对象限制在轻罪案件范围,直接责任人员可能被判处 10 年以下有期徒刑的案件也可以适用合规考察制度。[2] 基于以下原因,本文原则上支持前一种观点:

(1)后者提出的"系统性企业犯罪"和"非系统性企业犯罪"的概念区分毫无根据,且存在知识性错误。该论者认为,"所谓系统性企业犯罪,是指企业作为一种具有法律人格的商业组织,经过集体决策或者经由企业负责人决定所实施的危害社会行为;所谓非系统性企业犯罪,则是指在没

---

[1] 陈卫东:《从实体到程序:刑事合规与企业"非罪化"处理》,载《民主与法制》2021 年第 29 期。

[2] 参见陈瑞华:《企业合规出罪的三种模式》,载《比较法研究》2021 年第 3 期,第 73 页。该论者同时主张,在系统性企业犯罪中,合规程序激励机制只能适用于直接责任人可能被判处 3 年以下有期徒刑的案件。

有企业集体决策,也没有企业负责人做出授权或授意的情况下,企业内部人员以企业名义并为实现企业利益而实施了犯罪行为,由于企业对这类行为采取了接受、纵容态度,或者没有采取制止或纠正措施的犯罪行为。"① 前文已经否定了"集体决策或负责人决定"这一单位犯罪认定标准。② 暂且不论这一点,即便承认这一标准,系统性企业犯罪和非系统性企业犯罪的区分也缺乏实体法上的根据。众所周知的是,刑事责任因义务违反而引起③,如果说单位犯罪条款意味着立法者赋予了单位不对外输出风险的义务,那么,无论其以作为的方式输出(例如,集体决策直接实施),还是以不作为的方式输出(例如,对于风险不予管理),都没有实质性差别。"接受""纵容""没有采取制止或纠正措施"与"集体决策或负责人决定实施"没有不同,都是单位犯罪的行为方式。如果将前者与后者进行差异评价,那就是对刑法中行为理论的颠覆。某种意义上讲,也是对单位不作为犯罪的鼓励,原因在于,单位领导只需"把头埋在沙土里"就可以承担较轻责任或者不承担责任。实际上,如果否定了"非系统性企业犯罪"这一概念之后,其与系统性犯罪就没有区别,该论者的观点也就与前一种观点没有实质性差别。

(2)对罪刑法定原则的坚持。有学者认为,"对已经构成犯罪的企业,通过达成协议的方式,最终使其受到无罪处理,这可能不符合我国固有的罪刑法定原则"④。也有学者认为,"合规从宽与罪刑法定原则并不冲突"⑤。在本文看来,在轻罪的范围内,企业合规程序激励机制与罪刑法定原则并不冲突。从这个意义上讲,罪刑法定原则规定了企业合规程序激励机制的适用限度。传统观点认为,我国《刑法》第3条前半段"法律明文规定为犯罪行为的,依照法律定罪处罚"体现了积极的罪刑法定原则。⑥ 然而,"我国刑法关于犯罪概念但书的规定、关于追诉时效的规定、

---

① 陈瑞华:《企业合规出罪的三种模式》,载《比较法研究》2021年第3期,第72页。
② 事实上,该论者在其他文章中明确提出了"企业独立意志理论",即从自我责任的角度理解企业责任。不知为何,其又在此处回归到了对传统观点的维护。参见陈瑞华:《合规视野下的企业刑事责任问题》,载《环球法律评论》2020年第1期,第23页。
③ 参见冯军:《刑事责任论》(修订版),社会科学文献出版社2017年版,第17页。
④ 陈瑞华:《企业合规视野下的暂缓起诉协议制度》,载《比较法研究》2020年第1期,第17页。
⑤ 李勇:《企业附条件不起诉的立法建议》,载《中国刑事法杂志》2021年第2期,第137页。
⑥ 参见何秉松主编:《刑法教科书》(上卷),中国法制出版社2000年版,第63页。

关于告诉才处理的规定以及刑事诉讼法关于法定不起诉的规定、关于相对不起诉的规定,都表明并非有罪必罚,在法律有明文规定的情况下,有罪可以不罚"①。罪刑法定主义要求行为之前存在以成文法形式出现的刑罚法规,"不过,如果是缩小、阻却处罚范围,则不一定要有明文规定。例如,超法规的违法阻却、超法规的责任阻却等情形"②。这也就意味着,一方面,罪刑法定原则并非有罪必罚,另一方面,法有明文规定时,不处罚应当有法定或超法规的根据。非必罚主义绝不意味着行为具有实质违法性时,可以任意不予处罚。有疑问的是,法有明文规定时,不处罚的边界何在?综合以上学理论述不难发现,不处罚的根据主要包括两个:第一,超法规的违法或责任阻却事由存在时,可以不予处罚。第二,基于某种政策考量,而由立法规定了不予处罚的事由时,可以不予处罚。例如,为了重点治理受贿罪,而对行贿者设定的特别从宽事由。尤其值得注意的是,"《刑法》第 13 条规定在'入罪限制功能'之外还具有发展出罪事由的'接应功能'"③。与此相呼应的是《刑事诉讼法》第 177 条第 2 款的相对不起诉制度。这两个条款共同赋予了检察官自由裁量的空间。这就意味着,在轻罪的范围内,以企业合规(预防必要性降低)、赔偿损失(报应正义实现、社会关系平复)等事由为根据不起诉企业,并不违背罪刑法定原则。不过,此处尚需讨论的是,因企业合规而同时不起诉企业与自然人的实践是否符合罪刑法定原则?对此,黎宏教授认为,企业合规的效果只能及于企业而不能及于自然人;企业合规是免除企业责任的事由,但并非免除自然人责任的根据;我国检察机关目前所推行的"既放过企业又放过企业员工"的企业合规不起诉制度,有违反罪刑法定原则的嫌疑。④ 在本文看来,如果限定在轻罪范围之内,"既放过企业又放过企业员工"的实践做法并不违背罪刑法定原则,只不过不起诉两者的根据稍有差异。不起诉企业的根据是企业合规及其关联性事后弥补措施;不起诉自然人的

---

① 陈兴良:《规范刑法学(上册)》(第四版),中国人民大学出版社 2017 年版,第 42 页;张明楷教授也主张从消极的侧面理解我国《刑法》第 3 条。参见张明楷:《刑法学(上)》(第五版),法律出版社 2016 年版,第 47、48 页。
② 〔日〕西田典之:《日本刑法总论》,刘明祥、王昭武译,中国人民大学出版社 2007 年版,第 33 页。
③ 杜治晗:《但书规定的司法功能考察及重述》,载《法学家》2021 年第 3 期,第 142 页。
④ 参见黎宏:《企业合规不起诉:误解及纠正》,载《中国法律评论》2021 年第 3 期,第 184 页。

根据是社会危害性、认罪认罚、配合司法活动等反映行为危害性、预防必要性大小的因素。由此可见,罪刑法定原则并不排斥同时不起诉企业与自然人,问题出在了"合规不起诉制度"这个名称本身,换个称呼(例如,企业合规程序激励机制),问题也就迎刃而解。

(3)对平等适用刑法原则的维护。企业合规改革试点尽管对激励企业合规、营造法治化营商环境都具有重要意义,但也造成了平等适用刑法的问题。调研过程中,笔者搜集到了如下案件:某公司及顾某、唐某、干某虚开增值税专用发票 27 份,价税合计人民币 188.285 万元,用于抵扣税款人民币 18.658872 万元,最终,经过合规考察之后,涉案企业和自然人都没有被起诉。可是,由该院同时期办理的杜某、朱某虚开增值税专用发票案中,涉案发票价税合计约人民币 177 万元,税款 25 万元,最终,两犯罪嫌疑人被提起公诉,并被判处缓刑附加罚金刑。① 同时期内其他检察院办理的徐某某虚开增值税专用发票案中,数额相当,情节相当,最终,徐某某被提起公诉,并被判处 1 年有期徒刑附加罚金刑。② 也就是说,试点撕裂了原本统一的犯罪认定逻辑和标准,造就了企业犯罪和自然人犯罪两套司法系统,严重背离了平等适用刑法原则。在轻罪范围内,这一点并不难解决,因为现在的相对不起诉制度平等地适用于企业和自然人。未来,只需要检察官转变构罪即诉观念,统一企业犯罪和自然人犯罪相对不起诉的处理逻辑,在情节轻微、预防必要性降低时更多适用相对不起诉制度处理自然人犯罪案件即可。然而,如果企业合规相对不起诉的范围进一步扩大到重罪案件,则企业犯罪和自然人犯罪认定逻辑的裂痕将进一步加大,并且不存在修复的制度基础。原因有二:第一,现在的试点思路是,在轻罪案件中,可以适用企业合规相对不起诉制度;在重罪案件中,即便不能适用相对不起诉,也可以适用认罪认罚从宽制度,用足所有从轻处理的制度空间,尽量对自然人适用缓刑,换取企业负责人及公司的合规承诺。例如,最高人民检察院发布的第一批企业合规典型案例中案例二"上海市 A 公司、B 公司、关某某虚开增值税专用发票案"中,涉案发票价税合计 2887 余万元,其中税款 419 余万元已申报抵扣。按照刑法规定,与此对应的法定刑幅度是 10 年以上有期徒刑或无期徒刑。然而,被告人关某某最终被判处有期徒

---

① 参见江苏省张家港市人民法院(2020)苏 0582 刑初 1386 号刑事判决书。
② 参见河南省项城市人民法院(2021)豫 1681 刑初 22 号刑事判决书。

刑三年,缓刑五年。① 可以想见,如果企业合规相对不起诉制度扩大适用于重罪案件,相关责任人也会理所当然地享受不起诉的优待,而自然人犯罪案件中,责任人员则要承担长期自由刑。即便采用不起诉企业但起诉个人的二元路径,个人也更容易在协商中获得缓刑优待。② 这样的话,企业犯罪与个人犯罪中的自然人责任将会相差悬殊。第二,可以预见的是,现有的相对不起诉制度不可能扩大适用于严重的自然人犯罪,由此带来的结果是,通过司法方式平衡企业犯罪与个人犯罪中自然人责任的制度基础也不复存在。

(三)契合我国执法现实的制度推进方式的建构

1.对大公司执法:目的、政策与合规推进方式

(1)对大公司执法的直接目的。

在以往的学术讨论中,国内外学者都将企业合规计划定位为企业犯罪预防的新理念。③ 从现有资料来看,预防犯罪可能只是司法机关推动企业合规的终极目标或者反射效果,但并非直接目的。如果仅从预防犯罪的角度理解美国执法者的行为,则存在如下解释障碍:在传统的代位责任模式之下,企业承担的是严格责任。为了避免自身责任,企业势必会采取较为严格的内部控制措施,预防职员违法。只不过,为了不被外部执法机关发现,其具有内部消化(例如,内部纪律惩戒)自我管理中发现的违法行为的动力。也就是说,严格责任可以激励企业采取严格的预防措施,尽力减少员工违规概率,降低自身被处罚的风险,但该责任模式不足以激励企业自我报告,因为一旦自我报告,就会使执法机构了解企业内部的违法信

---

① 与此形成鲜明对比的是,在涉案税额小得多的自然人犯罪案件中,责任人却承担了更重的刑事责任。例如,在同时期的马卫国虚开增值税专用发票案中,行为人虚开增值税专用发票,骗取税款94万余元,最终被判处有期徒刑5年、罚金100万元。参见河南省遂平县人民法院(2020)豫1728刑初322号刑事判决书。其他类似案件还包括:上海市宝山区人民法院(2020)沪0113刑初1928号刑事判决书;河南濮阳市华龙区人民法院(2021)豫0902刑初52号刑事判决书。

② 原因在于,我国的企业犯罪治理实践表明,涉案企业多为中小企业,其缺乏健全的公司治理结构,企业命运高度依赖于领导人。这种情况下,要保护企业,就需要保护领导人。

③ 参见[德]乌尔里希·齐白:《打击经济犯罪的刑法及其替代模式》,周遵友译,载[德]乌尔里希·齐白:《全球风险社会与信息社会中的刑法:二十一世纪刑法模式的转换》,周遵友、江溯等译,中国法制出版社2012年版,第245、246页;石磊:《刑事合规:最优企业犯罪预防方法》,载《检察日报》2019年1月26日,第003版;李本灿:《企业犯罪预防中合规计划制度的借鉴》,载《中国法学》2015年第5期,第177页。

息,进而增加自身受罚风险。① 这种情况下,就无法解释,在现有制度可以有效激励企业采取内部预防措施时,为何还要通过量刑激励或起诉激励的方式促进企业合规。既然存在解释障碍,就需要重新审视司法机关激励企业合规的直接目的。这一目的隐藏于对大公司执法这一司法现象背后。现代化的大型企业可谓是商业帝国,人员众多、组织复杂、业务遍及全球,具有相当程度的封闭性。这就决定了,大公司内部的违法行为具有更强的隐蔽性。如果没有自我揭弊和内部调查,外部侦查力量很难发现或介入。这里主要面临传统农业、工业社会形成的侦查模式与信息社会里高度技术化的犯罪之间的矛盾、对跨国公司执法时的管辖权障碍等困难。即便不存在这些困难,司法资源的有限性也在客观上限制了执法活动的普遍展开。鉴于此,内部控制措施正在成为发现和惩治违法犯罪活动的重要举措,相应地,如何有效推动企业进行内部控制,并主动、充分配合执法活动,就成为重要的课题。由此不难看出,司法机关激励企业合规的直接目的是,通过企业自我调查、报告,提升企业犯罪查处效率。这也就不难理解两个现象:第一,自我报告成为检察机关是否与企业达成暂缓/不起诉协议时重要的考量因素;第二,尽管美国的系列备忘录逐步严格了对权利放弃的要求,但实践中,权利放弃依旧发生在绝大多数合规案件之中。

(2)对大公司执法背后的主导政策。

自我报告只是获取大公司内部违法信息的方式之一,并非全部。除此之外,在反海外腐败这一重点领域(主要是存在海外业务的大型跨国企业),执法机构还采取了全行业调查、卧底和窃听技术、重金奖励举报等方式,治理企业腐败犯罪。② 正是执法机构处心积虑地治理企业犯罪,才导致企业犯罪案件的整体增加;不起诉和缓起诉的增加并没有导致辩诉交易量的下降,相反,随着暂缓/不起诉案件的增加,辩诉交易的企业犯罪数量也在增加。③ 这反映出,在对待企业犯罪的态度上,英美国家采取的是严厉的刑事政策。以下两个事实也印证了这一判断:第一,立法上,以《萨

---

① See Jennifer Arlen, The Failure of the Organizational Sentencing Guidelines, *University of Miami Law Review*, Vol. 66, 2012, pp. 335-336.

② 参见〔美〕约瑟夫·约克奇:《美国〈反海外腐败法〉的和解方案、内部结构及合规文化》,万方、黄石译,载《河南警察学院学报》2019年第1期,第31、32页。

③ See Cindy R. Alexander, Mark A. Cohen, The Evolution of Corporate Criminal Settlements: An Empirical Perspective on Non-Prosecution, Deferred Prosecution, and Plea Agreements, *American Criminal Law Review*, Vol. 52, 2015, p. 591.

班斯法案》为代表,显著强化了企业及相关责任人的刑事责任;第二,司法上,以安然公司、世界通信公司、通用电气、渣打银行、汇丰银行、空客集团为代表,即便是对经济影响巨大的商业帝国,也不会得到司法上的优待。

(3)对大公司执法时的合规推进方式。

以大公司为主要执法对象,也在客观上塑造了英美现有的合规推进方式,即主要依赖企业自身财力促进合规。大公司具有雄厚的经济能力,面临制裁风险,其愿意且有能力支付巨额费用建立、完善、监督合规体系。甚至,执法机关前期的调查经费以及后期代理检察官监督企业合规的外部合规官的薪资,都需要由企业自己承担。例如,Zimmer Holdings 公司缓起诉案中,公司为外部合规官支付了高达 5200 万美元的相关费用①;在英国的暂缓起诉协议中,对执法机关办案经费的补偿是普遍性的条款。

概言之,①对大公司的执法反映出英美执法机关推行企业合规的直接目的是,充分利用企业自身力量,提升企业犯罪查处效率;②对大公司的执法也反映出英美国家严厉为主的企业犯罪治理政策;③对大公司的执法也在客观上塑造了英美国家现有的合规推进方式,即主要依靠企业自身强大的经济实力促进企业合规。

2. 我国制度运行方式的选择

(1)执法政策的选择。

在合规治理模式之下,"胡萝卜"与"大棒"不可偏废,只有足够的外部压力,才能够保证企业自觉实施合规管理。② 企业所遭受的外部制裁压力=受制裁概率×制裁强度。从"案件实际发生数量多,作行政处理的案件多;案件查处少,移送司法机关更少"这一现象③以及我国单位犯罪不足千分之一的处罚比例④可以推知,我国企业犯罪受制裁的概率明显偏低。单位犯罪中较为严厉的自然人刑罚以及逐步严厉的单位罚金刑⑤客观上保证了制裁强度,但过分强调对企业的"厚爱"而无节制地适用相对

---

① See John A. Gallagher, Legislation Is Necessary for Deferred Prosecution of Corporate Crime, *Suffolk University Law Review*, Vol. 43, 2010, p. 470.

② See Ian Ayres & John Braithwaite, *Responsive Regulation: Transcending the Deregulation Debate*, Oxford University Press, 1992, pp. 40-41.

③ 参见刘远、王大海主编:《行政执法与刑事执法衔接机制论要》,中国检察出版社 2006 年版,第 130 页。

④ 参见黎宏:《组织体刑事责任论及其应用》,载《法学研究》2020 年第 2 期,第 71 页。

⑤ 《刑法修正案(十一)》对《刑法》第 161 条等多个条款做出修订,改变原来倍比或限额罚金刑为无限额罚金刑,客观上提高了企业受制裁的强度。

不起诉制度①则部分撤除了刑法所具有的制裁强度,降低了企业所遭受的外部制裁压力。相应地,企业自觉实施合规管理的动力也就降低了。如果坚持现在的实践方向,合规改革试点注定会失败。因此,当务之急是,树立正确的政策观,切实贯彻"既要严管,也要厚爱"的政策。在此基础上,还要选择正确的政策执行方式。对大公司执法就是激励企业合规的重要方式:第一,大公司居于业务链条的上端,业务辐射面广,在业务交往中,对业务关联企业的合规尽职调查可以起到"以点带面"的带动作用;第二,大公司具有较为完整的公司治理结构,存在嵌入合规管理机制的制度基础,较强的经济能力也提供了物质保障;第三,对大公司执法彰显了国家治理企业犯罪的决心和严厉的政策,可以更好地促进其他企业合法经营;第四,对大公司执法也更能实现企业合规程序激励机制所追求的效率价值,起到更好的一般预防效果。

(2)具体运行方式的选择。

国家激励企业合规的初衷是追求效率价值(直接目的)和预防犯罪(根本目的)。在普遍针对大公司执法的英美,两种价值得到合理兼顾。然而,在我国主要针对小公司执法的背景下,如何协调两种价值之间的关系就值得讨论。某种意义上说,价值的选择直接影响制度运行方式。

首先,效率价值应当得到重视,但不可被过分主张。发生在企业内部的犯罪具有更强的隐蔽性,有限的执法资源限制了对企业的深度执法。据权威统计,我国民营企业犯罪内部处理的现象非常普遍,隐性内部处理为持续的侵害行为埋下隐患。由于内部犯罪行为的隐蔽性,对民营企业的司法也面临证据上的制约。② 遗憾的是,自我报告的价值并未受到检察机关的重视,最高人民检察院发布的第一批次的四个企业合规典型案例中,只有案例(三)隐约体现了自我报告的影子。鉴于此,未来的改革或立法过程中,尤其应当强调自我报告对于启动合规考察程序的意义,重视自我报告在合规体系有效性评价中的价值。同时应当强调的是,效率价值也不可被过分主张。为了提升对企业犯罪的执法效率,英美的普遍做法是,降低证明标准。在很多缓起诉案件中,检察官难以完成举证责任,甚

---

① 据笔者了解,部分试点单位从2021年3—8月,短短5个月时间内,就在数十个企业犯罪案件中适用了合规考察程序,显著降低或免除了企业所面临的刑事制裁风险。这是近乎疯狂的法治实验。

② 参见贾宇:《民营企业内部腐败犯罪治理的体系性建构——以〈刑法修正案(十一)〉的相关修改为契机》,载《法学》2021年第5期,第75页、第78页。

至民事上的举证责任也难以完成。① 与此不同,无论是我国的刑事诉讼法,还是各地的内部指引性文件,毫无例外地强调"犯罪事实清楚,证据确实充分"。只不过,实践在部分偏离这一基本原则。《最高人民检察院关于开展企业合规改革试点工作方案》提出,试点单位可以与依法清理"挂案"结合起来,推动企业合规。在某试点单位调研时,笔者也搜集到了相关典型案例:

在"首蚨五交化贸易有限公司涉嫌销售假冒注册商标的商品案"中,立案超过2年,但现有证据无法证实五交化公司存在主观犯罪故意,案件一直处于"挂案"状态。××试点单位在涉企"挂案"清理专项监督中发现该案,并向涉案企业宣讲了企业合规的相关政策。该公司于第一时间递交了《提请开展刑事合规监督考察的申请书》。试点单位相继走访了企业和相关行政部门,实地察看了公司经营现状,指导公司填写合规承诺。经试点单位所在省检察院"护航民企专班"同意,试点单位对该公司启动合规监督考察,考察期为6个月。

本文认为,在"挂案"中开展合规考察的做法存在合法性问题:合规考察具有准刑罚的性质,其启动应以犯罪事实清楚、证据确实充分为必要前提。依照《人民检察院刑事诉讼规则》第253条之规定,对犯罪嫌疑人没有采取取保候审、监视居住、拘留或逮捕措施的,负责侦查的部门应当在立案后二年内提出移送起诉、不起诉或者撤销案件的意见。以本案为典型,在现有证据难以确证责任的情况下,本应撤销案件或者不起诉。然而,检察机关却额外附加了具有准刑罚性质的合规考察。某种意义上说,这种做法降低或者说绕过了刑事诉讼证明标准,侵害了企业的合法权利。自愿实施合规整改、接受考察也不是其合法性的根据。②

其次,预防犯罪的价值更应得到重视。我国的刑事诉讼制度在一定程度上减损了企业合规程序激励制度的效率价值,作为功能补偿,其犯罪预防价值更应得到重视。犯罪预防价值的发挥取决于,我们要建立怎样的企业合规制度以及如何建立。

---

① See Mike Koehler, Measuring the Impact of Non-Prosecution and Deferred Prosecution Agreement on Foreign Corrupt Practices Act Enforcement, *U. C. Davis Law Review*, Vol. 49, 2015, p. 551.

② 对于这类案件,如果客观上的违法事实反映出企业在合规管理上存在缺陷,那么检察机关可以通过检察建议的方式促进企业建立或完善合规管理机制,也可以使用检察意见方式,通过行政机关促进企业建立或完善合规机制。

第一,专项合规计划的适用是例外而非原则。据笔者了解,试点过程中存在两种做法:一种是要求企业围绕涉案行为,制定专项合规计划;一种是要求企业制定全面的合规计划。在学理上,也有学者认为,"所谓企业合规不起诉制度,是指检察机关对于那些涉嫌犯罪的企业,发现其具有建立合规体系的意愿的,可以责令其针对违法犯罪事实,提出专项合规计划,督促其推进合规管理体系的建设,然后做出相对不起诉决定的制度。"[1]言外之意,企业合规不起诉制度中的合规计划就是围绕犯罪行为的专项合规计划。从国外的经验看,部分缓起诉协议也确实反映出这一点。只不过,基于以下考虑,专项合规计划并不可取:作为英美等国执法对象的大企业本身就已经基于本国、具有域外效力的他国或地区(欧盟)的法律而建立了合规体系,以违法行为为线索,完善存在瑕疵的子合规系统的做法具有合理性。然而,如果将这种做法照搬到我国,则可能存在问题。企业合规是内部风险控制的整体性组织措施,单一地强调哪一个子系统没有意义。在作为执法对象的中小微民营企业内部,普遍性的现象是,根本不存在合规机制。甚至,绝大多数的中小微民营企业家根本没有听过合规这一概念。在缺乏体系性支撑的情况下,要求企业建立专项合规计划,无异于"头疼医头、脚疼医脚"。在本文看来,在合规理念缺失,合规文化培育已成燃眉之急的当下,推动企业建立整体性的合规机制才是可取之道。当然,这一主张绝对不排斥,在针对大型企业执法时,要求企业建立专项合规机制,完善本已存在的合规体系。

第二,监督考察方式应当坚持行政主导。在现有的四种监督考察方式中,检察官主导模式应当被否定,原因是:首先,合规体系建设是专业性较强的公司治理问题,检察官并非公司治理专家,能力上难以胜任;其次,在司法资源普遍紧张的当下,检察官也没有足够的时间完成监督考察任务。从我国的制度现实出发,外部合规官主导模式也应当被否定,原因是:首先,作为主要的执法对象,中小微民营企业多是在经营困难的情况下选择实施虚开增值税专用发票等犯罪,其缺乏足够的财力聘请专门人员完成合规体系的搭建以及监督考察工作。为了解决监督考察人员的劳务费问题,部分试点单位主动筹措经费,但这种做法不仅面临审计风险(未来应当否定这种方式),也难以真正有效激励外部合规人员。据笔者了解,试点单位即便可以从办案经费中抽调一部分用于支持合规试点工

---

[1] 陈瑞华:《企业合规不起诉制度研究》,载《中国刑事法杂志》2021年第1期,第79页。

作,但可用数额也是微乎其微。有的地方,案均合规监督考察费用甚至低至1万元人民币。这就导致,合规人员或者敷衍了事,或者变向与企业发生利益关联,找补考察费用。这种情况下,促进企业合规的目的也就难以真正达成。其次,外部合规官的责任体系尚未构建,难以有效激励其真正履行责任。据笔者考察,由于外部合规人员对于涉案企业具有一定的制约作用,利益交换的现象普遍存在。利益交换的形式多种多样,具有非常强的隐蔽性。尽管最高人民检察院的《指导意见》第17条规定,中介组织人员在监督评估职责结束一年以内,不得接受与企业、个人或者其他有利益关系的单位、人员的业务,但这也不能有效预防利益交换。一年之后即可变现的利益也足以激励中介组织人员违背监督考察职责,使监督考察工作流于形式。对于外部合规人员的责任,各层级的指导性文件都缺乏明确、体系性的规定。这种情况下,如果以外部合规人员为主导,则监督考察效果存在疑问。在排除检察官主导和外部合规人员主导模式之后,剩下的工作就是,在行政机构主导模式和第三方独立监管模式之间加以选择。在本文看来,即便强调第三方监管组织的独立性,但由于行政人员的参与,其也具有一定程度的行政主导色彩。只不过,与完全由行政机构主导的模式相比,第三方独立监管模式引入了外部专业人员。也就是说,两种模式都具有行政主导的特征。在这一前提之下,需要个案考察,选择不同的监管模式:如果涉案企业具有一定的经济能力,可以引入外部专业人员,一则提升监管效果,二则缓解行政机构的压力;如果涉案企业不具有经济能力,且具有合规改造的必要,则应当由行政机构独立监管。当然,为了缓解行政资源不足的压力,企业合规的案件选择需要从严把握。企业合规考察本就应该是例外的程序选择。既然合规改造是如何将合规机制融入现有的公司治理结构的问题,那么,如果涉案企业缺乏最基本的公司治理机制,就应当慎重决定是否进入合规考察程序。同时需要注意的是,如果由于不存在改造基础而无法进入合规考察程序,也应当保证其平等获得相对不起诉的权利。在相对不起诉的同时,可以通过检察建议或检察意见,要求企业加强内部管理,建议职能部门予以行政处罚并强化监督,以达到特殊预防的目的。

五、结语

纵观世界范围内经济刑法问题的研究,没有哪一个概念比"合规"受到更多关注。随着最高人民检察院布点实验企业合规程序激励机制,我国刑事法学界开始广泛关注、研究该问题。纵观国内研究,理论界总体上支持这一改革方向,并且提供了诸多理论方案。在本文看来,现有的制度方案总体合理,但还需要更为理性。改革试点是在民营经济保护这一背景下展开的①,其长远目标是"助力打造'百年老店'"②。然而,保护民营经济是个系统、复杂的社会工程,如果将其与企业合规过度捆绑,则会使合规制度承受不能承受之重,偏离合规制度的深层逻辑;背离基本的市场逻辑。大范围适用合规相对不起诉的实践或者在重罪案件中适用该制度的学理主张反映出的逻辑就是,将合规与民营经济保护过度捆绑,将合规作为留住企业的救命稻草。可是,①任意扩大适用范围,片面强调对企业的"厚爱"偏离了刑事合规的制度逻辑,非但不能激励企业合规,反倒会撤除单位犯罪制度本身所附有的合规激励功能;②市场有自身的运行逻辑,强行背离该逻辑可能会南辕北辙。试图通过合规打造"百年老店"的逻辑是,我国的企业寿命偏短,因此需要企业合规。可是,寿命并非评价经济质量的唯一指标,发达国家或地区(例如,我国香港地区)的企业生存周期也普遍较短。企业是否可以长久存续,不仅受内部管理因素影响,外部因素也可能起到决定性作用。③ 竞争激烈、产业转型、国家干预、税收政策、创新能力等都可能是影响企业存续的原因。实际上,通过破产制度淘汰难以适应市场竞争环境的企业,本身就是市场优胜劣汰的结果。从这个意义上讲,企业倒闭可能意味着资源的重新配置,意味着市场结构的优化;"百年老店"也可能仅仅是一种执念。④ 基于以上考虑,企业合规程序激励的改革试点工作应当轻装上阵,与"民营经济保护""打造百年老店"等不切实际的目标脱离关系。在此基础上,借鉴域外的有益经验,结合中国的实际,建构企业合规程序激励的中国模式。在充分观照中国与英美国家基础制度差异的基础上,本文提出如下主张:

第一,我国单位犯罪立法的显著片段性决定了,企业合规程序激励应

---

① 参见华炫宁:《贯彻现代司法理念推动企业合规落地生根》,载《检察日报》2021年8月24日,第003版。

② 孙风娟:《企业合规制度助力打造"百年老店"》,载《检察日报》2021年3月1日,第002版。

③ 参见苏琦、李新春:《内部治理、外部环境与中国家族企业生命周期》,载《管理世界》2004年第10期,第85页;陈栋:《解密1076天生存DNA:苏州民营企业平均寿命调查》,载《苏州日报》2006年1月24日,第D04版。

④ 参见木木:《"百年老店"之辩》,载《证券时报》2020年10月22日,第A003版;弘毅:《基业长青是否是一种执念?》,载《互联网周刊》2020年第15期,第69页。

当围绕单位责任和个人责任两条路径展开。单位责任路径以单位责任发生为前提;个人责任路径以单位意志存在为基础,否则,不能任意适用针对企业的合规监管程序。

第二,我国刑法中的单位归责模式以及有限度的起诉便宜原则共同决定了,企业合规程序激励机制的适用应有限度。基于对罪刑法定原则、平等适用刑法原则的维护,其适用应限于轻罪案件。

第三,我们应以大公司犯罪为制度切入口,严厉犯罪治理政策,更好地激励企业合规;对于合规的效率价值,应辩证看待,予以重视,但不能过分主张。在此意义上,不宜在"挂案"中开展合规监督。我国刑事诉讼制度减损了合规程序激励机制的效率价值,作为功能补偿,其犯罪预防价值更应得到重视。犯罪预防价值的发挥取决于如何建立以及建立怎样的企业合规制度。在这个问题上,专项合规计划并不可取;合规监督考察方式应当坚持行政主导。

第三节 对企业合规检察制度改革的微观观察与反思

一、引言

本章第一节主要以时间和空间两条线索,对企业缓起诉制度史进行了详细考察,并在此基础上提出了我国制度建构的宏观思路。在书稿写作过程中,最高人民检察院开始在全国进行改革试点,因此形成了合规相对不起诉的中国问题。鉴于此,本章第二节着眼于我们的改革试点面临的主要问题,从比较法的角度提出了建构企业合规程序激励的中国方案。然而,本节围绕中国问题的讨论具有片段性,即仅仅讨论了改革试点中的部分问题。之所以做出这种体例安排,主要原因是,本节的讨论是从制度现状、制度基础比较考察着手,议题的选择也只能是与比较考察相关的内容。这也就意味着,为了维护研究的体系性和逻辑连贯性,上一部分的讨论是不完整的,因此需要从改革试点的微观层面加以考察,并对相关问题进行反思。以若干试点地区的典型案例和内部规范性文件为观察样本,经过仔细梳理不难发现,①在合规相对不起诉制度的适用范围上,尚有两个问题值得讨论:第一,当存在漏罪或者行政违法行为时,是否绝对排除合规相对不起诉的适用?第二,合规考察案件的罪名范围如何限定?

例如,公共安全类犯罪能否绝对排除适用合规考察程序的可能?②合规激励的程序路径应当如何选择?例如,暂缓起诉路径是否可以适用?如果从合法性的角度讲,在我国刑事诉讼法仅仅针对未成年人实施的轻微犯罪规定了附条件不起诉的情况下,不宜在企业犯罪案件中适用暂缓起诉路径激励企业合规。这种情况下,如何通过其他方式发挥替代性功能?如此等等,这些问题也有待解决。③有效合规计划应当如何建构?如上文所言,本书作者反对合规计划的标准化,因为企业的性质、规模、风险类型千差万别,合规计划不能标准化,但这并不意味着不能对合规计划的完整模型加以建构。千人一面的情况不可能存在,但并不意味着不能对人的形象加以抽象、概括。合规计划的建构问题道理类同。因此,本节也将对有效合规计划的"标准"及其建构方法加以阐述。④上文提到,应当坚持行政机关在合规考察中的主导作用,同时可以引入外部专业力量,保证合规考察的专业性和有效性。从现有的改革试点情况看,随着最高人民检察院发布《关于建立涉案企业合规第三方监督评估机制的指导意见(试行)》,第三方独立监管人制度已经形成,并且成为合规考察的主导力量。然而,有疑问的是,第三方监管人的启动机制如何建构?例如,是否要在所有的合规案件中适用第三方独立监管制度?这些问题也对改革试点具有重要意义,值得进一步讨论。

二、适用范围问题的进一步讨论

(一)存在漏罪或行政违法时绝对排除合规相对不起诉的可能?

在企业合规相对不起诉改革试点过程中,试点单位往往通过正反两个方向划定制度适用范围。也就是说,一方面,从正面划定制度适用条件;另一方面,从反面排除制度适用的情形。通过对若干试点单位的内部规范性文件的梳理可以发现,当存在漏罪①,或者涉案企业先前实施过类似行政违法行为②时,往往排除相对不起诉制度适用的可能。然而,这种

---

① 例如,《宁波市检察机关关于建立涉罪企业合规考察制度的意见(试行)》第 17 条明确规定,存在漏罪需要追诉的,不适用相对不起诉制度;《深圳市宝安区人民检察院企业犯罪相对不起诉适用机制改革试行办法》第 5 条规定,存在遗漏其他犯罪事实的,不适用相对不起诉机制。

② 例如,《苏州市检察机关企业刑事合规从宽制度工作规程(试行)》第 4 条规定,曾因同一性质行为受过刑事或者行政处罚的,不适用企业刑事合规从宽制度;《南京市建邺区人民检察院关于涉企经济犯罪案件适用认罪认罚从宽推进企业合规的实施意见(试行)》第 13 条规定,涉案企业曾因同种罪名被刑事处罚,或者因同种类行为被行政处罚的,不再适用相对不起诉。

实践做法面临正当性追问:存在漏罪或行政违法行为时,应当绝对排除合规相对不起诉的适用可能吗? 对此,本文的观点是:

(1)存在漏罪时,不能绝对排除合规相对不起诉制度的适用。

从理论上讲,是否可以对企业犯罪适用合规相对不起诉程序,取决于两个因素,即违法行为自身的因素(严重性、类型等)和再犯可能性。是否主动自我报告其他(遗漏的)犯罪事实,并不是合规相对不起诉制度是否可以适用的决定要素。原因是:尽管国外普遍将自我报告作为是否暂缓起诉企业的重要考量要素,但这种做法取决于其制度的效率价值取向。也就是说,为了提升企业犯罪的规制效率,国外司法机关往往通过暂缓起诉换取企业的自我报告。由于检察官较大的自由裁量权,即便企业自我报告了更多违法行为,其也可以获得暂缓起诉的优待。然而,我国的制度却限制了企业自我报告的可能,相应地,自我报告也不能成为是否决定适用合规相对不起诉制度的影响要素:首先,效率并非试点改革的价值追求,自我报告也并未得到强调。强调案件事实清楚、证据确实充分,构建了烦琐的合规考察程序等制度现实都说明,我们的改革试点关注的是预防未然之罪,而不是追求效率价值;其次,检察官有限的自由裁量权以及数罪时限制不起诉适用的制度现实,都在客观上限制了企业实施自我报告的可能性。当自我报告面临实质性的制裁加重时,也就不能期待企业实施自我报告了。弄清楚这一点之后,再次回到影响合规相对不起诉制度适用的两个要素,围绕它们来讨论漏罪问题。从以上描述不难看出,在违法类型特定的情况下,违法行为的严重性和再犯可能性将成为衡量是否可以适用合规相对不起诉程序的两大核心要素。

第一,漏罪并不是违法行为严重性评价的要素。对比我国《刑法》第70条和第71条不难发现,即便是刑罚执行期间发现漏罪,也不会导致其实际承担的刑罚加重。根据基本的诉讼规则,在公诉阶段发现并确证漏罪时,应将同类案件合并追诉。既然如此,违法行为的严重性就取决于行为和结果本身,是否有漏罪并不会对此产生影响。进一步推论,即便存在漏罪,也不影响将行为评价为"情节较轻,依法不需要判处刑罚或免除刑罚"。王劲松非法吸收公众存款案即可说明这一点:2014年1月至2015年1月期间,被告人王劲松向622名不特定群众非法吸收公众存款6128万元,案发后大部分款项已经清退,其余部分有相应资产抵偿。该行为经济南市天桥区人民法院依法审理,认定成立非法吸收公众存款罪,被告人王劲松被判处有期徒刑3年,缓刑5年。① 判决作出后,公安机关又发现,2014年5月至2014年12月期间,王劲松向其他不特定群众非法吸收公众存款727.2万元,案发后全部清退。该行为经汶上县人民法院依法审理,认定成立非法吸收公众存款罪,被告人王劲松被判处有期徒刑3年,缓刑3年。② 这是一起刑罚执行期间发现漏罪的案件,如果转换一下情景,在公诉期间发现了漏罪,那么,王劲松就构成了非法吸收公众存款罪,金额为6855.2万元,且在案发前大部分清退,其余部分可用相应资产抵偿。根据非法吸收公众存款案的审理逻辑,在能够及时清退所吸收款项,未对人民群众财产安全产生影响时,将会显著降低犯罪行为人的刑罚。例如,在武汉双龙堂房地产发展有限公司、李某华非法吸收公众存款案中,涉案金额高达43.38亿元,在清退所有涉案资金后,所有被告人均被判处缓刑。③ 试想,涉案金额高达43.38亿元的重大案件都可以全案判处缓刑,涉案金额为6855.2万元的案件就有理由被认定为"情节较轻,依法不需要判处刑罚或免除刑罚",从而适用合规相对不起诉程序。

第二,漏罪也不是影响再犯可能性的决定要素。再犯可能性是面向未来的一种评价。对于自然人犯罪来讲,人身危险性是再犯可能性评价的核心标准。④ 然而,公司不同于自然人,影响再犯可能性的很多因素都不存在,例如,认知偏执、情感扭曲、惩罚耐受等。尽管漏罪在一定程度上影响对再犯可能性的评价,但是这并不绝对。首先,所遗漏罪名可能是过失犯罪或者具有连续性的同种类犯罪,而这些可能并不会显著增加对公司危险性和责任的评价,从而也不会显著增加对其再犯可能性的评价。其次,对于公司来讲,影响再犯可能性的核心要素是公司治理机制,这也恰恰是合规考察的目的所在。也就是说,通过合规相对不起诉的适用,完全可以对存在漏罪的涉案公司进行内部治理机制重构,显著降低其再犯可能性。既然漏罪可能不会显著影响对行为严重性和再犯可能性的评价,那么,即便是存在漏罪的案件,也不能绝对排除合规相对不起诉程序的适用。

---

① 参见山东省济南市天桥区人民法院(2017)鲁0105刑初219号刑事判决书。
② 参见山东省汶上县人民法院(2019)鲁0830刑初393号刑事判决书。
③ 参见湖北省武汉市中级人民法院(2018)鄂01刑终1456号裁定书。
④ 参见龚达斌、胥万齐、万忠勇:《再犯可能性预测分析及其机制构建》,载《犯罪与改造研究》2009年第11期,第2页。

(2) 存在行政违法历史时，也不绝对排除合规相对不起诉制度的适用。

沿着在漏罪问题上的论证逻辑，当先前存在行政违法行为时，是否可以排除合规相对不起诉制度适用的问题取决于，同种类行政违法行为是否显著增加了对违法行为严重性和再犯可能性的评价。首先，先前的行政违法行为并不会增加对违法行为严重性的评价。行政违法和刑事违法是两种不同性质的违法性评价，不会形成违法性的累积。其次，两种故意违法行为的累积可能影响再犯可能性评价，但行政违法行为的认定未必遵循了责任主义原则。关于这一点，可以参照的是我国的累犯制度。根据我国《刑法》第 65 条、第 74 条规定，累犯应当从重处罚，但是过失犯罪不构成累犯；累犯不适用缓刑。也就是说，立法者认为，行为人五年以内实施两次以上可能判处有期徒刑以上刑罚的故意犯罪时，其特殊预防必要性才会显著增大，以至于必须判处实刑。很显然，行政违法行为很难与可能判处有期徒刑以上刑罚的故意犯罪相比拟。一方面，"行政处罚不以主观过错为前提"的观点在实践中受到普遍推崇；另一方面，尽管新修改的《行政处罚法》确立了主观归责原则，但其仍具有不完整性。[①] 一个甚至连主观责任都不需要的行政违法行为不会增加特殊预防必要性，这样的解释才符合我国《刑法》第 65 条、第 74 条的基本精神。既然如此，就应当认为，即便先前存在行政违法行为，也不能绝对排除合规相对不起诉制度的适用。此处还需要指出的是，将"曾因同种罪名被刑事处罚，或者因同种类行为被行政处罚"作为排除合规相对不起诉制度适用的并列条件的做法，本身就存在体系内的问题：在改革试点初期，稳妥起见，将"曾因同种罪名被刑事处罚"作为排除制度适用条件具有合理性，但行政违法和刑事犯罪具有质上的显著差异，将其作为并列条件，显然会造成体系内的处罚不均衡。

(二) 合规考察案件的罪名范围如何限定？

从多个试点单位发布的指引性文件来看，其多采取排除方式限定合规考察案件适用范围。从限定范围看，既存在认知上的共性，也存在理解上的不一致。共同的认识是，危害国家安全犯罪、恐怖活动犯罪、黑社会性质组织犯罪、恶势力犯罪不能适用合规考察程序。不同的认识是，部分

---

① 参见成协中：《明确主观归责原则 提升行政处罚的法治维度》，载《中国司法》2021 年第 4 期，第 85—87 页。

试点单位将危害公共安全类犯罪①、虚开发票和骗取出口退税犯罪②排除出去。在本文看来,适合合规考察的案件应当是,犯罪行为的发生与企业内部治理机制缺陷有直接关联的轻罪案件,基于这种认识:

(1)危害国家安全犯罪、恐怖活动犯罪、黑社会性质组织犯罪、恶势力犯罪应当被排除出适用范围。原因在于:

第一,在改革试点之初,应当更为谨慎,不仅要从刑罚量的维度限制案件适用范围,还应当从质的维度,将性质较为严重的犯罪排除出改革试点范围。从国外的经验看,以美国为典型,其似乎并没有绝对排除危害国家安全犯罪、恐怖活动犯罪适用暂缓起诉制度的可能性。例如,汇丰银行曾实施了违反美国《对敌贸易法》《国际紧急经济权利法》《银行保密法》等法律的多个涉国家安全的严重违法行为,但最终出于避免起诉带来的严重负外部效应以及政治方面的考虑,其仍然被暂缓起诉。③ "2014 年 6 月 5 日,Fokker 公司因违法向伊朗、苏丹、缅甸运输飞行器以及导航系统组件(长达五年、数量惊人、高层广泛参与)而被美国政府起诉,并于起诉当天签署了缓起诉协议。"④然而,在我国的刑事法律体系中,危害国家安全犯罪、恐怖活动犯罪、黑社会性质组织犯罪、恶势力犯罪都被认为是最严重的犯罪。从这些种类犯罪的法定刑配置或者国家在治理这些类型犯罪的严厉政策(尤其是在扫黑除恶的大背景下)就可以得出这一结论。因此,在改革试点之初,应当绝对排除在这些案件中适用合规考察程序。

第二,这些类型的犯罪与公司治理机制的缺陷无关,合规考察也就失

---

① 参见《无锡市新吴区人民检察院暂缓起诉协议制度试点工作操作口径》第 5 条、《江阴市人民检察院暂缓起诉协议制度试点工作规范(试行)》第 2 条。与此相对,《苏州市检察机关企业刑事合规从宽制度工作规程(试行)》《常州市检察机关关于推动涉案企业刑事合规建设实施办法(试行)》《深圳市宝安区人民检察院企业犯罪相对不起诉适用机制改革试行办法》《宁波市检察机关关于建立涉罪企业合规考察制度的意见(试行)》《深圳市南山区人民检察院企业犯罪相对不起诉适用机制试行办法》《辽宁省人民检察院等十机关关于建立涉罪企业合规考察制度的意见》《郯城县人民检察院企业犯罪相对不起诉实施办法(试行)》都没有排除在危害公共安全犯罪案件中适用合规考察程序的可能。

② 参见《辽宁省人民检察院等十机关关于建立涉罪企业合规考察制度的意见》第 7 条。

③ See Colin King & Nicholas Lord, *Negotiated Justice and Corporate Crime: The Legitimacy of Civil Recovery Orders and Deferred Prosecution Agreements*, Palgrave Pivot, 2018, pp. 79-80.

④ 李本灿:《域外企业缓起诉制度比较研究》,载《中国刑事法杂志》2020 年第 3 期,第 97 页。

去了意义。无论是主流学者①,还是前期改革试点的实际执行者②,都将企业合规制度定位为预防企业犯罪的法宝。也就是说,刑事合规制度改革试点的逻辑是,以未来换当下,如果涉案企业能够有效改造内部控制机制,有效预防未然之罪,那么就可以对其当下的违法行为给予宽宥。如果将这种政策理念进行反面理解,也就可以得出,如果不存在对企业内部治理机制加以改造,预防未然之罪的可能性,那么就不宜对涉案企业开展合规考察。上述几类犯罪与公司经营无关,更不是公司治理失败的结果,而是行为人恶的体现,不存在通过合规考察消灭犯罪基因的可能性。相应地,合规考察将会徒劳无功,失去意义。

(2)危害公共安全类犯罪、虚开发票、骗取出口退税犯罪等与企业业务存在关联的犯罪不应被绝对排除出适用范围。原因在于:

第一,这些类型的犯罪并非都会严重到不可宽恕。从性质上说,危害公共安全的犯罪是对重大法益的侵害,但这并不意味着每一个具有危害公共安全性质的犯罪都是不可宽恕的犯罪。尽管危险驾驶罪危害了公共安全,但其法定刑配置也足以说明,其危害性并不必然大于危害社会主义市场经济秩序的犯罪。我国《刑法》分则第二章危害公共安全罪的第134条至第139条的诸多罪名同样如此。虚开发票、骗取出口退税罪更是如此。这些案件都是企业经营过程中常见多发的罪名,其侵害的法益是国家的税收秩序。从法定刑设置看,这些罪名都存在较低的法定刑幅度。从司法实践看,在能够及时补缴税款的情况下,司法机关也普遍适用了较低的法定刑幅度。以陈春辉虚开增值税专用发票案为例,被告人陈春辉等虚开增值税专用发票 200 份,价税合计 19992005.37 元,其中税额近 320 万元(对应法定刑 10 年以上有期徒刑或无期徒刑),在补缴税款的情况下,陈春辉被判处有期徒刑 3 年 2 个月,罚金 6 万元。③ 在虚开数额远超立案标准,但尚未达到数额较大标准(税款数额 50 万)时,法院也多适用缓刑判决。④ 也就是说,无论是从立法者的态度,还是司法机关的态度

---

① 参见张远煌:《刑事合规是"共赢"理念在企业治理中的体现》,载《检察日报》2021 年 8 月 31 日,第 003 版。

② 参见石磊:《刑事合规:最优企业犯罪预防方法》,载《检察日报》2019 年 1 月 26 日,第 003 版。

③ 参见河南省濮阳市华龙区人民法院(2021)豫 0902 刑初 52 号刑事判决书。

④ 参见江苏省张家港市人民法院(2020)苏 0582 刑初 1386 号刑事判决书;河南省淅川县人民法院(2020)豫 1326 刑初 950 号刑事判决书。

看,危害公共安全类犯罪、虚开发票、骗取出口退税犯罪都并非严重到不可宽恕。这种情况下,这些犯罪就具有适用合规考察从宽处理的可能。

第二,这些类型的犯罪都可以通过改善内部控制机制得到有效预防。虚开发票、骗取出口退税犯罪是企业经营中常见多发的犯罪类型,与企业经营存在密切关联。这些犯罪的发生多与企业经营者不正确的利益观、有效内部控制机制的缺失等因素有关,通过合规改造(例如更换管理者、撤除涉案人员的职位、完善内部财务制度等)完全可以达到预防未然之罪的效果。在危害公共安全类犯罪中,也包含着与刑事合规制度直接关联,或者说,作为刑事合规制度的实体法基础的犯罪。这些犯罪的规范目的也恰恰在于,通过刑事责任倒逼企业履行安全生产的内部控制义务。相应地,在这些具有危害公共安全性质的犯罪中适用合规考察程序,也就顺理成章。例如,重大责任事故罪属于危害公共安全的犯罪,但本罪"不仅旨在强化直接从事生产作业的人员的合规意识,还可以通过刑事责任倒逼相关管理人员、控制人、投资人确立内部控制制度"[1]。值得注意的是,以法定危害结果的出现为前提,通过刑事责任激励企业合规的立法模式正在经历由结果导向向危险导向的转变,典型的例子就是危险作业罪的设立。如果对危险作业罪的罪状做字面理解不难看出,当涉案人员未履行合理内部控制机制的建构义务(例如,拒不整改事故隐患),或者未合理执行已经存在的有效的内部控制机制(例如,关闭、破坏直接关系安全生产的系统、设施),进而产生发生严重后果的现实危险时,就会产生刑事责任。这就意味着,危险作业罪的规范目的是,通过刑事责任倒逼相关责任人员履行合理内部控制机制的建构或运行义务。既然这些犯罪类型都与刑事合规制度有内在关联,或者可以通过内部控制机制的改善得到有效预防,那么就没有理由将其排除出合规考察程序的适用范围。

第三,从过去两年多的改革试点情况来看,绝大部分的合规案件都集中在虚开增值税专用发票罪、重大责任事故罪等。从适用标准统一、平等对待企业的角度讲,个别地方将危害公共安全类犯罪、虚开发票、骗取出口退税罪排除出合规考察程序适用范围的做法也不值得提倡。

---

[1] 李本灿:《法治化营商环境建设的合规机制——以刑事合规为中心》,载《法学研究》2021年第1期,第181页。

三、激励企业合规的程序路径选择

（一）暂缓起诉协议路径之否定及其功能替代

《最高人民检察院关于开展企业合规改革试点工作方案》强调，试点必须坚持"严格依法有序推进"这一基本原则。2021年4月21日至22日，张军检察长在山东调研时也一再强调，试点既要勇于创新实践，又不能违反法律和政策，必须在法律框架和政策界限内进行，未经立法授权，不得突破法律规定试行涉企业犯罪附条件不起诉（暂缓起诉）等做法。2021年5月13日，张军检察长在江苏张家港调研时再次强调，改革试点工作绝不能逾越法律和政策界限。这就决定了，部分试点单位推行的企业犯罪暂缓起诉协议制度不可取。我国刑诉法规定了附条件不起诉制度，但其仅适用于未成年人实施的《刑法》分则第四章、第五章、第六章可能判处一年有期徒刑以下刑罚的犯罪。也就是说，根据我国刑诉法的规定，企业犯罪并不适用附条件不起诉制度（暂缓起诉协议制度），部分地方试行企业犯罪暂缓起诉的做法属于违法试点，应当予以禁止。

尽管本文否定了企业犯罪暂缓起诉协议路径，但不容否定的是其功能优势。企业暂缓起诉制度的出发点是，通过协议方式设置一定考察期限，要求企业缴纳相应制裁金、恢复社会关系（赔偿被害人等），同时完善内部合规机制以有效预防未然之罪，并根据涉案企业履行协议情况进一步决定是否继续对其进行刑事追诉。也就是说，暂缓起诉制度旨在通过延迟起诉的方式，促进企业履行强化合规管理等义务。在遭受刑事追诉的压力之下，企业也有动力履行协议规定的义务，而合理的暂缓起诉期间也为企业履行相关义务提供了时间上的保障。如果以这种制度逻辑重新审视我们的改革试点不难发现，很多实践方案都具有暂缓起诉协议制度的替代功能，只不过形式上稍有差异，而恰恰是因为形式上的差异，也在客观上绕过了我国刑诉法附条件不起诉制度的适用范围限定。

考察若干试点单位的内部指引文件和相关典型案例可以得出，如下几种方式都在一定程度上承担了企业犯罪暂缓起诉制度的功能：

第一，通过"刑事合规协议"或者"合规监管协议"的方式促进企业合规管理。例如，有试点单位的相关文件规定："犯罪嫌疑企业、犯罪嫌疑人自愿认罪认罚并配合人民检察院开展企业刑事合规工作的，人民检察院可与犯罪嫌疑企业、犯罪嫌疑人签订企业刑事合规协议，由犯罪嫌疑企业建立健全刑事合规体系,犯罪嫌疑人应予以协助。"①最高人民检察院发布的第一批企业合规典型案例中案例三"王某某、林某某、刘某乙对非国家工作人员行贿案"中,检察机关与涉案公司签署了"合规监管协议",协助企业开展合规建设。② 通过协议促进企业合规,并根据合规建设情况最终决定是否提起公诉的方式与英美的企业犯罪暂缓起诉协议制度没有本质区别,只不过前者没有毫不掩饰地使用"暂缓起诉协议"这样的字眼。这也就在一定程度上避开了直接的违法性风险。在本文看来,尽管不能断言这种实践方案违法,但其也可能面临"标签性欺诈"的质疑。基于此,本文认为,在立法尚未将附条件不起诉扩张适用于企业犯罪之前,仍要谨慎适用"刑事合规协议""合规监管协议"方式促进企业合规。

第二,通过先制发检察建议,并根据检察建议执行情况决定是否起诉的方式促进企业合规。这种实践方案的典型代表是指导性案例检例第81号。该案中,犯罪行为的发生与公司治理机制不健全存在直接关联,在评估案件情况后,检察机关围绕如何推动企业合法规范经营提出具体的检察建议,督促涉罪企业健全完善公司管理制度。经过合理期限之后,检察机关通过公开听证的方式,评估企业落实检察建议的情况,并以此为悔罪表现和从宽处罚的根据,最终对涉案企业作出不起诉决定。通过典型案例不难看出,通过先制发企业合规检察建议,并据此决定是否起诉涉案企业的实践方案与附条件不起诉模式并无本质区别。甚至可以说,与附条件不起诉模式相比,这种方式具有制发时间、对象灵活的相对优势。③

第三,通过让涉案企业签署合规承诺书,或者在认罪认罚具结书中增加合规承诺条款,并设置合规考察期限,根据承诺履行情况决定是否起诉涉案企业的方式促进企业合规。例如,在合规考察程序中,山东郯城县检察院要求涉案企业提交刑事合规承诺书及相关证明材料,并设置了最长9个月的刑事合规监督考察期限。④ 江苏泰州市检察院则通过在认罪认罚

---

① 《深圳市宝安区人民检察院企业犯罪相对不起诉适用机制改革试行办法》第10条。
② 这里需要说明的是,尽管笔者并不认同典型案例三的处理思路,但该案例确实反映出了试点单位推进企业合规的路径。
③ 参见李奋飞:《论企业合规检察建议》,载《中国刑事法杂志》2021年第1期,第103页。
④ 参见《郯城县人民检察院企业犯罪相对不起诉实施办法(试行)》第18条、第22条。《苏州市检察机关企业刑事合规从宽制度工作规程(试行)》第12条、第17条;《宁波市检察机关关于建立涉罪企业合规考察制度的意见(试行)》第1条;《常州市检察机关关于推动涉案企业刑事合规建设实施办法》第7条;《南京市建邺区人民检察院关于涉企经济犯罪案件中适用认罪认罚从宽推进企业合规的实施意见(试行)》第6条也都有类似规定。

具结书中增加合规承诺条款的方式促进企业合规。①

应当说，无论是通过"合规监管协议"，还是通过检察建议，抑或者让企业签署合规承诺书，都在客观上起到了暂缓起诉协议制度中通过协议书设定合规建构或完善义务的功能。也就是说，以上三种实践方案都具有国外企业犯罪暂缓起诉协议制度的替代功能。同时要注意的是，替代功能的发挥需要合理关注合规计划的制定、监督考察时间的设定问题。据笔者考察，由于不合理的合规计划制定、监督考察时间的设定，替代功能并不可能完全实现。在英美的企业犯罪暂缓起诉制度下，暂缓起诉协议中的考察周期一般都较长，从而使企业有足够时间完善合规机制，检察机关有足够时间对企业合规情况进行监管。例如，英国反重大欺诈办公室与空客集团签署的暂缓起诉协议中，考察时间就长达3年。尽管我国尚未在立法上设定企业犯罪暂缓起诉制度，从而使合规监管程序缺乏足够的时间保障，但如果时间过短，则一定会影响企业合规目的的达成。据笔者考察，部分试点单位存在要求企业仓促提交合规计划、合规监督考察期设置过短等问题，从而会影响试点效果。例如，辽宁省要求涉案企业在签署认罪认罚具结书后1个月内提交合规计划书，对涉罪企业的合规考察期则限定为3个月以上5个月以下。② 泰州市同样要求涉案企业在做出合规承诺后1个月内，围绕防控发案领域的刑事风险及其他违规违法风险，制定专项合规计划，并及时报送检察机关。③ 对于这些问题，可以从以下两个方面入手加以解决：首先，拉平合规计划提交期限和合规考察期限。设置合规考察期限的目的本身就是督促企业建立、完善合规计划，企业只需要在考察期限内履行检察建议或合规承诺内容即可，没有必要在合规考察期限之外，单独设定更短的合规计划制定期限。其次，充分利用现有的审查起诉期限。尽管我国《刑事诉讼法》第172条规定了较短的审查起诉期限（30+15天），但该规定只适用于犯罪嫌疑人被羁押的案件。反过来说，如果犯罪嫌疑人未被羁押，则审查起诉期限不受该条款的限制，设置1年以内的考察期限也就不存在法律障碍。这就提示试点单

---

① 参见《泰州市检察机关关于依法办理拟不起诉涉民营企业案件促进企业建立、完善刑事合规计划的工作指引（试行）》第5条。

② 参见《辽宁省人民检察院等十机关关于建立涉罪企业合规考察制度的意见》第10条、第14条。

③ 参见《泰州市检察机关关于依法办理拟不起诉涉民营企业案件促进企业建立、完善刑事合规计划的工作指引（试行）》第6条。

位,在可能做出不起诉决定的案件中,尽量采取非羁押措施,为合规监督考察争取更多时间,保证企业能够真正建立并有效执行合规计划。

(二)"先不起诉,后制发检察建议"方式的合理适用

在改革试点之初,因缺乏企业合规不起诉的立法根据,多个试点单位都在探索利用检察建议方式促进企业合规。与前述"先制发检察建议,后不起诉"方式(检察建议前置模式)不同,部分试点单位通过"先不起诉,后制发检察建议"的方式促进企业合规(检察建议后置模式)。最高人民检察院发布的第一批企业合规典型案例中案例四"新泰市J公司等建筑企业串通投标系列案件"就是典型。与检察建议前置模式不同,检察建议后置模式之下,检察建议存在着质量有待提升、约束力有限、持续有效监管不足等内在局限。① 这就决定了,检察建议后置模式的适用要受到限制。在本文看来,由于检察建议后置模式对于合规的推进力较小,那么其适用应受到两个维度的限制,并需要通过检察意见补强其激励不足的缺陷:

第一,从违法性量的规定性的角度讲,检察建议后置模式只能适用于罪行极其轻微的案件。这一点从我国学者的论述中也可以解读出来。例如,谢登科教授指出,"检察建议后置模式将合规监管型检察建议置于不起诉决定之后。检察机关在审查起诉中,若认为企业犯罪情节轻微,依照刑法规定不需要判处刑罚或者免除刑罚的,根据《刑事诉讼法》第177条第2款做出不起诉决定。这种不起诉决定属于企业合规建设中的相对不起诉,其并未将企业合规建设履行情况作为不起诉的考量因素。"②也就是说,这里的不起诉决定建立在单纯的责任刑基础之上,作为预防刑考量因素的合规建设情况并未被考虑。与此相对,在检察建议前置模式中,最终的不起诉决定是综合考量了责任刑与预防刑(根据企业执行合规检察建议的情况决定)的结果。在前文已经证成,企业合规相对不起诉只能适用于轻罪案件的前提下,检察建议后置模式则应当进一步限缩,适用于罪行极其轻微的案件。

第二,从企业合规的紧迫性、辐射范围的角度讲,检察建议后置模式应

---

① 参见李奋飞:《论企业合规检察建议》,载《中国刑事法杂志》2021年第1期,第108—112页。

② 谢登科、张赫:《论刑事合规不起诉中的检察建议——以最高人民检察院第81号指导性案例为视角》,载《青少年犯罪问题》2021年第3期,第26页。

尽量适用于小微企业犯罪案件。从企业合规的紧迫性上说,大型企业面临更为现实的合规风险,合规的紧迫性较强。原因在于,大型企业不合规所产生的危害更大,因此,其是合规监管的重点对象。金融、保险行业尤其如此。此外,当前企业所面临的合规风险还包括源自美国、英国、法国以及欧盟等发达国家或地区的执法风险。这些国家或地区不仅根据属地管辖原则对我国大型企业的海外经营行为展开执法行动,还可能通过长臂管辖原则严格管控我国大型企业的经营活动。因此,从规避风险的紧迫性的角度讲,大型企业也应当成为我国合规监管的重点对象。从合规建设的辐射力上讲,一般的合规监管程序也应当主要针对大型企业展开,原因在于,大型企业具有更大的业务辐射范围,大型企业合规能够带动更多的上下游产业链内的企业实施合规管理。出于司法资源合理调配的考虑,在一般的合规监管程序主要适用于大型企业的情况下,通过检察建议后置模式促进企业合规的实践方案应尽量适用于小微企业犯罪案件。

第三,通过向主管行政机关制发检察意见的方式,强化对涉案企业的特殊监管。企业犯罪司法不能仅着眼于当下,还应当关注未来,即通过合理的司法路径选择,避免企业未来可能实施的犯罪。客观上说,检察建议后置模式降低了对未然之罪的关注,因此应当通过其他方式尽量弥补其功能缺陷。在对企业做出不起诉决定之后,通过向主管行政机关制发检察意见,建议其加强对涉案企业的监管,就可以在一定程度上弥补检察建议后置模式所带来的合规激励不足的功能缺陷。原因在于,外部压力是企业自愿合规的重要外部条件保障。①

(三)认罪认罚从宽处理路径的合理适用

众所周知的事实是,认罪认罚从宽处理机制是一个制度集,它承载了侦查、审查起诉以及审判阶段的所有从宽举措。② 也就是说,在认罪认罚的轻罪案件中,适用相对不起诉处理案件也是认罪认罚从宽处理机制的当然之意。从这个意义上讲,前述两种企业合规程序激励路径也都包含在认罪认罚从宽处理路径之中。为了避免重复,这里将认罪认罚从宽处理路径限缩为侦查和审判阶段的从宽举措。从改革试点情况看,通过从

---

① See Ian Ayres & John Braithwaite, *Responsive Regulation: Transcending the Deregulation Debate*, Oxford University Press, 1992, pp. 40-41.

② 参见李本灿:《认罪认罚从宽处理机制的完善:企业犯罪视角的展开》,载《法学评论》2018年第3期,第112页。

轻量刑激励企业合规的方式也被部分践行。最高人民检察院发布的第一批企业合规典型案例中案例二"上海市 A 公司、B 公司、关某某虚开增值税专用发票案"就是典型。这种实践方案尽管得到了试点单位和理论界①的普遍认可，但也存在如下两个问题尤其值得注意：

第一，通过从轻量刑方式激励企业合规的实践方案存在刑罚论上的根据，可以在所有企业犯罪案件中适用，而不受限于是否是选定的试点单位。在缺乏明确的立法根据，理论和实践探索都刚刚起步的当下，为了能够合理控制试点范围，《最高人民检察院关于开展企业合规改革试点工作方案》明确规定，非试点单位不得以企业合规名义进行改革试点。这就导致，部分检察机关在办理企业犯罪案件时畏首畏尾，刻意回避运用企业合规理念处理案件。在本文看来，这种实践做法不足取，原因是：最高人民检察院之所以禁止非试点单位以企业合规名义改革试点，无非是想尽量控制可能由于改革试点不当所带来的法治损害风险，但通过量刑激励的方式促进企业合规的实践方案具有刑罚论上的根据，从而不会产生任何法治损害风险。关于企业合规与量刑的关系，在学理上已经得到普遍认同，即事前存在的合规计划是影响责任刑的因素，事后建立的合规计划是影响预防刑的因素。② 鉴于此，本文认为，通过量刑激励方式促进企业合规的实践路径不应对非试点单位关闭，或者说，非试点单位尽可大胆地通过量刑激励方式推进企业合规。

第二，量刑程序应依法进行，不能为了达到对企业责任人员适用缓刑的目的而滥用量刑程序。如上所述，由于受限于我国刑事实体法中的罪刑法定原则和平等适用刑法原则，企业合规相对不起诉只能适用于轻罪案件。在重罪案件中，企业和直接责任人员、主管人员都无法适用相对不起诉程序。由此产生的问题是，一旦企业负责人被判处实刑，公司的存续将难以保证。原因是，我国企业犯罪的执法对象主要是小微企业，而这些企业多具有较强的人身依附性，某种意义上说，企业命运取决于具有"能

---

① 参见李本灿：《认罪认罚从宽处理机制的完善：企业犯罪视角的展开》，载《法学评论》2018 年第 3 期，第 111—121 页；赵恒：《涉罪企业认罪认罚从宽制度研究》，载《法学》2020 年第 4 期，第 122—134 页。

② 参见孙国祥：《刑事合规的刑法教义学思考》，载《东方法学》2020 年第 5 期，第 30、31 页；李本灿：《刑事合规制度的法理根基》，载《东方法学》2020 年第 5 期，第 38—41 页；蔡仙：《论企业合规的刑法激励制度》，载《法律科学（西北政法大学学报）》2021 年第 5 期，第 165—167 页。

人"属性的企业负责人。因此,为了给企业保留存续希望,即便在重罪案件中,检察机关也不得不穷尽所有可能,尽量对企业负责人适用缓刑判决。最高人民检察院发布的第一批企业合规典型案例中案例二"上海市A公司、B公司、关某某虚开增值税专用发票案"就充分说明了这一点。在该案中,涉案企业虚开增值税专用发票价税合计2887万余元,其中税款419万余元已经申报抵扣。依照我国刑法规定,涉案企业负责人应当被判处10年以上有期徒刑或无期徒刑,但其最终被判处有期徒刑三年,缓刑五年。作为典型案例,我们有理由相信,检察机关做出的大幅度量刑减让必然有其根据,但如果不能明示具体的量刑规则和量刑过程,那么就必然存在滥用量刑程序的风险。据笔者观察,部分试点单位确实存在"为了留住企业,为了合规考察,而滥用罪轻情节,人为制造缓刑判决"的现象。这是对罪刑法定原则和平等适用刑法原则的严重背离,应当予以否定。

(四)"挂案"清理程序的合理适用

关于试点形式和内容,《最高人民检察院关于开展企业合规改革试点工作方案》要求试点工作"与依法清理'挂案'结合起来",通过积极推动企业合规试点工作,提出企业合规建设意见和建议,同时促进"挂案"清理工作,依法平等保护企业合法权益。所谓"挂案",顾名思义,是指那些既没有依法移送审查起诉,也没有撤销案件,从而处于悬而未决状态的案件。"挂案"形成的原因多种多样,例如重复立案,主要嫌疑人不在案,无法形成完整的证据链条等。最高人民检察院印发的第二批企业合规典型案例中案例二"张家港S公司、睢某某销售假冒注册商标的商品案"就是"挂案"清理与企业合规推进相结合的典型。该案中,涉案公司被刑事立案超过2年,但是一直无法形成完整的证据链条。最终公司被合规考察,经过考察期,检察机关组织公开听证,综合考虑企业合规整改效果,就是否建议公安机关撤销案件听取意见,听证与会人员一致同意检察机关制发相关检察建议。当日,检察机关向公安机关发出检察建议,公安机关根据检察建议及时做出撤案处理,并移送市场监督管理部门作行政处罚。由此可见,最高人民检察院鼓励试点单位在存疑案件中开展合规试点工作,以达到清理案件和企业合规计划建设的双重目的。

从逻辑上讲,"挂案"清理与合规试点的结合方案包括两个:第一,直接在"挂案"中适用合规监督考察程序;第二,在根据存疑不诉原则不起诉涉案企业的同时,向企业提出完善或制定合规计划的检察建议,并同时向

主管行政机关提出检察意见,给予相应行政处罚并加以特殊监管。在本文看来,基于以下两个原因,第一种方案并不足取:

第一,根据我国《刑事诉讼法》第 175 条第 4 款以及《人民检察院刑事诉讼规则》第 253 条之规定,案件存疑时,人民检察院应做出不起诉处理。

第二,如上所述,合规考察是具有准刑罚性质的制裁,不宜直接在罪责难以确定的案件中适用。也就是说,在案件存疑时,涉案主体本就有权获得不起诉处理,并且不能附加任何具有制裁性的负担。鉴于此,本文认为,未来的改革试点可以通过"不起诉+企业合规检察建议+企业合规检察意见"的组合程序方案在"挂案"中激励企业合规。

四、有效合规计划的"标准"及其建构

"合规"本是公司治理研究的范畴,近几年却成为刑法、刑事诉讼法学界的重要研究课题。从刑事法学的角度来说,合规这一议题主要涉及的内容是,企业合规应当如何在刑事法中加以评价,例如,合规是否可以成为排除违法/责任、减轻责任抑或暂缓/不起诉的事由?需要注意的是,无论企业合规在定罪、量刑或起诉中应当如何加以评价,都应当以有效的合规计划(具有证据法上的意义)为前提。也就是说,合规应当是有效的合规计划,而非仅具有装潢意义(window dressing)的合规计划,这就涉及合规计划的标准问题。当然,如后文所述,从企业经营自由的宪法性权利出发,本文反对合规的标准化,此处所谓"标准"意指完整的合规机制的大致模型,它仅具有示范意义,但并非强制企业推行的绝对标准。

(一)有效合规计划的构成

1. 美国法的文本考察

关于合规计划的标准问题,最值得关注的是《美国联邦量刑指南》以及美国司法部、美国证券交易委员会的相关规定:

(1)《美国联邦量刑指南》的标准。

《美国联邦量刑指南》虽然提出了合规计划的概念,但并没有将什么是有效的合规计划这样的问题彻底解决。美国"组织量刑指南"1990 年草案首次细化了有效合规计划的标准,列举了有效合规计划的四个组成部分:首先,企业应当设定关于员工的行为标准、规则、程序的政策;其次,政策应当通过一定的方式,例如培训、出版物,使员工得以了解;再次,企业应当通过正当程序确保其政策得到遵守,例如,通过监控系统以及报告系统发现员工的违法行为;最后,政策应当得到有效的执行,例如

通过内部惩戒机制进行治理。① 由以上论述不难看出,1990年草案提出的标准过于概括、抽象,实际上并不能给企业有益指导。随着实践的发展,有效合规计划的标准愈发成为司法实务的难题,因为对合规计划有效性的评估直接关涉是否起诉公司以及是否减轻刑罚的问题。

鉴于此,美国"组织量刑指南"2004年修正案对这一点进行了细化,规定了合规计划有效性的七个要素:①确定特定管理人员了解合规计划并对其进行合理的监督;②切实地配置职员负责合规计划的日常运行并直接将相关情况报告给具有监督职责的高级职员;③对执行合规计划的职员以及企业员工进行合规培训;④对合规计划的有效性进行定期的监督和审计;⑤设置一个对犯罪行为的匿名举报系统,并使得举报者消除被报复的恐惧;⑥坚持对合规计划的执行,包括对不遵守计划者的惩戒;⑦对于违法行为及时、适当地反应并采取适当的措施预防相关犯罪的再次发生。② 该标准在美国量刑委员会公布的《美国联邦量刑指南》2011年修订版本中有了进一步的细化,主要包括七个要素:③(1)确立预防和发现不法行为的规范和程序。(2)①组织管理机构应当熟知合规及伦理计划的内容和运行状况,并对计划的有效运行进行监督;②组织高层人员应当按照美国"组织量刑指南"的标准建立有效的合规及伦理计划,并由高层专职人员对此负责;③负责合规的人员应当逐日对合规情况进行监管并定期向组织高层报告合规情况,适当机会,向主管部门或者其隶属机构报告合规及伦理计划的执行情况及有效性;④为了有效执行该任务,特定员工应当被提供充足的资源和权威,直接向相关部门报告合规情况。(3)组织应尽其所能确保其所知道或者通过特定程序应当知道,曾经实施过不法行为或者其他不符合合规行为的员工不被雇佣到合规部门。(4)组织应当采取必要措施,包括组织培训以及其他适当的传媒措施,定期就合规及伦理计划的标准、程序及其他方面与监督机构职员、高层职

---

① See Jeffrey M. Kaplan & Joseph E. Murphy, *Compliance Programs and the Sentencing Guideline: Preventing Criminal and Civil Liability*, Thomson Reuters, 2013, p. 59.

② 参见 U. S. Sentencing Guideline Manual(2004), §8, B2.1 (b)-(c);美国量刑委员会在评论部分对于上述标准进行了扩大的解释,例如,关于企业规模与合规计划的制定的问题,即企业规模直接影响企业合规计划的正式程度,一个大型企业应该具有纸面的计划程序,而小型企业可能不需要如此正式;而大型企业也需要对员工进行正式的培训,在这一点上小型企业也随意很多,关于小型企业的合规计划的问题在后文中会逐渐提及。

③ See U. S. Sentencing Guideline Manual (2011), §8, B2.1(b).

员、普通员工以及组织代理人进行沟通。(5)组织应当采取适当措施保证合规及伦理计划得到遵守,对犯罪行为进行监督核查,对计划的有效性进行评估,建立匿名举报机制以消除员工对报复的担忧。(6)组织应当通过适当的奖惩机制对合规行为进行奖励,对犯罪及其他不合规行为进行惩戒,从而使计划得到加强。(7)犯罪行为被发现之后,组织应当迅速采取措施对此进行反应,并通过对合规及伦理计划的适当修正预防类似行为的再次发生。

(2)美国司法部的标准。

美国司法部提出过不同的合规计划有效性的标准,但是为学者所乐道的是2003年的"汤普森备忘录"(Thompson Memo)。它为检察官是否起诉企业提供了参考标准,众多的标准主要包括企业的犯罪历史、犯罪的性质以及严重程度、企业是否存在有效的合规计划等。① 对于什么是有效的合规计划,该备忘录并没有给出如美国"组织量刑指南"那样具体的标准,而仅仅是在"一般原则"中进行了原则性的概述,而在"评论"部分进行了描述性的说明。该备忘录首先强调了合规计划应当通过企业员工进行内化,甚至成为企业文化的一部分,否则不足以认定合规计划的有效性,即合规计划不应仅是停在纸面的装潢。合规计划应当被适当地设计以最大化地预防和发现违法行为。在此基础上,合规计划应当得到有效的实施,但是这种有效性不能因为个别员工实施了部分为企业利益的犯罪行为就得到否定。事实上,美国"组织量刑指南"对于这一点也有说明,这是建立在对于犯罪不可完全消除的犯罪规律的正确认知的基础上作出的特别说明。为了评估合规计划是否有效,检察官可以通过如下问题进行确证:企业的管理人员是否对于合规计划特别建议的行为进行独立的监督;是否设置了内部审计系统对于企业的交易活动进行独立的评估;是否具有内部报告系统使得管理人员及时、准确地了解企业的合规情况;企业合规计划本身是否强调了针对企业特殊性质而容易发生的犯罪行为;企业员工是否知晓企业的合规计划并确信它是企业价值和管理的反映;企业是否配置了足够的合规人员进行审计、记录、分析并充分利用这些合规信息。②

美国司法部关于合规计划有效性的认定,除上述"汤普森备忘录"的

---

① See Thompson Memo, p. 3.
② See Thompson Memo, pp. 8-11.

说明之外,在检察官与当事企业达成的缓起诉协议中也有所体现。例如在美国司法部与 Merrill Lynch & Co.Inc 达成的缓起诉协议中就要求企业建立一系列的合规措施,具体包括:建立一个委员会对特定的高危险领域的交易进行审查;禁止任何的口头交易,使得内部以及外部的律师、会计师以及管理者知晓交易情况;给予企业内部的合规人员对于受到委员会审查的交易的绝对否决权;协议还强制企业建立一系列的培训、匿名举报以及反报复条款以保证新的规程有效地传达到员工并融入企业之中。①

(3) 美国证券交易委员会的标准。

证券交易委员会的合规标准类似于美国司法部,并没有像美国"组织量刑指南"那么明确,而多体现在个案中的判断。美国证券交易委员会关于合规计划的最详细的陈述是在 2001 年的一个执行和解批准命令上,它设定了关于合规计划和自我报告认定应当考虑的标准。与美国司法部的暂缓起诉协议中对于合规计划的描述具有相似性,它多采用问题式的方式去判断一个合规计划是否有效。相关的问题主要是:企业主要采取了什么措施预防犯罪;在犯罪行为被发现之后多久作出了有效的反应;企业为了了解违法行为采取了什么措施;企业是否立即制止了违法行为;事件责任人是否还就职于该企业以及是否还在原来的职位;企业是否立即将违法行为公之于公众、管理者;企业是否迅速、充分地了解了事实的真相,对于事情的性质、范围、起因以及结果是否进行了彻底的检查;企业是否采取积极的措施预防类似的行为再次发生。②

2. 英国法的文本考察

2007 年的《英国企业过失杀人与企业杀人法》改变了传统通过个人到组织体的归责模式,对企业提出了组织结构上的要求。该法规定:如果因其组织和管理活动严重背离其应当承担的义务而导致人员死亡,那么组织应当承担刑事责任;在判断是否存在重大义务违反时,应考虑组织是否遵守相关健康和安全法规,同时应当考虑是否存在容易导致犯罪行为的态度、政策以及惯例。③ 尽管该法赋予了企业合规义务,但并未对具体

---

① 具体可参见美国司法部与 Merrill Lynch & Co.Inc 达成的缓起诉协议:Merrill Lynch Letter,网址:http://www.corporatecrimereporter.com/documents/merill2003.pdf,访问日期:2018 年 11 月 29 日。

② See Securities and Exchange Commission, Accounting and Auditing Enforcement Release No. 1470, oct. 23, 2001.

③ See Corporate Manslaughter and Corporate Homicide Act 2007, Section 1, Section 8.

的管理措施提出法律上的指导意见。这种情况同样出现在 2010 年的《英国反贿赂法案》，该法第 7 条"商业组织预防贿赂失职罪"第 2 款规定，如果该商业组织拥有旨在预防组织成员实施犯罪行为的足够的措施，则构成合法辩护；第 9 条规定，国务大臣应当制定关于预防组织成员犯罪的适当程序和措施的指南并适时修订。① 2011 年，英国司法部发布了细化该法第 9 条的指导意见。该指导意见并没有将标准"公式化"，而是具有结果导向性，保持了足够的弹性，只是设定了组织建立合规计划的六条原则。而从"适当的程序""高层的践行""风险评估""尽职审查""沟通""监控和检查"六个方面判断合规计划是否真实有效。②

3. 意大利法的文本考察

为了履行经合组织以及欧盟委员会等地区组织公约中的相关义务，有效应对愈发严重的企业犯罪，意大利部分改变了《意大利宪法》第 27 条中的个人责任原则。为了不过分偏离《意大利宪法》第 27 条的精神，意大利立法机关于 2001 年 6 月 8 日颁行了意大利第 231/2001 号法令，强调组织体自身的罪责，即企业组织责任。如果组织的高级职员或者其下属职员从事犯罪活动，则企业要为此负责，但企业可以通过证明其已经采取了适当的措施预防、监督犯罪而免除责任。合格的内部管理机制应具备几个要素：①确定可能发生法令规定的犯罪的活动范围；②针对必须予以预防的犯罪制定预防议案；③确定可以有效预防实施上述犯罪的公司财务资源管理的程序；④实施向负有监督该内控机制的董事会的报告程序；⑤引进合适的惩罚不遵守规章的内部制裁机制。③

4. 经济合作和发展组织的标准

上述三个标准都是地区性的，而 2010 年经济合作和发展组织(以下简称"经合组织")的标准则是全球性的，虽然它是针对反腐败合规提出来的，但是这样的标准实际上已经广泛影响到了其他类型的合规及伦理计划。相比各个国家自己的合规计划，经合组织提出的《经济合作与发展组织最佳实践指现：内容、道德与合规》(OECD Good Practice Guidance on Internal Controls, Ethics and Compliance)具有更广泛的适用性。具体来讲，它首先规定了合规计划设立的一般原则，即合规计划应当适应企业自

---

① See Bribery Act 2010, Chapter 23, §7-(2), §9-(1)(2).
② 具体参见本书第一章第三节"英国法的考察"部分。
③ See Legislative Decree No. 231, Article 6.

身的规模以及特殊环境,并建立在对于企业风险评估的基础之上,而合规计划还应当定期被重新评估,以测评其有效性。在此基础上该指南还具体地列举了合规要素,具体包括:具有负责企业合规的专门的管理委员会;企业应当有明确的反腐政策并明确这样的理念,即合规是每个企业职员的责任;企业高级职员具体负责合规管理并可以直接报告给企业的主管部门(例如审计委员会),同时强调合规官的充分的自主权以及权威;应当对第三方说明其守法的决心并谋求相互的守法承诺;内部控制应当确保相关记录的公正和准确性;定期的合规沟通和培训;对于合规计划的积极鼓励和支持;企业职员,不分职位高低,如果违法或者违反合规计划均应受到惩戒;建立匿名举报系统、对于举报者的保护机制以及对于举报的处理机制,主要是举报受理后的调查以及采取相关措施防止类似行为的再次发生;对于合规计划的定期评估。①

5. 我国的相关立法

我国企业在海外经历了诸多合规经营风险之后,国家逐步开始重视企业合规管理。为此,国家发展和改革委员会等七部门联合发布了《企业境外经营合规管理指引》(2018年12月26日颁布)(以下简称《境外合规指引》);国有资产监督管理委员会印发了《中央企业合规管理指引(试行)》(2018年11月2日颁布)(以下简称《央企合规指引》)。这两个规范文件并未正面回应什么是有效的合规计划,归纳起来,标准的合规计划包括如下要素:①合规管理的独立性与全面性(《境外合规指引》第5条;《央企合规指引》第4条);②合规风险的识别(尤其是重点领域或海外经营风险)以及合规机制的建立(《境外合规指引》第11、23、24条;《央企合规指引》第18条);③合规机制的有效运行,尤其需要强调高层、合规委员会以及其他相关责任人员的合规责任的落实(《境外合规指引》第10、11条;《央企合规指引》第5—11条);④风险发生后的有效应对,包括相关人员的惩戒以及对合规机制的完善(《境外合规指引》第21、27、28条;《央企合规指引》第21、22条)。总的来说,一方面,《境外合规指引》与《央企合规指引》对于合规管理做了框架性规定,这一点值得肯定;另一方面,两个文件的规定缺乏体系性,因此需要参照其他国家的合规立法文本以及在

---

① See OECD, Recommendation of the Council for Further Combating Bribery of Foreign Public Officials in International Business Transactions, at: http://www.oecd.org/daf/anti-bribery/anti-briberyconvention/44176910.pdf, last visited: Nov. 24, 2018.

其指导下广泛展开的合规实践,进一步做体系化、细化处理,以合理引导我国企业合规管理实践。

6. 总结

从以上的立法考察不难看出,其实并没有合规计划有效性的统一标准。从司法实践看,合规计划有效性的标准也多由法官根据涉事企业的具体情况进行个案判断,但是总体上看主要包括以下几个方面:首先,从一般标准讲,合规计划必须充分地显示企业尽职预防和发现违法犯罪行为的决心,这主要通过合规计划的合理设计、充分实施和执行得以体现;其次,从具体标准看,美国"组织量刑指南"的七个步骤基本上可以涵盖有效合规计划的主要要素,在这些程序中,具体制度的设计则要参考如下因素:企业的规模、企业的性质以及违法犯罪历史等。企业规模的大小直接决定合规计划正式与否,一般来讲,大型企业具有雄厚的人力物力,因此合规计划一般设计较为正式,而小型企业则受限于自身条件很难与大型企业相比较,但是这并不意味着小型企业就没有办法开展合规计划。企业的性质决定了其所面临的具体风险,而合规计划恰恰是对这些风险的防御,因此企业的性质也是合规计划设计中必须参考的因素。企业的违法犯罪历史也是合规计划设计中重要的参考因素,因为企业的违法犯罪历史与企业性质一样,决定了企业合规计划的重点,使得合规计划可以有的放矢。

以上内容系从具体的制度设计的角度展开。其实在研究过程中,对于合规计划的概念,有效合规计划的构成和鉴别等问题始终存在疑问,这主要缘于合规计划在不同企业、行业的差异性。从文献资料的情况看,合规计划实际上不仅仅是具体制度层面的,而更好地体现在企业的合规文化上,因此,企业文化对于合规计划的判断也至关重要,甚至从某种意义上讲具有统领作用。企业与企业之间的合规制度之间可能具有差异,但是合规文化是一个共同点,也应当成为有效合规计划构成的要素,只是这个要素是一个更高的标准,需要在逐步进行合规实践的基础上进行培育。

(二)有效合规计划的构建

1. 设计原则

上述立法文本都对于合规计划的整体性架构做出了说明,但这并非程式化的要求。合规计划的规范目的在于,通过内部控制有效预防风险。这就意味着,风险点的差异决定风险识别机制的差异。化工企业(对外输出)的风险主要关涉环境、卫生、安全、劳动权保障等方面;金融企业的合规风险主要关涉融资、洗钱、信贷等方面；跨国经营的企业不仅要合理观照国内法带来的风险，还需要顾及外国法可能产生的风险。企业大小、财力差异也决定了不可能要求所有的企业都设置标准化的合规机制。否则，合规会成为小型企业的负担，大型企业的特权（针对合规的出罪机制而言），其公正性令人质疑。美国量刑委员会的资料也足以证实这一点。据统计，超过90%被美国联邦法院认定为犯罪的公司是50人以下的小公司。① 规模较大公司在犯罪行为发生后，多与检察官达成协议，通过民事或者行政处罚加以解决，或者由员工个人承担刑事责任。② 缓起诉或不起诉协议的签订很大程度上依赖存在或者承诺重整合规计划。③ "自2004年以来美国司法部发起的约70%的行动是通过DPAs和NPAs来解决的；司法部和证券交易委员会是否愿意在《美国反海外腐败法》案件中适用DPAs或NPAs的原因在于企业是否合作以及促进了合规文化。"④也就是说，如果要求所有企业遵照一个合规标准建构合规计划，则对于中小型企业而言极为不公。因此，合规计划的建构应当遵循个别化原则。下文的具体设计只是完整合规框架，但并非"标准答案"，相关企业可在此基础上有所调整，只要适合自身情况，能够有效实现风险管理即可。

2. 具体设计

一个标准、完整的合规计划，以不合规行为发生为线索，可以区分为事前、事中和事后三个部分，即合规计划的三大支柱。

（1）第一支柱：认识—确定—结构化。

所谓认识，即对未来可能发生风险的识别和评估。风险识别建立在过去经验的基础之上，面向现在以及战略方向中的风险。随着经济全球化的发展，这种风险既包括国内法产生的风险，也包括外国法带来的风险。尤其是，很多国家都在效仿《美国反海外腐败法》以及《萨班斯法案》，试图通过长臂管辖将全球企业纳入其效力范围。例如，《欧盟通用数

---

① See William S. Laufer, "Corporate Liability, Risk Shifting and the Paradox of Compliance", *Vanderbilt Law Review,* Vol. 52, 1999, p. 1388.

② See William S. Laufer & Alan Strudler, "Corporate Crime and Making Amends", *American Criminal Law Review,* Vol. 44, 2007, p. 1315.

③ 参见万方：《企业合规刑事化的发展及启示》，载《中国刑事法杂志》2019年第2期，第58、59页。

④ 〔美〕约瑟夫·约克奇：《美国〈反海外腐败法〉的和解方案、内部结构及合规文化》，万方、黄石译，载《河南警察学院学报》2019年第1期，第33、34页。

据保护条例》(GDPR)第3条就明确将欧盟范围外的他国企业纳入管辖范围,只要存在最低限度的联结点,即"无论是否存在对价,只要为欧盟范围内的数据主体提供商品或服务",就受到GDPR的管辖。这也就可以理解为什么美国以中兴通讯公司违反其对伊朗的禁运规定为由,制裁中兴通讯公司。需要特别强调的是,无论外国法的某种规定是否合理,或者单纯属于政治性立法,对于政治无涉的营业主体而言,都应当遵守这些规定,否则可能面临更大风险。所谓确定,即以风险识别和评估为基础,以书面形式确定需要遵守的规定与企业价值,尤其需要强调企业文化价值对人的行为潜移默化的影响。这也是《境外合规指引》第29条、第30条强调合规文化的价值所在。所谓结构化,是指创造合规组织。合规组织因企业大小、性质有所差异。对于规模较小的企业而言,合规可以由个别人来实现,例如经理或董事;对于规模较大的企业而言,分工明确的专门化组织是必须的。

合规是企业整个领导层的集体义务(Gesamtverantwortung),诸如确立合规守则之类的决定只能由领导集体做出,不可委派给他人。① 与之相反,在企业运营中,可从领导层中选出一位合规负责人,其作为合规问题最高负责人和联络人,负责向整个领导层报告合规问题并为相应决议做准备。② 此外,还需要建立一个独立于企业其他部门的合规部门,该部门包括一个独立的部门领导,即首席合规官。在股份有限公司中,首席合规官的主要工作在于对企业董事会负责,或必要时对董事长负责。在该部门中还有一些专门的工作人员,即合规官。在企业运营过程中,他们需要具体落实合规任务。该部门及其雇员的任务、主管领域、权限需要明晰界定。根据企业组织和规模大小的不同,企业还可以在各个分区设立区域合规部、分部等。无论如何设立企业合规部门,关键在于合规组织可以切实落实整个企业的合规指标,而要实现这一点,须为合规组织保证充足的人力与物质资源,最重要的是,足够的独立性和权威。

---

① Vgl. Frank G. Schmidt-Husson, in: Christoph E. Hauschka(Hrsg.), *Corporate Compliance: Handbuch der Haftungsvermeidung im Unternehmen*, Verlag C. H. Beck, 2007, §7, Rn. 2ff. 从我国《公司法》第147条董事及高级管理人员的忠实勤勉义务中可以推导出这一点;《央企合规指引》第5条也确认了这一点。

② 这并不意味着企业的其他领导人员便免除了合规义务,他们仍有诸如监督的义务,只是他们对日常合规工作的责任范围相对减小了。

(2)第二支柱:传达—促进—组织。

所谓传达,即将纸面的合规标准传达给员工。传达的形式是灵活的,包括公布员工守则以及组织围绕行为准则进行的相关培训,使合规标准深入员工。必要时,可以采取问题反馈、问卷等形式定期检测,了解合规标准的传达是否有效,进而采取相应弥补措施。所谓促进,即促进对合规计划的遵守。为此,个别化的措施是必要的。首先,领导层对合规规定作出承诺,并且将这种承诺体现在企业经营管理与领导决策之中。这也是最为重要的一点。其次,帮助员工实现守法的特别措施。例如,通过合规咨询处、专线等方式使员工随时了解业务运行中的合规标准。最后,可以将合规引入人事管理。例如,根据不同的岗位涉及的风险大小以及员工的合规表现进行岗位的分配和调整;改变唯业绩论的传统,将合规表现引入薪酬结构,培育员工的合规意识。所谓组织,即实现合规流程化的组织性措施。归结起来,流程化的组织性措施包括两个信息流,即自上而下的信息流和自下而上的信息流。自上而下的信息流依赖合规检查,即通过定期与不定期相结合的方式,了解合规情况,促进合规计划的遵守;自下而上的信息流依赖合规报告,即在责任清单的基础之上,各负其责,发现了自己责任领域内的合规问题,及时向上反馈合规信息。对于领导层而言,由于其职位高,受到监控较少,可以采取特别措施,包括明确的职能分工、风险领域严格的信息分流以及定期向合规委员会报告等。如果能保证企业内两个信息流的正常流通,那么就能实现合规经营。

(3)第三支柱:反应—制裁—改进。

所谓反应,即违规行为发生后,及时展开内部调查。所谓制裁,即确立制裁标准,对违规行为加以制裁,以实现特殊预防与一般预防的目的。制裁的等级可以从轻微的内部警告到开除,但应避免侵犯员工的法定权利,例如,不得对其人格尊严加以伤害,更不能采取限制自由的方式制裁员工。在反应和制裁之后,还应当针对出现的问题,重新审视合规系统,找出问题加以改进,避免类似行为再次发生。必要时,外部基准可以适当引入。

3. 个别措施与风险预防

出于体系安排以及论述方便的考虑,这一部分将重点讨论几个重要的合规举措。这些举措归属于上一部分的整体架构,但因其重要性以及与刑事法的关联性,本文认为有必要单独加以讨论。

（1）风险识别与风险预防。

风险预防的前提是风险识别，是否能有效识别风险决定了是否能预防风险。法律风险的识别依赖对法规范内涵的正确理解。在大多数情况下，这并不存在问题。然而，部分场合，法律的不确定性导致风险识别的困境。本文仅以骗取贷款罪为例加以说明。

我国传统观点认为，骗取贷款罪保护的法益是国家对贷款的管理秩序。① 也有学者将其表述为"国家的金融交易秩序"②。秩序法益的抽象性，客观造成了骗取贷款罪的"口袋化"。对于抽象性的秩序法益，学界普遍主张，如不能还原为个人法益，对其保护应当限缩。③ 基于此，孙国祥教授主张重新界定骗取贷款罪的法益："'金融机构的管理秩序''金融机构的信贷管理制度'本身是国家行政管理秩序的一部分，将纯粹的行政管理秩序直接等同于刑法保护的法益过于抽象；刑法保护的法益应当是具体的、可损的；基于此，应将骗取贷款罪的保护法益界定为金融机构信贷资金的安全。"④孙国祥教授的观点确实在部分案件中得到印证：在著名的刘汉组织、领导黑社会组织案中，一审法院认定汉龙集团等多家单位骗取贷款总计 38 亿元人民币、1.4 亿美元。然而，二审湖北省高院审理后认定，上诉单位汉龙集团已经归还和有足额担保的贷款可从犯罪数额中予以核减，最终认定骗取贷款数额 4.52 亿元人民币、1.24 亿美元，并对该部分予以改判。⑤ 尽管该案体现了部分司法机关在这个问题上的态度，但这种观点并未得到司法机关的普遍接受：提供足额担保的行为仍旧可能被认定构成骗取贷款罪。⑥ 也就是说，在提供足额担保、随意改变贷款用途或者进行用途上的欺骗等情况下，行为是否构成骗取贷款，并没有确定的

---

① 参见高铭暄、马克昌主编：《刑法学》（第八版），北京大学出版社、高等教育出版社 2017 年版，第 402 页。
② 柳忠卫：《骗取贷款、票据承兑、金融票证罪疑难、争议问题研究——兼论我国刑法立法模式的完善》，载《法学评论》2009 年第 1 期，第 117 页。
③ 参见时方：《我国经济犯罪超个人法益属性辨析、类型划分及评述》，载《当代法学》2018 年第 2 期，第 73 页。
④ 孙国祥：《骗取贷款罪司法认定的误识与匡正》，《法商研究》2016 年第 5 期，第 55 页。
⑤ 参见湖北省高级人民法院（2014）鄂刑一终字第 00076 号刑事判决书。
⑥ 参见江西省横峰县人民法院(2018)赣 1125 刑初 71 号刑事判决书。

答案。① 对于企业而言,这是一种不确定性风险。在企业进行风险识别的过程中,原则上应当坚持最高标准,对于风险,"宁可信其有,不可信其无",否则可能因为侥幸心理而对企业产生毁灭性打击。企业对于刑事犯罪的敏感性在美国的安然公司案、世界通信公司案以及我国的长生生物毒疫苗案中已有集中反映。

(2)内部调查与风险预防。

国内的合规问题研究已经普遍展开,但企业合规中的内部调查问题并未得到足够重视。实际上,内部调查问题连接了实体法和程序法,具有重要理论价值。与风险预防相关的主要包括如下几个问题:

第一,内部调查主体的选择。内部调查首先涉及调查主体的选择问题,即谁来主导内部调查。这看似无关紧要,实际上蕴涵着巨大风险。在著名的阿克苏·诺贝尔化工公司与阿克罗斯化工公司垄断竞争案②中,欧盟委员会对两家公司的办公室的搜查中,查获了阿克苏公司总经理与一名公司法务人员的谈话记录,其中就反垄断问题做了深入讨论。问题的关键在于,这份文件是否受到律师—委托人特免权保护。对于这个问题,欧盟法律规定,律师—委托人特免权保护应满足两个条件:内部的谈话记录是律师为辩护所做出;律师必须具有独立性。③ 由于公司法务不满足独立性要件,上述内部调查所形成的证据材料不受特免权保护。由此可见,内部调查时,主体的选择在关键时刻至关重要。在国际层面展开内部调查时,必须熟悉国内以及国际层面关于律师—客户特免权以及律师工作成果保护等基本规则,在此前提下,合理选择内部调查主导者。一般情况下,具有独立性的外部律师受到提倡。

第二,内部调查手段的合规性问题。简要的观点是,合规措施自身必须合规。在 Thomas Rotsch 教授的论文中,其所举的例子最能说明这个问题:"一个公司出现了这样的嫌疑,即 T 暗自将企业财产藏在一个隐名账户中。这件事情被人举报了,而公司的合规官 C 对此事完全知晓。公司领导 G 要求 C 按照工作合同规定的义务将所有的事实都说出来。G 威胁

---

① 需要特别交代的是,这里的讨论是针对《刑法修正案(十一)》之前的立法和司法情况展开的,《刑法修正案(十一)》对本罪构成要件的修改,使得这个问题相对明晰化了。即便如此,这并不影响本文以骗取贷款罪为例对问题的说明。

② Akzo Nobel Chemicals Ltd. v. European Commission (C-550/07 P).

③ See Stephen A. Calhown, "Globalization's Erosion of the Attorney-Client Privilege and What U. S. Courts Can Do to Prevent It", *Texas Law Review*, Vol. 87, 2008, pp. 235-240.

C,如果其拒绝如实陈述,那么同样在公司工作的 C 的妻子 E 就要被解雇。在这里,为了弄清一个刑事案件的事实情况而威胁解雇 E 的方法并不是一个合规措施。(刑事)合规本身必须是与刑事法规范相一致的。"①这里尤其需要强调的是,内部调查过程中的人身权边界。例如,员工的隐私权保障问题。在信息技术高度发达的今天,员工监管很多是通过电子设备完成的,例如,通过电子设备跟踪员工的电子邮件等通信工具或者网页浏览信息。监督管理是公司的权利,但员工的权利亦不能被忽视。调查过程中应当注重隐私权保护(例如,在单位并不禁止邮件系统私用的情况下,对于员工的个人邮件就不能随意进行内部调查);调查数据亦应当遵从目的专属原则,不能随意滥用调查信息。

第三,内部调查结果的转移。随着各国对公民个人信息保护的强化,不仅信息搜集方式受到诸多限制,信息的跨境流转也受到限制。欧盟尤其重视公民个人信息的跨境流转,包括转回公司总部或者其他分部,除非信息流入地对于个人信息的保护标准相当或更高,否则禁止信息的跨境流转。律师违法跨境转移公民个人信息,可能需要承担刑事责任。② 在中国,尤其可能产生风险的是,信息的跨境转移可能触犯《保守国家秘密法》以及关联性犯罪。根据该法第 9 条规定,国家秘密的概念具有不确定性,例如,什么是"国民经济和社会发展中的秘密事项""追查刑事犯罪中的秘密事项"以及"经国家保密行政管理部门确定的其他秘密事项"都是不清楚的。根据该法第 13 条规定,设区的市、自治州一级的机关及其授权机关就可以确定机密级别的国家秘密。此外,《刑法》之中的诸多涉及国家秘密的犯罪,字面使用了"国家秘密或者情报"之类的表述(例如《刑法》第 111 条"为境外窃取、刺探、收买、非法提供国家秘密、情报罪"),司法机关很容易采用文义解释,无限扩大"国家秘密"的范围。美籍地质学家薛峰间谍案就是这个问题最好的诠释。总而言之,无论是在中国展开的内部调查,还是跨国展开的内部调查,在转移内部调查结果时,都要充分了解转出国的相关规定,避免因此产生的风险。

---

① 〔德〕托马斯·罗什:《合规与刑法:问题、内涵与展望——对所谓的"刑事合规"理论的介绍》,李本灿译,载赵秉志主编:《刑法论丛(2016 年第 4 卷)》(总第 48 卷),法律出版社 2017 年版,第 362 页。

② See Miriam Wugmeister & Karin Retzer, "Cynthia Rich, Global Solution for Cross-Border Transfers: Making the Case for Corporate Privacy Rules", *Georgetown Journal of International Law,* Vol. 38, 2007, p. 458.

(3)合规责任履行与风险预防。

我国于 2018 年发布的《境外合规指引》和《央企合规指引》都提出要建立合规委员会,设置合规官(《境外合规指引》第 11 条;《央企合规指引》第 8、25 条),并对合规管理机构的职责作了较为详细的规定。与职责相对的是职权,合规部及合规官都具有独立的检查权,确切说是独立的信息进入权。从权责统一的角度看,如果合规官没有正确行使权利,那么就可能产生责任。上文也提到,合规机制的有效运行很大程度上依赖流程化的组织措施,即建构自上而下和自下而上的信息流。自下而上的信息流很大程度上依赖合规官正确履行职责,否则会发生信息流的断裂,虚置合规计划,例如,合规官对于责任领域内发现的不合规行为不及时报告的情况。从刑事政策上讲,对违法行为的不作为具有刑事需罚性,但行为的可罚性在教义学上仍需要小心求证。德国联邦第五刑事法庭在柏林城市清洁公司诈骗案中首次在教义学上认可了上述行为的不法性:作为公司法律和审计事务部的双重主管,行为人承担着公司合规的重任,但其对于公司领导实施的诈骗行为知而不报,因而被认定构成不作为的诈骗罪。① 2018 年,德国联邦第五刑事法庭再次确认,公司领导对于业务关联性不法行为有阻止义务②:

T 是一家 24 小时便利店的经营者。该便利店内拥有网吧。T 雇用了哥哥 G。G 决定利用 T 的店铺以及基础设施来出售毒品。在接下来的一段时间,G 大约出售了 5 克可卡因混合物和约 200 克大麻。2017 年 1 月起,G 让也在商店工作的非上诉者 E 加入,并将他准备出售给店铺顾客的一些毒品库存交给了 E。在将在商店出售的毒品附近的柜台上,放着可供 G 随时使用的一支棒球棍和一支伸缩棍。摆放两个棍棒是为了在夜间保护店铺的物品,必要时也是为了保护毒品交易。店主 T 几乎每天都和 G 一起在店里,他很快就发现了哥哥的这些行为,并且默许了他们,没有采取任何干预措施。T 清楚地知道,G 以这种形式销售毒品是可行的,因为这家商店的窗户贴着胶带,外人很难从外边看到销售柜台后面单独的储藏空间,加上高频次的流动性顾客以及老顾客,以及较少的雇员(只有 G 和非上诉者 E),都为毒品销售提供了最佳条件。由于 T 是店铺的所有者和经营者,他本可以毫不费力地阻止其哥哥的

---

① Vgl. BGHSt 54, 44, Rn. 3-6, 27.
② Vgl. BGH B. v. 06.02.2018-5 StR 629/17-NStZ 2018, 648.

毒品交易。德国联邦法院第五刑事法庭在2018年的判决中讨论了"业务关联性"的要素特征问题。德国联邦法院赞同柏林地方法院的初审观点，即对于被告人G实施的武装性的大数量的毒品贩卖，店主T通过不作为的帮助的形式参与其中。通过被告人G上诉所凸显出来的问题是，店主T是否对于店员实施的不法行为具有保证人义务。德国联邦法院肯定了这一点。

从德国联邦法院的最新的系列判决可以看出，公司领导人对于业务关联性的不法行为的保证人义务已经得到终局性肯定，由此，通过业务分工和授权，合规官所具有的继受性的保证人义务也就产生了。由此可以看出，无论是单位犯罪条款，还是不纯正不作为的情形，合规官都有保证人义务。可以预见，这样的做法会得到越来越多的效仿，合规责任履行中的风险有必要得到重视。

五、第三方监管人的启动机制问题*

（一）我国改革试点的实践考察

2020年3月，最高人民检察院在上海、江苏、山东、广东的6家基层检察院开展了企业合规改革第一期试点工作。2021年3月，试点范围扩大到北京、上海、江苏、浙江等10个省份的27个市级检察院、165个基层检察院。在第一期试点的基础上，第二期试点加快推进了第三方监督评估机制的建设工作。张军检察长在第三届民营经济法治建设峰会上的发言强调："推进涉案企业合规改革试点工作，重在落实第三方监督评估机制，做好'后半篇文章'。"在第一期试点中，各试点单位围绕合规监督评估机制探索形成了独立监控人监管①、行政机关监管②、检

---

* 对该问题的比较法梳理，山东大学法学院博士生王嘉鑫做了大量工作，更为详述的论述，请参见李本灿、王嘉鑫联合发表的相关论文。

① 该模式的典型代表是深圳市宝安区。《深圳市宝安区人民检察院企业犯罪相对不起诉适用机制改革试行办法》第11条规定：人民检察院启动企业刑事合规程序后，犯罪嫌疑企业应在合理期限内聘请独立监控人协助开展企业刑事合规。

② 该模式的典型代表是宁波市。《宁波市检察机关关于建立涉罪企业合规考察制度的意见（试行）》第10条规定：企业合规的考察机关由政府行政主管部门或企业所在辖区的街道、乡镇政府部门担任。

察机关监管①等不同模式。在借鉴上述实践经验的基础上,最高人民检察院等九部门于2021年6月联合发布了《关于建立涉案企业合规第三方监督评估机制的指导意见(试行)》(以下简称《指导意见》),从程序机制的层面为第三方监管机制的运行划定了基本框架。《指导意见》采用的第三方监管模式②是上述独立监控人监管模式与行政机关监管模式的结合,同时强调检察机关在机制运行中的主导作用。该模式一定程度上缓解了司法资源与行政资源紧张的困境,充分利用第三方监管人的专业性,最大程度保证了合规整改的效果。在中央层面的积极推动下,各地先后出台了地方性规范性文件,对第三方监管机制的构建进行探索。然而,以《指导意见》与部分试点单位发布的规范性文件,以及企业合规改革试点中的典型案例为观察样本可以发现,试点单位在探索建立、运行第三方监管机制中存在以下问题。

1. 第三方监管人启用机制问题

具体来说,是否所有进入合规考察程序的涉案企业均需启用第三方监管人?第三方监管人的启用条件是什么?在我国的合规改革试点中,涉案企业需经过筛选,才能最终进行实际的合规建设。第一阶段,确定涉案企业能否适用合规整改。除企业涉嫌的犯罪性质、情节和危害后果外,检察机关往往会以社会调查的方式考察起诉涉案企业可能产生的

---

① 该模式的典型代表是江苏省江阴市。《江阴市人民检察院暂缓起诉协议制度试点工作规范(试行)》第21条规定:暂缓起诉协议达成后,检察机关承办人应当采用定期、不定期方式监督涉案单位及其责任人或者涉嫌犯罪的自然人履行暂缓起诉协议的情况,在暂缓起诉考察期届满前进行全面考察评估,并撰写考察报告及案件处理意见,层报检察长或者检委会决定。检察机关监管模式的问题是,检察官介入公司治理模式、发现风险源点存在困难。此外,在员额检察官巨大的办案压力下,可用的办案资源、时间资源均有限,难以保证合规监管的效果。

② 参见《关于建立涉案企业合规第三方监督评估机制的指导意见(试行)》第8条、第10条、第12条、第13条。第三方监管模式的运行方式是,检察机关联合财政、司法等行政部门组建第三方机制管委会,第三方机制管委会选任第三方组织。检察机关决定适用合规考察的,交由第三方机制管委会启动第三方监管机制。第三方组织对涉案企业作出的合规承诺与合规计划实施情况进行调查、评估、监督和考察,考察结果作为检察院处理案件的参考。第三方组织应当对涉案企业合规计划的可行性、有效性与全面性进行审查,提出修改完善的意见建议,并根据案件具体情况和涉案企业承诺履行的期限,确定合规考察期限。负责案件办理的检察机关,则应对涉案企业的合规计划、定期书面报告进行审查,向第三方组织提出意见建议。在合规考察期满后,第三方组织还应对涉案企业的合规计划完成情况进行全面检查、评估和考核,并制作合规考察书面报告,报送负责选任第三方组织的第三方机制管委会和负责办理案件的人民检察院。

公共利益损害效果,如企业的经营状况、税收贡献或创新能力、容纳就业情况、发展前景、合规意愿等,将符合上述条件的案件有限纳入合规整改范围。第二阶段,各试点单位做法不一。部分试点单位对前述纳入合规整改范围的企业均启用第三方监管人,亦即,合规整改条件等同于第三方监管人启用条件。部分试点单位根据企业规模对纳入合规整改范围的涉案企业进一步划分。对规模较大、整改要求较高的企业,适用合规考察模式,同时启用第三方监管人;对整改要求比较低的小微企业,适用检察建议模式,通过向企业制发合规检察建议来提出整改方向,由检察机关监督。亦即,企业规模决定了合规整改的模式以及是否启用第三方监管人。问题是:①以企业规模为合规整改模式的划分标准及第三方监管人的启用条件不符合我国合规改革的实践需求,仅对大企业启用第三方监管人意味着对作为执法对象的大量小微企业监管效果无法得到保证;②合规整改条件侧重考察涉案企业的公共利益损害结果,第三方监管人的制度价值在于保证监管效果,其要解决的是如何监管更有效的问题,涉案企业能否进入合规整改程序与应否适用第三方监管人机制进行考察的标准并不一致。

对于上述问题,《指导意见》仅概括性地规定了第三方监管人的适用范围,人民检察院经审查认为涉企犯罪案件符合第三方机制适用条件的,可以商请本地区第三方机制管委会启动第三方机制①,没有明确其启用条件。在具体适用上,各试点单位并无统一标准,很大程度上取决于承办检察官对个案的判断,亟须明确独立第三方监管人的启用条件,解决第三方监管的启用机制问题。

2. 第三方监管人的费用负担问题

监管费用是影响监管人客观性、公正性、积极性的重要因素。针对这个问题,各试点单位也进行了各式探索,并形成如下三种模式:

第一,涉案企业单独承担模式,以湖北省黄石市②和广东省深圳市③为代表。湖北省黄石市检察院发布了规范性文件,明确合规监管考察

---

① 参见《关于建立涉案企业合规第三方监督评估机制的指导意见(试行)》第3条、第4条、第5条、第10条。

② 参见湖北省黄石市检察院《关于建立企业合规第三方监管制度的实施意见(试行)》第15条。

③ 参见广东省深圳市检察院《深圳市检察机关企业合规工作实施办法(试行)》第17条。

费用由涉案企业承担,并设置"企业合规监管保障金","由市司法局统一管理,专门用于支付第三方监管人即合规考察验收小组专家费用"。深圳市检察院出台的规范性文件规定:"第三方监控人进行监督考察所需费用以考察所发生的实际费用为准,由涉案企业承担。"这一模式可以根据企业自身的经济实力为第三方监管人提供具有弹性的报酬,激励监管人有效开展工作,面临的考验有二:其一,在执法对象多为小微企业的情况下,涉案企业几乎无力支付监管费用,进而直接影响监管人有效开展工作以及企业合规建设的顺利推进;其二,这一模式在实践中面临如何有效防止和避免合规监管人与被监管企业发生利益输送,特别是"合规腐败"问题的拷问。

第二,财政预算模式。具体来说,由地方财政年度经费预算或检察机关经费预算承担合规监管费用。地方财政年度经费预算模式以江苏省张家港市为代表①,合规监管的全部费用均由地方财政设立专项资金,列入年度财政预算予以解决。该模式具有一定的稳定性,能够减轻涉案企业在费用负担问题上的压力,同时还有利于避免涉案企业与合规监管人之间发生利益关联,为合规监管的独立性、公正性提供保障。但这一模式受限于地方财力和财政预算上限,一般只能维持较低或者基本报酬标准。可以想见的是,为了保证监管人费用支出的公平透明、合理控制合规成本,不可避免地要对第三方监管人不加区分地统一收费数额,例如,张家港市尝试对第三方监管人费用标准进行限定,根据企业规模将监管费用划分为三个层段,第三方监管人的报酬总额最高不超过 6.5 万元②,由第三方机制管委会根据企业合规监督评估的难易程度和工作量大小确定第三方监管人费用。若涉案企业规模大、治理结构复杂,意味着第三方监管人的工作量大幅度增加,僵硬的报酬标准可能无法起到足够的激励作用。

---

① 参见《张家港市企业合规监管委员会第三方监督评估经费管理暂行办法(试行)》第 4 条;《关于确定第三方监管人报酬的规定(试行)》第 3 条、第 4 条、第 10 条、第 11 条、第 12 条。

② 参见《张家港市企业合规监管委员会关于确定第三方监管人报酬的规定》第 3 条:企业合规监管委员会应根据国家统计局关于印发《统计上大中小微型企业划分办法(2017)》(国统字〔2017〕213 号)划分的企业规模,确定第三方监督评估小组的报酬总额。第三方监管人对涉案企业合规监督考察的报酬总额分段确定为:(一)小微型企业不超过 3 万元;(二)大中型企业不超过 4 万元;(三)大型企业不超过 5 万元。合规第三方监管人进行事前合规分级评定的报酬总额不超过 1.1 万元,考虑企业规模确定具体数额。第 4 条:企业合规监管委员会认为有必要的,可以参照上述数额在 30%的浮动范围内调整报酬总额。

检察机关经费预算模式以深圳市南山区为代表①,这一模式相比地方财政年度经费预算模式,面临检察机关经费预算更加有限的现实问题。此外,政府财政负担监管费用面临的最大质疑是,企业违法犯罪的代价转嫁至由全体纳税人员来承担。

第三,涉案企业自付+财政保障相结合模式,即合规监管费用原则上由涉案企业独自承担,若企业确因经营不善无力支付的,由财政进行支付。这一模式以浙江省温州市②和深圳市宝安区为代表。深圳市宝安区的做法是,将合规监管费用区分为第三方监督评估工作考察费用和合规整改咨询费用。第三方监督评估工作组的考察费用由区财政予以承担;涉案企业聘请企业合规专业机构协助进行合规整改的合规整改咨询费用则一般由企业承担,如果涉案企业属于区重点扶持的企业,无力承担咨询费用的,可以申请政府扶持资金支付咨询费用。这一模式是上述两种方案的改进,但目前如何认定企业经营困难尚无明确标准,且仍然面临企业犯罪成本由全体纳税人承担的拷问。

以上问题的解决,既需要从外部视角观察,合理借鉴域外的有益经验,亦需要从内部视角反思,合理兼顾我们自身的特殊性。在外部观察资料的选择上,本文选择了美国作为观察或参考样本,原因是,美国是合规监管制度的重要践行者,已经积累了大量的有益经验。在内部观察视角上,本文的制度建构将充分考虑我国改革试点面临的现实情况,例如,执法对象与域外的显著差异。在内外视角结合的基础上,文章将提出企业合规第三方监管人启用机制的初步构想。

(二)第三方监管人制度的美国探索

第三方监管机制是保障企业整改有效性的关键。作为一种舶来品,第三方监管人的启用条件与费用负担问题在其起源地美国经历了二十余年的探索,其中暴露出的问题与应对策略在我国合规改革试点进

---

① 参见深圳市南山区检察院《刑事合规独立监管人工作办法(试行)》第18条。该文件规定:独立监管人的经费列入本院年度经费预算。

② 参见浙江省温州市检察院《关于建立企业刑事合规第三方监管机制的工作办法(试行)》第16条。该文件规定:独立监管人的劳动报酬由各县(市、区)检察机关会同同级财政部门按照犯罪嫌疑单位刑事合规监督考察工作量分档次确定,建立健全相应实施细则和机制。独立监管人的劳动报酬原则上由犯罪嫌疑单位承担,却因犯罪嫌疑单位财务状况不良导致没有支付能力的,可以向检察机关提出申请,经核实后由同级财政部门安排经费给予保障。

行制度借鉴的过程中具有部分参考意义。鉴于此,本文该部分将对第三方监管制度在美国的运行情况加以考察,为后文制度的本土化构建做好比较法的铺垫。

1. 积极探索:第三方监管人的应用

1991年的《美国联邦量刑指南》首次提出,法院认为有必要防止再犯、累犯的情况出现时,可以考察官或第三人专家所作出的判决前评估为基础,要求企业定期作出关于合规管理制度的事实过程和结果的报告书。特别是拥有雇工50人以上的企业,在量刑时间点时未执行合规管理制度的,有必要实行保护观察制度。① 法院一般以第三人专家对企业犯罪环境调查的结果为依据,制定企业在保护观察时期的必须遵守事项。这一表述为合规监管人的启用奠定了基础,此后,监管人条款成为检察机关与涉案企业达成审前协议的主要内容。② 1994年,保诚证券公司(Prudential Securities)因涉嫌在石油及天然气基金投资方面欺诈上千名投资者被控犯有证券欺诈罪,其与纽约州南区检察官办公室签署了第一份暂缓起诉协议。保诚公司承认其不法行为,并同意接受为期三年的监督。暂缓起诉协议还要求保诚公司额外支付3.3亿美元作为受害者赔偿基金,任命一名独立董事作为监察员接受控诉,并聘请一家独立的律师事务所审查其监管和合规控制措施。③ 继保诚公司案后,美国司法部和证券交易委员会越来越依赖"公司监管人"(Corporate Monitor)或独立的专家帮助企业进行整改。2002年,在世界通信公司(Worldcom)财务造假案中,美国证券交易委员会要求法院任命一名公司监管人,以确保世界通信公司遵守关于禁止销毁证据或不正当支付过高费用的禁令。随后,法院在证券交易委员会和世界通信公司共同提名的三位候选人中选择了前任证券交易委员会主席理查德·布雷登(Richard Breeden)。布雷登最初的责任仅是防止世界通信公司过度支付高管薪酬以保护公司财产,最终,他的主要责任扩大为全面改革世界通信公司的公司治理结构,以避免世界通信公司再次欺诈。2003年,布雷登向司法机关提供了长达115页的公司治理报

---

① 参见〔日〕川崎友巳:《合规管理制度的产生与发展》,李世阳译,载李本灿等编译:《合规与刑法:全球视野的考察》,中国政法大学出版社2018年版,第18页。

② See Lawrence D. Finder and Ryan D. McConnell, Devolution of Authority: The Department of Justice's Corporate Charging Policies, *Saint Louis University Law Journal*, Vol. 51, 2006, p. 5.

③ F. Joseph Warin and Jason C. Schwartz, Deferred Prosecution: The Need for Specialized Guidelines for Corporate Defendants, *Journal of Corporation Law*, 1997, p. 121.

告,对世界通信公司的内控体系提出了78项整改建议。①

世界通信公司案促使美国司法部在随后的案件中,将第三方监管人作为执法工具监管涉案企业。2003年的《美国联邦起诉商业组织规则》(Principles of Federal Prosecution of Business organizations,简称《汤普森备忘录》)增加了"公司的合作"作为执法机关考虑是否起诉公司时的第九个因素。许多人指出,这一因素是决定在暂缓起诉协议或不起诉协议中使用监管人的关键因素。《汤普森备忘录》发布之后,在司法部达成的38项和解协议中,有22项包含启用公司监管人的规定。② 与此同时,世界通信公司案后,第三方监管人的权力在美国证券交易委员会的支持与司法机关的默许下进一步扩张。权力的扩张加剧了公众对第三方监管人可能给企业的生产经营带来负面影响与权力寻租的担忧。为了回应公众质疑,司法部发布了一系列法律文件规范第三方监管人的应用,下一部分将对具有节点意义的两个(非全部)备忘录加以介绍。

2. 规范应用:法律文件与政策性文本

(1)《莫福德备忘录》。

2008年3月7日,时任美国联邦代理副总检察长的Craig S. Morford签署了题为"暂缓起诉协议和不起诉协议中监管人的选任"的备忘录,即《莫福德备忘录》(Morford Memo)。该备忘录指出,监管人的主要职责是评估和监督公司遵守协议条款的情况,以处理和减少公司不当行为再次发生的风险,而不是进一步实现惩罚目标。监管人只应在适当的情况下使用,并考虑特定事件的具体事实情况。例如,在公司没有有效的内部合规机制或者需要建立必要的内部控制机制的情况下,使用监管人可能是合适的。相反,如果一家公司已经停止了在犯罪行为发生地区的运营,监督可能就没有必要了。因此,在启用第三方监管人时,检察官应考虑:①雇用监管人可能对公司和公众带来的潜在好处,以及②监管人的成本及其对公司运作的影响。③

---

① See Jennifer O'Hare, *The Use of the Corporate Monitor in SEC Enforcement Actions*, p. 89, at: https://digitalcommons.law.villanova.edu/cgi/viewcontent.cgi?article=1109&context=wps, last visited at Dec. 16, 2021.

② See Caelah E. Nelson, Corporate Compliance Monitors Are Not Superheroes with Unrestrained Power: A Call for Increased Oversight and Ethical Reform, *The Georgetown Journal of Legal Ethics*, Vol. 27, 2014, p. 723.

③ See Morford Memo, introduction.

监管人是独立的第三方,不是公司或政府的雇员或代理人。监管人不是公司的律师,因此公司不得寻求或从监管人那里获得法律咨询。此外,监管人也不是政府的代理人或雇员。① 监管人的主要责任应当是评估和监督公司遵守协议条款的情况,这些条款专门用于处理和减少公司不当行为再次发生的风险,包括在大多数情况下评估(并酌情提出)内部控制与公司道德和合规方案。在公司层面,可能存在诱发各种犯罪或不当行为的潜在因素,包括但不限于内部控制或道德和合规方案未能防止、发现和应对此类不当行为。监管人的主要作用是评估一个公司是否已经通过并有效地实施了道德和合规方案,以处理和减少公司不当行为再次发生的风险。一个设计良好的道德和合规方案如果不能有效实施,将不能降低累犯的风险。从公司治理的角度来看,设计一个防止不当行为的道德和合规方案的责任应当由公司承担,但其必须听取监管人的意见、评价和建议。②

(2)《本茨考斯基备忘录》。

2018年10月,时任美国联邦助理检察长 Brian A. Benczkowski 签署了题为"刑事部门处理的事项中监管人的选任"的备忘录,即《本茨考斯基备忘录》(Benczkowski Memo)。该备忘录进一步完善了监管人的选任条件以及选任程序,确立了仅在必要时才设立监管人的原则,以确保遵守公司决议的条款并防止未来的不当行为。独立的公司监管人可以成为评估企业组织遵守公司刑事解决方案(无论是暂缓起诉协议、不起诉协议还是认罪协议)的有用资源和有益手段。监管人可以降低不当行为和合规失误再次发生的风险,这些风险导致了潜在的公司犯罪的产生。尽管有这些好处,但在许多公司刑事案件中没有必要任用监管人。

《莫福德备忘录》表明"只有在考虑到某一特定事项的事实和情况的情况下,才应当适用监管人",并阐述了检察官在评估监管人的必要性和适当性时应当考虑的两大因素,监管人绝不应出于惩罚性目的而被强加。在此基础上,《本茨考斯基备忘录》进一步细化了监管人的启用条件。在评估监管人的"潜在好处"时,检察机关应考虑如下因素③:①基本的不当行为是否涉及操纵公司账簿和记录,或利用不完善的合规方案或内部控制系统;

---

① See Morford Memo, scope of duties: independence.
② See Morford Memo, scope of duties: monitoring compliance with the agreement.
③ See Benczkowski Memo, Principles for Determining Whether a Monitor is Needed in Individual Cases.

②所涉不当行为是否在整个企业组织普遍存在,或是否得到高级管理层的批准或协助;③公司是否对其公司合规方案和内部控制系统进行了重大投资和改进;④是否对合规方案和内部控制的补救性改进进行了测试,以表明这些改进将来能够防止或发现类似的不当行为。

如果不当行为发生在不同的公司领导层或公司内部不再存在的合规环境中,执法机关应考虑公司文化和(或)领导层的变化是否足以防止不当行为再次发生;执法机关还应考虑是否采取了适当的补救措施,以解决雇员、管理层或第三方代理人的问题行为,包括酌情终止导致不当行为的商业关系。在评估一个企业的补救努力是否充分及其合规方案的有效性时,检察官还应考虑该公司面临的独特风险及合规挑战,包括该公司经营的特定地区和行业以及该公司客户的性质。

总之,检察官在处理案件时,应考虑该企业是否已对其企业合规体系和内部控制机制进行了重大投入和改善,以及是否已针对整改措施进行测试以证明其能有效预防或发现未来可能出现的类似不当行为,从而决定任用监管人是否适当。①

3. 个案检验:第三方监管人是例外而非原则

上述法律文件表明,对涉案企业的持续监督只应在必要时进行,第三方监管人是一种额外的保证措施,以确保涉案企业遵守合规计划条款并防止未来的不当行为。依据上述原则,执法机关根据具体事实评估每个案例,以决定是否启动独立监管人。据时任美国联邦助理检察长 Brian A. Benczkowski 介绍:"在过去五年左右时间里,仅大约三分之一的和解协议涉及指派独立监管人,绝大多数的协议均未启用监管人。"②

例如,波音公司与得克萨斯州北区检察官办公室达成的暂缓起诉协议中,检察官未启用第三方监管人,理由基本可以和《本茨考斯基备忘录》中提到的几大因素一一对应:犯罪行为的性质和严重程度;自愿和主动地向反欺诈办公室披露潜在的重要文件和波音证人,并自愿提供波音有义

---

① See Benczkowski Memo, Principles for Determining Whether a Monitor is Needed in Individual Cases.

② U. S. Department of Justice. Assistant Attorney General Brian A. Benczkowski Delivers Remarks at NYU School of Law Program on Corporate Compliance and Enforcement Conference on Achieving Effective Compliance, at: https://www.justice.gov/opa/speech/assistant-attorney-general-brian-benczkowski-delivers-remarks-nyu-school-law-program,last visited at Dec. 16, 2021.

务提供的大量证据；在犯罪发生后采取了补救措施①，考虑到以上因素，刑事欺诈办公室与检察官办公室最终裁定，没有必要设立独立监管人，并在协议中公布了未启用原因：①不当行为既不在整个组织中普遍存在，也并非由大量雇员实施，也没有得到高级管理层的协助；②尽管波音公司的两名飞行技术人员通过误导性陈述，以半真半假和遗漏的方式欺骗了联邦航空局的飞机评估小组，但波音公司的其他员工向联邦航空局如实披露了上述信息；③波音公司对其合规计划和内部控制的补救措施改进状况；④如上所述，波音公司同意加强合规计划报告要求。②

相反，在加拿大丰业银行因涉嫌电信欺诈与新泽西州检察官办公室签署的暂缓起诉协议中，检察官启用了第三方监管人并就相关考虑因素做出了详细说明③：①犯罪行为的性质及严重程度。本案涉及 2008 年 1 月至 2016 年 7 月期间四名交易员非法买卖贵重金属期货合约的数千起案件，造成其他期货市场参与者损失约 6622190 美元，对美国核心商品市场的完整性造成重大损害，并对相关市场参与者造成损害；②案件发生期间，该公司的合规体系（尤其是贸易监察部门）未能发现并阻止该四名交易员的非法交易行为。大约在 2013 年 8 月至 2016 年 2 月期间，三名合规专员掌握了关于"事实陈述"中确定的一名交易员非法交易的大量信息，但未能阻止这一活动，从而助长了犯罪行为；③该公司没有自愿、及时地向反欺诈办公室和检察官办公室披露上述"事实陈述"中描述的行为；④该公司曾因在期货市场上非法交易被美国商品期货交易委员会处以罚

---

① 补救措施包括：①建立一个常设的航空航天安全委员会，以监督波音公司安全管理的政策和程序，以及波音公司与美国联邦航空局和其他政府机构及监管机构的互动；②建立一个产品和服务安全组织，以加强和集中以前分散设于波音公司各部分的与安全相关的职能；③重组波音公司的工程职能，让所有波音工程师以及波音公司的飞行技术团队通过波音公司的总工程师而不是业务部门汇报工作；④对波音公司的飞行技术团队进行结构性改革，以加强对波音飞行技术人员的合规性及专业性的监督，包括将波音的飞行技术团队转移到与波音飞行测试团队相同的组织结构下，采用新的政策和程序并进行培训，以达到波音飞行技术人员与监管机构（特别是美国联邦航空局的飞机评估小组）之间沟通的期望和要求；自犯罪发生以来，波音公司还对其最高领导层进行了重大调整。

② See U. S. Department of Justice. Boeing Charged with 737 Max Fraud Conspiracy, Agrees to Pay ＄2.5 Billion +, at: https://www.justice.gov/usao-ndtx/pr/boeing-charged-737-max-fraud-conspiracy-agrees-pay-25-billion, last visited at Dec. 16, 2021.

③ See U. S. Department of Justice. The Bank of Nova Scotia Agrees To Pay ＄60.4 Million in Connection with Commodities Price Manipulation Scheme, at: https://www.justice.gov/opa/press-release/file/1306141/download, last visited at Dec. 16, 2021.

款。值得注意的是,该公司在2018年因主动披露从美国商品期货交易委员会处获得大幅减轻处罚的优待,现在证明该公司的披露并不准确①;⑤采取了多项补救措施,包括将年度合规预算增加近一倍,并增加了200多个全职合规职位,聘用和提升具备必要经验和技能的合规人员,改善本公司的合规技术基础设施,以及实施行业标准的贸易监督工具。即使该公司已经加强并承诺继续加强其合规方案和内部控制,考虑到该公司在犯罪行为发生时没有有效的合规机制及公司的合规部门在助长不当行为方面所起的作用,并考虑到该公司对其合规机制和内部控制的补救性改进尚未得到充分实施和测试,以证明这些改进措施将来能够防止和发现类似的不当行为,检察官认为有必要设立独立的第三方监管人。

4. 理论依据:第三方监管人的适用

(1)实现威慑的方式。

如上文所述,监管人的权力范围从广泛的、总体的合规问题扩大到影响公司实际的管理运营。从历史的角度来看,监管人正在从一个简单的顾问变成一个更有权力的公司经理。② 美国司法实践将企业聘用这种具有高度影响力的监管人视为一种制裁,威慑是实现最佳制裁的首要目标。现金罚款与监管人的监督均是实现威慑的方式,但后者的社会成本高于前者。因此,若施加现金罚款与监督能获得同等程度的威慑力,则最好使用现金罚款。问题是,现金罚款可能因其达不到理想的威慑水平而非最优选择。例如,在企业没有足够的资产用于执行,或者罚款将导致重大损失或破产的情况下,现金罚款并不是实现制裁的最佳方式。反之,如果企业多次违反同一条法律,可靠的推测是,对企业来说罚款太低不足以起到威慑作用。如果增加罚款直到最高罚款额的上限仍无法实现制裁目标,一个可能的原因是,企业从犯罪活动中获得了远超罚款额的巨额收

---

① 2016年,在美国商品期货交易委员会(CFTC)标记Corey Flaum("事实陈述"中确定的贵金属交易商之一)的交易可能存在欺骗行为后,丰业银行主动向CFTC披露了信息,CFTC以此为依据作出了调查结果和制裁决定。然而,由于记录保存失败,丰业银行向CFTC的披露实质上是不完整的。公司错误地向CFTC表明Flaum仅使用了一个交易者ID——"CCCFLAUM",事实上,Flaum在受雇于丰业银行期间使用了另一个ID——"CFLAUM"进行了数千笔非法交易。由于公司的披露不完整,以及CFTC所依赖的不准确陈述,CFTC和丰业银行达成了一项并未全面反映Flaum欺骗行为的决议("2018年CFTC决议"),并且丰业银行从CFTC处获得大幅减轻的处罚。

② See Vikramaditya Khanna & Timothy L. Dickinson, The Corporate Monitor: The New Corporate Czar, *Michigan Law Review*, Vol. 105, 2007, pp. 1713-1715.

益。在这种情况下,其他的制裁方式,如派驻监管人进行持续的监督不失为一个更好的选择。实施监督制裁的理论依据是,罚款的威慑作用已经用尽。如果拥有监管人的净收益大于其他类型制裁的净收益,监管人可能是可取的。①

(2)节省执法资源。

实施监管的另一个理由是监管人为政府节省了执法资源。执法机关可以将监管任务转移给监管人并要求涉案企业支付监管费用,以此减少政府在执法和监督上的开支。一方面,考虑到执法成本,由监管人代替执法机关进行监督能够腾出足够的政府执法资源,以便执法机关指控更多的案件,实现更大的威慑力,这被视为一种理想的劳动分工。② 另一方面,由涉案企业承担全部监管费用。其理论依据是,监管费用被认为是执法机关施加的先发制人的合规惩罚。执法机关非常清楚,在所有可起诉的案件中,他们看到的只是非常小的一部分。绝大多数公司的不法行为都没有得到指控,管理层也没有采取行动或进行内部处理,存在很大一部分未调查和未裁决的不法行为,即公司罪责的"黑数"。从执法机关的角度来看,公司组织形式的复杂性和近乎不可逾越性将会留下严重的罪责"黑数",除非收取预先的或先发制人的合规罚款,监管费用是涉案企业为其责任"黑数"支付的对价。③

(3)实现刑法的目的。

执法机关在决定是否起诉或达成和解协议时,应确保刑法的目标——惩罚、威慑和改造——得到满足。作为暂缓起诉协议或不起诉协议的一部分,监管人是威慑的延续与改造的手段。监管的目标是确定①发生了什么②为什么会发生,以及③可以采取哪些措施来防止它再次发生,这些问题有助于确定结构性失效并确定需要改进的领域,以防止未来的失效。在此基础上,监管人向涉案企业和执法机关提出建议,说明涉

---

① See Vikramaditya Khanna & Timothy L. Dickinson, The Corporate Monitor: The New Corporate Czar, *Michigan Law Review*, Vol. 105, 2007, pp. 1728-1731.

② See Vikramaditya Khanna & Timothy L. Dickinson, The Corporate Monitor: The New Corporate Czar, *Michigan Law Review*, Vol. 105, 2007, pp. 1730.

③ See William S. Laufer, A Very Special Regulatory Milestone, *University of Pennsylvania Journal of Business Law*, Vol. 20, 2017, pp. 392-393.

案企业该如何改进其合规或内部控制机制,以实现改造的目的。① 公司的复杂性在于,有时累犯行为是管理失误的结果,在这种情况下,直接对管理层实施制裁可能比对公司实施制裁更好。② 美国执法机关的执法特点决定了,进入和解范围的都是具有一定规模的大公司。涉案企业治理结构复杂、人员众多,执法机关的专业能力、执法资源有限,这两个因素决定了,监管人介入公司内部治理有利于发现、惩治犯罪,推动企业内部控制的建设,实现特殊预防的目的。

(三)我国第三方监管人启用机制的构建

经过大约两年的实践探索,企业合规检察制度改革已经初见成效,在很多问题上也已经形成了共识,监管问题就是如此。经过对检察机构独立监管、外部第三人监管、行政机构监管等模式的改进,目前,第三方独立监管模式已经成为制度范本。然而,如何建构第三方监管人的启用机制,还需要进一步讨论。本部分将在承接上一部分域外制度考察的基础上,对于我国的制度建构方案提出具体构想。

1. 责任分配:监管费用的承担

监管费用直接关系到合规激励效果。一方面,涉案企业作为理性人,只有合规收益高于合规成本时,才会愿意积极实施合规计划。如果聘用第三方监管人的成本高昂,给企业带来沉重的负担,将阻碍企业合规目的的达成。这种担心在美国已经成为现实。③ 另一方面,监管费用作为工作报酬,是激励第三方监管人认真履职、充分发挥专业性,从而保证合规整改有效实施的重要因素。合规考察中,企业承担的合规成本实际上包括两部分,一是聘请第三方监管人的费用;二是企业内部相关合规建设或整改产生的费用。内部合规建设费用一般由企业自行承担,关于外部第三方监管人的费用承担主体,各试点单位积极探索,形成了如上所述三种模式。上述三种模式各有利弊,实践中普遍存在的担忧是,现阶段的执法对象多为中小微企业,企业囿于经济条件的限制可能无力承担合规监管费用。若由公共财政负担监管费用,则面临企业的犯罪成本由纳税人承

---

① See Veronica Root, The Monitor-"Client" Relationship, *Virginia Law Review*, Vol. 101, 2014, p. 523.

② See Vikramaditya Khanna and Timothy L. Dickinson, The Corporate Monitor: The New Corporate Czar, *Michigan Law Review*, Vol. 105, 2007, pp. 1730.

③ 参见马明亮:《论企业合规监管制度——以独立监管人为视角》,载《中国刑事法杂志》2021年第1期,第132页。

担,违反罪责自负原则的拷问。监管费用的承担主体与支付结构相当程度上决定了能否启用第三方监管人以及其适用效果。

(1) 公共财政负担监管费用合理性证成。

首先,我国的合规改革实践以民营经济保护、营造法治化营商环境为大背景。检察机关在落实"少捕慎诉慎押"刑事司法政策的同时,督促涉案企业做出合规承诺并积极整改,既促进涉案企业合规守法经营,也警示潜在缺乏规制约束的企业遵纪守法发展,营造法治化营商环境。谨慎对待民营企业的政策要求对于"中小型民营企业,符合单位犯罪条件的,应当认定为单位犯罪,但对涉罪的单位尽可能通过合规整改而不处罚"①。实际上,在很多民营企业中,所有权与经营权高度集中,具有浓厚的个人或者家族色彩。一旦作为企业核心的企业家或者说掌门人倒下,整个企业也会不保或者受到巨大的影响,因此,在我国,检察机关推广合规制度的目的,与其说是保护企业,倒不如说是保护企业的经营者或者责任人。② 不可否认的是,合规考察具有一定的制裁性,而拯救小微企业、民营企业家的初衷天然地削弱了合规整改的威慑力。第三方监管人的启用是实现威慑的重要环节,是执法机关出于对涉案企业的不信任而对企业进行持续监督的一种方式,也是检察机关执法的延续。在此意义上,监管费用应当是执法成本的一部分,由公共财政负担具有一定的合理性。

其次,检察机关对第三方监管人的实际赋权非常克制。在美国,虽然《莫福德备忘录》确认了监管人的主要责任应当是评估和监督公司遵守协议条款的情况,公司不得寻求或从监管人那里获得法律咨询。但在实际运行中,监管人在公司的生产经营、人事变动、对外投资等方面拥有广泛的权力,例如,监管人可能被委托作出重要和日常的决定,可能有权重组公司的内部程序等等,监管人实质上参与公司合规计划的完善、整改工作。有学者指出,"合规监管人的职责并非限于监督,也包括为被监督企业提供服务,与企业一道确保合规计划的有效性,发现与预防未来可能的不法行为"③。相较而言,我国的第三方监管人权力范围更为有限,突出

---

① 孙国祥:《单位犯罪的刑事政策转型与企业合规改革》,载《上海政法学院学报(法治论丛)》2021年第6期,第36页。
② 参见黎宏:《企业合规不起诉:误解及纠正》,载《中国法律评论》2021年第6期,第183页。
③ 马明亮:《论企业合规监管制度——以独立监管人为视角》,载《中国刑事法杂志》2021年第1期,第135页。

强调第三方监管人的专业性,其主要职责是以国家受托人身份,从专业视角审视企业合规承诺的履行情况。张军检察长在涉案企业合规第三方监管人座谈会上指出,"第三方组织开展监督评估,重点是核查涉案企业承诺的'合规计划'是否执行到位"。结合《指导意见》对监管人职责的规定①,符合逻辑的推论是,检察机关注重的是第三方监管人的监督职能而非服务职能。第三方监管人仅对涉案企业的合规工作进行监督考察并形成报告向检察机关汇报反馈,以作为检察机关处理案件的参考依据,而不介入涉案企业具体建设及整改工作中,第三方监管人的职责与企业自行聘请的合规律师的工作内容相互区分。第三方监管人的职责范围决定了监管人的工作属于执法活动的一部分,而非企业内部改造行为,更非企业的私人顾问。鉴于此,第三方监管人的监督评估工作具有履行公务的性质,可以将其视为检察机关履行公职的受托人,由国家财政来承担第三方监管人的工作费用。

(2)"渐进式"监管费用承担模式之提倡。

如上文所述,在美国,具有影响力的监管人的权力范围决定了内部调查、合规计划执行必然花费不菲的费用,执法机构出于节省资源的考虑并没有承担监管费用的积极性。如何控制监管的高成本以及合理分担监管费用成为美国独立监管人制度面临的实践困境。鉴于此,我国第三方监管人制度设计之初就借鉴了美国经验,针对监管费用承担主体、分配方式、标准作出了上述差异化尝试。不同于美国的是,监管费用问题在我国的合规改革实践中的影响体现在两个方面:第一,相较于美国企业承担的动辄几十万、几百万美金的监管费用,监管费用在我国并不高昂,相反,现有的标准并不足以激励第三方监管人参与到重大、复杂的合规案件中;第二,美国执法机关的执法对象集中于大企业,我国的执法对象多为中小微企业,考虑到其持续生存的压力,即使监管费用并不高昂,其可能也无力承担,监管费用直接影响第三方监管机制能否启用。因此,监管费用的分担模式必须兼顾对涉案企业与第三方监管人的双重激励要求,并对我国合规改革实践中小微企业数量众多的突出特点予以观照。鉴于此,本文提倡"渐进式"的监管费用承担模式:以企业涉案所适用程序为区分标准,对现阶段试点范围内因涉轻罪(自然人可能被判处3年以下有期徒刑

---

① 第三方监管人的职责是调查、评估、监督和考察。参见《关于建立涉案企业合规第三方监督评估机制的指导意见(试行)》第1条。

案件)适用相对不起诉程序的企业启用监管人进行合规考察的,监管费用由公共财政承担;对因重罪(自然人可能被判处3—10年有期徒刑案件)适用认罪认罚从宽程序的企业启用监管人进行合规考察的,监管费用由涉案企业自行承担。

一方面,刑诉法为检察官留下了自由裁量的空间。根据我国《刑事诉讼法》第177条第2款之规定,"犯罪情节轻微,依照刑法规定不需要判处刑罚或者免除刑罚的,人民检察院可以做出不起诉决定。""犯罪情节轻微"在司法实践中通常又被认为是可能判处的宣告刑为3年以下有期徒刑。这意味着,在轻罪的范围内的企业本就可以通过相对不起诉获得宽大处理。试点单位将该类企业纳入合规考察,以涉案企业承诺并履行合规计划、修复受损法益等事由为根据不起诉企业是出于促进涉案企业改善内部控制机制从而预防犯罪的政策考虑。由于合规考察具有准刑罚性质,因此,对本可以通过相对不起诉程序获得宽大处理的轻罪范围内的企业启用合规考察,不要求其承担制裁成本(监管费用)具有一定合理性。由于受限于我国刑事实体法中的罪刑法定原则和平等适用刑法原则,企业合规相对不起诉只能适用于轻罪案件。在重罪案件中,企业和直接责任人员、主管人员都无法适用相对不起诉程序。现在的试点思路是,在轻罪案件中,可以适用企业合规相对不起诉制度;在重罪案件中,即便不能适用相对不起诉,也可以适用认罪认罚从宽制度,用足所有从轻处理的制度空间,尽量对自然人适用缓刑,换取企业负责人及公司的合规承诺。也就是说,试点单位以认罪认罚从宽处理机制为切入点,通过量刑激励(尽量对涉案自然人适用缓刑)的方式促进重罪案件的涉案企业建立合规计划。重罪范围内的企业获得了不起诉或量刑从宽的优待。从这个角度来说,合规作为一种替代措施,制裁成本应由涉案企业承担。

另一方面,我国合规改革实践呈现出阶段性、渐进性的特点。试点之初,最高人民检察院出于谨慎考虑,要求试点单位在轻罪(自然人可能被判处3年以下有期徒刑)案件中探索企业合规相对不起诉制度。从企业规模的角度来看,如上文统计资料显示,涉案企业绝大多数都是小微企业。也就是说,轻罪范围内适用合规不起诉的企业绝大部分为小微企业,对其的监管费用由公共财政承担,观照了小微企业的现实压力。随着改革的深入,可适用认罪认罚从宽的单位犯罪和企业家经济犯罪均被纳入试点范围,从轻罪到重罪、从合规不起诉到合规从宽,适用范围和适用方式都得以拓展。① 对于重罪范围的企业,不区分企业规模,均应由涉案企业承担监管费用,既是涉案企业承担自身的制裁成本的应有之义,也是贯彻"真严管""真厚爱"的政策需要。

2. 启用条件:以自主合规整改能力为核心

第三方监管人是实现威慑与特殊预防的重要方式。有效合规体系的表象很容易被模仿,但其是否实质有效却很难判定,如何防范涉案企业通过"装点门面"式的合规计划逃避刑事责任,确保涉案企业未来的合规性,是第三方监管人的首要目标。检察官必须确保涉案企业真诚地合规,防止合规表面化,切实贯彻"既要严管,也要厚爱"的政策,形成监管压力与合规动力。在此意义上,第三方监管人被赋予了重大期待,也是其最大的制度价值。囿于执法资源的限制,第三方监管人的启用应有限度,遵循必要性原则。美国司法实践对独立监管人的启用遵循必要性原则的进路是,减少具有影响力的监控人对涉案企业的不当损害,兼顾执法资源有限的客观困境。我国的合规改革实践未赋予第三方监管人广泛的权力,但执法资源有限的问题更加突出。据统计,仅 2021 年 1 月至 9 月,10个合规改革试点地区办理涉企合规案件 329 件,开展第三方监督评估机构评估、审核 124 件。② 鉴于我国执法活跃程度高、执法领域宽泛、执法对象数量众多的特点,第三方监管人应在衡量成本与收益的基础上选择性适用,最大化地实现其制度价值。因此,本文提倡以自主合规整改能力为核心构建第三方监管人启用的二元路径。评估涉案企业是否有能力进行内部合规整改的因素有:企业治理结构、内部控制机制、犯罪行为波及范围、犯罪行为发生后采取的补救措施、合规整改的积极性。检察机关应以企业治理结构、内部控制机制、犯罪行为波及范围等因素为核心综合判断涉案企业自主合规整改的能力,对于有能力自主完成合规整改,可以确保其未来的合规性的涉案企业,检察机关无须启用第三方监管人;检察机关对涉案企业的自主合规整改能力有所怀疑的,应启用第三方监管人。

第一,第三方监管人的作用在于保证合规整改效果。在企业治理结构复杂、内部控制失效的情况下,启用第三方监管人可以防止合规计划流

---

① 参见刘亭亭:《企业合规改革开出太阳花——专访最高检检察理论研究所所长谢鹏程》,载《检察日报》2021 年 11 月 16 日,第 005 版。

② 参见孙风娟:《办案数量不断增加,监督质量不断提升——最高检案管办负责人就 2021 年 1 月至 9 月全国检察机关主要办案数据答记者问》,载《检察日报》2021 年 10 月 19 日,第 004 版。

于纸面,以保障合规计划的专业性、针对性、执行的有效性。例如,深圳市Y快递公司、Z快递公司、熊某波、刘某走私普通货物一案中,检察机关经了解,类似本案中"由货主操作刷单,快递企业加盟商协助完成走私犯罪"的现象在当前跨境电商行业中具有普遍性。鉴于此,检察机关在充分告知权利并保障涉案企业合规自愿性的前提下,多次走访、考察涉案公司营业点,主动约谈两家涉案公司的深圳总公司,全面梳理了其内部治理结构、管理制度和运营方式,排查出其在加盟商管理约束、商品监管运输、遵守相关法律法规等方面的突出问题,认为其合规体系待健全完善,并向其发出《检察建议书》,建议针对相关管理漏洞进行有效整改。本案采取了涉案企业自行进行合规整改,每月向检察机关提交一次书面整改报告的监督方式。实际上,涉案企业在加盟商管理约束、商品监管运输、遵守相关法律法规等方面均存在突出问题,企业事前的合规计划未充分发挥作用,不值得信赖;合规整改涉及涉案企业内部治理结构整顿,管理制度、运营方式调整等重大变动;"由货主操作刷单,快递企业加盟商协助完成走私犯罪"的现象在当前跨境电商行业中属于具有普遍性的问题,不能减轻涉案企业自身的罪责。综合以上因素,本案启用第三方监管人对企业进行合规监管更为合适。首先,这类企业往往治理结构复杂,即使存在事前的合规计划,但若有证据表明该计划未能有效实施,说明该企业没有能力有效执行合规计划,需要第三方监管人日常进驻该企业,确保合规计划有效履行。其次,复杂、大型的合规计划往往意味着专业程度高,检察机关需要借助第三方监管人的专业性,确保合规计划的制定、执行有更强的针对性。最后,对这类企业的监管往往需要付出更多的时间、精力,检察机关资源有限,无法兼顾,第三方监管人的介入可以解决这个问题。更为重要的是,这类企业也有足够的能力负担超出公共财政负担范围的第三方监管人的费用。

第二,涉案企业内部控制制度虽然存在缺陷,但若有证据证明犯罪行为在涉案企业内部并不广泛,涉案企业有能力自主进行合规整改、有效执行合规计划的,可以不启用第三方监管人,由检察机关联合行政主管机关监管。例如,2021年3月,随州某银行支行客户经理刘某因涉嫌挪用资金罪、违法发放贷款罪,被随县检察院提起公诉。办案过程中,检察机关查明该支行副行长徐某甲、徐某乙在贷款调查过程中未认真履行职责,未核实贷款资料真实性,致使违法发放贷款722万元,给单位造成重大损失。经调查,该银行经营业绩在全省系统内排名第一,属政府拟推动上市企业,且徐某甲、徐某乙均有自首、认罪认罚、初犯等情节。鉴于此,随县检察院积极引导该支行开展企业合规建设。涉案企业成立了合规计划工作领导小组,在全行范围内开展合规建设工作,抓紧落实合规计划,完善内部管理机制。随县检察院还针对该支行在贷款受理、调查、审批、贷后管理过程中存在的问题,及时发出检察建议,督促该支行加强内部监管、堵塞漏洞。在本案中,应综合考虑挪用资金、违法发放贷款行为的普遍性,以及企业高层管理人员事后的补救措施、内部控制运行情况,若犯罪行为在涉案企业内部并不普遍,企业高层管理人员未广泛参与,未对犯罪行为给予支持、帮助的,能够信赖企业采取积极措施切实履行合规计划、改善内部控制机制,则没有必要启用第三方监管人。

(四)结语

第三方监管人是保证企业合规整改效果的重中之重。最高人民检察院检察长张军曾指出,通过改革试点工作督促涉案企业"真整改""真合规",重要前提是第三方组织、人员要做到"真监督""真评估",谨防企业合规整改成为走过场的"纸面合规"、可改可不改的"软约束",决不能让合规改革成为涉案企业无条件"免罚金牌"。以典型案例和规范性文件为线索观察我国企业合规改革试点不难发现,我国的第三方监管人机制暗含强烈的行政色彩,第三方监管人实际上包含两层主体:一是由行政机构组成的第三方机制管委会;二是由律师等专业人员组成的第三方组织。相较于国外的独立监管人,这是一种中国特色的监管人模式,值得肯定。在此基础上,未来改革试点应当注意以下问题:第一,充分研判中国与英美国家基础制度及实践需求差异,合理观照我国执法对象多为中小微企业的现实。第二,以监管效果为导向,注重对涉案企业自主合规整改能力的考察,最大化实现第三方监管人的制度价值。在衡量成本与收益的基础上,建构企业合规第三方监管人启用机制的中国模式。

第六章　制度限缩：基于经济自由与权利保障的思考

第一节　问题的提出

前文已经反复提及，合规是全球化、风险刑法的产物。① 经济的全球化意味着企业所面临的制裁风险的全球化。也就是说，企业不仅可能面临国内法的制裁，其还可能受到其他国家或国际性组织的禁止或命令性规范的规制。公司犯罪制度的普遍引入，使得全球性风险呈现显著的刑事化特征。风险加大客观催生了规避风险的需求和欲望，为此，企业纷纷通过自我管理的方式控制风险。② 从国家的角度而言，其试图从外部对企业施加影响，但作用甚微，甚至适得其反。③ 企业与国家的利益在大的方向上具有一致性，但在微观层面，企业有自身利益，企业内部规范并非总是与国家规范保持价值和目标上的一致性，而企业内部规范作为次级规范，对员工的行为可能有更大的影响。例如，不合理的销售目标设定对员工越轨行为具有刺激作用。④ 因此，如何保证企业自身规范与国家的禁止性规范价值和目标上的一致性，具有重要意义，这也是国家推动合规激励制度的动因。合规激励制度不仅可以保证国家规范得到良好贯彻，有效预防公司内部不法行为，还可以为国家节约司法资源。另一个更为隐蔽的意义是，合规制度会对刑事管辖权和刑事司法协助产生深远影响。⑤ 详言之，合规制度

---

①　Vgl. Thomas Rotsch, Compliance und Strafrecht——Fragen, Bedeutung, Perspektiven, ZStW 2013, S. 495, 497.

②　参见高秦伟：《跨国私人规制与全球行政法的发展——以食品安全私人标准为例》，载《当代法学》2016年第5期，第67、77页。

③　Vgl. Prittwitz Cornelius, Risiko und Strafrecht, Weihert-Druck GmbH, 1993, S. 138f.

④　参见莎莉·S.辛普森等：《关于企业环境犯罪控制策略的实证分析》，李本灿译，载陈兴良主编：《刑事法评论》（第36卷），北京大学出版社2015年版，第171页。

⑤　参见石磊：《刑事合规：最优企业犯罪预防方法》，载《检察日报》2019年1月26日，第03版。

正在规避国家间的刑事司法协助以及国家司法管辖主权。① 当然,也不排除其他不为人知的目的,例如通过合规规则将全球企业纳入主权国的规制范围,任意创设联结点,以高额罚款/金处罚企业,将其当作"提款机"。

基于以上原因,刑事合规制度正在席卷全球:从美国的《美国联邦量刑指南》《萨班斯法案》,到意大利的意大利第 231/2001 号法令、英国的《英国反贿赂罪法案》、法国的《萨宾第二法案》,再到欧盟的《通用数据保护条例》。应当说,经济的全球化需要经济规则的全球化,从这个意义上讲,合规制度的推行已成大势所趋,不可违逆。为了应对我国企业"走出去"过程中的合规风险,国家发改委等七部门联合出台了《企业海外经营合规管理指引》;国务院国资委发布了《中央企业合规管理指引(试行)》;我国刑法中的单位犯罪制度也在推动特别领域的合规制度上起到了重要作用,例如,拒不履行信息网络安全管理义务罪创设了网络犯罪治理中的合规制度。② 然而,一般性的刑事合规制度尚未设立。中国刑法学界对于刑事合规制度已经展开了广泛研究,对于未来的合规立法而言,现有成果都是有益的参考。然而,风险社会意味着,作为抵御风险的制度或决策本身就可能产生新的风险。也就是说,当代的风险具有循环性,控制风险的手段本身又会带来新的风险,权力的介入也会带来制度的风险,因而制度也必须找到自我节制的办法。③ 从域外经验来看,原本作为风险抵御工具的刑事合规制度已经偏离了合理的价值预期,产生了新的制度风险。基于此,从另一个侧面,限定刑事合规的制度边界,也是一项富有价值的研究工作。本章节的问题意识以及学术价值也恰在于此。

第二节　预防性措施的制度边界

一、企业经营自由权与合规计划的标准化

在企业合规管理问题上,不管是从世界范围看,还是具体到中国,正

---

① Vgl. Wastl/Litzka/Pusch, SEC-Ermittlungen in Deutschland—eine Umgehung rechtsstaatlicher Mindeststandards!, NStZ 2009, S. 71ff.
② 参见李本灿:《拒不履行信息网络安全管理义务罪的两面性解读》,载《法学论坛》2017 年第 3 期,第 138—141 页。
③ 参见陈金林:《积极一般预防理论研究》,武汉大学出版社 2013 年版,第 6 页。

在形成一种不好的现象,即试图将合规管理标准化。例如,"反贿赂管理体系国际标准"中对于企业内部审核提出要求:"组织应按计划的时间间隔开展内部审核,以证实反贿赂管理体系是否符合组织自身对反贿赂管理体系的要求;是否符合本国际标准的要求"。① 中国标准化研究院颁布的《合规管理体系指南》②已经于 2018 年 7 月 1 日开始实施;深圳市标准化指导性技术文件《反贿赂管理体系》③也已经于 2017 年 7 月 1 日起实施。合规标准化对于合规制度的推行以及有效性评估固然有益,但也会产生与基本权的冲突问题:合规标准化是否可能与企业经营自由权相冲突? 事实上,在很多国家,企业的经营自由受到宪法的严格保护,企业组织结构形式应以有效促进经济活力为宗旨,不应当受制于严苛的官僚式的规则。④ 例如,"从《德国基本法》第 12 条的职业自由可以推导出公民开业自由与工商活动自由;第 2 条第 1 款所规定的一般行为自由是基本权利中的基本条款,具有补充性功能,此项基本权利包含着经济方面的行动自由,保障企业自主决定其经济行为、契约自由和消费自由"⑤。尽管经济自由受到一定程度的限制,即通过"社会国原则"加以平衡,但后者主要以消除市场经济弊端、追求社会公平正义为宗旨;政府经济权力同样受到基本权利的束缚,以严格的依法行政和比例原则来保证政府经济行为之合法性与合理性。⑥ 在美国,尽管不存在诸如《德国基本法》中的"职业自由""学术自由"等具体的权利条款,但从一般自由条款中亦可推导出企业的经营自由。企业的经营自由被认为是理所当然的。与此相应,尽管美国是刑事合规制度的重要践行者,刑事合规规则的最大输出国,但"组织量刑指南"并未设定程式化的合规标准,其所提出的合规七要素也仅仅是原则性指导,"组织规模""业务性质""组织前科"这三个因素对于合规有效性的评估也有影响。⑦ 也就是说,合规计划的构建应当遵从个别化原则。回到我们国家,《宪法》第 16 条、第 17 条明确了国有、集体企业

---

① 《反贿赂管理体系:要求及使用指南国际标准》(文件号:ISO 37001:2016〔E〕)。
② 文件号:GB/T 35770-2017/ISO19600:2014。
③ 文件号:SZDB/Z 245-2017。
④ See Günter Heine, "New Developments in Corporate Criminal Liability in Europe: Can Europeans Learn from the American Experience-or Vice Versa?", *Saint Louis-Warsaw Transatlantic Law Journal*, Vol. 1998, p. 178.
⑤ 汪玉涛:《德国经济宪法及其启示》,载《中国行政管理》2012 年第 11 期,第 90 页。
⑥ 参见汪玉涛:《德国经济宪法及其启示》,载《中国行政管理》2012 年第 11 期,第 91 页。
⑦ See U. S. Sentencing Guideline Manual (2018), §8B 2.1(b) & Commentary.

的自主经营权;从第 11 条"国家保护个体经济、私营经济等非公有制经济的合法的权利和利益"出发,也可以推论出,私营企业在法律范围内也具有自主经营的权利。

需要指出的是,企业经营自由并非毫无边界,其必须在法律范围内自由经营。然而,法律的限制也并非毫无边界,其也必须受到比例原则的限制。公司经营本身不仅关涉公司自身的利益,也关涉公共利益,尤其是对于公众公司而言。因此,公司经营自由必须受到公司法基本规则的限制,例如,公司法对于特定公司必须实缴资本的要求;公司法对于有限责任公司以及股份有限公司的组织机构的不同要求。这些基本要求客观上保障了公司自身的平稳运行,也已经最低限度保障了公司不对外输出人的或物的风险。从"合规管理本质上是自我管理"这一基本观点出发,公司法的基本制度设计就是一种合规管理制度,其他规范性文件可以在此基础上进行补充,例如,在现有公司治理框架内,明确董事会、监事会、经理层、法律事务机构以及其他业务部门的合规职责以及相互关系,并特别强调合规管理牵头部门的独立性。① 合规管理有效性的关键是建构一条自上而下的责任链条以及自下而上的信息流,以此保证合规部门的独立性,除此之外,其他的要求都可能是多余的。

简言之,合规计划的设计应当坚持个别化原则,标准化尝试难以保证制度有效性,也可能形成过度规制,侵害企业经营自由的宪法权利。

二、比例原则与内部控制强度

作为行政法领域的基本原则,比例原则意指行政权配置应当兼顾行政目的与行政相对人权益,并在两者之间保持某种平衡,使得行政权既为实现行政目的之绝对必要,又尽可能小地影响行政相对人权益。它包括适当性原则、必要性原则、相称性原则(又称狭义比例性原则)。② "适当性原则处理的是手段与目的之间的关系,要求政府机关采取的手段必须能够或有助于实现行政目的;必要性原则处理的是手段与手段之间的关系,要求政府机关在多种达到行政目的的手段中选择侵害最小的手段;相称性原则处理的是手段的结果与目的之间的关系,要求政府机关对希望保护的利益和所可能损害的利益进行衡量,如果一项行政措施所损害的

---

① 参见国务院国资委:《中央企业合规管理指引(试行)》第 4—11 条。
② 参见江国华:《中国行政法(总论)》(第二版),武汉大学出版社 2017 年版,第 52、53 页。

利益大于其所保护的利益,就不得采用该行政措施。"① 现如今,很多国家已经将比例原则上升为宪法原则。例如,从《德国基本法》第 1 条和第 20 条可以推导出比例原则;《加拿大宪法》第 1 条、《日本宪法》第 13 条中亦可推导出比例原则。在我国,《宪法》虽未明确规定比例原则,但有学者分别从《宪法》第 51 条②以及《立法法》第 6 条③推导出了比例原则。更可取的解释路径是:我国现行《宪法》第 33 条第 3 款以及《立法法》第 6 条为比例原则提供了部分宪法规范根据;2004 年《宪法修正案》对《宪法》第 10 条第 3 款、第 13 条第 3 款的修正则表明,我国《宪法》已经确立了公私利益平衡的原则。④

从宪法中的比例原则出发,国家对公司的控制应当符合比例性。尽管合规治理是一种自我管理,但因为外部激励制度的存在,其也具有了"规制了的自治"的色彩⑤,比例原则理应被准用。也就是说,企业(主)应当采取的是所有可能的(对应适当性原则)、必要的(对应必要性原则)和可期待的(对应相称性原则)措施。⑥ 可能性可以具体区分为事实上的可能性与法律上的可能性,事实和法律上不可能的措施不能被要求。⑦ 事实上的可能性主要涉及企业的经济能力,即监督措施应当与企业的经济能力相适应,在缺乏经济能力的情况下,只存在采取无须花费的措施这种可能性,特别是采取利用政府信息这种形式。⑧ 法律上的不可能涉及期待可能性问题。必要性即手段的适格性与最轻微手段性;适格性意味着监督措施具有影响行为的效果,可以有效降低企业关联性的错误行为,使得与企业相关的义务得到遵守;最轻微手段性意味着选取对监督义务人影响

---

① 张明楷:《法益保护与比例原则》,载《中国社会科学》2017 年第 7 期,第 94 页。
② 参见姜昕:《比例原则研究——一个宪政的视角》,法律出版社 2008 年版,第174 页。
③ 参见陈新民:《中国行政法学原理》,中国政法大学出版社 2002 年版,第 42 页。
④ 参见门中敬:《比例原则的宪法地位与规范依据——以宪法意义上的宽容理念为分析视角》,载《法学论坛》2014 年第 5 期,第 101、102 页。
⑤ 参见〔德〕乌尔里希·齐白:《打击经济犯罪的刑法及其替代模式》,周遵友译,载〔德〕乌尔里希·齐白:《全球风险社会与信息社会中的刑法:二十一世纪刑法模式的转换》,周遵友、江溯等译,中国法制出版社 2012 年版,第 247 页。
⑥ Vgl. BGH NStZ 1997, S. 545f.
⑦ Vgl. Klaus Rogall, in: Lothar Senge (Hrsg.), Karlsruher Kommentar-OWiG, Aufl. 3, Verlag C. H. Beck, 2006, §130, Rn. 38.
⑧ 参见〔德〕丹尼斯·伯克:《论作为降低涉企犯罪损害预期值措施的刑法上要求的企业监督(刑事合规)——界定合规责任的基本问题》,黄礼登译,载李本灿等编译:《合规与刑法:全球视野的考察》,中国政法大学出版社 2018 年版,第 284、285 页。

最小的措施。① 需要特别指出的是,那种近乎必然的盖然性是不必要的,概率本身仅仅对结果归因有意义,适格性仅仅要求行为人选取在当时的情况下最能确定防止后果发生的行为。② 也就是说,对适格性的评价应当采取事前视角,而非事后视角。

最后的也是最值得讨论的是期待可能性的问题。从(法律上的)可能性与适格性中都可以推论出期待可能性问题。也就是说,对企业而言,经济上过分显著的投入不具有法律上的可能性与适格性,也可能影响行为可期待性的判断。例如,当企业为合规投入而须放弃的利益与所欲保护的利益之间不成比例时,期待可能性的问题就出现了。通俗讲,用大炮打麻雀的行为不可期待。这也就意味着,内部监督措施的强度与不合规的损害预期值正相关。本文总的观点是,借用针对自然人犯罪的期待可能性理论来评估监督强度;所放弃的利益与所保护的利益要总体上相对平衡,不能过分悬殊。因此,监督强度的评估问题也就转化为,如何评估损害预期值? 总的来说,损害预期值=预期损害发生概率×预期损害利益大小。③

(1)预期损害发生概率。

损害发生概率=具有刑法意义的员工行为的数量×每个具体的员工行为可罚性的盖然性。这也就意味着,其一,员工行为数量越多,损害预期值越大,相应地,监督措施愈应当深入。在公司员工行为显著稀少的情况下,公司领导自身即可以承担监督职责;在员工行为众多的情况下,监督链条就必须深入地分级,构建不发生断裂的监督与责任链条。其二,单个员工行为可罚性的概率越大,损害预期值越大,相应地,监督措施愈应当深入。员工行为的可罚性概率受到规制强度、行为复杂性、员工质量的影响。规制强度与行为复杂性涉及行业的复杂性以及相对应的规范的复杂性。例如,进出口业务可能涉及的不仅包括国内法,还包括国外、国际法,相比于单纯国内业务,其可罚性概率要更高;金融领域相比于普通的

---

① Vgl. Dennis Bock,Strafrechtliche Aspekte der Compliance-Diskussion— §130 OWiG als Zentrale Norm der Criminal Compliance, ZIS 2009, S. 74.

② Vgl. Thomas Weigend, in: Leipziger Kommentar-StGB, 12. Aufl., De Gruyter, 2007, §13, Rn. 63.

③ 这个问题可以详细参见〔德〕丹尼斯·伯克:《论作为降低涉企犯罪损害预期值措施的刑法上要求的企业监督(刑事合规)——界定合规责任的基本问题》,黄礼登译,载李本灿等编译:《合规与刑法:全球视野的考察》中国政法大学出版社 2018 年版,第 295—306 页。

服务领域,因为涉及公众利益,规则更多、更复杂,相应地,行为触犯法律的可能性也就更大。员工质量是一个相对的标准。一般而言,高质量(例如经过严格培训)的员工实施具有可罚性行为的概率相对较低,所需监督强度也相应降低,但是,这并不绝对。即便是身处要职者,也不代表着更高的法忠诚度;经济犯罪通常不会在工作开始时出现,但经过时间积累,哪怕是高质量员工,也可能积累了犯罪的知识和可能性。[1] 因此,对于具体员工的违规可能性的评估,也需要结合违规记录等情况综合判断,不能单一依靠素质高低。

(2)预期损害利益大小。

预期损害的大小与预期损害的法益的重要性成正比,预期损害的法益越重大,所需要的监督强度越大。对于企业来讲,合规投入主要表现为经济投入,因此,在预期损害表现为经济损害时,进行利益衡量即可,不需要过多讨论。值得讨论的是,当存在利益种类的跨越时,监督强度如何设定?例如,当行为可能影响重大的生命健康法益,甚至多数人的生命健康法益(公共法益)或者国家利益时,如何设定监督强度?笔者的初步看法是,既然损害预期值不能降低至零(已成共识),那就意味着有一部分风险是社会必须容忍的,例如对于核电可能产生的风险已经被其可能带来的利益抵消了。这也就意味着,对于这类风险,一方面应当要求企业采取更强有力的监督措施,另一方面也应当保持利益平衡。如果在能力范围内仍无法避免大概率、高频率风险的发生,那么,这类企业就是社会清理的对象了。

三、技术监控的人身权边界

以上两点主要阐明的是,过度规制可能对于公司权利造成侵害。除此之外,公司职员也可能成为过度规制的受侵害者。在当下的公司内部治理中,尤其值得关注的是技术监控与职员人身权边界的问题。从学理上讲,主流观点已经认可了公司领导人对于员工行为的监督者保证人义务。[2] 出于

---

[1] Vgl. Bussmann/Matschke, Die Zukunft der unternehmerischen Haftung bei Compliance-Verstößen, CCZ 2009, S. 132, 135.

[2] 参见 Bernd Schünemann, Unternehmenskriminalität und Strafrecht, Carl Heymanns Verlag KG, 1979, S. 102ff.;〔德〕克劳斯·罗克辛:《德国刑法学 总论》(第2卷),王世洲等译,法律出版社 2013 年版,第 32 节,边码 137。

利益维护考虑,企业通常也都会采取措施监督员工在工作场所的职务行为。① 在电子技术发达的今天,劳动者监控主要是通过技术设施完成的,例如,通过电子摄像头监督员工的行为,或者通过电子设施跟踪员工的电子邮件等通信工具以及网页浏览信息。应当说,监督员工行为是单位的义务,也是权利。然而,即便是在工作场所,员工隐私权也并非不受保护。尽管我国的《劳动法》《劳动合同法》均未涉及员工隐私权,但在《民法典》第 990 条明确规定了公民的隐私权。从《宪法》第 38 条的人格尊严条款亦可推导出公民隐私权。因此,如何平衡劳动者的隐私权与企业的监督权成为企业内部治理中的重要问题。

对于权利冲突与平衡问题,从来没有标准答案,它与一个国家基本的法律规定以及权利观念密不可分。例如,同属经济高度发达地区,欧洲和美国就存在不同的劳动者隐私观念。在美国联邦层面,对于劳动者隐私权的保护主要是通过《美国电子通信隐私法案》进行的。尽管该法案规定了拦截电子通信信息行为以及未经授权侵入电子信息设备的行为违法,但又为此设定了若干例外;此外,法院对于该法案也倾向于限缩解释,扩大雇主的监控权限。② 可以说,在劳动者隐私权保护这个问题上,美国法站在了雇主一边。究其原因,是因为美国的隐私权观念是建立在"独处权"的理念之上的,这种独处权在家庭等私人空间受到绝对保护,但在劳动场所,由于其半公开的属性,劳动者的隐私期待被大大降低了;相比之下,雇主的知情权更为重要,因为这样可以保证竞争力以及经营管理效率。③ 相比之下,《个人资料隐私保护指令》则体现出对劳动者人格尊严的重视,亦即,从人格尊严条款推导出对劳动者的隐私权保护。基于此,"单面透视玻璃""录像机监控""窃听设备"都不被允许,这些行为甚至可能违反《德国刑法典》第 201 条。作为例外,在员工同意以及涉及雇主重大利益的情况下,上述行为方被允许;"保护重大的雇主利益所需的情况"不包括防止雇员或顾客偷窃等情况,原因在于,雇用专门人手也能

---

① 参见张新宝:《隐私权的法律保护》(第二版),群众出版社 2004 年版,第 235 页。
② See Gail Lasprogata, Nancy J. King & Sukanya Pillay, "Regulation of Electronic Employee Monitoring: Identifying Fundamental Principles of Employee Privacy Through a Comparative Study of Data Privacy Legislation in the European Union, United States and Canada", *Stanford Technology Law Review*, Vol. 4, 2004, p. 36.
③ 参见罗有康:《劳动者隐私权保护制度比较研究——兼论我国劳动者隐私权保护制度的立法思考》,复旦大学 2009 年硕士学位论文,第 30 页。

起到同样效果；只有在紧急防卫或者类似的情况下，才有所不同。①

劳动法的本质是国家干预劳动关系，它所体现的是一个清晰的宪法价值位阶；它是现代经济社会高度发展的产物，在自由主义和国家干预主义的交错中呈现出其存在的样态及功能价值。② 也就是说，劳动法一直在管制与放松管制之间摇摆。在缺乏劳动法依据的情况下，我国合规监控的人身权边界也应当在绝对管制与绝对自由之间寻求平衡。首先，如果过于放松，绝对遵从意思自治原则，则可能影响职员宪法权利的实现，尤其是在我国宪法明确保护人格尊严的情况下。其次，如果过度管制，则势必影响单位的知情权。鉴于此，本文认为，在坚持劳动者人格利益高于雇主经济利益的大前提下③，应坚持知情、合法合理、安全、公共利益的原则。所谓知情，是指职员的事前同意，并知晓所搜集的个人数据的内容、存放方式、用途等情况。基于此，秘密的信息搜集则不被允许。所谓合法合理，是指手段合法并且符合比例原则，例如，对于更衣室等极度隐私的地方，不允许任何电子监控；对于纯粹公共用途的邮箱进行信息搜集没有问题，但如果公司并不禁止邮箱或者通信工具的私用，则对于信息跟踪手段要进行限制，禁止跟踪私人信息。所谓安全，是指不仅要保证所搜集信息不被任意泄露，还应当保证目的落空后及时销毁数据。所谓公共利益，是指如果所搜集数据涉及重大公共利益，则外部揭弊并不涉及员工的隐私侵害。

第三节　外部激励措施的制度边界

一、不合规不能成为反向激励的事由

在立法例上，合规往往被视为正向激励的事由。例如合规可以成为《英国反贿赂法案》第 7 条的辩护事由，起到出罪作用；合规可以成为美国"组织量刑指南"中减轻处罚的根据。④ 有疑问的是，不合规能否成为反向激励的事由，例如，是否可以加重刑罚？笔者曾经从《美国联邦量刑指

---

① 参见〔德〕沃尔夫冈·多伊普勒：《德国劳动法》（第 11 版），王倩译，上海人民出版社 2016 年版，第 225、226 页。
② 参见林嘉：《劳动法的原理、体系与问题》，法律出版社 2016 年版，第 27 页。
③ 参见胡玉浪：《电子邮件监视与劳动者隐私权的法律保护》，载《法治研究》2009 年第 3 期，第 44 页。
④ See U. S. Sentencing Guideline Manual (2018), §8C 2.5(f)(g).

南》第 8 章 C 部分 2.5 条(b)、(f)款推导出了不合规将会加重处罚的根据。高层参与确实体现了更大的罪责,然而,高层参与本身是评价是否存在有效合规计划的重要考量因素,如果高层积极构建合规体现了合规的有效性,从而减轻责任点数,那么,高层参与犯罪理应抵销所减轻的责任点数,即责任点数保持原有水平而非加重责任。在高层参与作为加重处罚的重要根据的情况下,只能认为不合规是刑罚的加重事由。同样的解释也发生在第 8 章 C 部分 2.5 条(f)、(g)款与第 8 章 C 部分 2.5 条(e)款①之间的关系:尽管(f)款和(g)款分别使用了"有效的合规和伦理计划""自我报告、合作和认罪"的不同表述,但这些都是合规计划的核心含义;与此相对,(e)款则将"不采取合理措施预防……"作为责任点数增加(3 点)的根据,而"不采取合理措施预防"即为"不合规"的同义表达,很明显,"不合规"已经成为责任加重的根据。也就是说,在美国法中,不合规成为刑罚加重的根据。据我国学者介绍,澳大利亚法也将不合规作为加重处罚的根据。②

在学理上,孙国祥教授表面上看反对笔者的观点:"既然是否实施刑事合规能够成为入罪的依据,就没有理由否定刑事合规与刑事制裁轻重的勾连,不能排除企业对刑事合规的敌视成为从重情节。"③为了证明这个观点,孙国祥教授列举了相关司法解释关于"多次实施违法行为、事后妨碍、对抗调查,可以从重处罚"的规定。然而,不得不说,这是师徒二人的错误交锋。事实上,笔者并不排斥不合规可以从重处罚的观点,而只是认为,不合规不能成为加重刑罚的根据。从量刑的基本理论来看,责任刑决定刑罚的上限,预防刑决定刑罚的下限。④ 作为预防刑的因素(部分场合),企业合规制度表征了其预防必要性降低,因此,可以在责任刑限度内调节刑罚,这种调节当然包括从轻和从重。例如,企业不实施合规制度,多次发生违法行为,当然可以从重处罚。这种情况下,公司不合规承担了品格证据的作用。但是,无论如何都不能因为公司不合规而突破责任刑,加重公司刑罚,这是量刑的基本规则。此外,在部分场合,合规计划

---

① See U. S. Sentencing Guideline Manual (2018), §8C 2.5(e)(f)(g).
② 参见周振杰:《企业适法计划与企业犯罪预防》,载《法治研究》2012 年第 4 期,第 30 页。
③ 孙国祥:《刑事合规的理念、机能和中国的构建》,载《中国刑事法杂志》2019 年第 2 期,第 24 页。
④ 参见李冠煜:《量刑责任概念的理解与适用》,载《当代法学》2016 年第 5 期,第 91 页。

是责任刑的考量因素,例如在过失犯罪中,合规是企业履行注意义务的方式。这种情况下,责任刑的评价已经包含了企业合规情况,在量刑中不能重复评价。①

总之,无论是作为责任刑,还是预防刑的考虑因素,企业不合规都不是加重处罚的理由。

二、保证人的义务范围不应无限扩展

(一)单一的前置性行政法规不能成为刑事义务的联结点

从国家视角观察,推动企业合规的激励机制首先是将合规与单位刑罚建立联系。② 以美国法为代表的立法例与学术研究,包括我们国家当下的合规制度研究,都属于这种模式。然而,需要讨论的是,在不承认法人犯罪的法域中如何建构刑事合规制度?即便是我国,法人犯罪也具有片段性,即法人仅为部分行为承担刑事责任,例如,单位实施的贷款诈骗就不能构成单位犯罪。这种情况下,如何通过对单位的激励推动专项合规就成为问题。事实上,如果将以美国为代表的模式称为组织体抑制模式,那么,必然存在另一种模式,即个人抑制模式。而且,在同一个国家,两种模式并非互相排斥。也就是说,即便是在通过单位刑罚激励建构刑事合规制度的国家,同时也存在通过对个人施加责任推动其履行合规建构义务的制度安排。例如,《萨班斯法案》显著强化白领犯罪刑事责任,以此推动其履行内控义务的方式,就是个人抑制模式。个人抑制模式的典型代表是德国,其主要方式是,赋予合规官监督者保证人义务,以此建构内部合规机制。也就是说,当合规官发现公司内部存在职务关联性不法行为时,其具有监督管理义务。③

有力的观点之一认为,合规官对于公司内部职务关联性不法行为的监督者保证人义务是派生性义务:因为具有命令以及组织权能,企业领导人具有危险源(不区分人的危险与物的危险)监督义务,经过授权,合规官取得了派生性的监督义务,这种义务的形成不需要独立的命令支配权

---

① 参见〔日〕城下裕二:《量刑理论的现代课题》(增补版),黎其武、赵姗姗译,法律出版社 2016 年版,第 76 页。
② 参见万方:《企业合规刑事化的发展及启示》,载《中国刑事法杂志》2019 年第 2 期,第 53 页。
③ Vgl. BGHSt 54, 44, Rn. 27.

能,只需要能随时通知领导即可。① 也就是说,一方面,应当肯定合规官具有继受性的监督者保证人义务;另一方面,因为其缺乏必要的命令指示权,其只能通过信息传递,完成自己的义务,经过信息传递,责任回转给了公司领导。② 值得讨论的问题是,当公司领导对于合规官传递的信息不作为,或者违法行为本身就来自领导集体,此时的内部揭弊无法有效阻止不法行为时,合规官是否具有外部揭弊的义务? 在文献中,有学者一方面从《德国有价证券交易法》(WpHG)第 10 条第 1 款第 1 句、第 33 条第 1 款第 2 句中推导出了合规官的外部揭弊义务;另一方面又认为,这种义务的违反仅仅是违反秩序的行为(Ordnungswidrigkeit)。③ 在笔者看来,这种观点是可取的:合规官的内部揭弊义务的实质根据是,经过授权或者从合同的附随义务中可以推导出其为公司利益负责的义务,但其不需要为公共利益负责;然而,在部分场合,法律规定了公民或者特定自然人为公共利益负责的义务,例如《德国刑法典》第 138 条以及上述《德国有价证券交易法》的相关条款。即便如此,从这些条款推导出的义务也具有不同的性质,即需要区分刑事义务与行政性义务。具体到合规官的义务,除非发生《德国刑法典》第 138 条规定的情况,其不具有刑事上的外部揭弊义务;《德国有价证券交易法》中规定的外部揭弊义务的违背仅可能产生秩序违反(非刑事)责任。

这一点结论对于我们国家具有意义:一方面,合规机制的有效构建离不开责任机制的建立④,合规官的监督者保证人义务应当被肯定;另一方面,合规官的监督者保证人义务不应无限扩大,在刑法尚未对这种义务做出规定之前,单一的前置性的行政义务不能成为刑事义务的联结点。例如,我国《反洗钱法》第 15 条明确规定了金融机构的反洗钱义

---

① Vgl. Dannecker/Dannecker, Die, „Verteilung" der strafrechtlichen Geschäftsherrenhaftung im Unternehmen, JZ 2010, S. 990.

② Konu 也表达了与笔者类似的看法:"直接的犯罪阻止义务是不存在的,因为合规官缺乏命令权;然而,其具有采取阻止措施阻止犯罪的义务,及时上报(Eskalation)就是一项合适的组织措施。"Metin Konu, Die Garantenstellung des Compliance-Officers, Duncker & Humblot, 2014, S. 90.

③ Vgl. Johannes Sebastian Blassl, Zur Garantenpflicht des Compliance-Beauftragten, Peter Lang, 2017, S. 220.

④ 实际上,当下反腐实践中的主体责任制就充当了这样的机制,构建了公共机构的反腐败合规机制。详见李本灿:《公共机构腐败治理合规路径的构建——以〈刑法〉第 397 条的解释为中心》,载《中国刑事法杂志》2019 年第 2 期,第 25—46 页。

务,但这只是行政性义务,不能由此推导出领导人以及合规负责人的刑事义务;《证券公司和证券投资基金管理公司合规管理办法》明确规定了合规官在公司未及时向监管部门报告内部违法行为时的报告义务,但并不能单一地以此作为联结点证立合规官对于公共利益的保证人义务。当然,如果具有保证人义务的实质根据,亦不排除上述机构或人员的相关刑事义务,只是,行政性义务不能成为证立刑事义务的唯一根据。

(二)保证人义务不应针对外部第三人

学理上多数观点肯定的是,公司领导人对于公司财产和名誉具有保护者保证人义务。① 有疑问的是,公司领导人以及合规人员对于外部第三人是否具有保护者保证人义务？学理上有一种观点是:在通过"合规承诺"(Compliance Commitments)、"行为守则"(Codes of Conducts)或者"合规政策"(Compliance Policies)等形式发布具有自我义务设定性质(Selbstverpflichtungen)的合规宣言,或者通过合同的方式约定合规标准时,如果这种承诺或者约定使得合同相对方产生了超过一般程度的信赖进而撤除了自我保护措施,那么,保护者保证人义务就产生了。② 在笔者看来,这种观点是不可取的:第一,合规起到的不是减轻责任的作用,相反,其加重了企业与个人责任,是否符合罪刑法定主义原则存在疑问。在这个问题上,对于公司自身的财产的保护者保证人义务以及对于职员职务关联行为的监督者保证人义务则并不相同,因为这种义务具有实质的义务来源理论上的根据。第二,保证人义务是责任链条的扩展,它的范围应当严格限定在非自主性的脆弱法益的须保护性升高的场合。"当法益可以由主体自由处分时,法益主体自主决定使该法益处于脆弱状态的,其他相关人则不负有救助义务。"③公司的场合也是一样,其自身具有第一位的自我保护义务,合规承诺并不会改变这一点。因为合规承诺而撤除第一位的自我保护,是对法益的自由处分,由此并不能引导出合同相对方的保护者保证人义务。第三,从法政策的角度讲,这种观点也不应当被支

---

① Vgl. Markus Berndt, Strafrechtliche Garantenpflicht eines compliance officers, StV 2009, S. 690.

② Vgl. Johannes Sebastian Blassl, Zur Garantenpflicht des Compliance-Beauftragten, Peter Lang, 2017, S. 388ff.

③ 张明楷:《刑法学(上)》(第五版),法律出版社2016年版,第158页。

持。如果由合规承诺、行为守则(合规的必备要素)推导出企业对合同相对方的保护者保证人义务,那么,没有企业愿意合规,因为旨在降低企业风险的合规制度显著加大了自身风险。一个不被真心执行的合规制度,不仅不能达到国家推行该制度的目的,还会造成社会资源的浪费。

三、由实害犯到抽象危险犯的转化不应被无限扩展

据我国学者介绍,《萨宾第二法案》第 17 条规定,建立合规制度是相关企业及其高管人员应当履行的一项积极义务。如果企业没有主动建立合规管理制度,企业可能将面临巨额罚金,企业高管可能面临监禁。[①] 上文在对刑事合规制度进行国别梳理时也提到,如果公司内已经发生了贿赂行为,那么公司将被强制要求建立合规计划,对该强制性义务的违背,公司及高管都可能承担刑事责任。这就意味着,刑事合规制度正在经历制度转型:如果从刑事法手段与自我管理两个角度来理解刑事合规[②],那么,单位犯罪制度就是刑事合规制度,旨在以刑罚的方式推动单位自我管理。在单位故意犯罪的场合,难以认定单位存在有效的合规制度,以至于出现了不法行为;在单位过失的场合,有缺陷的合规制度所产生的不被允许的风险在危害结果中实现了。也就是说,以往的刑事合规制度都是以实害行为或结果的出现为处罚前提。然而,法国的《萨宾第二法案》改变了这种模式,单纯处罚不履行合理组织体的塑造义务的行为。也就是说,法国法实现了由实害犯向抽象危险犯的转变。

传统的核心刑法主要集中于对个人法益的保护,多以法定危害结果的出现为必要。然而,风险刑法理念正在对现代刑法进行全面改造,表现之一就是抽象危险犯的大量增加。抽象危险犯是法益保护的前置,更有利于法益保护目的的实现。从世界范围来看,抽象危险犯主要分布在危害公共安全罪、公务犯罪、妨害司法犯罪以及金融犯罪等领域。一方面,刑法需要保护具体的利益,另一方面,也需要对利益实现的机会、条件、制度进行扩张性保护。例如,刑法通过对安全行车的条件的保障(例

[①] 魏昌东:《监督职能是国家监察委员会的第一职能:理论逻辑与实现路径——兼论中国特色监察监督系统的规范性创建》,载《法学论坛》2019 年第 1 期,第 33 页。

[②] 参见李本灿:《刑事合规理念的国内法表达——以"中兴通讯事件"为切入点》,载《法律科学(西北政法大学学报)》2018 年第 6 期,第 100 页。

如,危险驾驶罪的设置),间接实现了利益保护;对于司法秩序的保障(例如,伪证罪的设置),客观上保证了诉讼参与者的利益;对于证券期货交易的公正、公平、公开运行秩序的保障,客观上保证了金融交易主体的利益。①从这个角度讲,抽象危险犯具有积极意义。然而,它应当有一个边界,在权利保障与社会保护之间实现平衡。在平衡点这个问题上没有标准答案。法国通过抽象危险犯的方式推动反腐机制私有化有其深刻的社会背景,即在欧盟的推动下,建构廉洁、透明的市场环境需要。在腐败犯罪严重的国家,这种方式可能就难以推行,否则会形成过罪化的风险或者象征性立法。对于我们国家而言,通过类似法国的方式推动公司合规需要谨慎。首先,合规理念在我国刚刚起步,在缺少前置法的情况下,贸然通过过于强硬,以前置的抽象危险犯方式推动合规治理,违背刑法的最后手段性原则。其次,明确性原则难以把握,在抽象危险犯的边界问题上,"和刑事罚的施行相联系的危险行为必须恰当地考虑《德意志联邦共和国基本法》第 103 条第 2 款精确地概括的定型化之明确性原则"②。尤其是在合规计划的有效性问题上,至今没有标准答案,这也就意味着,无法评估行为是否满足抽象危险的要求。③

需要说明的是,本书主张:由实害犯到抽象危险犯的转化不应被无限扩展。言外之意是,如果在合理限度内,法国的做法也具有可借鉴之处。本文的初步构想是,结合法益的重要性程度,在未来的立法中,可以适当引入这种模式。例如,在上市公司(利益涉众)强制推行合规制度更为可取;在关乎国民生命健康重大法益的领域(例如疫苗、食品、药品、重大工程等)强制推行合规制度更为可取;在金融领域(利益涉众,更关乎国家金融稳定)强制推行合规制度更为可取。

---

① 参见谢杰、王延祥:《抽象危险犯的反思性审视与优化展望——基于风险社会的刑法保护》,载《政治与法律》2011 年第 2 期,第 75—80 页。
② 〔德〕约克·艾斯勒:《抽象危险犯的基础和边界》,蔡桂生译,载赵秉志主编:《刑法论丛》(第 14 卷),法律出版社 2008 年版,第 339 页。
③ 在危险驾驶的判断问题上,毒驾难以入刑,很大的原因就在于难以量化确定。参见孙国祥:《构成要素行政性标准的过罪化风险与防范》,载《法学》2017 年第 9 期,第 69 页。

第四节　企业内部调查的制度边界

一、刑事诉讼法的基本原则是否应当适用到公司内部调查？

近几年,中国刑事诉讼法学界对于行政执法中取得的证据与刑事诉讼的衔接问题进行了大量的研究,形成了丰硕的成果。如果再往前走一步,一个更大的问题是,公司内部调查与刑事诉讼法的衔接问题。

随着经济全球化的发展,公司业务已经跨越了国界,呈现极度复杂性。这就意味着,公司已经形成了相对封闭的系统。传统的针对自然人犯罪的侦查模式已经难以适应全球化了的公司犯罪:第一,公司的相对封闭性与业务复杂性使得侦查力量难以进入,或者难以有效实现侦查目的;第二,司法管辖权极大限制了主权国家的侦查权。这就决定了,某些国家难以完成的侦查工作很大程度上依赖企业自身,尤其依赖企业的经济能力、专业能力以及较少受司法主权限制(少部分国家对于跨国的员工访谈有限制,例如法国)的优势。据我国学者介绍,在西门子公司全球行贿案中,公司花费8.5亿美元在全球几十个国家进行内部调查,并将调查结果移交给了美国司法部和证券交易委员会,最终使得司法部放弃对西门子公司的刑事指控,双方达成刑事和解协议。① 甚至,从20世纪70年代开始,美国证券交易委员会所办案件多由企业本身完成内部调查。② 这就给我们提出了刑事诉讼私有化的边界问题。③ 也就是说,既然内部调查系出于刑事诉讼目的而实施,那么,它在多大程度上应当受到刑事诉讼法基本原则的限制？例如,不得自证其罪原则是否适用于内部调查？

对于这个问题,没有任何国家给出标准答案。然而,部分判决显示出了司法机关的态度:在文献中被反复提及的破产宣告人案(Gemeinschuldner-Beschlusses)中,一方面,德国联邦宪法法院认为,不得自证其罪原则旨在保护公民免受强制性的自我负担,这种保护在刑事诉讼中最强。与刑事诉讼中的被告人相对,该案中的破产宣告人应当受到较低程度的保

---

① 参见陈瑞华:《西门子的合规体系》,载《中国律师》2019年第6期,第74、75页。
② 参见〔美〕卢西恩·E. 德尔文:《国际白领犯罪与国际化的内部调查》,朱霁康译,载《交大法学》2016年第2期,第62页。
③ Vgl. Ulrich Sieber, Grenzen des Strafrechts, ZStW 2007, S. 42.

护,因为其角色决定了,他对公司询问的如实答复并不会直接导致对自己不利的刑事判决;另一方面,员工的答复仅仅使得企业的信息需求得以正当化,此外,立法者还必须权衡各方利益,破产宣告人的人格权要求内部询问中的答复不能在之后的刑事诉讼中成为不利于自己的证据。① 也就是说,不得自证其罪原则应当适用于以刑事追诉为目的的内部调查。然而,汉堡地方法院于 2010 年 10 月 15 日作出的一份判决却改变了态度:受企业委托的律师在询问一家有限公司的董事会成员是否违反义务时形成的笔录被追诉机关扣押,并作为针对内部受询问者的证据加以使用。原因在于,德国的禁止扣押规定所保护的仅仅是被告人与其律师之间的信任关系,而受委托实施内部调查的律师与企业而非企业职工形成了委托信任关系。不得自证其罪原则涉及的是国家权力机关与被告人之间的关系,而不涉及私营企业与其员工之间的关系。② 曼海姆地方法院采取了折中的态度:尽管从企业手中扣押有关内部调查的材料是被允许的,但却禁止扣押受企业委托的律师的调查文件。③ 在美国,尽管内部调查普遍展开,但多数案件都是以和解协议的方式了结,并未进入审判程序,因此也难以评估不得自证其罪原则在内部调查中是否被适用了。

学理上,主流观点认为:"如果一方面认为,在内部调查过程中,存在犯罪嫌疑的企业员工有义务就犯罪指责作出准确的陈述,而另一方面又认为,在针对企业员工的刑事诉讼过程中,刑事追诉机关扣押调查笔录并作为证据加以使用的做法是正当的,就会损害免予自证其罪的原则。"④也有学者认为,不得自证其罪原则的适用应当满足两个条件:①首先必须存在迫使自我归罪的强制(Zwang zur Selbstbelastung);②不得自证其罪原则是针对国家权力设置的防卫权,因此,第一点的"强制"原则上应来自国家。在公司内部调查的情况下,不管是源自法定的如实陈述义务(对于员工),还是法定的调查义务(对于企业),都难以满足国家强制这个要素。因此,不得自证其罪原则只有在公司与司法机关协商通过内部

---

① Vgl. BVerfGE 56, 48f.

② Vgl. Matthias Jahn, Die verfassungskonforme Auslegung des §97 Abs. 1 Nr. 3 StPO, ZIS 2011, S. 453.

③ Vgl. LG Mannheim NZWiSt 2012, 424.

④ 〔德〕洛塔尔·库伦:《德国的合规与刑法》,马寅翔译,载赵秉志主编:《走向科学的刑事法学:刑科院建院 10 周年国际合作伙伴祝贺文集》,法律出版社 2015 年版,第 434 页。

询问获取证据的极端例外情况下才可适用。① 在本文看来,基于以下原因,企业内部调查也应受到不得自证其罪原则的限制:第一,根据主流观点,不得自证其罪原则源自法治国原则或者人格尊严权,这就意味着,它的适用不应局限于刑事诉讼程序,其他程序形式以及实体法也要适用。② 当然,在内部调查中适用不得自证其罪原则,并不绝对排斥员工的如实陈述义务。也就是说,当这种陈述不会产生自我风险的时候,员工应当如实陈述。第二,即使内部调查并非与司法机关协商的结果,或者并未受到国家强制,内部调查形成的材料也可能在未来转移给司法机关以寻求起诉或量刑激励。因为企业利益与员工个人利益在很多场合存在冲突,不排除企业为了自身利益而牺牲员工利益的情况。事实上,国外的实践也已经出现这样的情况,例如,通过"赦免计划"的幌子取得员工的陈述,然后将材料移交司法机关,换取对企业的优待。这种情况下,如果否定不得自证其罪原则的适用,允许法庭使用员工在内部调查中作出的不利于自己的陈述,那么,无疑是对员工权利的间接损害。第三,对于国家强制的理解不能过于狭窄。事实上,国家义务经常会转换为"糖面包与皮鞭系统"(Zuckerbrot und Peitsche Systeme),通过这样的方式规避刑事诉讼程序的限制。③ 合规计划就是"糖面包与皮鞭系统"(通俗讲的"大棒—胡萝卜模式")。美国证券交易委员会对于西门子公司全球行贿案的调查就被指责"规避了法治国的最低标准"④。总结起来,如果不得自证其罪原则不能适用于企业内部调查,企业员工的刑事诉讼权利将无以保障。

在我国,尽管内部调查也已经普遍展开,并成为律师的重要业务内容,但程序衔接问题并未凸显。没有凸显并不代表不存在。从法规范的角度讲,表面的员工如实陈述义务与刑事诉讼法中的不得自证其罪原则的冲突同样存在:从我国《劳动法》第3条可以推导出劳动者的忠实义务;类推适用民法典第509条的"诚实信用""通知、协助"条款,员工对于企

---

① Vgl. Henrik Zapfe, Compliance und Strafverfahren—Das Spannungsverhältnis zwischen Unternehmensinteressen und Beschuldigtenrechten, Peter lang, 2013, S. 153ff., 205f.

② Vgl. Momsen, Internal Investigations zwischen arbeitsrechtlicher Mitwirkungspflicht und strafprozessualer Selbstbelastingsfreiheit, ZIS 2011, S. 513.

③ Vgl. Henrik Zapfe, Compliance und Strafverfahren—Das Spannungsverhältnis zwischen Unternehmensinteressen und Beschuldigtenrechten, Peter lang, 2013, S. 157.

④ Wastl/Litzka/Pusch, SEC-Ermittlungen in Deutschland—eine Umgehung rechtsstaatlicher Mindeststandards, NStZ 2009, S. 68ff.

业的询问同样具有如实陈述的义务。然而,《刑事诉讼法》第 52 条明确规定"不得强迫任何人证实自己有罪"。对于这种冲突,本文的基本观点是,刑事诉讼法的基本原则应当适用到企业内部调查,最大限度保障员工的刑事诉讼权利。

二、内部调查后证据的使用限度

对于内部调查后形成的证据材料的使用限度,可以将其进一步区分为两个问题:第一,这些证据材料是否可以在刑事审判程序中直接使用? 第二,是否可以被外部第三人使用?

(一)内部调查形成的证据是否可以在刑事审判程序中直接使用?

对于这个问题,一个具有参照意义的问题是,行政执法形成的证据是否可以进入刑事诉讼程序。对此,我国《刑事诉讼法》第 54 条第 2 款有明确规定:"行政机关在行政执法和查办案件过程中收集的物证、书证、视听资料、电子证据等证据材料,在刑事诉讼中可以作为证据使用。"在学理上,主流观点也认为,应当在人权保障的理念下,对于行政执法证据进入刑事诉讼的范围、审查主体、审查内容等进行严格限定。① 在行政证据的使用尚且严格限定的情况下,内部调查证据恐怕很难直接进入刑事审判程序。合适的方法是,在不远的将来,随着企业合规的普及,内部调查与刑事诉讼法的衔接成为迫切需要时,通过立法严格设定衔接程序,例如,可以根据不同证据种类的取证难度、受污染的可能性大小等因素,设定不同的转化条件。在此之前,通过诉前和解的方式使内部调查证据进入诉讼程序,也是可以接受的方法。毕竟,现有证据规则的设定更多是针对审判程序,尽管出于可采性的考虑,这些证据规则往往也具有回溯力,但其标准已经降低了。这也是西门子公司案中的内部调查证据不会进入法庭,而只能在诉前和解协商中使用的原因。对于我们国家而言,这种方式需要立法上公司缓起诉、不起诉的制度配套。关于内部调查证据的使用问题,还涉及另一个问题,即律师—委托人特免权的问题。即便在员工权利保障相对较好的美国,这个问题也没有得到有效解决:美国联邦最高法院通过厄普约翰公司案并未提供特免权的范围标准,而是留给较低层级的法院个案判断;很多州法院仍然以控制群体标准确定特免权范

---

① 参见冯俊伟:《行政执法证据进入刑事诉讼的规范分析》,载《法学论坛》2019 年第 2 期,第 120 页。

围,也就是说,很多员工并未受到律师—委托人特免权的保护。① 回到我国,《刑事诉讼法》第 48 条仅仅规定了律师的"保密义务",也就是说,证据泄露后仍可使用,不享有特免权。在制度边界的划定上,没有固定标准,本文倾向于公司及员工的权利保障。在权利意识高涨,但预防性刑法扩张的当下,这一点尤其具有价值。因此,应当赋予委托人律师—委托人特免权,并且从实质意义上理解委托人,避免将普遍员工的利益排除在外。

(二) 内部调查形成的证据是否可以被外部第三人使用?

某种意义上说,这个问题已经成为阻碍合规计划推行的重要原因。美国量刑委员会表示:"企业合规推行的最大阻碍在于合规计划的信息最终将被政府或民事诉讼用于攻击企业;企业的合规计划越有效,任何违法行为越可能暴露给执法人员和潜在的民事诉讼当事人;目前的制度对企业实施次优合规计划提供了强烈诱因。这些合规计划无法达到其预期目的,但仍然消耗企业的资源。"②在本文看来,合规制度是企业在"自我加担"的同时为国家"减负",因此,不能在自我负担之外额外增加企业承担不利后果的风险,这是基本的法正义的应有之义;从刑事政策上讲,外部第三人使用披露了的合规材料攻击企业的问题已经成为阻碍合规计划发展的最大障碍。它刺激企业采取次优合规计划。这种合规计划非但不能达到制度初衷,还会造成企业资源的浪费,影响经济活力。基于以上考虑,这个问题必须在未来的合规立法以及司法中加以解决。一个可行的路径是,引入"自我评估特免权制度"(Self-Evaluative Privilege)。美国俄勒冈州在 1993 年的《环境犯罪法案》中已经引入了"环境审计报告证据豁免规则",以此鼓励企业实施合规管理。③ 这可以成为有益参考。

---

① 参见李本灿:《企业犯罪预防中国家规制向国家与企业共治转型之提倡》,载《政治与法律》2016 年第 2 期,第 61、62 页。

② 〔美〕菲利普·韦勒:《有效的合规计划与企业刑事诉讼》,万方译,载《财经法学》2018 年第 3 期,第 150、152 页。

③ 参见李本灿:《企业犯罪预防中国家规制向国家与企业共治转型之提倡》,载《政治与法律》2016 年第 2 期,第 63、64 页。

第五节　本章结论

当前,美国正在利用其经济主导地位在全球执法,推动反腐败、出口管制等领域的合规管理。欧洲通过《通用数据保护条例》也在向全世界输出合规规则。可以说,企业合规已经成为全球浪潮。从企业自身的长远利益以及国家利益来看,企业合规可以实现双赢。然而,这只是理论上的理想状态。在实际的利益衡量过程中,目标总是朝着有利于立法者以及法益保护的方向迈进,风险完全转移给了企业,企业利益被轻易拿走了。这就导致在组织体的管辖领域,要求一个完美的组织管理形式。这种预防性的风险降低形式使得国家的干预工具得以正当化。然而,绝对的安全并不可得,不惜任何代价的安全保障也无意义。绝对的安全导向最终会显著增加企业的合规成本,而这些成本最终都会转移给消费者。这种情况下,尽管实现了社会控制,但最终是由消费者承担了代价,最终受益的是国家。我们尽管要强调合作治理,但不应过度,犯罪控制的职能不能过度让予,否则会造成国家的过度无为。这与它的社会管理者的角色不相匹配。基于以上考虑,本文主张为刑事合规设定制度边界:

其一,预防性措施的制度边界:标准化的尝试可能侵害企业的经营自由;内部控制措施应符合比例原则,以可能、必要、可期待为准则来衡量内控措施;技术监控也有人身权边界。

其二,外部激励措施的制度边界:不合规不能成为反向激励的事由;保证人义务不能被无限扩展;由实害犯到抽象危险犯的转化不应被无限扩展。

其三,内部调查的制度边界:内部调查应当遵守刑事诉讼法的基本原则,以不得自证其罪原则最为典型;内部调查形成的证据不能直接成为法庭证据,外部第三人对其使用更应受限。

结　语

至此,我对刑事合规问题的研究暂时告一段落,几年时间的系统思考,已经在正文悉数表达。因此,这里就不再讨论具体问题,也不再归纳每个章节的具体结论,而仅结合自己几年的研究,以及所观察到的国内近几年对该问题的研究,表达以下四个观点:

第一,刑事合规是多学科的交叉问题,该项研究需要来自不同学科的学者广泛参与。

正是因为其多学科交叉的属性,如果忽视了刑事实体法和刑事程序法之间的关联性,仅站在一个学科视角所提出的观点,可能就是错误的。例如,个别学者看到了美国法中主要采用暂缓/不起诉的方式促进企业合规的制度运行实践,于是提出,在认罪认罚、从宽处理机制已经在我国刑事诉讼法中确立的背景下,刑事合规制度应当通过程序法而非实体法引入我国。[①] 实际上,美国通过暂缓起诉或不起诉推动企业合规的制度现实与其实体法中代位责任制所造成的责任严苛,以及由此导致的合规激励不足有很大关系。也就是说,美国激励企业合规的程序机制具有弥补实体法机制功能不足的历史使命。在我国普遍提倡组织体责任论,并且该理论具有实体法根据(我国《刑法》第30条)的情况下,我们在多大程度上需要程序法的功能补给就值得进一步讨论。

正是因为其多学科交叉的属性,如果站在其他学科视角,本书的研究方法、结论也许值得商榷。例如,本书的研究,在很多地方受到美国法的启发,或者说,很多观点都是来自美国法,然而,站在公司法的角度看,美国的公司合规制度是商业实践、政府规制和刑事制裁多源头汇集而成的制度框架。由于整体制度尤其是法律制度中的基础性条件的缺乏,合规制度在中国是否可以真正施行就存在疑问。[②] 再比如,由于我国公司内部

---

① 参见赵恒:《认罪答辩视域下的刑事合规计划》,载《法学论坛》2020年第4期,第155页;赵恒:《涉罪企业认罪认罚从宽处理机制研究》,载《法学》2020年第4期,第122页。

② 参见邓峰:《公司合规的源流及中国的制度局限》,载《比较法研究》2020年第1期,第34页。

监督责任体系存在系列问题①,主张"公司领导与合规官对职员职务关联性犯罪行为负有监督者保证人义务"的观点是否合适,就值得进一步讨论。尽管如此,哪怕未来的研究推翻了本书的结论,但至少在当下,它也可以较好地完成理论研究的接续任务,而这也是一种学术价值。

第二,刑事合规的多学科交叉属性决定了,对它的研究应当分视角、类型化。

在当前中国刑事法学的学术研究中,没有几个话题比刑事合规问题引起更多的关注和讨论;在当前中国律师、检察实务工作中,没有哪个话题比刑事合规问题引起更多关注。纵观部分学者的研究以及实务界的讨论,一个明显的特征是,学者有学者眼中的刑事合规问题,律师有律师眼中的刑事合规问题。很多时候,学术界的讨论和实务界的讨论根本不在一个频道,以至于,互相之间存在误解。以律师实务的视角,刑事合规不过是传统公司业务的另一种表达,"新瓶装老酒";以刑事法学者的视角,刑事合规是单位责任论或程序法中的问题。事实上,这无关对错,只是视角不同而已。这就提醒我们,未来的刑事合规问题研究,应当区分视角。尤其需要刑事法学者注意的是,刑事法学科内的刑事合规问题与公司治理有相当之距离,一方面,我们不能固守自己的一亩三分地,而应当提倡跨学科研究,另一方面,在缺乏跨学科深入研究的情况下,要谨慎对待公司视角的相关问题,否则可能出现外行人指导内行人的景象。要知道,在刑事合规问题已经进入立法、司法实务者视野的今天,学者的言行、文字可能直接影响未来的立法、司法工作。

类型化是学术研究的重要方法。在本书看来,很多错误判断的做出,都与类型化不足有直接关系。例如,中国是否存在刑事合规制度?对此,作者本人也曾存在误解,从立法层面说,作为排除或降低责任类型的刑事合规以及作为起诉激励事由的刑事合规确实不存在,但围绕个人责任所展开的刑事合规制度在我国刑法分则中随处可见。再比如,美国是刑事合规制度的发源地吗?雀巢公司员工侵害公民个人信息案是中国刑事合规第一案吗?如果站在类型化的角度看,对这两个问题,都应当作出否定回答。我国学者对这两个问题的误解,也是源于类型化不足。因此,对刑事合规问题的研究,类型化的方法值得提倡。

---

① 参见蔡伟:《公司内部监督责任体系的困境:基于对监事的再考察》,载《中外法学》2018年第6期,第1656页。

第三,教义学的研究方法也应当适用于刑事合规制度。

中国学界对于刑事合规问题的研究也有近十年的时间。在研究方法上,逐步规范化,从最初的现象描述、立法引介到规范化阐释。研究方法的规范化也符合中国刑法学界整体研究方法转型的大趋势,即从立法论到教义学的转变。然而,直到今天,学界仍有学者排斥用教义学方法研究合规问题,原因在于,在这些学者看来,中国刑法中没有任何条款写有"合规"二字,既然没有规范基础,何来教义学? 不得不说,这是对刑事合规制度的误读。基于以下原因,本书认为,中国的合规问题研究已经过了观念倡导期,未来的研究应当坚持教义学方法的主导地位,建构刑事合规制度的稳定的教义学规则:①刑事合规以刑事法规范为基础,没有对刑事法规范的准确理解,刑事合规就无从谈起,而刑事法规范的解读工作就是教义学的任务;②刑事合规制度边界的划定离不开教义学;③单位责任论、保证人义务理论等问题都是教义学的重要范畴。

第四,刑事合规制度需要冷思考。

过去的十年,世界范围内经济刑法的研究没有哪一个议题比刑事合规问题受到更多关注。国内现有的研究也多以积极肯定为主。然而,从国外的实际运行情况看,并不容乐观。总体上说,对企业而言,合规计划开始成为负担,并且制度初衷是否达成也存在疑问;从学理上说,它已经逾越了自由法治国应有的制度边界,构成对企业经营自由或者职员权利的侵害。例如,在预防措施的问题上,普遍采取的是标准化的方法,这就可能侵害企业受到宪法保护的经营自由权;再比如,公司自己实施的内部调查材料已经在部分国家的法庭中使用,间接侵害了员工不得自证其罪的基本权利。

目前,程序法上的刑事合规制度已经在部分地方试点,这个过程中,系列制度基础性的问题得以暴露,这种背景下,从另一个方向冷静、理智对待刑事合规制度就显得尤为重要。

参考文献

一、中文文献

(一) 中文著作

1. 曹菲:《管理监督过失研究——多角度的审视与重构》,法律出版社2013年版。
2. 陈金林:《积极一般预防理论研究》,武汉大学出版社2013年版。
3. 陈新民:《中国行政法学原理》,中国政法大学出版社2002年版。
4. 陈兴良:《本体刑法学》(第二版),中国人民大学出版社2011年版。
5. 陈兴良:《规范刑法学(上册)》(第四版),中国人民大学出版社2017年版。
6. 陈兴良:《教义刑法学》(第三版),中国人民大学出版社2010年版。
7. 〔日〕城下裕二:《量刑理论的现代课题》(增补版),黎其武、赵姗姗译,法律出版社2016年版。
8. 杜文俊:《单位人格刑事责任研究》,黑龙江人民出版社2008年版。
9. 〔德〕冯·李斯特:《论犯罪、刑罚与刑事政策》,徐久生译,北京大学出版社2016年版。
10. 冯军:《刑事责任论》(修订版),社会科学文献出版社2017年版。
11. 高铭暄、马克昌主编:《刑法学》(第六版),北京大学出版社、高等教育出版社2014年版。
12. 高铭暄、马克昌主编:《刑法学》(第八版),北京大学出版社、高等教育出版社2017年版。
13. 高铭暄:《中华人民共和国刑法的孕育诞生和发展完善》,北京大学出版社2012年版。
14. 何秉松主编:《法人犯罪与刑事责任》,中国法制出版社1991年版。
15. 何庆仁:《义务犯研究》,中国人民大学出版社2010年版。
16. 侯宏林:《刑事政策的价值分析》,中国政法大学出版社2005年版。
17. 黄荣坚:《基础刑法学(下)》(第三版),中国人民大学出版社2009

年版。

18. 贾济东:《渎职罪构成研究》,知识产权出版社2005年版。

19. 江国华:《中国行政法(总论)》(第二版),武汉大学出版社2017年版。

20. 姜昕:《比例原则研究——一个宪政的视角》,法律出版社2008年版。

21. 蒋熙辉:《公司犯罪刑事责任问题研究》,中国人民公安大学出版社2011年版。

22. 〔德〕乌尔斯·金德霍伊泽尔:《刑法总论教科书》(第六版),蔡桂生译,北京大学出版社2015年版。

23. 〔英〕科林·斯科特:《规制、治理与法律:前沿问题研究》,安永康译,清华大学出版社2018年版。

24. 〔德〕克劳斯·罗克辛:《德国刑法学 总论》(第2卷),王世洲等译,法律出版社2013年版。

25. 〔德〕克劳斯·罗克辛:《刑事政策与刑法体系》(第二版),蔡桂生译,中国人民大学出版社2011年版。

26. 〔德〕克内尔、纳塞希:《卢曼社会系统理论导引》,鲁贵显译,巨流图书公司2000年版。

27. 朗胜:《〈中华人民共和国刑法〉解释》,群众出版社1997年版。

28. 劳东燕:《风险社会中的刑法:社会转型与刑法理论的变迁》,北京大学出版社2015年版。

29. 黎宏:《不作为犯研究》,武汉大学出版社1999年版。

30. 黎宏:《单位刑事责任论》,清华大学出版社2001年版。

31. 李本灿等编译:《合规与刑法:全球视野的考察》,中国政法大学出版社2018年版。

32. 李文伟:《法人刑事责任比较研究》,中国检察出版社2006年版。

33. 李晓明等:《控制腐败法律机制研究》(第二版),法律出版社2010年版。

34. 林嘉:《劳动法的原理、体系与问题》,法律出版社2016年版。

35. 刘红林:《商业银行合规风险管理实践》,经济科学出版社2008年版。

36. 刘远、王大海主编:《行政执法与刑事执法衔接机制论要》,中国检察出版社2006年版。

37. 娄云生:《法人犯罪》,中国政法大学出版社1996年版。

38. 卢林:《公司犯罪论:以中美公司犯罪比较研究为视角》,法律出版社 2010 年版。
39. 〔英〕罗伯特·鲍德温、〔英〕马丁·凯夫、〔英〕马丁·洛奇编:《牛津规制手册》,宋华琳、卢超译,上海三联书店 2017 年版。
40. 马克昌:《比较刑法原理——外国刑法学总论》,武汉大学出版社 2002 年版。
41. 聂立泽:《单位犯罪新论》,法律出版社 2018 年版。
42. 〔日〕上田宽:《犯罪学》,李世阳译,商务印书馆 2016 年版。
43. 石磊:《单位犯罪关系论》,山东大学出版社 2005 年版。
44. 孙国祥、魏昌东:《反腐败国际公约与贪污贿赂犯罪立法研究》,法律出版社 2011 年版。
45. 孙学玉:《企业型政府论》(修订版),社会科学文献出版社 2013 年版。
46. 〔美〕特里·L.库珀:《行政伦理学:实现行政责任的途径》(第五版),张秀琴译,中国人民大学出版社 2010 年版。
47. 田兴洪:《宽严相济语境下的轻罪刑事政策研究》,法律出版社 2010 年版。
48. 王良顺:《单位犯罪论》,中国人民公安大学出版社 2008 年版。
49. 王泽鉴:《侵权行为》,北京大学出版社 2009 年版。
50. 王作富主编:《刑事实体法学》,群众出版社 2000 年版。
51. 魏宏:《权力论:权力制约与监督法律制度研究》,上海三联书店 2011 年版。
52. 〔德〕沃尔夫冈·多伊普勒:《德国劳动法(第 11 版)》,王倩译,上海人民出版社 2016 年版。
53. 〔德〕乌尔里希·贝克:《风险社会:新的现代性之路》,张文杰、何博闻译,译林出版社 2018 年版。
54. 〔德〕乌尔里希·齐白:《全球风险社会与信息社会中的刑法:二十一世纪刑法模式的转换》,周遵友、江溯等译,中国法制出版社 2012 年版。
55. 〔日〕西田典之:《日本刑法总论》,刘明祥、王昭武译,中国人民大学出版社 2007 年版。
56. 杨立新:《侵权法总则》,人民法院出版社 2009 年版。
57. 张康之:《寻找公共行政的伦理视角》,中国人民大学出版社 2002 年版。

58. 张克文:《法人刑事责任的初步反思:一个否定论的立场》,中国政法大学出版社 2010 年版。

59. 张明楷:《刑法学》(第四版),法律出版社 2011 年版。

60. 张明楷:《刑法学》(第五版),法律出版社 2016 年版。

61. 张明楷:《责任刑与预防刑》,北京大学出版社 2015 年版。

62. 张新宝:《隐私权的法律保护》(第二版),群众出版社 2004 年版。

63. 〔日〕芝原邦尔:《经济刑法》,金光旭译,法律出版社 2002 年版。

64. 周光权:《刑法总论》(第三版),中国人民大学出版社 2016 年版。

65. 周振杰:《比较法视野中的单位犯罪》,中国人民公安大学出版社 2012 年版。

66. 朱锦清:《公司法学》(下),清华大学出版社 2017 年版。

67. 〔日〕佐伯仁志:《制裁论》,丁胜明译,北京大学出版社 2018 年版。

(二) 中文论文

1. 〔德〕埃里克·希尔根多夫:《刑法合规中的基本问题:以反腐为例——刑法合规作为刑罚的一种选择?》,江溯译,载〔德〕埃里克·希尔根多夫:《德国刑法学:从传统到现代》,江溯、黄笑岩等译,北京大学出版社 2015 年版。

2. 白建军:《从中国犯罪率数据看罪因、罪行与刑罚的关系》,载《中国社会科学》2010 年第 2 期。

3. 蔡蕙芳:《"我国"法人犯罪立法之检视与理论建构》,载《东吴法律学报》2017 年第 4 期。

4. 蔡伟:《公司内部监督责任体系的困境:基于对监事的再考察》,载《中外法学》2018 年第 6 期。

5. 曹建明:《以务实作风落实党组主体责任 以扎实举措建设过硬检察队伍》,载《人民检察》2014 年第 11 期。

6. 陈光中、张建伟:《附条件不起诉:检察裁量权的新发展》,载《人民检察》2006 年第 7 期。

7. 陈科霖:《开发区治理中的"政企统合"模式研究》,载《甘肃行政学院学报》2015 年第 4 期。

8. 陈可倩、龚自力:《白领犯罪前沿问题——白领犯罪国际研讨会会议综述》,载《交大法学》2016 年第 2 期。

9. 陈萍:《法国法人刑事责任归责机制的形成、发展及启示》,载《政治与法律》2014 年第 5 期。

10. 陈冉:《企业公害犯罪治理的刑事合规引入》,载《法学杂志》2019年第 11 期。

11. 陈瑞华:《合规视野下的企业刑事责任问题》,载《环球法律评论》2020 年第 1 期。

12. 陈瑞华:《企业合规视野下的暂缓起诉协议制度》,载《比较法研究》2020 年第 1 期。

13. 陈瑞华:《企业合规制度的三个维度——比较法视野下的分析》,载《比较法研究》2019 年第 3 期。

14. 陈瑞华:《西门子的合规体系》,载《中国律师》2019 年第 6 期。

15. 陈兴良:《单位犯罪:以规范为视角的分析》,载《河南省政法管理干部学院学报》2003 年第 1 期。

16. 陈兴良:《宽严相济刑事政策研究》,载《法学杂志》2006 年第 1 期。

17. 陈兴良:《刑法的明确性问题:以〈刑法〉第 225 条第 4 项为例的分析》,载《中国法学》2011 年第 4 期。

18. 陈一新:《推进新时代市域社会治理现代化》,载《人民日报》2018 年 7 月 17 日第 007 版。

19. 陈鸷成、贝金欣:《运用认罪认罚从宽制度依法办理涉企刑事案件》,载《检察日报》2018 年 12 月 2 日第 03 版。

20. 程同顺:《党风廉政建设主体责任论》,载《人民论坛》2015 年第 7 期。

21. 储槐植:《再说刑事一体化》,载《法学》2004 年第 3 期。

22. 〔日〕川崎友巳:《合规管理制度的产生与发展》,李世阳译,载李本灿等编译:《合规与刑法:全球视野的考察》,中国政法大学出版社 2018 年版。

23. 崔文玉:《辩诉交易对企业犯罪的抑制——辩诉交易的功能扩张》,载《南京大学学报(哲学·人文科学·社会科学)》2019 年第 4 期。

24. 〔德〕丹尼斯·伯克:《合规讨论的刑法视角——〈秩序违反法〉第 130 条作为刑事合规的中心规范》,黄礼登译,载李本灿等编译:《合规与刑法:全球视野的考察》,中国政法大学出版社 2018 年版。

25. 〔德〕丹尼斯·伯克:《论作为降低涉企犯罪损害预期值措施的刑法上要求的企业监督》,黄礼登译,载李本灿等编译:《合规与刑法:全球视野的考察》,中国政法大学出版社 2018 年版。

26. 〔德〕汉斯·约格·阿尔布莱希特:《安全、犯罪预防与刑法》,赵书鸿译,载《人民检察》2014年第16期。

27. 邓峰:《公司合规的源流及中国的制度局限》,载《比较法研究》2020年第1期。

28. 丁华宇:《刑法中的堵截性条款研究》,载《河南师范大学学报(哲学社会科学版)》,2009年第6期。

29. 丁忠毅:《让党委担负党风廉政建设主体责任走向常态化》,载《人民论坛》2015年第11期。

30. 董文蕙、杨凌智:《论我国企业犯罪治理模式之应然转变——以刑事合规为视角》,载《南昌航空大学学报(社会科学版)》2019年第4期。

31. 董玉庭:《论单位实施非单位犯罪问题》,载《环球法律评论》2006年第6期。

32. 杜萌、徐伟:《最高检详解2006年商业贿赂5大特点》,载《法制日报》2006年12月13日,第008版。

33. 樊文:《犯罪控制的惩罚主义及其效果》,载《法学研究》2011年第3期。

34. 范红旗:《意大利法人犯罪制度及评析》,载《刑法论丛》2008年第3期。

35. 〔美〕菲利普·韦勒:《有效的合规计划与企业刑事诉讼》,万方译,载《财经法学》2018年第3期。

36. 冯殿美、曹廷生:《论监督过失罪在我国的设立》,《山东大学学报(哲学社会科学版)》2009年第6期。

37. 冯俊伟:《行政执法证据进入刑事诉讼的规范分析》,载《法学论坛》2019年第2期。

38. 高美梅:《"责任清单制"力促党风廉政建设落地生根》,载《无锡日报》2015年1月13日,第001版。

39. 高铭暄、孙道萃:《预防性刑法观及其教义学思考》,载《中国法学》2018年第1期。

40. 高秦伟:《跨国私人规制与全球行政法的发展——以食品安全私人标准为例》,载《当代法学》2016年第5期。

41. 高秦伟:《社会自我规制与行政法的任务》,载《中国法学》2015年第5期。

42. 耿佳宁:《单位固有刑事责任的提倡及其教义学形塑》,载《中外法学》2020 年第 6 期。

43. 宫铭、王希鹏:《党委的党风廉政建设主体责任:制度、历史与现实的三重维度》,载《学习论坛》2015 年第 8 期。

44. 韩轶:《企业刑事合规的风险防控与建构路径》,载《法学杂志》2019 年第 9 期。

45. 何荣功:《预防刑法的扩张及其限度》,载《法学研究》2017 年第 4 期。

46. 侯东德:《证券服务机构自律治理机制研究》,载《法商研究》2020 年第 1 期。

47. 侯国云:《交通肇事罪司法解释缺陷分析》,载《法学》2002 年第 7 期。

48. 侯艳芳:《单位环境资源犯罪的刑事责任:甄别基准与具体认定》,载《政治与法律》2017 年第 8 期。

49. 胡玉浪:《电子邮件监视与劳动者隐私权的法律保护》,载《法治研究》2009 年第 3 期。

50. 胡云腾:《谈〈刑法修正案(九)〉的理论与实践创新》,载《中国审判》2015 年第 20 期。

51. 黄鼎轩:《缓起诉协议于法人犯罪诉追之应用》,载《法令月刊》2018 年第 2 期。

52. 〔日〕甲斐克则:《企业的合规文化·计划与刑事制裁》,谢佳君译,载李本灿等编译:《合规与刑法:全球视野的考察》,中国政法大学出版社 2018 年版。

53. 〔日〕甲斐克则:《守法计划和企业的刑事责任》,但见亮译,载陈泽宪主编,《刑事法前沿》(第三卷),中国人民公安大学出版社 2006 年版。

54. 〔日〕今井猛嘉:《对单位的处罚——立足于合规计划的研究》,周啸天、张小宁译,载李本灿等编译:《合规与刑法:全球视野的考察》,中国政法大学出版社 2018 年版。

55. 姜涛:《废除行贿罪之思考》,载《法商研究》2015 年第 3 期。

56. 姜涛:《风险社会之下经济刑法的基本转型》,载《现代法学》2010 年第 4 期。

57. 姜涛:《刑事政策视域下我国腐败犯罪立法的重构》,载《南京师大学报》(社会科学版),2012 年第 6 期。

58. 蒋熙辉:《公司犯罪的犯罪学类型分析》,载《浙江工商大学学报》2005 年第 1 期。

59. 蒋熙辉:《论公司犯罪的刑事政策与刑事立法》,载《云南大学学报(法学版)》2007 年第 2 期。

60. 蒋熙辉:《美国 SARBANES-OXLEY 2002 法案刑事责任条款研究》,载《中国法学》2003 年第 5 期。

61. 赖早兴:《贪污贿赂犯罪规定修正评述——基于〈中华人民共和国刑法修正案(九)(草案)〉的思考》,载《学习论坛》2015 年第 4 期。

62. 劳东燕:《公共政策与风险社会的刑法》,载《中国社会科学》2007 年第 3 期。

63. 黎宏:《单位犯罪的若干问题新探》,载《法商研究》2003 年第 4 期。

64. 黎宏:《合规计划与企业刑事责任》,载《法学杂志》2019 年第 9 期。

65. 黎宏:《论单位犯罪中"直接负责的主管人员和其他直接责任人员"》,载《法学评论》2000 年第 4 期。

66. 黎宏:《组织体刑事责任论及其应用》,载《法学研究》2020 年第 2 期。

67. 李本灿:《法治化营商环境建设的合规机制——以刑事合规为中心》,载《法学研究》2021 年第 1 期。

68. 李本灿:《公共机构腐败治理合规路径的构建——以〈刑法〉第 397 条的解释为中心》,载《中国刑事法杂志》2019 年第 2 期。

69. 李本灿:《合规计划的效度之维——逻辑与实证的双重展开》,载《南京大学法律评论》2014 年春季卷。

70. 李本灿:《拒不履行信息网络安全管理义务罪的两面性解读》,载《法学论坛》2017 年第 3 期。

71. 李本灿:《企业犯罪惩治中两元化刑事政策的构建——基于企业犯罪惩治负外部效应克服的思考》,载《安徽大学学报(哲学社会科学版)》2014 年第 5 期。

72. 李本灿:《企业犯罪预防中国家规制向国家与企业共治转型之提倡》,载《政治与法律》2016 年第 2 期。

73. 李本灿:《企业犯罪预防中合规计划制度的借鉴》,载《中国法学》2015 年第 5 期。

74. 李本灿:《认罪认罚从宽处理机制的完善:企业犯罪视角的展

开》,载《法学评论》2018 年第 3 期。

75. 李本灿:《刑事合规的制度边界》,载《法学论坛》2020 年第 4 期。

76. 李本灿:《刑事合规理念的国内法表达——以"中兴通讯事件为切入点"》,载《法律科学:西北政法大学学报》2018 年第 6 期。

77. 李本灿:《刑事合规制度的法理根基》,载《东方法学》2020 年第 5 期。

78. 李本灿:《以情节为中心重构贿赂罪罪刑体系——兼评〈刑法修正案(九)〉(草案)贿赂罪定罪量刑标准的修订》,载《南京大学学报(哲学·人文科学·社会科学)》2015 年第 4 期。

79. 李本灿:《域外企业缓起诉制度比较研究》,载《中国刑事法杂志》2020 年第 3 期。

80. 李本灿:《自然人刑事责任、公司刑事责任与机器人刑事责任》,载《当代法学》2020 年第 3 期。

81. 李冠煜:《单位犯罪处罚原理新论——以主观推定与客观归责之关联性构建为中心》,载《政治与法律》2015 年第 5 期。

82. 李冠煜:《量刑责任概念的理解与适用》,载《当代法学》2016 年第 5 期。

83. 李桂红:《单位犯罪中单位行为与单位意志的认定》,载《当代法学》2006 年第 4 期。

84. 李希慧、杜国强、贾继东:《"轻轻重重"应成为一项长期的刑事政策》,载《检察日报》2005 年 5 月 26 日第 3 版。

85. 李翔:《论单位犯罪主体归责二重性》,载《法学》2010 年第 10 期。

86. 李小林:《落实"主体责任"要问责"责任主体"》,载《中国党政干部论坛》2015 年第 7 期。

87. 李晓明:《欧美"轻轻重重"刑事政策及其借鉴》,载《法学评论》2009 年第 5 期。

88. 李勇:《"合规计划"中须有刑法担当》,载《检察日报》2018 年 5 月 24 日第 03 版。

89. 李勇:《检察视角下中国刑事合规之构建》,载《国家检察官学院学报》2020 年第 4 期。

90. 李玉华:《我国企业合规的刑事诉讼激励》,载《比较法研究》2020 年第 1 期。

91. 李源粒:《网络安全与平台服务商的刑事责任》,载《法学论坛》

2014 年第 6 期。

92. 刘春花:《行贿罪立法新动向之思考——兼议行贿罪废除论》,载《中州学刊》2015 年第 10 期。

93. 刘磊:《慎行缓起诉制度》,载《法学研究》2006 年第 4 期。

94. 刘守芬、申柳华:《重大责任事故罪法定刑配置研究》,载《河南大学学报(哲学社会科学版)》2006 年第 4 期。

95. 刘树信:《西方国家的政府再造及其启示》,载《理论探索》2003 年第 6 期。

96. 柳忠卫:《骗取贷款、票据承兑、金融票证罪疑难、争议问题研究——兼论我国刑法立法模式的完善》,载《法学评论》2009 年第 1 期。

97. 卢建平、杨昕宇:《法人犯罪的刑事责任理论——英美法系与大陆法系的比较》,载《浙江学刊》2004 年第 3 期。

98. 〔美〕卢西恩·E. 德尔文:《国际白领犯罪与国际化的内部调查》,朱霁康译,载《交大法学》2016 年第 2 期。

99. 陆宇峰:《"自创生"系统论法学:一种理解现代法律的新思路》,载《政法论坛》2014 年第 4 期。

100. 〔德〕洛塔尔·库伦:《德国的合规与刑法》,马寅翔译,载赵秉志主编:《走向科学的刑事法学:刑科院建院 10 周年国际合作伙伴祝贺文集》,法律出版社 2015 年版。

101. 罗有康:《劳动者隐私权保护制度比较研究——兼论我国劳动者隐私权保护制度的立法思考》,复旦大学 2009 年硕士学位论文。

102. 〔美〕马库斯·德克·达博:《积极的一般预防与法益理论——一个美国人眼里的德国刑法学的两个重要成就》,杨萌译,载陈兴良主编:《刑事法评论》(第 21 卷),北京大学出版社 2007 年版。

103. 马荣春:《经济犯罪罪状的设计与解释》,载《东方法学》2013 年第 5 期。

104. 毛新述、孟杰:《内部控制与诉讼风险》,载《管理世界》2013 年第 11 期。

105. 门中敬:《比例原则的宪法地位与规范依据——以宪法意义上的宽容理念为分析视角》,载《法学论坛》2014 年第 5 期。

106. 孟焰、张军:《萨班斯法案 404 条款执行效果及借鉴》,载《审计研究》2010 年第 3 期。

107. 钱小平:《"积极治理主义"与匈牙利贿赂犯罪刑事立法转

型——兼论中国贿赂犯罪刑法立法改革之方向抉择》,载《首都师范大学学报(社会科学版)》2014年第6期。

108. 钱小平:《英国〈贿赂法〉立法创新及其评价》,载《刑法论丛》2012年第2期。

109. 强世功:《从行政法治国到政党法治国——党法和国法关系的法学思考》,载《中国法律评论》2016年第3期。

110. 秦国辉:《合规管理能取代法务管理吗?》,载《法人杂志》2009年第4期。

111. 全世文、曾寅初:《我国食品安全犯罪的惩处强度及其相关因素分析——基于160例食品安全犯罪案件的分析》,载《中国刑事法杂志》2013年第4期。

112. 莎莉·S.辛普森等:《关于企业环境犯罪控制策略的实证分析》,李本灿译,载陈兴良主编:《刑事法评论》(第36卷),北京大学出版社2015年版。

113. 上海《单位犯罪研究》课题组:《上海法院系统审理单位犯罪情况调查分析》,载《华东刑事司法评论》(第4卷)2003年第2期。

114. 施君:《解读美国萨班斯法案404条款及其立法启示》,载《扬州大学学报(人文社会科学版)》2009年第3期。

115. 石磊:《刑事合规:最优企业犯罪预防方法》,载《检察日报》2019年1月26日第03版。

116. 时方:《我国经济犯罪超个人法益属性辨析、类型划分及评述》,载《当代法学》2018年第2期。

117. 时延安:《合规计划实施与单位的刑事归责》,载《法学杂志》2019年第9期。

118. 史济峰:《不起诉决定助力企业焕发生机》,载《检察日报》2020年6月12日第03版。

119. 宋颐阳:《企业合规计划有效性与举报人保护制度之构建——澳大利亚路径及其对中国的启示》,载《比较法研究》2019年第4期。

120. 孙国祥:《构成要素行政性标准的过罪化风险与防范》,载《法学》2017年第9期。

121. 孙国祥:《骗取贷款罪司法认定的误识与匡正》,载《法商研究》2016年第5期。

122. 孙国祥:《受贿罪量刑中的宽严失据问题——基于2010年省部

级高官受贿案件的研析》,载《法学》2011 年第 8 期。

123. 孙国祥:《刑事合规的理念、机能和中国的构建》,载《中国刑事法杂志》2019 年第 2 期。

124. 孙国祥:《刑事合规的刑法教义学思考》,载《东方法学》2020 年第 5 期。

125. 孙国祥:《行政犯违法性判断的从属性和独立性研究》,载《法学家》2017 年第 1 期。

126. 孙珵:《萨班斯法案逼近,搜狐、百度"不眠不休"》,载《第一财经日报》2006 年 7 月 12 日第 C01 版。

127. 孙学玉:《企业型政府的语义阐释及其界说》,载《江苏行政学院学报》2003 年第 2 期。

128. 孙学玉:《企业型政府模式诘难的诠释与评论》,载《江海学刊》2007 年第 3 期。

129. 孙雅娟:《论"严而不厉"的审计监管政策模式》,载《中国证券期货》2013 年第 9 期。

130. 谭淦:《监督过失的一般形态研究》,载《政法论坛》2012 年第 1 期。

131. 〔德〕托马斯·罗什:《合规与刑法:问题、内涵与展望——对所谓的"刑事合规"理论的介绍》,李本灿译,载赵秉志主编:《刑法论丛》(第 48 卷),法律出版社 2016 年版。

132. 童德华:《刑事替代责任制度研究》,载《中国刑事法杂志》2002 年第 1 期。

133. 〔日〕樋口亮介:《法人处罚——立法论》,张小宁译,载李本灿等编译:《合规与刑法:全球视野的考察》,中国政法大学出版社 2018 年版。

134. 〔日〕田口守一:《企业犯罪与制裁制度的方式》,张小宁译,载李本灿等编译:《合规与刑法:全球视野的考察》,中国政法大学出版社 2018 年版。

135. 万方:《企业合规刑事化的发展及启示》,载《中国刑事法杂志》2019 年第 2 期。

136. 汪玉涛:《德国经济宪法及其启示》,载《中国行政管理》2012 年第 11 期。

137. 王比学、徐隽:《危险物品肇事须严惩》,载《人民日报》2015 年 8 月 26 日。

138. 王皇玉:《刑事追诉理念的转变与缓起诉——从德国刑事追诉制

度之变迁谈起》，载《月旦法学杂志》2005年第4期。

139. 王鹏志：《点名道姓通报：挺纪在前形成威慑》，载《中央纪检监察报》2015年10月20日第4版。

140. 王贤德、安凯：《擅自发行股票、公司、企业债券犯罪侦查研究》，载《哈尔滨学院学报》2018年第8期。

141. 王旭：《中国新〈食品安全法〉中的自我规制》，载《中共浙江省委党校学报》2016年第1期。

142. 王莹：《先行行为作为义务之理论谱系归整及其界定》，载《中外法学》2013年第2期。

143. 王振：《坚守与超越：风险社会中的刑法理论之流变》，载《法学论坛》2010年第4期。

144. 王志乐、郭凌晨：《中兴通讯事件，比罚单更沉重的反思》，载《财经》2018年4月18日。

145. 魏昌东：《〈刑法修正案（九）〉贿赂犯罪立法修正评析》，载《华东政法大学学报》2016年第2期。

146. 魏昌东：《国家监察委员会改革方案之辩正：属性、职能与职责定位》，载《法学》2017年第3期。

147. 魏昌东：《贿赂犯罪"预防型"刑法规制策略构建研究》，载《政治与法律》2012年第12期。

148. 魏昌东：《监督职能是国家监察委员会的第一职能：理论逻辑与实现路径——兼论中国特色监察监督系统的规范性创建》，载《法学论坛》2019年第1期。

149. 魏昌东：《英国贿赂犯罪刑法治理：立法发展与制度创新》，载《学习与探索》2013年第2期。

150. 〔德〕乌尔里希·K.普罗伊斯：《风险预防作为国家任务——安全的认知前提》，刘刚译，载刘刚编译：《风险规制：德国的理论与实践》，法律出版社2012年版。

151. 〔德〕乌尔里希·齐白：《打击经济犯罪的刑法及其替代模式》，周遵友译，载〔德〕乌尔里希·齐白：《全球风险社会与信息社会中的刑法：二十一世纪刑法模式的转换》，周遵友、江溯等译，中国法制出版社2012年版。

152. 吴思远：《论协商性司法的价值立场》，载《当代法学》2018年第2期。

153. 吴天云：《大陆处罚法人犯罪规定的问题点》，载《展望与探索》

2012年第6期。

154.〔德〕埃里克·希尔根多夫:《刑法合规中的基本问题:以反腐为例》,江溯译,载〔德〕埃里克·希尔根多夫:《德国刑法学:从传统到现代》,江溯、黄笑岩等译,北京大学出版社2015年版。

155. 肖扬宇:《美国〈反海外腐败法〉的新动向及我国国内法表述》,载《中国刑事法杂志》2020年第2期。

156. 谢杰、王延祥:《抽象危险犯的反思性审视与优化展望——基于风险社会的刑法保护》,载《政治与法律》2011年第2期。

157. 新华社:《响水爆炸事故企业连续被查相关负责人仍严重违法违规》,载《南方都市报》2019年3月24日,第AA06版。

158. 新华社评:《形式主义害莫大焉 安全生产不能只上墙不走心》,载《法制日报》2019年3月25日,第001版。

159. 徐建华:《从"中兴"事件反思发展中兴之道》,载《中国质量报》2018年4月23日第A04版。

160. 徐伟:《论积极一般预防的理论构造及其正当性质疑》,载《中国刑事法杂志》2017年第4期。

161. 许丝捷:《缓起诉负担条件之刑罚性探讨》,载《东吴法律学报》2016年第4期。

162. 许泽天:《从行政罚法相关规定看法人与法人之代表及法人之职员的不法归责——建构法人刑法的核心问题》,载《月旦刑事法评论》2018年第8期。

163. 严励:《问题意识与立场方法——中国刑事政策研究之反思》,载《中国法学》2010年第1期。

164. 姚莉、詹建红:《论价值选择维度中的检察官追诉裁量权》,载《法商研究》2004年第6期。

165. 叶良芳:《美国法人审前转处协议制度的发展》,载《中国刑事法杂志》2014年第3期。

166. 于冲:《网络平台刑事合规的基础、功能与路径》,载《中国刑事法杂志》2019年第6期。

167. 于冲:《刑事合规视野下人工智能的刑法评价进路》,载《环球法律评论》2019年第6期。

168. 于志刚:《法条竞合视野中数额犯入罪标准的统一化》,载《中国刑事法杂志》2010年第5期。

169. 于志刚:《在华外国公司犯罪的规律分析与应对策略》,载《中国法学》2012年第5期。

170.〔德〕约克·艾斯勒:《抽象危险犯的基础和边界》,蔡桂生译,载赵秉志主编:《刑法论丛》(第14卷),法律出版社2008年版。

171.〔美〕约瑟夫·约克奇:《美国〈反海外腐败法〉的和解方案、内部结构及合规文化》,万方、黄石译,载《河南警察学院学报》2019年第1期。

172. 张克文:《拟制犯罪和拟制刑事责任——法人犯罪否定论之回归》,载《法学研究》2009年第3期。

173. 张明楷:《"风险社会"若干刑法理论问题反思》,载《法商研究》2011年第5期。

174. 张明楷:《法益保护与比例原则》,载《中国社会科学》2017年第7期。

175. 张明楷:《新刑法与并合主义》,载《中国社会科学》2000年第1期。

176. 张文、刘凤桢、秦博勇:《法人犯罪若干问题再研究》,载《中国法学》1994年第1期。

177. 张远煌、邵超:《民营企业家犯罪及其情境预防》,载《江西社会科学》2016年第4期。

178. 赵恒:《认罪答辩视域下的刑事合规计划》,载《法学论坛》2020年第4期。

179. 赵恒:《涉罪企业认罪认罚从宽制度研究》,载《法学》2020年第4期。

180. 赵恒:《刑事合规计划的内在特征及其借鉴思路》,载《法学杂志》2021年第1期。

181. 赵书鸿:《风险社会的刑法保护》,载《人民检察》2008年第1期。

182. 郑丽萍:《轻罪重罪之法定界分》,载《中国法学》2013年第2期。

183. 周光权:《行为无价值论与积极一般预防》,载《南京师大学报(社会科学版)》2015年第1期。

184. 周振杰:《企业适法计划与企业犯罪预防》,载《法治研究》2012年第4期。

185. 周振杰:《企业刑事责任二元模式研究》,载《环球法律评论》2015年第6期。

186. 最高人民检察院刑法修改小组:《关于对〈中华人民共和国刑法(修订草案)〉(征求意见稿)的修改意见(1996年11月15日)》,载高铭暄、赵秉志编:《新中国刑法立法文献资料总览》(下),中国人民公安大学出版社1998年版。

二、英文文献

（一）英文著作

1. Antonio Fiorella & Alfonso Maria Stile, *Corporate Criminal Liability and Compliance Programs*, Jovene Editore Napoli, 2012.

2. Brandon L. Garrett, *Too Big to Jail: How Prosecutors Compromise with Corporations*, Harvard University Press, 2014.

3. Colin King and Nicholas Lord, *Negotiated Justice and Corporate Crime: The Legitimacy of Civil Recovery Orders and Deferred Prosecution Agreements*, Palgrave Pivot, 2018.

4. Geoffrey Parsons Miller, *The Law of Governance, Risk Management, and Compliance*, Wolters Kluwer, 2014.

5. James Gobert and Maurice Punch, *Rethinking Corporate Crime*, Cambridge University Press, 2003.

6. Jeffrey M. Kaplan & Joseph E. Murphy, *Compliance Programs and the Sentencing Guideline: Preventing Criminal and Civil Liability*, Thomson Reuters, 2013.

7. Jill Solomon, *Corporate Governance and Accountability*, Wiley, 2007.

8. Joel Sligman, *The Transformation of Wall Street: A History of the Securities and Exchange Commission and Modern Corporate Finance*, Houghton Mifflin, 1982.

9. Michael J. Allen, *Textbook on Criminal Law*, Oxford University Press, 2007.

10. Theodore L. Banks & Rebecca Walker, *Corporate Compliance and Ethics Institute 2014*, Practising Law Institute, 2014.

11. Sally S. Simpson & Corporate Crime, *Law and Social Control*, Cambridge University Press, 2002.

12. Stefano Manacorda · Francesco Centonze & Gabrio Forti, *Preventing Corporate Corruption: The Anti-Bribery Compliance Model*, Springer, 2014.

13. Ulrich Sieber & Marc Engelhart, *Compliance Programs for the Prevention of Economic Crimes—An Empirical Survey of German Companies*, Duncker & Humblot, 2014.

(二)英文论文

1. Adam N. Stern, Plea Bargaining, Innocence, and the Prosecutor's Duty to Do Justice, *Georgetown Journal of Legal Ethics*, Vol. 25, 2012.

2. Alexander A. Zendeh, Can Congress Authorize Judicial Review of Deferred Prosecution and Nonprosecution Agreements? And Does It Need To?, *Texas Law Review*, Vol. 95, 2017.

3. American Bar Association, Task Force Report on Corporate Responsibility, *Preliminary Report*, July 16, 2002.

4. Andrew Weismann & David Newman, Rethinking Criminal Corporate Liability, *Indiana Law Journal*, Vol. 82, 2007.

5. Ann Foerschler, Comment, Corporate Criminal Intent-Toward a Better Understanding of Corporate Misconduct, *California Law Review*, Vol. 78, 1990.

6. Anthony Ragozino, Replacing the Collective Knowledge Doctrine with a Better Theory for Establishing Corporate Mens Rea: The Duty Stratification Approach, *Southwestern University Law Review*, Vol. 24, 1995.

7. Benjamin M. Greenblum, What Happens to a Prosecution Deferred? Judicial Oversight of Corporate Deferred Prosecution Agreements, *Columbia Law Review*, Vol. 105, 2005.

8. Ben Protess & Danielle Ivory, U. S. Said to Have Settled with G. M. Over Deadly Defect, *The New York Times*, Sept. 16, 2015.

9. Benjamin B. Klubes, The Department of Defense Voluntary Disclosure Program, *Public Contract Law Journal*, Vol. 19, 1989.

10. Brent Fisse, The Attribution of Criminal Liability to Corporations: A Statutory Model, *Sydney Law Review*, Vol. 13, 1991.

11. S. J. Charles Barnes, Why Compliance Program Fail: Economics, Ethics and the Role of Leadership, *HEC Forum*, 2007.

12. Charles J. Walsh, Corporate Compliance Programs as a Defense to Criminal Liability: Can a Corporate Save Its Soul?, *Rutgers Law Review*, Vol. 47, 1995.

13. Christopher A. Wray and Robert K. Kur, Corporate Criminal Prosecution in a Post-Enron World: The Thompson Memo in Theory and Practice, *American Criminal Law Review*, Vol. 43, 2006.

14. Cindy R. Alexander and Mark A. Cohen, The Evolution of Corporate

Criminal Settlements: An Empirical Perspective on Non-Prosecution, Deferred Prosecution, and Plea Agreements, *American Criminal Law Review*, Vol. 52, 2015.

15. Gordon Bourjaily, DPA DOA: How and Why Congress Should Bar the Use of Deferred and Non-Prosecution Agreements in Corporate Criminal Prosecutions, *Harvard Journal on Legislation*, Vol. 52, 2015.

16. Court E. Golumbic & Albert D. Lichy, The "Too Big to Jail" Effect and the Impact on the Justice Department's Corporate Charging Policy, *Hastings Law Journal*, Vol. 65, 2014.

17. Dane C. Ball & Daniel E. Bolia, Ending a Decade of Federal Prosecution Abuse in the Corporate Criminal Charging Decision, *Wyoming Law Review*, Vol. 9, 2009.

18. Elisabeth Bumiller, Corporate Conduct: The President Bush Signs Bill Aimed at Fraud in Corporations, *New York Times*, July 31, 2002.

19. Elkan Abramowitz & Jonathan Sack, The 'Civil-izing' of White-Collar Criminal Enforcement, *New York Law Journal*, May 7, 2013.

20. Eunice Chua & Benedict Chan Wei Qi, Deferred Prosecution Agreements In Singapore: What Is the Appropriate Standard for Judicial Approval?, *International Commentary on Evidence*, Vol. 16, 2019.

21. Frederick T. Davis, International Double Jeopardy: U. S. Prosecutions and the Developing Law in Europe, *American University International Law Review*, Vol. 31, 2016.

22. Gabriel Markoff, Arthur Andersen and the Myth of the Corporate Death Penalty: Corporate Criminal Convictions in the Twenty-First Century, *University of Pennsylvania Journal of Business Law*, Vol. 15, 2013.

23. Gail Lasprogata, Nancy J. King & Sukanya Pillay, Regulation of Electronic Employee Monitoring: Identifying Fundamental Principles of Employee Privacy through a Comparative Study of Data Privacy Legislation in the European Union, United States and Canada, *Stanford Technology Law Review*, Vol. 4, 2004.

24. Grechen Morgenson, What If Investors Won't Join the Party, *New York Times*, June 2, 2002.

25. Günter Heine, Criminal Liability of Enterprises and New Risks. Inter-

national Developments-National Consequences, *Maastricht Journal of European and Comparative Law*, Vol. 2, 1995.

26. Günter Heine, New Development in Corporate Criminal Liability in Europe: Can Europeans Learn from the American Experience or Vice Versa?, *Saint Louis-Warsaw Transatlantic Law Journal*, Vol. 1998, 1998.

27. Harvey L. Pitt & Karl A. Groskaufmanis, Minimizing Corporate Civil and Criminal Liability: A Second Look at Corporate Codes of Conduct, *Georgetown Law Journal*, Vol. 78, 1990.

28. Ijeoma Opara, Nigerian Anti-Corruption Initiatives, *Journal of International Business and Law*, Vol. 6, 2007.

29. James R. Elkins, Corporations and the Criminal Law: An Uneasy Alliance, *Kentucky Law Journal*, Vol. 65, 1976.

30. John A. Gallagher, Legislation Is Necessary for Deferred Prosecution of Corporate Crime, *Suffolk University Law Review*, Vol. 43, 2010.

31. John C. Coffee Jr., "No Soul to Damn: No Body to Kick": An Unscandalized Inquiry into the Problem of Corporate Punishment, *Michigan Law Review*, Vol. 79, 1981.

32. John C. Coffee Jr., Deferred Prosecution: Has It Gone Too Far?, *National Law Journal*, July 25, 2005.

33. John S. Baker Jr., Reforming Corporations Through Threats of Federal Prosecution, *Cornell Law Review*, Vol. 89, 2004.

34. Kathleen F. Brickey, Corporate Criminal Accountability: A Brief History and an Observation, *Washington University Law Review*, Vol. 60, 1982.

35. Kimberly D. Krawiec, Cosmetic Compliance and the Failure of Negotiated Governance, *Washington University Law Quarterly*, Vol. 81, 2003.

36. Lauren Giudice, Regulating Corporation: Analyzing Uncertainty in Current Foreign Corrupt Practices Act Enforcement, *Boston University Law Review*, Vol. 91, 2011.

37. Lawrence D. Finder & Ryan D. McConnell, Devolution of Authority: The Department of Justice's Corporate Charging Policies, *St. Louis University Law Journal*, Vol. 51, 2006.

38. Lindsay K. Eastman, Revising the Organizational Sentencing Guidelines to Eliminate the Focus on Compliance Program and Cooperation in De-

termining Corporate Sentence Mitigation, *Minnesota Law Review*, Vol. 94, 2010.

39. Ludovic Malgrain, Jean-Pierre Picca, Compliance in Frence in 2019, *Europe, Middle East and Africa Investigations Review 2019*, Law Business Research Ltd, 2019.

40. Luke Trompeter, Summary Narrative of Chief Compliance Officer Liability, *American University Business Law Review*, Vol. 6, 2017.

41. Markus D. Dubber, The Comparative History and Theory of Corporate Criminal Liability, *New Criminal Law Review*, Vol. 16, 2013.

42. Matt Senko, Prosecutorial Overreaching in Deferred Prosecution Agreements, *Southern California Interdisciplinary Law Journal*, Vol. 19, 2009.

43. Mike Koehler, Measuring the Impact of Non-Prosecution and Deferred Prosecution Agreement on Foreign Corrupt Practices Act Enforcement, *UC Davis Law Review*, Vol. 49, 2015.

44. Miriam Hechler Baer, Governing Corporate Compliance, *Boston College Law Review*, Vol. 50, 2009.

45. Miriam Wugmeister, Karin Retzer & Cynthia Rich, Global Solution for Cross-Border Transfers: Making the Case for Corporate Privacy Rules, *Georgetown Journal of International Law*, Vol. 38, 2007.

46. P. J. Meitl, Who's the Boss? Prosecutorial Involvement in Corporate America, *Northern Kentucky Law Review*, Vol. 34, 2007.

47. Pamela H. Bucy, Corporate Ethos: A Standard for Imposing Corporate Criminal Liability, *Minnesota Law Review*, Vol. 75, 1991.

48. Patricia S. Abril & Ann Morales Olazabal, The Locus of Corporate Scienter, *Columbia Business Law Review*, Vol. 81, 2006.

49. Peter R. Reilly, Corporate Deferred Prosecution as Discretionary, *Utah Law Review*, Vol. 2017, 2017.

50. Peter Spivack & Sujit Raman, Regulating the "New Regulator": Current Trends in Deferred Prosecution Agreements, *American Criminal Law Review*, Vol. 45, 2008.

51. Philip A. Lacovara & David P. Nicoli, Vicarious Criminal Liability of Organizations: RICO as an Example of a Flawed Principle in Practice, *St. John's Law Review*, Vol. 64, 1990.

52. Preet Bharara, Corporations Cry Uncle and Their Employees Cry Foul: Rethinking Prosecutorial Pressure on Corporate Defendants, *American Criminal Law Review*, Vol. 44, 2007.

53. Richard A. Whiting, Antitrust and the Corporate Executive II, *Virginia Law Review*, Vol. 48, 1962.

54. Richard W. Stevenson & Janet Elder, Poll Finds Concerns that Bush Is Overly Influenced by Business, *New York Times*, July 18, 2002.

55. Robert C. Bird & Stephen Kim Park, The Domains of Corporate Counsel in an Era of Compliance, *American Business Law Journal*, Vol. 53, 2016.

56. Ryan D. McConnell, et al., Plan Now or Pay Later: The Role of Compliance in Criminal Cases, *Houston Journal of International Law*, Vol. 33, 2011.

57. Sally S. Simpson, et al., An Empirical Assessment of Corporate Environmental Crime-Control Strategies, *Journal of Criminal Law and Criminology*, Vol. 103, 2013.

58. Sally S. Simpson, Making Sense of White-Collar Crime: Theory and Research, *Ohio State Journal of Criminal Law*, Vol. 8, 2011.

59. Stephen A. Calhown, Globalization's Erosion of the Attorney-Client Privilege and What U. S. Courts Can Do to Prevent It, *Texas Law Review*, Vol. 87, 2008.

60. Susan B. Heyman, Bottoms-Up: An Alternative Approach for Investigating Corporate Malfeasance, *American Journal of Criminal Law*, Vol. 37, 2010.

61. Todd Haugh, The Criminalization of Compliance, *Notre Dame Law Review*, Vol. 92, 2017.

62. William S. Laufer & Alan Strudler, Corporate Crime and Making Amends, *American Criminal Law Review*, Vol. 44, 2007.

63. William S. Laufer, Corporate Bodies and Guilty Minds, *Emory Law Journal*, Vol. 43, 1994.

64. William S. Laufer, Corporate Liability, Risk Shifting and the Paradox of Compliance, *Vanderbilt Law Review*, Vol. 52, 1999.

65. Wulf A. Kaal & Timothy A. Lacine, The Effect of Deferred and Non-Prosecution Agreements on Corporate Governance: Evidence from 1993-2013,

The Business Lawyer, Vol. 70, 2014.

三、德文文献(综合)

1. Andreas Ransiek, Zur strafrechtlichen Verantwortung des Compliance Officers, AG 2010, 147ff.

2. Bachmann/Prüfer, Korruptionsprävention und Corporate Governance, ZRP 2005, 109ff.

3. Bayreuth Brammsen, in: Amelung (Hrsg.), Individuelle Verantwortung und Beteiligungsverhältnisse bei Straftaten in bürokratischen Organisationen des Staates, der Wirtschaft und der Gesellschaft, Pro Universitate, 2000, S. 124ff.

4. Bernd Schünemann, Die aktuelle Forderung eines Verbandsstrafrechts—Ein kriminalpolitischer Zomie, ZIS 2014, 1ff.

5. Bernd Schünemann, Grund und Grenzen der unechten Unterlassungsdelikte, Verlag Otto Schwartz & Co., 1971.

6. Bernd Schünemann, Unternehmenskriminalität und Strafrecht, Carl Heymanns Verlag KG, 1979.

7. Beatrice Brunhöber, Privatisierung des Ermittlungsverfahrens im Strafprozess, GA 2010, 571ff.

8. Bettina Palazzo, Unternehmensethik als Instrument der Prävention von Wirtschaftskriminalität und Korruption, Die Kriminalprävention, 2001.

9. Bois Mende, Grenzen Privater Ermittlungen durch den Verletzten einer Straftat, Nomos, 2001.

10. Bussmann/Matschke, Die Zukunft der unternehmerischen Haftung bei Compliance-Verstößen, CCZ 2009, 132ff.

11. Campos Nave/Bonenberger, Korruptionsaffären, Corporate Compliance und Sofortmaßnahmen für den Krisenfall, BB 2008, 734ff.

12. Campos Nave/Vogel, Die erforderliche Veränderung von Corporate Compliance-Organisationen im Hinblick auf gestiegene Verantwortlichkeiten des Compliance Officers, BB 2009, 2546ff.

13. Carlos Gómez-Jara Díez, Grundlagen des konstruktivistischen Unternehmensschuldbegriffs, ZStW 2007, 290ff.

14. Carsten Momsen, Internal Inverstigations zwischen arbeitsrechtlicher

Mitwirkungspflicht und strafprozessualer Selbstbelastungsfreiheit, ZIS 2011, 508ff.

15. Carsten Momsen, Criminal Compliance und Internal Inverstigation—Haftungsrisiken aus materieller und prozessualer Sicht, in: Thoms Rotsch (Hrsg.), Criminal Compliance vor den Aufgaben der Zukunft, Nomos, 2013, S. 47ff.

16. Christoph E. Hauschka, Corporate Compliance: Handbuch der Haftungsvermeidung im Unternehmen, Verlag C. H. Beck, 2007.

17. Gerhart Dannecker, in: Thomas Rotsch (Hrsg.), Criminal Compliance Handbuch, Baden-Baden 2015, §5, Rn. 49ff.

18. Christoph Sangenstedt, Garantenstellung und Garantenpflicht von Amtsträgern, Peter Lang, 1989.

19. Daniel M. Krause, Strafrechtliche Haftung des Aufsichtsrats, NStZ 2011, 57ff.

20. Dannecker/Dannecker, Die „Verteilung" der strafrechtlichen Geschäftsherrenhaftung im Unternehmen, JZ 2010, 981ff.

21. David Poguntke, Straf-und ordnungswidrigkeitenrechtliche Risiken für Compliance-Beauftragte, Verlag Dr. Kovač, 2013.

22. Dennis Bock, Criminal Compliance, Nomos, 2011.

23. Dennis Bock, Strafrechtliche Aspekte der Compliance-Diskussion—§130 OWiG als Zentrale Norm der Criminal Compliance, ZIS 2009, 68ff.

24. Ernst Hafter, Delikts und Straffähigkeit der Personenverbände, Julius Springer, 1903.

25. Frank G. Schmidt-Husson, in: Christoph E. Hauschka(Hrsg.), Corporate Compliance: Handbuch der Haftungsvermeidung im Unternehmen, Verlag C. H. Beck, 2007, §7, Rn. 2ff.

26. Friedrich v. Freier, Kritik der Verbandsstrafe, Duncker & Humblot, 1998.

27. Gabriele Neudecker, Die strafrechtliche Verantwortlichkeit der Mitglieder von Kollegialorganen, Peter Lang, 1995.

28. Gerald Spindler, Compliance in der multinationalen Bankengruppe, WM 2008, 905ff.

29. Gregor Bachmann, in: DCGK-Kommentar-Kremer, 6. Aufl., C. H. Beck, 2016, Rn. 992a.

30. Gunther Arzt, Zur Garantenstellung beim unechten Unterlassungsde-

likt, JA 1980, 553ff.

31. Günter Heine, Die strafrechtliche Verantwortlichkeit von Unternehmen, Nomos, 1995.

32. Günther Jakobs, Strafrecht Allgemeiner Teil: Die Grundlagen und die Zurechnungslehre Lehrbuch, 2. Aufl., Walter De Gruyter & Co., 1991.

33. Habisch/Schmidpeter/Neureiter (Hrsg.), Handbuch Corporate Citizenship: Corporate Social Responsibility für Manager, Springer, 2008.

34. Hans-Joachim Rudolphi, Die Gleichstellungsproblematik der unechten Unterlassungsdelikte und der Gedanke der Ingerenz, Verlag Schartz, 1966.

35. Heiner Alwart, Strafrechtliche Haftung des Unternehmens—vom Unternehmentäter zum Täterunternehmen, ZStW 1993, 752ff.

36. Heinz Schöch, in: Friedrich Lösel (Hrsg.), Kriminologie und wissensbasierte Kriminalpolitik, Forum-Verlag Godesberg, 2007, S. 45ff.

37. Henrik Zapfe, Compliance und Strafverfahren—Das Spannungsverhältnis zwischen Unternehmensinteressen und Beschuldigtenrechten, Peter Lang, 2013.

38. Hero Schall, in: Klaus Rogall, Ingeborg Puppe, Ulrich Stein, Jürgen Wolter (Hrsg.), festschrift für Hans-Joachim Rudolphi zum 70. Geburtstag, Hermann Luchterhand Verlag, 2004, S. 279ff.

39. Hohmann/König, Zur Begründung der strafrechtlichen Verantwortlichkeit in den Fällen der aktiven Suizidteilnahme, NStZ 1989, 304ff.

40. Holger Fleischer, Legal Transplants im Deutschen Aktienrecht, NZG 2004, 1129ff.

41. Jochen Langkeit, in:Gerhard Dannecker, Winrich Langer, Otfried Ranft, Roland Schmitz, Joerg Brammen (Hrsg.), Festschrift für Harro Otto zum 70. Geburtstag am 1. April 2007, Carl Heymanns Verlag, 2007, S. 653ff.

42. Joerg Brammsen, Die Entstehungsvoraussetzungen der Garantenpflichten, Duncker & Humblot, 1986.

43. Johannes Sebastian Blassl, Zur Garantenpflicht des Compliance-Beauftragten, Peter Lang, 2017.

44. John Christina Dous, Strafrechtliche Verantwortlichkeit in Unternehmen, Peter Lang, 2009.

45. Jürgen Bürkle, in: Christoph E. Hauschka(Hrsg.), Corporate Compliance: Handbuch der Haftungsvermeidung im Unternehmen, Verlag C. H. Beck,

2007, §8, Rn. 34ff.

46. Jürgen Bürkle, Corporate Compliance als Standard guter Unternehmensführung des Deutschen Corporate Governance Kodex, BB 2007, 1797ff.

47. Klaus Pfleiderer, Die Garantenstellung aus vorangegangenem Tun, Duncker & Humblot, 1968.

48. Klaus Rogall, Dogmatische und Kriminalpolitische Probleme der Aufsichtspflichtverletzung in Betrieben und Unternehmen, ZStW 1986, 573ff.

49. Klaus Rogall, in: Lothar Senge (Hrsg.), Karlsruher Kommentar-OWiG, 3. Aufl. Verlag C. H. Beck, 2006, §130, Rn. 38ff.

50. Klaus Tiedemann, Die „Bebußung" von Unternehmen nach dem 2. Gesetz zur Bekämpfung der Wirtschaftskriminalität, NJW 1988, 1169ff.

51. Klaus Tiedemann, Wirtschaftsstrafrecht, Verlag Franz Vahlen, 2017.

52. Kraft/Winkler, Zur Garantenstellung des Compliance-Officers—Unterlassungsstrafbarkeit durch Organisationsmangel?, CCZ 2009, 29ff.

53. Kristian Kühl, Strafrecht Allgemeiner Teil, 6. Aufl., Verlag Franz Vehlen, 2008.

54. Kurt Seelmann, Opferinteressen und Handlungsverantwortung in der Garantenpflichtdogmatik, GA 1989, 241ff.

55. Lothar Kuhlen, in: Kuhlen/Kudilich/Ordiz de Urbina (Hrsg.), Compliance und Strafrecht, C. F. Müller, 2013.

56. Marc Engelhart, Sanktionierung von Unternehmen und Compliance: Eine rechtsvergleichende Analyse des Straf-und Ordnungswidrigkeitenrechts in Deutschland und den USA, Duncker & Humblot, 2010.

57. Marianne Johanna Hilf, Die Strafbarkeit juristischer Personen im schweizerischen, österreichischen und liechtensteinischen Recht, ZStW 2014, 73ff.

58. Markus Berndt, Strafrechtliche garantenpflicht eine „compliance officers", StV 2009, S. 687ff.

59. Martin Böse, Strafbarkeit juristischer Personen-Selbstverständlichkeit oder Paradigmenwechsel im Strafrecht, ZStW 2014, 132ff.

60. Wastl/Litzka/Pusch, SEC-Ermittlungen in Deutschland—eine Umgehung rechtsstaatlicher Mindeststandards, NStZ 2009, 68ff.

61. Matthias Jahn, Die verfassungskonforme Auslegung des §97 Abs. 1 Nr. 3 StPO, ZIS 2011, 453ff.

62. Metin Konu, Die Garantenstellung des Compliance-Officers, Duncker & Humblot, 2014.

63. Michael Kort, Verhaltensstandardisierung durch Corporate Compliance, NZG 2008, 81ff.

64. Nikolai Warneke, Die Garantenstellung von Compliance-Beauftragten, NStZ 2010, 312ff.

65. Nikolaus Bosch, Organisationsverschulden in Unternehmen, Nomos, 2002.

66. Oliver Hegnon, Aufsicht als Leitungspflicht Umfang persönlich wahrzunehmender Aufsichtspflichten von Geschäftsleitern bei vertikaler Arbeitsteilung aus gesellschafts-und strafrechtlicher Sicht, CCZ 2009, 57ff.

67. Pampel/Krolak, in: Christoph E. Hauschka(Hrsg.), Corporate Compliance: Handbuch der Haftungsvermeidung im Unternehmen, Verlag C. H. Beck, 2007, §15, Rn. 45ff.

68. Patrick C. Leyens, Corporate Governance: Grundsatzfragen und Forschungsperspektiven, JZ 2007, 1061ff.

69. Patrick Spring, Die strafrechtliche Geschäftsherrenhaftung: Unterlassungshaftung betrieblich Vorgesetzter für Straftaten Untergebener, Verlag Dr. Kovač, 2009.

70. Richard Busch, Grundfragen der strafrechtlichen Verantwortlichkeit der Verbände, Theodor Weicher, 1933.

71. Rolf D. Herzberg, Die Unterlassung im Strafrecht und das Garantenprinzip, De Gruyter, 1972.

72. Rönnau/Schneider, Der Compliance Beauftragte als strafrechtlicher Garant, ZIP 2010, 53ff.

73. Sara Sun Beale, Die Entwicklung des US-amerikanischen Rechts der strafrechtlichen Verantwortlichkeit von Unternehmen, ZStW 2014, 27ff.

74. Schünemann/von Hirsch/Jareborg (Hrsg.), Positive Generalprävention: Kritische Analysen im deutsch-englischen Dialog, C. F. Müller Verlag, 1998.

75. Schwalbach/Schwerk, in:Habisch/Schmidpeter/Neureiter (Hrsg.), Handbuch Corporate Citizenship: Corporate Social Responsibility für Manager, Springer, 2008, 71ff.

76. Stephan/Seidel, in: Christoph E. Hauschka(Hrsg.), Corporate Compliance: Handbuch der Haftungsvermeidung im Unternehmen, Verlag C. H. Beck,

2007, §25, Rn. 169ff.

77. Thomas Lösler, Das moderne Verständnis von Compliance im Finanzmarktrecht, NZG 2005, 104ff.

78. Thomas Rotsch, Wider die Garantenpflicht des Compliance-Beauftagten, in: Schulz/Reinhart/Sahan (Hrsg.), Festschrift für Imme Roxin, C. F. Müller Verlag, 2012, S. 485ff.

79. Thomas Rotsch, Compliance und Strafrecht—Fragen, Bedeutung, Perspektiven, ZStW 2013, 481ff.

80. Thomas Weigend, in: Leipziger Kommentar-StGB, 12. Aufl., De Gruyter, 2007, §13, Rn. 63ff.

81. Thorsten Alexander, Die strafrechtliche Verantwortlichkeit für die Wahrung der Verkehrssicherungspflichten in Unternehmen, Centaurus Verlag, 2005.

82. Till Talaulicar, Unternehmenskodizes: Typen und Normierungsstrategien zur Implementierung einer Unternehmensethik, Deutscher Universitätsverlag, 2006.

83. Ulrich Sieber, Grenzen des Strafrechts, ZStW 2007, 1ff.

84. Uwe H. Schneider, Compliance als Aufgabe der Unternehmensleitung, ZIP 2003, 645ff.

85. Werner Beulke, in: Claudius Geisler, Erik Kraatz, Joachim Kretschmer, Hartmut Schneider, Christoph Sowada (Hrsg.), Festschrift für Klaus Geppert zum 70. Geburtstag am 10. März 2011, De Gruyter, 2011, S. 35ff.

86. Wessels/Beulke, strafrecht allgemeiner teil, 40. Aufl., C. F. Müller, 2010.

87. Wilfried Bottke, Haftung aus Nichtverhütung von Straftaten Untergebener in Wirtschaftsunternehmen de lege lata, Duncker & Humblot, 1994.

88. Wolfgang Frisch, in: Georg Frund/Frauke Rostalski (Hrsg.), Strafrechtliche Verantwortlichkeit für Produktgefahren, Peter Lang, 2015, S. 153ff.

89. Wolfgang Frisch, in: Mark A. Zöller, Hans Hilger, Wilfried Küper und Claus Roxin (Hrsg.), Gesamte Strafrechtswissenschaft in internationaler Dimension—Festschrift für Jürgen Wolter zum 70. Geburtstag am 7. September 2013, Duncker & Humblot, 2013, S. 349ff.

90. Yü-hsü Hsü, Garantenstellung des Betriebsinhabers zur Verhinderung strafbarer Handlungen seiner Angestellten? Centaurus Verlagsgesellschaft, 1986.

后 记

与"合规"这一议题结缘,是在2012年冬与授业恩师孙国祥教授一起吃饺子的餐桌上。自此之后,我开始系统搜集相关材料,学习、研究这一课题。这样算来,我对"合规"问题的研究也有十年时间了。十年时间里,我本人在这个领域取得了一点微不足道的成绩,但更多的是学术爬坡过程中的心酸。从投稿系统一封封退稿信,以及迟迟未能完成的学术专著就可以看出这一点。幸好,在这十年时间里遇到了一群可敬的学术前辈和朋友,是他们在我遇到困难时,给我提供了无私的帮助。

——感谢孙国祥教授。作为我的授业恩师,孙老师不仅在具体学术问题的研究上给了我细致、专业的指导,还在学术方向选择以及生活方面提供了指引和帮助。尤其是,在临近退休的年纪,孙老师依然笔耕不辍,他对学术孜孜以求的精神深深地感染了我。作为弟子,无以为报,唯有更加勤勉,争取不辜负老师的期待。

——感谢柳忠卫教授。于我而言,柳老师有知遇之恩。2015年求职之时,合规这一话题尚未受到普遍关注,我的研究非常小众,是柳老师力主将我引进山东大学法学院。此后,柳老师还筹建了刑事合规研究中心,为我提供了开展学术活动的平台。在山东大学法学院博士后流动站工作期间,作为合作导师,柳老师亦给了我诸多关照。

——感谢黎宏教授。虽无师徒之情,但是黎宏老师一直以来都对我关照有加,不仅欣然答应为本书作序,还在我学术研究的过程中给予了诸多关照和提携。

——感谢山东大学法学院的诸位老师。以周静老师为代表的"老帮子"和以李忠夏老师为代表的年轻同事都给了我学术上的鼓励、提携和生活上的关照。

——感谢诸位编辑老师。本书的主要内容先后发表在《法学研究》《中国法学》《法学》《法律科学》《法学评论》《环球法律评论》《政治与法律》《东方法学》《中国刑事法杂志》《法学论坛》《法学杂志》等杂志,没有诸位编辑老师的提携和帮助,这些文字可能没有机会面世。对处于学术爬坡期的青年学者来说,这份提携弥足珍贵,尤其值得铭记。

——感谢江溯、付玉明、杨玉洁、王欣彤、方尔埼老师。没有江溯、付玉明老师的联络,本书可能无法在北京大学出版社出版,没有杨玉洁、王欣彤、方尔埼老师细致的编辑工作,本书可能不是今天的模样。

——感谢众多鼓励、帮助我的学术同人、朋友,还有家人,尤其是我的妻子欧阳怡春女士。

凡是过往,皆为序章。这本书是对我学术研究的小结,也是学术转型的开始。期待自己在下一个学术周期内能够做出不一样的研究,收获内心的安定、平静,享受阅读、写作。

李本灿

2022 年 6 月 14 日于青岛寓所